Quellen und Aktenstücke

zur

deutschen Verfassungsgeschichte.

Von der Gründung des deutschen Bundes

bis zur

Eröffnung des Erfurter Parlaments und dem Vierkönigsbündnisse.

Mit historischen Erläuterungen

zusammengestellt

von

Dr. Carl Weil.

Berlin.

Verlag von G. Reimer.

1850.

Vorwort.

In einer Zeit, wo das öffentliche Recht des Gesammtvaterlandes so schwankend und bestritten ist, wie in der gegenwärtigen, wo deutsche Regierungen selbst bald die Verträge und die Gesetzgebung des deutschen Bundes, bald Gesetzgebungsakte oder Konsequenzen der Thätigkeit der Nationalversammlung, die Mehrzahl derselben diese und jene zumal für rechtsbeständig erachten und behaupten, wo die Gesammtheit eines dauernden Organes ermangelt, und die Regierungsentwürfe und Staatsakten zur Umbildung und Neugestaltung Deutschlands sich entgegentreten, — in einer solchen Zeit der Unklarheit und der rechtlichen Zerrissenheit kann es nicht in der Absicht liegen, dem Publikum eine Quellensammlung zu bieten, wie Klüber, Zangen, v. Meier u. A. es vor den Ereignissen des Jahres 1848 gethan.

Der Zweck des gegenwärtigen Werkes ist einfach der, eben bei der Verschiedenheit der Rechtsgrundlagen und der leitenden Grundsätze, die hauptsächlichsten Quellen und Aktenstücke in Bezug auf die deutsche Verfassung, von der Gründung des Bundes bis zu dem sogenannten Vierkönigsbündnisse, dem gebildeten Leser zugänglich zu machen, damit Jeder selbst vergleichen und sich ein Urtheil bilden könne. Die wichtigsten Aktenstücke, wie die Bundesakte von 1815, die Wiener Schlußakte von 1820, die organischen Bundesbeschlüsse, so weit sie für Jedermann interessant sind, die Beschlüsse des Frankfurter Vorparlaments, die von der Nationalversammlung ausgegangenen Grundrechte, Einführungsgesetz und Reichsverfassung, die Akten des Bündnisses vom 26. Mai 1849, so wie die des 27. Febr. 1850, der Vertrag über das Interim u. s. w. sind vollständig aufgenommen, weil sie die Grundlagen und Stützpunkte der öffentlichen Diskussion und mehr oder weniger wohl auch der künftigen Entwickelung und Gestaltung unserer öffentlichen Rechtszustände bilden. Auch sonstige bedeutungsvolle Aktenstücke, wie die Beschlüsse der geheimen Wiener Konferenz von 1834 und die Verlängerung derselben im Jahre 1841, sodann die preußischen Proklamationen im März 1848 und im Mai 1849, so weit sie sich auf die deutsche Verfassungsangelegenheit beziehen, die Bundesbeschlüsse in Betreff der Einberufung der Nationalversammlung, das Gesetz über die Einführung der provisorischen Centralgewalt, das Schlußprotokoll der Bundesversammlung und eine Zahl von anderen wichtigen Dokumenten sind, ihrem ganzen Wortlaute nach, mitgetheilt. Andere auf die Verfassungsentwickelung bezügliche bedeutendere Aktenstücke sind entweder im Auszuge oder dem wesentlichen Inhalte nach gegeben, und ist dabei Sorge getragen worden, daß die historische und chronologische Reihenfolge sich der logischen Ordnung und Abtheilung anpasse. Zur Vervollständigung sind die wichtigeren Daten der diplomatischen Verhandlungen, der Beschlüsse des Bundestags und der Nationalversammlung, des Verwaltungsraths des Dreikönigsbündnisses u. s. w. der — die Aktenstücke verbindenden — kurzen geschichtlichen Darstellung eingereiht.

In der Auswahl der Aktenstücke, in den Auszügen wie in der kurzen, geschichtlichen Erzählung habe ich mir wissenschaftliche Unparteilichkeit zur strengen Pflicht gemacht.

Berlin, den 8. April 1850.

Dr. Carl Weil.

Inhaltsverzeichniß.

Die deutsche Bundesakte von 1815.

Die deutsche Bundesakte vom 8. Juni 1815 bildet einen Theil der allgemeinen Wiener Congreßakte vom 9. Juni 1815. Die 11 ersten „Allgemeine Bestimmungen" überschriebenen Artikel der Bundesakte sind, in französischer Uebertragung, wörtlich in die Congreßakte aufgenommen worden, bis auf die, wahrscheinlich unabsichtliche Weglassung eines Satzes im Artikel 11, welche wir am betreffenden Orte bezeichnen. In der Wiener Congreßakte tragen sie die Ziffern 53 bis 63 (einschließlich). Die weiteren „besondere Bestimmungen" überschriebenen Artikel sind der Wiener Congreßakte annectirt, und durch Artikel 64 jenes Vertrages festgesetzt, daß sie gleiche Kraft und Gültigkeit haben sollen, als seien sie wörtlich eingeschaltet.

Hervorgegangen aus den Berathungen des „deutschen Comités" (Oesterreich, Preußen, Baiern, Hannover und Würtemberg), dem nicht weniger als zehn verschiedene Entwürfe vorgelegt worden waren, theils von Oesterreich, theils von Preußen oder gemeinschaftlich, theils von der Redaktions-Commission, bis gegen das Ende des Congresses hinausgeschoben, wo der Krieg und die Abreise der Monarchen zur Ueberhast führten, dann in Conferenzen (vom 23. Mai bis 9. Juni 1815) rasch erledigt, befriedigte die „Bundesakte" nicht einmal die Regierungen selbst, vielleicht mit alleiniger Ausnahme von Oesterreich.

Preußen motivirte seine Unterzeichnung in ausdrücklicher Schlußerklärung (vom 6. Juni 1815), durch die Betrachtung, „daß es besser sei, vorläufig einen weniger vollständigen und vollkommenen Bund zu schließen, als gar keinen" und daß es eine „Abhülfe der Mängel" von den Berathungen der Bundesversammlung hoffe. Hannover gab eine Erklärung in gleichem Sinne ab und sprach aus, daß „die Erwartungen der deutschen Nation nur zum Theil erfüllt, und mehrere wichtige Punkte unerschöpft" seien. Zu letzteren rechnete es namentlich die „Vereinigung des gesammten deutschen Volkes", die „Befugnisse der Landstände" und die „Aufstellung eines Bundesgerichtes" (Erklärung vom 5. Juni 1815). In allen diesen Punkten hatte Preußen am Wiener Congresse die Forderungen Hannovers lebhaft unterstützt. (S. Klüber, Akten des Wiener Congresses.) Der luxemburgische Gesandte drückte in seinem Schlußvotum die Ueberzeugung aus, daß „Zeit, Erfahrung und steigendes Zutrauen die Bundesakte erst bessern müsse."

Wir lassen hiernach den Text der Bundesakte folgen, und fügen nur zu einzelnen Artikeln die nothwendigen thatsächlichen Bemerkungen bei.

Bundes=Akte.

Im Namen der allerheiligsten und untheilbaren Dreieinigkeit.

Die souverainen Fürsten und freien Städte Deutschlands, den gemeinsamen Wunsch hegend, den sechsten Artikel des pariser Friedens vom 30. Mai 1814 in Erfüllung zu setzen, und von den Vortheilen überzeugt, welche aus ihrer festen und dauerhaften Verbindung für die Sicherheit und Unabhängigkeit Deutschlands, und die Ruhe und das Gleichgewicht Europa's hervorgehen würden, sind übereingekommen, sich zu einem beständigen Bunde zu vereinigen, und haben zu diesem Behuf ihre Gesandten und Abgeordneten am Congresse in Wien mit Vollmachten versehen, nämlich:

(Folgen die Namen und Titel der Bevollmächtigten.)

In Gemäßheit dieses Beschlusses haben die vorstehenden Bevollmächtigten, nach geschehener Auswechslung ihrer richtig befundenen Vollmachten, folgende Artikel verabredet:

I.

Allgemeine Bestimmungen.

Artikel 1.

Stiftung des Bundes.

Die souverainen Fürsten und freien Städte Deutschlands mit Einschluß Ihrer Majestäten des Kaisers von Oesterreich, und der Könige von Preußen, von Dänemark und der Niederlande, und zwar der Kaiser von Oesterreich und der König von Preußen, beide für ihre gesammten, vormals zum deutschen Reich gehörigen Besitzungen[1]), der König von Dänemark für Holstein[2]), der König der Niederlande für das Großherzogthum Luxemburg[3]), vereinigen sich zu einem beständigen Bunde, welcher der Deutsche Bund heißen soll.

---

[1]) Die österreichischen Lande, welche nach der Erklärung des kaiserlichen Hofes (Sitzung der Bundes-Versamml. vom 6. April 1818) zum deutschen Bunde zu rechnen sind, sind: 1. das Erzherzogthum Oesterreich; 2. das Herzogth. Steiermark; 3. das Herzogth. Kärnthen; 4. das Herzogth. Krain; 5. das österr. Friaul oder der Görzer Kreis; 6. das Gebiet der Stadt Triest; 7. die gefürstete Grafschaft Tyrol mit Trient und Brixen, dann Vorarlberg, mit Ausschluß von Weiler; 8. das Herzogthum Salzburg; 9. das Königreich Böhmen; 10. die Markgrafschaft Mähren; 11. österreich. Schlesien mit Auschwitz u. Zator.

Preußen erklärte (Sitzung der B. V. v. 4. Mai 1818) dem Bunde beizutreten mit folgenden Provinzen: Pommern, Brandenburg, Schlesien, Sachsen, Westphalen, Cleve-Berg und Niederrhein.

Den nach dem Jahre 1848 erst erfolgten Beitritt der preußischen deutschen Ostprovinzen werden wir an dem betreffenden Orte besonders hervorheben.

[2]) Dänemark erklärte (Sitzung der B. V. v. 5. Novbr. 1816), seitdem es für Holstein dem deutschen Bunde beigetreten, den größten Theil von Sachsen-Lauenburg (als Entschädigung für Norwegen) erworben zu haben, weshalb es für dieses Land, als ein eignes deutsches Herzogthum, nunmehr ebenfalls dem Bunde beitrete, wobei nur Mecklenburg-Schwerin und Strelitz und die Anhaltschen Fürstenthümer ihre Ansprüche auf Lauenburg verwahrten.

[3]) In Folge der belgischen Revolution von 1830, in welche Luxemburg hineingezogen ward, wurde bei dem unter Vermittlung der Großmächte abgeschlossenen Staatsvertrage zwischen Niederland und Belgien vom 19. April 1839 ein Theil des Großherzogthums Luxemburg, welcher in Art. 2 genannten Vertrags bezeichnet ist, an Belgien abgetreten und schied somit aus dem Verbande des D. Bundes. Dagegen ward den Niederlanden der in Art. 4 des erwähnten Traktats bezeichnete Landstrich in Limburg als Compensation zurückgegeben, worüber sich der König-Großherzog mit dem Bunde zu verständigen habe. In der Sitzung der Bundes-Versammlung vom 16. August 1839 erklärte sodann der luxemburgische Gesandte, daß sein Souverain diese Compensation als Herzogthum Limburg, — jedoch mit Ausnahme der Festungen Maestrich und Venloo und ihrer Rayons, und mit dem Vorbehalt solches unter dieselbe Verfassung und Verwaltung, wie das Königreich der Niederlande, zu stellen, was aber die Anwendung der Bundesverfassung auf Limburg nicht hindern solle — sammt dem restirenden Theile von Luxemburg mit dem deutschen Bunde vereinige. — In der Sitzung vom 5. Septbr. 1839 acceptirte die Bundes-Versammlung diesen Beitritt und dessen Bedingungen. — Die Matrikularsätze blieben aber unverändert.

Art. 2.

Zweck des Bundes.

Der Zweck desselben ist: Erhaltung der äußeren und inneren Sicherheit Deutschlands, und der Unabhängigkeit und Unverletzbarkeit der einzelnen deutschen Staaten.

Art. 3.

Gleichheit der Rechte der Bundesglieder.

Alle Bundesglieder haben, als solche, gleiche Rechte. Sie verpflichten sich alle gleichmäßig, die Bundesakte unverbrüchlich zu halten.

Art. 4.

Bundesversammlung. Engerer Rath.

Die Angelegenheiten des Bundes werden durch eine Bundesversammlung besorgt, in welcher alle Glieder desselben durch ihre Bevollmächtigten theils einzelne, theils Gesammtstimmen folgendermaßen, jedoch unbeschadet ihres Ranges, führen:

1.	Oesterreich	1	Stimme
2.	Preußen	1	"
3.	Baiern	1	"
4.	Sachsen	1	"
5.	Hannover	1	"
6.	Würtemberg [1])	1	"
7.	Baden [1])	1	"
8.	Kurhessen	1	"
9.	Großherzogthum Hessen	1	"
10.	Dänemark, wegen Holstein	1	"
11.	Niederlande, wegen des Großherzogth. Luxemburg	1	"
12.	Die großherzoglich- und herzoglich-sächsischen Häuser	1	"
13.	Braunschweig und Nassau	1	"
14.	Mecklenburg-Schwerin u. Mecklenburg-Strelitz	1	"
15.	Holstein-Oldenburg, Anhalt und Schwarzburg	1	"
16.	Hohenzollern, Lichtenstein, Reuß, Schaumburg-Lippe, Lippe und Waldeck [2])	1	"
17.	Die freien Städte, Lubeck, Frankfurt, Bremen und Hamburg	1	"
	Zusammen	17	Stimmen.

[1]) Würtemberg und Baden waren ursprünglich nicht beigetreten, weshalb auch die Bundesakte von keinem Bevollmächtigten derselben unterzeichnet ist. Die (später erfolgte) Beitrittsurkunde Würtembergs ist vom 1. September, die von Baden vom 26. Juli 1815.

[2]) Nachträglich durch Beschluß der Bundesversammlung vom 7. Juli 1817 wurde auch Hessen-Homburg aufgenommen. Erst im Jahre 1838 wurde ihm Stimme in der 16. Kurie eingeräumt.

Art. 5.

Vorsitz und Vorschlagsrecht.

Oesterreich hat bei der Bundesversammlung den Vorsitz. Jedes Bundesglied ist befugt, Vorschlage zu machen und in Vortrag zu bringen, und der Vorsitzende ist verpflichtet, solche in einer zu bestimmenden Zeitfrist der Berathung zu übergeben.

Art. 6.

Plenum fur bestimmte Gegenstände. Stimmen.

Wo es auf Abfassung und Abänderung von Grundgesetzen des Bundes, auf Beschlüsse, welche die Bundesakte selbst betreffen, auf organische Bundeseinrichtungen und auf gemeinnützige Anordnungen sonstiger Art ankommt, bildet sich die Versammlung zu einem Plenum, wobei jedoch, mit Rücksicht auf die Verschiedenheit der Größe der einzelnen Bundesstaaten, folgende Berechnung und Vertheilung der Stimmen verabredet ist:

1.	Oesterreich erhält	4	Stimmen
2.	Preußen	4	"
3.	Sachsen	4	"
4.	Baiern	4	"
5.	Hannover	4	"
6.	Würtemberg	4	"
7.	Baden	3	"
8.	Kurhessen	3	"
9.	Großherzogthum Hessen	3	"
10.	Holstein	3	"
11.	Luxemburg	3	"
12.	Braunschweig	2	"
13.	Mecklenburg-Schwerin	2	"
14.	Nassau	2	"
15.	Sachsen-Weimar	1	"
16.	Sachsen-Gotha [1])	1	"
17.	Sachsen-Coburg [1])	1	"
18.	Sachsen-Meiningen [1])	1	"
19.	Sachsen-Hildburghausen [1])	1	"
20.	Mecklenburg-Strelitz	1	"
21.	Holstein-Oldenburg [2])	1	"

[1]) Diese vier sächsischen Herzogthümer sind durch das Erlöschen des Hauses Sachsen-Gotha (Februar 1825) auf drei zusammengeschmolzen, wodurch sich die Benennungen, in Folge der Territorial-Uebereinkunft zwischen den erbberechtigten Häusern, änderten in:

Sachsen-Coburg-Gotha, Sachsen-Meiningen-Hildburghausen und Sachsen-Altenburg (früher Linie Hildburghausen).

Es ist dadurch eine Stimme im Plenum erloschen.

[2]) Heißt jetzt offiziell nur noch Oldenburg.

22.	Anhalt-Dessau[1])	1	Stimme
23.	Anhalt-Bernburg	1	"
24.	Anhalt-Cöthen[1])	1	"
25.	Schwarzburg-Sondershausen	1	"
26.	Schwarzburg-Rudolstadt	1	"
27.	Hohenzollern-Hechingen	1	"
28.	Lichtenstein	1	"
29.	Hohenzollern-Sigmaringen	1	"
30.	Waldeck	1	"
31.	Reuß, ältere Linie	1	"
32.	Reuß, jüngere Linie	1	"
33.	Schaumburg-Lippe	1	"
34.	Lippe	1	"
35.	Die freie Stadt Lübeck	1	"
36.	" " " Frankfurt	1	"
37.	" " " Bremen	1	"
38.	" " " Hamburg	1	"
	Zusammen	69	Stimmen.

Ob den mediatisirten vormaligen Reichsständen auch einige Kuriatstimmen in Pleno zugestanden werden sollen, wird die Bundesversammlung bei der Berathung der organischen Bundesgesetze in Erwägung nehmen[2]).

Art. 7.

Kompetenz des Pleni Permanenz. Vertagung.

In wiefern ein Gegenstand nach obiger Bestimmung für das Plenum geeignet sei, wird in der engern Versammlung durch Stimmenmehrheit entschieden.

Die der Entscheidung des Pleni zu unterziehenden Beschluß-Entwürfe werden in der engern Versammlung vorbereitet, und bis zur Annahme oder Verwerfung zur Reife gebracht. Sowohl in der engern Versammlung als in Pleno werden die Beschlüsse nach der Mehrheit der Stimmen gefaßt, jedoch in der Art, daß in der ersten die absolute, in dem letztern aber nur eine auf zwei Drittheilen der Abstimmung beruhende Mehrheit entscheidet. Bei Stimmengleichheit in der engeren Versammlung steht dem Vorsitzenden die Entscheidung zu.

Wo es aber auf Annahme oder Abänderung der Grundgesetze, auf organische Bundeseinrichtungen, auf jura singulorum oder Religionsangelegenheiten ankommt, kann, weder in der engeren Versammlung noch im Pleno, ein Beschluß durch Stimmenmehrheit gefaßt werden.

---

[1]) Anhalt-Dessau und Anhalt-Cöthen sind durch Erbgang unter Einem Fürstenhause vereinigt, haben jedoch zur Stunde noch abgesonderte Verfassungen. — Eine weitere Stimme im Pleno ist dadurch weggefallen.

[2]) Ist nicht bewilligt worden.

Die Bundesversammlung ist beständig, hat aber die Befugniß, wenn die ihrer Berathung unterzogenen Gegenstände erledigt sind, auf eine bestimmte Zeit, jedoch nicht auf länger als vier Monate, sich zu vertagen.

Alle näheren, die Vertagung und die Besorgung der etwa während derselben vorkommenden dringenden Geschäfte betreffenden Bestimmungen werden der Bundesversammlung bei Abfassung der organischen Gesetze vorbehalten.

Art. 8.

Abstimmungsordnung.

Die Abstimmungsordnung der Bundesglieder betreffend, wird festgesetzt, daß, so lange die Bundesversammlung mit Abfassung der organischen Gesetze beschäftigt ist, hierüber keinerlei Bestimmung gelte, und die zufällig sich fügende Ordnung keinem der Mitglieder zum Nachtheil gereichen, noch eine Regel begründen soll.

Nach Abfassung der organischen Gesetze wird die Bundesversammlung die künftige, als beständige Folge einzuführende Stimmenordnung in Berathung nehmen, und sich darin so wenig als möglich von der ehemals auf dem Reichstag, und namentlich in Gemäßheit des Reichs-Deputations-Hauptschlusses von 1803, beobachteten Ordnung entfernen. Auch diese Ordnung kann aber auf den Rang der Bundesglieder überhaupt, und ihren Vortritt außer den Verhältnissen der Bundesversammlung, keinen Einfluß ausüben.

Art. 9.

Sitz und Eröffnung der Bundesversammlung.

Die Bundesversammlung hat ihren Sitz zu Frankfurt am Main. Die Eröffnung derselben ist auf den 1. September 1815 festgesetzt[1]).

Art. 10.

Aufgabe der ersten Thätigkeit.

Das erste Geschäft der Bundesversammlung nach ihrer Eröffnung wird die Abfassung der Grundgesetze des Bundes, und dessen organische Einrichtung in Rücksicht auf seine auswärtigen, militärischen und inneren Verhältnisse sein.

Art. 11.

Gegenseitige Garantie. Gemeinschaftlicher Krieg und Frieden. Innerer Frieden. Austragal-Instanz

Alle Mitglieder des Bundes versprechen, sowohl ganz Deutschland als jeden einzelnen Bundesstaat gegen jeden Angriff in Schutz zu nehmen, und garantiren sich gegenseitig ihre sämmtlichen, unter dem Bunde begriffenen Besitzungen.

Bei einmal erklärtem Bundeskrieg darf kein Mitglied einseitige

---

[1]) Sie erfolgte erst am 5. Novbr. 1816.

Unterhandlungen mit dem Feinde eingehen, noch einseitig Waffenstillstand oder Frieden schließen.

Die Bundesglieder behalten zwar das Recht der Bündnisse aller Art, verpflichten sich jedoch, in keine Verbindungen einzugehen, welche gegen die Sicherheit des Bundes oder einzelner Bundesstaaten gerichtet wären[1]).

Die Bundesglieder machen sich ebenfalls verbindlich, einander unter keinerlei Vorwand zu bekriegen, noch ihre Streitigkeiten mit Gewalt zu verfolgen, sondern sie bei der Bundesversammlung anzubringen. Dieser liegt alsdann ob, die Vermittlung durch einen Ausschuß zu versuchen, und falls dieser Versuch fehlschlagen sollte, und demnach eine richterliche Entscheidung nothwendig würde, solche durch eine wohlgeordnete Austrägal-Instanz zu bewirken, deren Ausspruch die streitenden Theile sich sofort zu unterwerfen haben[2]).

II.

Besondere Bestimmungen.

Außer den in den vorhergehenden Artikeln bestimmten, auf die Feststellung des Bundes gerichteten Punkten sind die verbündeten Mitglieder übereingekommen, hiemit über folgende Gegenstände die in den nachstehenden Artikeln enthaltenen Bestimmungen zu treffen, welche mit jenen Artikeln gleiche Kraft haben sollen.

Art. 12.

Höchstes Gericht in den kleineren Staaten.

Diejenigen Bundesglieder, deren Besitzungen nicht eine Volkszahl von 300,000 Seelen erreichen, werden sich mit den ihnen verwandten Häusern, oder andern Bundesgliedern, mit welchen sie wenigstens eine solche Volkszahl ausmachen, zur Bildung eines gemeinschaftlichen obersten Gerichtes vereinigen.

In den Staaten von solcher Volksmenge, wo schon jetzt dergleichen Gerichte dritter Instanz vorhanden sind, werden jedoch diese in ihrer bisherigen Eigenschaft erhalten, wofern nur die Volkszahl, über welche sie sich erstrecken, nicht unter 150,000 Seelen ist.

Den vier freien Städten steht das Recht zu, sich unter einander über die Errichtung eines gemeinsamen obersten Gerichtes zu vereinigen[3]).

---

[1]) Merkwürdiger Weise ist dieser Satz („die Bundesglieder behalten" bis „gerichtet wären") in dem entsprechenden Artikel 63 der (bekanntlich in französischer Sprache abgefaßten) Wiener Kongreßakte, wahrscheinlich aus Versehen, weggelassen.

[2]) Ueber das Verfahren bei Austrägal-Instanzen Bundesbeschluß vom 3 August 1820. Annahme der Exekutions-Ordnung vom selben Tage.

[3]) Haben ein solches zu Lübeck errichtet.

Bei den solchergestalt errichteten gemeinschaftlichen obersten Gerichten soll jeder der Parteien gestattet sein, auf die Verschickung der Akten auf eine deutsche Fakultät, oder an einen Schöppenstuhl, zur Abfassung des Endurtheils anzutragen[1]).

Art. 13.

Landesständische Verfassung.

In allen Bundesstaaten wird eine landesständische Verfassung stattfinden.

Art. 14.

Privilegien des ehemaligen reichsständischen und des reichsritterschaftlichen Adels.

Um den im Jahre 1806 und seitdem mittelbar gewordenen ehemaligen Reichsständen und Reichsangehörigen, in Gemäßheit der gegenwärtigen Verhältnisse, in allen Bundesstaaten einen gleichförmig bleibenden Rechtszustand zu verschaffen, so vereinigen die Bundesstaaten sich dahin:

a) daß diese fürstlichen und gräflichen Häuser fortan nichts destoweniger zu dem hohen Adel in Deutschland gerechnet werden, und ihnen das Recht der Ebenbürtigkeit in dem bisher damit verbundenen Begriff verbleibt.

b) sind die Häupter dieser Häuser die ersten Standesherren in dem Staate, zu dem sie gehören; sie und ihre Familien bilden die privilegirteste Klasse in demselben, insbesondere in Ansehung der Besteuerung.

c) Es sollen ihnen überhaupt, in Rücksicht ihrer Personen, Familien und Besitzungen, alle diejenigen Rechte und Vorzüge zugesichert werden oder bleiben, welche aus ihrem Eigenthum und dessen ungestörtem Genuß herrühren, und nicht zu der Staatsgewalt und den höhern Regierungsrechten gehören.

Unter vorerwähnten Rechten sind insbesondere und namentlich begriffen:

1. Die unbeschränkte Freiheit, ihren Aufenthalt in jedem zu dem Bunde gehörenden, oder mit demselben in Frieden lebenden Staate zu nehmen.
2. Werden nach den Grundsätzen der früheren deutschen Verfassung die noch bestehenden Familienverträge aufrecht erhalten, und ihnen die Befugniß zugesichert, über ihre Güter und Familienverhältnisse verbindliche Verfügungen zu treffen, welche jedoch dem Souverain vorgelegt, und bei den höchsten Landesstellen zur allgemeinen Kenntniß und Nachachtung gebracht werden müssen. Alle bisher dagegen erlassenen Verordnungen sollen für künftige Fälle nicht weiter anwendbar sein.

---

[1]) Durch Beschluß der Bundesversammlung vom 13 Novbr. 1834 wurde diese Bestimmung dahin beschränkt, daß in Polizei- und Kriminal-Erkenntnissen die Aktenversendung an eine deutsche Fakultät zur Abfassung des Endurtheils nicht zulässig sei, und der Art. 12 nur auf Civilstreitigkeiten Anwendung finde.

3. Privilegirter Gerichtsstand und Befreiung von aller Militärpflichtigkeit für sich und ihre Familien.
4. Die Ausübung der bürgerlichen und peinlichen Gerechtigkeitspflege in erster und, wo die Besitzung groß genug ist, in zweiter Instanz, der Forstgerichtsbarkeit, Ortspolizei und Aufsicht in Kirchen- und Schulsachen, auch über milde Stiftungen, jedoch nach Vorschrift der Landesgesetze, welchen sie, so wie der Militärverfassung und der Oberaufsicht der Regierungen über jene Zuständigkeiten, unterworfen bleiben.

Bei der näheren Bestimmung der angeführten Befugnisse sowohl, wie überhaupt und in allen übrigen Punkten, wird zur weiteren Begründung und Feststellung eines, in allen deutschen Bundesstaaten übereinstimmenden Rechtszustandes der mittelbar gewordenen Fürsten, Grafen und Herren, die in dem Betreff erlassene königlich-baierische Verordnung vom Jahre 1807 als Basis und Norm unterlegt werden.

Dem ehemaligen Reichsadel werden die sub num. 1 und 2 angeführten Rechte, Antheil der Begüterten an Landstandschaft, Patrimonial- und Forstgerichtsbarkeit, Ortspolizei, Kirchenpatronat, und der privilegirte Gerichtsstand zugesichert. Diese Rechte werden jedoch nur nach Vorschrift der Landesgesetze ausgeübt.

In den durch den Frieden von Lüneville vom 9. Febr. 1801 von Deutschland abgetretenen, und jetzt wieder damit vereinigten Provinzen, werden bei Anwendung der obigen Grundsätze auf den ehemaligen unmittelbaren Reichsadel, diejenigen Beschränkungen stattfinden, welche die dort bestehenden besondern Verhältnisse nöthig machen.

Art. 15.

Fortdauer von Renten und von Pensionen vom alten Reiche herruhrend

Die Fortdauer der auf die Rheinschiffahrts-Octroi angewiesenen, direkten und subsidiarischen Renten, die durch den Reichs-Deputationsschluß vom 25. Febr. 1803 getroffenen Verfügungen, in Betreff des Schuldenwesens und festgesetzter Pensionen an geistliche und weltliche Individuen, werden von dem Bunde garantirt.

Die Mitglieder der ehemaligen Dom- und freien Reichsstifter haben die Befugniß, ihre durch den erwähnten Reichs-Deputationsschluß festgesetzten Pensionen, ohne Abzug, in jedem mit dem deutschen Bunde in Frieden stehenden Staate verzehren zu dürfen.

Die Mitglieder des Deutschen Ordens werden ebenfalls nach den in dem Reichs-Deputations-Hauptschluß von 1803 für die Domstifter festgesetzten Grundsätzen, Pensionen erhalten, in so fern sie ihnen noch nicht hinreichend bewilliget worden, und diejenigen Fürsten, welche eingezogene Besitzungen des Deutschen Ordens erhalten haben, werden diese Pensionen, nach Verhältniß ihres Antheils an den ehemaligen Ordensbesitzungen, bezahlen.

Die Berathung über die Regulirung der Sustentations-Kasse und der Pensionen für die überrheinischen Bischöfe und Geistlichen, welche Pensionen auf die Besitzer des linken Rheinufers übertragen werden, ist der Bundesversammlung vorbehalten. Diese Regulirung ist binnen Jahresfrist zu beendigen; bis dahin wird die Bezahlung der erwähnten Pensionen auf die bisherige Art fortgesetzt.

Art. 16.

Gleichheit der christlichen Confessionen. Verhaltnisse der Israeliten.

Die Verschiedenheit der christlichen Religions-Parteien kann, in den Ländern und Gebieten des deutschen Bundes, keinen Unterschied in dem Genuß der bürgerlichen und politischen Rechte begründen.

Die Bundesversammlung wird in Berathung ziehen, wie auf eine möglichst übereinstimmende Weise, die bürgerliche Verbesserung der Bekenner des jüdischen Glaubens in Deutschland zu bewirken sei, und wie insonderheit denselben der Genuß der bürgerlichen Rechte, gegen die Uebernahme aller Bürgerpflichten, in den Bundesstaaten verschafft und gesichert werden könne. Jedoch werden den Bekennern dieses Glaubens, bis dahin, die denselben von den einzelnen Bundesstaaten bereits eingeräumten Rechte erhalten.

Art. 17.

Taxis'sche Posten und Entschädigungen.

Das fürstliche Haus Thurn und Taxis bleibt in dem, durch den Reichs-Deputations-Schluß vom 25. Febr. 1803, oder in späteren Verträgen, bestätigten Besitz und Genuß der Posten in den verschiedenen Bundesstaaten, so lange als nicht etwa durch freie Uebereinkunft anderweitige Verträge abgeschlossen werden sollten.

In jedem Falle werden demselben, in Folge des Art. 13 des erwähnten Reichs-Deputations-Hauptschlusses, seine auf Belassung der Posten, oder auf eine angemessene Entschädigung gegründeten Rechte und Ansprüche versichert.

Dieses soll auch da stattfinden, wo die Aufhebung der Posten seit 1803 gegen den Inhalt des Reichs-Deputations-Hauptschlusses bereits geschehen wäre, in so fern diese Entschädigung durch Verträge nicht schon definitiv festgesetzt ist.

Art. 18.

Rechte der deutschen Unterthanen.

Die verbündeten Fürsten und freien Städte kommen überein, den Unterthanen der deutschen Bundesstaaten folgende Rechte zuzusichern:

a) Grundeigenthum außerhalb des Staates, den sie bewohnen, zu erwerben und zu besitzen, ohne deßhalb in dem fremden Staate mehreren Abgaben und Lasten unterworfen zu sein, als dessen eigene Unterthanen.

b) Die Befugniß:

1. des freien Wegziehens aus einem deutschen Bundesstaat in den andern, der erweislich sie zu Unterthanen annehmen will; auch
2. in Civil- und Militair-Dienste desselben zu treten.

Beides jedoch nur, in so fern keine Verbindlichkeit zu Militair-Diensten gegen das bisherige Vaterland im Wege stehe. Und damit, wegen der dermal vorwaltenden Verschiedenheit der gesetzlichen Vorschriften über Militairpflichtigkeit, hierunter nicht ein ungleichartiges, für einzelne Bundesstaaten nachtheiliges, Verhältniß entstehen möge, so wird bei der Bundesversammlung die Einführung möglichst gleichförmiger Grundsätze über diesen Gegenstand in Berathung genommen werden.

c) Die Freiheit von aller Nachsteuer (jus detractus, gabella emigrationis), in so fern das Vermögen in einen andern deutschen Bundesstaat übergeht, und mit diesem nicht besondere Verhältnisse durch Freizügigkeits-Verträge bestehen.

d) Die Bundesversammlung wird sich, bei ihrer ersten Zusammenkunft, mit Abfassung gleichförmiger Verfügungen über die Preßfreiheit und Sicherstellung der Rechte der Schriftsteller und Verleger gegen den Nachdruck beschäftigen[1]).

Art. 19.

Vorbehalt einer Berathung uber Handel, Verkehr und Schiffahrt.

Die Bundesglieder behalten sich vor, bei der ersten Zusammenkunft der Bundesversammlung in Frankfurt, wegen des Handels und Verkehrs zwischen den verschiedenen Bundesstaaten, so wie wegen der Schiffahrt nach Anleitung der auf dem Congreß zu Wien angenommenen Grundsätze, in Berathung[2]) zu treten.

Art. 20.

Ratifikationen und Unterschriften.

Der gegenwärtige Vertrag wird von allen kontrahirenden Theilen ratifizirt werden, und die Ratifikationen sollen binnen der Zeit von sechs Wochen, oder wo möglich noch früher, nach Wien an die kaiserlich-österreichische Hof- und Staats-Canzlei eingesandt, und bei Eröffnung des Bundes in das Archiv desselben niedergelegt werden.

---

[1]) Die erste allgemeine Bestimmung der Bundesversammlung über die Preßfreiheit war der Beschluß vom 20. Sept. 1819, nach welchem Druckschriften unter 20 Bogen in keinem der Bundesstaaten „ohne Vorwissen und vorgängige Genehmhaltung der Landesbehörden" zum Druck befördert werden durften. Dieser Beschluß wurde damals auf 5 Jahre gefaßt, durch Beschluß der Bundesversammlung vom 16. August 1824 aber noch so lange erstreckt, „bis man über ein definitives Gesetz sich werde vereinbart" habe. Eine Reihe von Bundesbeschlüssen enthält sonstige Maßregeln gegen die Presse. Durch Beschluß der Bundesversammlung vom 29. November 1832 wurde die Censuranwendung auch auf lithographirte Blätter ausgedehnt. Beschluß zur Aufhebung des badischen Preßgesetzes vom 6. Juli 1832

In Betreff des Nachdrucks wurde dessen Untersagung im § 36 der Wiener Ministerial-Conferenzen (Schlußprotokoll vom 12. Juni 1834) im Allgemeinen vereinbart. Zu einem Bundesbeschluß wurde das Prinzip formulirt am 2 April 1835; erläutert durch Bundesbeschluß vom 9. November 1835. Doch gewährte auch dieser Bundesbeschluß nur einen Schutz des literarischen Eigenthums auf 10 Jahre von dem ersten Erscheinen des Werkes an.

[2]) Ueber die Fluß-Schiffahrt wurden Grundsätze vereinbart durch Bundesbeschluß vom 3. August 1820. S. auch Art. 108—116 der Wiener Congreßakte.

Zur Urkunde dessen, haben sämmtliche Bevollmächtigte den gegenwärtigen Vertrag unterzeichnet, und mit ihren Wappen besiegelt. So geschehen Wien, den achten Juni im Jahr ein tausend acht hundert und funfzehn.

(Folgen die Unterschriften.)

Die Wiener Schlußakte von 1820.

Die Bewegungen und Ereignisse nach dem Jahre der Hungersnoth 1817 veranlaßten die größeren deutschen Höfe im Jahre 1819 zur Veranstaltung des Carlsbader Congresses. Das Ergebniß desselben war der Beschluß der Bundesversammlung wegen Bestellung einer außerordentlichen Central-Untersuchungs-Commission zu Mainz, wegen Maßregeln in Ansehung der Universitäten und das provisorische Preß-(Censur-) Gesetz, sämmtlich vom 20. Sept. 1819.

Der darauf folgende Congreß deutscher Minister zu Wien brachte die sogenannte „Wiener-Schlußakte" vom 15. Mai 1820 zu Stande, welche durch Beschluß der Bundesversammlung vom 8. Juni 1820

„zu einem der Bundesakte an Kraft und Gültigkeit gleichen Grundgesetze des Bundes"

erhoben wurde.

Dieselbe lautet, wie folgt:

Die souverainen Fürsten und freien Städte Deutschlands, eingedenk ihrer bei Stiftung des deutschen Bundes übernommenen Verpflichtung, den Bestimmungen der Bundesakte durch ergänzende und erläuternde Grundgesetze eine zweckgemäße Entwickelung und hiemit dem Bundesverein selbst die erforderliche Vollendung zu sichern, überzeugt, daß sie, um das Band, welches das gesammte Deutschland in Friede und Eintracht verbindet, unauflöslich zu befestigen, nicht länger anstehen durften, jener Verpflichtung und einem allgemein gefühlten Bedürfnisse durch gemeinschaftliche Berathung Genüge zu leisten, haben zu diesem Ende nachstehende Bevollmächtigte ernannt, nämlich:

(Folgen die Namen und Titel der Bevollmächtigten.)

welche zu Wien, nach geschehener Auswechselung ihrer richtig befundenen Vollmachten, in Kabinets-Konferenzen zusammengetreten, und, nach sorgfältiger Erwägung und Ausgleichung der wechselseitigen Ansichten, Wünsche und Vorschläge ihrer Regierungen, zu einer definitiven Vereinbarung über folgende Artikel gelangt sind:

Art. 1.

Begriff und Zweck des Bundes

Der deutsche Bund ist ein völkerrechtlicher Verein der deutschen souverainen Fürsten und freien Städte, zur Bewahrung der Unabhängigkeit und Unverletzbarkeit ihrer im Bunde begriffenen Staaten, und zur Erhaltung der innern und äußern Sicherheit Deutschlands.

Art. 2.

Beziehungen nach Innen und Außen.

Dieser Verein besteht in seinem Innern als eine Gemeinschaft selbstständiger, unter sich unabhängiger Staaten, mit wechselseitigen gleichen Vertrags-Rechten und Vertrags-Obliegenheiten, in seinen äußeren Verhältnissen aber als eine in politischer Einheit verbundene Gesammt-Macht.

Art. 3.

Umfang und Schranken der Bundes-Wirksamkeit.

Der Umfang und die Schranken, welche der Bund seiner Wirksamkeit vorgezeichnet hat, sind in der Bundesakte bestimmt, die der Grundvertrag und das erste Grundgesetz dieses Vereins ist. Indem dieselbe die Zwecke des Bundes ausspricht, bedingt und begrenzt sie zugleich dessen Befugnisse und Verpflichtungen.

Art. 4.

Entwickelung und Ausbildung der Bundesakte.

Der Gesammtheit der Bundesglieder steht die Befugniß der Entwickelung und Ausbildung der Bundesakte zu, in so fern die Erfüllung der darin aufgestellten Zwecke solche nothwendig macht. Die deßhalb zu fassenden Beschlüsse dürfen aber mit dem Geiste der Bundesakte nicht im Widerspruch stehen, noch von dem Grundcharakter des Bundes abweichen.

Art. 5.

Unauflöslicher Verein.

Der Bund ist als ein unauflöslicher Verein gegründet, und es kann daher der Austritt aus diesem Verein keinem Mitgliede desselben frei stehen.

Art. 6.

Aufnahme neuer Mitglieder. Territorialänderungen Freiwillige Abtretung von Souverainetätsrechten.

Der Bund ist nach seiner ursprünglichen Bestimmung auf die gegenwärtig daran theilnehmenden Staaten beschränkt. Die Aufnahme eines neuen Mitgliedes kann nur statt haben, wenn die Gesammtheit der Bundesglieder solche mit den bestehenden Verhältnissen vereinbar und dem Vortheil des Ganzen angemessen findet. Veränderungen in dem gegenwärtigen Besitzstande der Bundesglieder können keine Veränderungen in den Rechten und Verpflichtungen derselben in Bezug auf den Bund, ohne ausdrückliche Zustimmung der Gesammtheit, bewirken. Eine freiwillige Abtretung auf einem Bundesgebiete haftender Souverainetätsrechte kann ohne solche Zustimmung nur zu Gunsten eines Mitverbündeten geschehen.

Art. 7.

Repräsentation des Bundes, seines Willens und Handelns.

Die Bundesversammlung, aus den Bevollmächtigten sämmtlicher Bundesglieder gebildet, stellt den Bund in seiner Gesammtheit vor, und ist das beständige verfassungsmäßige Organ seines Willens und Handelns.

Art. 8.

Mandat der Bevollmächtigten.

Die einzelnen Bevollmächtigten am Bundestage sind von ihren Committenten unbedingt abhängig, und diesen allein wegen getreuer Befolgung der ihnen ertheilten Instruktionen, so wie wegen ihrer Geschäftsführung überhaupt, verantwortlich.

Art. 9.

Schranken der Bundes-Competenz.

Die Bundesversammlung übt ihre Rechte und Obliegenheiten nur innerhalb der ihr vorgezeichneten Schranken aus. Ihre Wirksamkeit ist zunächst durch die Vorschriften der Bundesakte, und durch die in Gemäßheit derselben beschlossenen oder ferner zu beschließenden Grundgesetze, wo aber diese nicht zureichen, durch die im Grundvertrage bezeichneten Bundeszwecke bestimmt.

Art. 10.

Selbstbestimmung dieser Competenz

Der Gesammtwille des Bundes wird durch verfassungsmäßige Beschlüsse der Bundesversammlung ausgesprochen; verfassungsmäßig aber sind diejenigen Beschlüsse, die innerhalb der Grenzen der Competenz der Bundesversammlung, nach vorgängiger Berathung, durch freie Abstimmung entweder im engern Rathe oder im Plenum, gefaßt werden, je nachdem das Eine oder das Andere durch die grundgesetzlichen Bestimmungen vorgeschrieben ist.

Art. 11.

Competenz des engeren Raths

In der Regel faßt die Bundesversammlung die zur Besorgung der gemeinsamen Angelegenheiten des Bundes erforderlichen Beschlüsse im engern Rathe, nach absoluter Stimmenmehrheit. Diese Form der Schlußfassung findet in allen Fallen statt, wo bereits feststehende allgemeine Grundgesetze in Anwendung, oder beschlossene Gesetze und Einrichtungen zur Ausführung zu bringen sind, überhaupt aber bei allen Berathungs-Gegenständen, welche die Bundesakte oder spätere Beschlüsse nicht bestimmt davon ausgenommen haben.

Art. 12.

Kompetenzbestimmung des Pleni.

Nur in den in der Bundesakte ausdrücklich bezeichneten Fällen, und wo es auf eine Kriegserklärung, oder Friedensschluß-Bestätigung von Seiten des Bundes ankommt, wie auch, wenn über die Aufnahme eines neuen Mitgliedes in den Bund entschieden werden soll, bildet sich die Versammlung zu einem Plenum. Ist in einzelnen Fällen die Frage, ob ein Gegenstand vor das Plenum gehört, zweifelhaft, so steht die Entscheidung derselben dem engeren Rathe zu. Im Plenum findet keine Erörterung noch Berathung statt, sondern es wird nur darüber abgestimmt, ob ein im engern Rathe vorbereiteter Beschluß angenommen oder verworfen werden soll. Ein gültiger Beschluß im Plenum setzt eine Mehrheit von zwei Drittheilen der Stimmen voraus.

Art. 13.

Beschlüsse durch Stimmen-Einhelligkeit.

Ueber folgende Gegenstände:

1. Annahme neuer Grundgesetze, oder Abänderung der bestehenden;
2. Organische Einrichtungen, das heißt bleibende Anstalten, als Mittel zur Erfüllung der ausgesprochenen Bundeszwecke;
3. Aufnahme neuer Mitglieder in den Bund;
4. Religions-Angelegenheiten;

findet kein Beschluß durch Stimmenmehrheit statt; jedoch kann eine definitive Abstimmung über Gegenstände dieser Art nur nach genauer Prüfung und Erörterung der den Widerspruch einzelner Bundesglieder bestimmenden Gründe, deren Darlegung in keinem Falle verweigert werden darf, erfolgen.

Art. 14.

Behandlung organischer Einrichtungen.

Was insbesondere die organischen Einrichtungen betrifft, so muß nicht nur über die Vorfrage, ob solche unter den obwaltenden Umständen nothwendig sind, sondern auch über Entwurf und Anlage derselben in ihren allgemeinen Umrissen und wesentlichen Bestimmungen, im Plenum und durch Stimmen-Einhelligkeit entschieden werden. Wenn die Entscheidung zu Gunsten der vorgeschlagenen Einrichtung ausgefallen ist, so bleiben die sämmtlichen weiteren Verhandlungen über die Ausführung im Einzelnen der engern Versammlung überlassen, welche alle dabei noch vorkommenden Fragen durch Stimmenmehrheit entscheidet, auch, nach Befinden der Umstände, eine Kommission aus ihrer Mitte anordnet, um die verschiedenen Meinungen und Anträge mit möglichster Schonung und Berücksichtigung der Verhältnisse und Wünsche der Einzelnen auszugleichen.

Art. 15.

Jura Singulorum.

In Fällen, wo die Bundesglieder nicht in ihrer vertragsmäßigen Einheit, sondern als einzelne, selbstständige und unabhängige Staaten erscheinen, folglich jura singulorum obwalten, oder wo einzelnen Bundesgliedern eine besondere, nicht in den gemeinsamen Verpflichtungen Aller begriffene Leistung oder Verwilligung für den Bund zugemuthet werden sollte, kann ohne freie Zustimmung sämmtlicher Betheiligten kein dieselben verbindender Beschluß gefaßt werden.

Art. 16.

Stimmverhältniß bei Territorial-Einigungen im Erbgang

Wenn die Besitzungen eines souverainen deutschen Hauses durch Erbfolge auf ein anderes übergehen, so hängt es von der Gesammtheit des Bundes ab, ob und in wiefern die auf jenen Besitzungen haftenden Stimmen im Plenum, da im engern Rathe kein Bundesglied mehr als eine Stimme führen kann, dem neuen Besitzer beigelegt werden sollen.

Art. 17.

Interpretationsbefugniß der Bundesversammlung.

Die Bundesversammlung ist berufen, zur Aufrechthaltung des wahren Sinnes der Bundesakte, die darin enthaltenen Bestimmungen, wenn über deren Auslegung Zweifel entstehen sollten, dem Bundeszweck gemäß zu erklären, und in allen vorkommenden Fällen den Vorschriften dieser Urkunde ihre richtige Anwendung zu sichern.

Art. 18.

Erhaltung des inneren Friedens.

Da Eintracht und Friede unter den Bundesgliedern ungestört aufrecht erhalten werden soll, so hat die Bundesversammlung, wenn die innere Ruhe und Sicherheit des Bundes auf irgend eine Weise bedroht oder gestört ist, über Erhaltung oder Wiederherstellung derselben Rath zu pflegen, und die dazu geeigneten Beschlüsse nach Anleitung der in den folgenden Artikeln enthaltenen Bestimmungen zu fassen.

Art. 19.

Vorbeugung gegen Selbsthülfe der Bundesstaaten.

Wenn zwischen Bundesgliedern Thätlichkeiten zu besorgen, oder wirklich ausgeübt worden sind, so ist die Bundesversammlung berufen, vorläufige Maßregeln zu ergreifen, wodurch jeder Selbsthülfe vorgebeugt und der bereits unternommenen Einhalt gethan werde. Zu dem Ende hat sie vor allem für Aufrechthaltung des Besitzstandes Sorge zu tragen.

Art. 20.

Verfahren bei dem Schutze des Besitzstandes.

Wenn die Bundesversammlung von einem Bundesgliede zum Schutze des Besitzstandes angerufen wird, und der jüngste Besitzstand streitig ist, so soll sie für diesen besondern Fall befugt sein, ein bei der Sache nicht betheiligtes Bundesglied in der Nähe des zu schützenden Gebietes aufzufordern, die Thatsache des jüngsten Besitzes, und die angezeigte Störung desselben ohne Zeitverlust durch seinen obersten Gerichtshof summarisch untersuchen und darüber einen rechtlichen

Bescheid abfassen zu lassen, dessen Vollziehung die Bundesversammlung, wenn der Bundesstaat, gegen welchen er gerichtet ist, sich nicht auf vorgängige Aufforderung freiwillig dazu versteht, durch die ihr zu diesem Ende angewiesenen Mittel zu bewirken hat.

Art. 21.

Vermittlung und Einleitung des Austragal-Verfahrens.

Die Bundesversammlung hat in allen, nach Vorschrift der Bundesakte bei ihr anzubringenden Streitigkeiten der Bundesglieder die Vermittelung durch einen Ausschuß zu versuchen. Können die entstandenen Streitigkeiten auf diesem Wege nicht beigelegt werden, so hat sie die Entscheidung derselben durch eine Austragal-Instanz zu veranlassen, und dabei, so lange nicht wegen der Austrägal-Gerichte überhaupt eine anderweitige Uebereinkunft zwischen den Bundesgliedern statt gefunden hat, die in dem Bundestags-Beschlusse vom sechzehnten Juni achtzehn hundert und siebenzehn enthaltenen Vorschriften, so wie den in Folge gleichzeitig an die Bundestags-Gesandten ergehender Instruktionen, zu fassenden besondern Beschluß [1]) zu beobachten.

Art. 22.

Stellung der Austragal-Instanz.

Wenn nach Anleitung des obgedachten Bundestags-Beschlusses der oberste Gerichtshof eines Bundesstaates zur Austrägal-Instanz gewählt ist, so steht demselben die Leitung des Prozesses und die Entscheidung des Streits in allen seinen Haupt- und Nebenpunkten uneingeschränkt und ohne alle weitere Einwirkung der Bundesversammlung oder der Landesregierung zu. Letztere wird jedoch, auf Antrag der Bundesversammlung, oder der streitenden Theile, im Fall einer Zögerung von Seiten des Gerichts, die zur Beförderung der Entscheidung nöthigen Verfügungen erlassen.

Art. 23.

Entscheidungsnormen.

Wo keine besonderen Entscheidungsnormen vorhanden sind, hat das Austrägal-Gericht nach den in Rechtsstreitigkeiten derselben Art vormals von den Reichsgerichten subsidiarisch befolgten Rechtsquellen, in so fern solche auf die jetzigen Verhältnisse der Bundesglieder noch anwendbar sind, zu erkennen.

Art. 24.

Kompromißgerichte.

Es steht übrigens den Bundesgliedern frei, sowohl bei einzelnen vorkommenden Streitigkeiten, als für alle künftige Fälle, wegen besonderer Austräge oder Kompromisse übereinzukommen, wie denn auch frühere Familien- oder Vertrags-Austräge durch Errichtung der Bundes-Austrägal-Instanz nicht aufgehoben, noch abgeändert werden.

---

[1]) Dieser besondere Beschluß, bestehend aus eilf Artikel, befindet sich in dem Protokoll der Plenar-Versammlungen vom 3. August 1820, § 2.

Art. 25.

Erhaltung der inneren Ruhe.

Die Aufrechthaltung der inneren Ruhe und Ordnung in den Bundesstaaten steht den Regierungen allein zu. Als Ausnahme kann jedoch, in Rücksicht auf die innere Sicherheit des gesammten Bundes, und in Folge der Verpflichtung der Bundesglieder zu gegenseitiger Hülfsleistung, die Mitwirkung der Gesammtheit zur Erhaltung oder Wiederherstellung der Ruhe, im Fall einer Widersetzlichkeit der Unterthanen gegen die Regierung, eines offenen Aufruhrs, oder gefährlicher Bewegungen in mehreren Bundesstaaten, statt finden.

Art. 26.

Bundeseinschreitung zur Erhaltung oder Wiederherstellung der innern Ruhe.

Wenn in einem Bundesstaate durch Widersetzlichkeit der Unterthanen gegen die Obrigkeit die innere Ruhe unmittelbar gefährdet, und eine Verbreitung aufrührerischer Bewegungen zu fürchten, oder ein wirklicher Aufruhr zum Ausbruch gekommen ist, und die Regierung selbst, nach Erschöpfung der verfassungsmäßigen und gesetzlichen Mittel, den Beistand des Bundes anruft, so liegt der Bundesversammlung ob, die schleunigste Hülfe zur Wiederherstellung der Ordnung zu veranlassen. Sollte im letztgedachten Falle die Regierung notorisch außer Stande sein, den Aufruhr durch eigene Krafte zu unterdrücken, zugleich aber durch die Umstände gehindert werden, die Hülfe des Bundes zu begehren, so ist die Bundesversammlung nichts desto weniger verpflichtet, auch unaufgerufen zur Wiederherstellung der Ordnung und Sicherheit einzuschreiten. In jedem Falle aber dürfen die verfügten Maßregeln von keiner längeren Dauer sein, als die Regierung, welcher die bundesmäßige Hülfe geleistet wird, es nothwendig erachtet.

Art. 27.

Regierungsverpflichtungen in dem Falle des Art. 26.

Die Regierung, welcher eine solche Hülfe zu Theil geworden, ist gehalten, die Bundesversammlung von der Veranlassung der eingetretenen Unruhen in Kenntniß zu setzen, und von den zur Befestigung der wiederhergestellten gesetzlichen Ordnung getroffenen Maßregeln eine beruhigende Anzeige an dieselbe gelangen zu lassen.

Art. 28.

Bundeseinschreitung bei weit verbreiteten Unruhen oder inneren Gefahren.

Wenn die öffentliche Ruhe und gesetzliche Ordnung in mehreren Bundesstaaten durch gefährliche Verbindungen und Anschläge bedroht sind, und dagegen nur durch Zusammenwirken der Gesammtheit zureichende Maßregeln ergriffen werden können, so ist die Bundesversammlung befugt und berufen, nach vorgängiger Rücksprache mit den zunächst bedrohten Regierungen, solche Maßregeln zu berathen und zu beschließen.

Art. 29.

Justiz-Verweigerung oder Rechtssperre

Wenn in einem Bundesstaate der Fall einer Justiz-Verweigerung eintritt, und auf gesetzlichen Wegen ausreichende Hülfe nicht erlangt werden kann, so liegt der Bundesversammlung ob, erwiesene, nach der Verfassung und den bestehenden Gesetzen jenes Landes zu beurtheilende Beschwerden über verweigerte oder gehemmte Rechtspflege anzunehmen, und darauf die gerichtliche Hülfe bei der Bundesregierung, die zu der Beschwerde Anlaß gegeben hat, zu bewirken.

Art. 30.

Streitige Privatforderungen gegen mehrere Staaten.

Wenn Forderungen von Privatpersonen deßhalb nicht befriedigt werden können, weil die Verpflichtung, denselben Genüge zu leisten, zwischen mehreren Bundesgliedern zweifelhaft oder bestritten ist, so hat die Bundesversammlung, auf Anrufen der Betheiligten, zuvörderst eine Ausgleichung auf gütlichem Wege zu versuchen, im Fall aber, daß dieser Versuch ohne Erfolg bliebe, und die in Anspruch genommenen Bundesglieder sich nicht in einer zu bestimmenden Frist über ein Kompromiß vereinigten, die rechtliche Entscheidung der streitigen Vorfrage durch eine Austrägal-Instanz zu veranlassen.

Art. 31.

Exekutive Befugnisse der Bundesversammlung

Die Bundesversammlung hat das Recht und die Verbindlichkeit, für die Vollziehung der Bundesakte und übrigen Grundgesetze des Bundes, der in Gemäßheit ihrer Competenz von ihr gefaßten Beschlüsse, der durch Austräge gefällten schiedsrichterlichen Erkenntnisse, der unter die Gewährleistung des Bundes gestellten kompromissarischen Entscheidungen und der am Bundestage vermittelten Vergleiche, so wie für die Aufrechthaltung der von dem Bunde übernommenen besonderen Garantien, zu sorgen, auch zu diesem Ende, nach Erschöpfung aller andern bundesverfassungsmäßigen Mittel, die erforderlichen Exekutions-Maßregeln, mit genauer Beobachtung der in einer besondern Exekutionsordnung[1]) dieserhalb festgesetzten Bestimmungen und Normen in Anwendung zu bringen.

Art. 32.

Exekution gegen Bundes-Regierungen. Ausnahmen.

Da jede Bundesregierung die Obliegenheit hat, auf Vollziehung der Bundesbeschlüsse zu halten, der Bundesversammlung aber eine unmittelbare Einwirkung auf die innere Verwaltung der Bundesstaaten nicht zusteht, so kann in der Regel nur gegen die Regierung selbst ein Exekutionsverfahren statt finden. Ausnahmen von dieser Regel treten jedoch ein, wenn eine Bundesregierung, in Ermangelung eigner zureichenden Mittel, selbst die Hülfe des Bundes in Anspruch

---

[1]) Diese Exekutionsordnung ward von der Bundesversammlung errichtet, in ihrer Plenar-Versammlung vom 3. August 1820.

nimmt, oder wenn die Bundesversammlung unter den im sechs und zwanzigsten Artikel bezeichneten Umständen, zur Wiederherstellung der allgemeinen Ordnung und Sicherheit unaufgerufen einzuschreiten verpflichtet ist. — Im ersten Fall muß jedoch immer in Uebereinstimmung mit den Anträgen der Regierung, welcher die bundesmäßige Hülfe geleistet wird, verfahren, und im zweiten Fall ein Gleiches, sobald die Regierung wieder in Thätigkeit gesetzt ist, beobachtet werden.

Art. 33.

Exekutions-Mandat.

Die Exekutions-Maßregeln werden im Namen der Gesammtheit des Bundes beschlossen und ausgeführt. Die Bundesversammlung ertheilt zu dem Ende, mit Berücksichtigung aller Lokalumstände und sonstigen Verhältnisse, einer oder mehreren, bei der Sache nicht betheiligten Regierungen, den Auftrag zur Vollziehung der beschlossenen Maßregeln, und bestimmt zugleich sowohl die Stärke der dabei zu verwendenden Mannschaft, als die nach dem jedesmaligen Zweck des Exekutions-Verfahrens zu bemessende Dauer desselben.

Art. 34.

Exekutions-Verfahren.

Die Regierung, an welche der Auftrag gerichtet ist, und welche solchen als eine Bundespflicht zu übernehmen hat, ernennt zu diesem Behuf einen Civil-Kommissair, der, in Gemäßheit einer, nach den Bestimmungen der Bundesversammlung, von der beauftragten Regierung zu ertheilenden besondern Instruktion, das Exekutions-Verfahren unmittelbar leitet. — Wenn der Auftrag an mehrere Regierungen ergangen ist, so bestimmt die Bundesversammlung, welche derselben den Civil-Kommissair zu ernennen hat. Die beauftragte Regierung wird, während der Dauer des Exekutions-Verfahrens, die Bundesversammlung von dem Erfolge desselben in Kenntniß erhalten, und sie, sobald der Zweck vollständig erfüllt ist, von der Beendigung des Geschäfts unterrichten.

Art. 35.

Bundeskrieg nur zur Selbstvertheidigung und zum Schutz der Bundesglieder.

Der Bund hat als Gesammtmacht das Recht, Krieg, Frieden, Bündnisse und andere Verträge zu beschließen. Nach dem im zweiten Artikel der Bundesakte ausgesprochenen Zwecke des Bundes übt derselbe aber diese Rechte nur zu seiner Selbstvertheidigung, zur Erhaltung der Selbstständigkeit und äußern Sicherheit Deutschlands, und der Unabhängigkeit und Unverletzbarkeit der einzelnen Bundesstaaten aus.

Art. 36.

Gegenseitige Garantie gegen das Ausland. Verfahren bei Konflikten einzelner Bundesstaaten mit auswärtigen Staaten.

Da in dem eilften Artikel der Bundesakte alle Mitglieder des Bundes sich verbindlich gemacht haben, sowohl ganz Deutschland, als jeden einzelnen Bundesstaat gegen jeden Angriff in Schutz zu nehmen, und sich gegenseitig ihre sämmtlichen unter dem Bunde begriffenen

Besitzungen zu garantiren, so kann kein einzelner Bundesstaat von Auswärtigen verletzt werden, ohne daß die Verletzung zugleich und in demselben Maße die Gesammtheit des Bundes treffe.

Dagegen sind die einzelnen Bundesstaaten verpflichtet, von ihrer Seite weder Anlaß zu dergleichen Verletzungen zu geben, noch auswärtigen Staaten solche zuzufügen. — Sollte von Seiten eines fremden Staates über eine von einem Mitgliede des Bundes ihm widerfahrene Verletzung bei der Bundesversammlung Beschwerde geführt, und diese gegründet befunden werden, so liegt der Bundesversammlung ob, das Bundesglied, welches die Beschwerde veranlaßt hat, zur schleunigen und genügenden Abhülfe aufzufordern, und mit dieser Aufforderung, nach Befinden der Umstände, Maßregeln, wodurch weitern friedestörenden Folgen zur rechten Zeit vorgebeugt werde, zu verbinden.

Art. 37.

Verfahren bei Anrufung des Bundes in Konflikten einzelner Bundesstaaten mit einer auswärtigen Macht

Wenn ein Bundesstaat, bei einer zwischen ihm und einer auswärtigen Macht entstandenen Irrung, die Dazwischenkunft des Bundes anruft, so hat die Bundesversammlung den Ursprung solcher Irrung und das wahre Sachverhältniß sorgfältig zu prüfen. — Ergiebt sich aus dieser Prüfung, daß dem Bundesstaate das Recht nicht zur Seite steht, so hat die Bundesversammlung denselben von Fortsetzung des Streites ernstlich abzumahnen, und die begehrte Dazwischenkunft zu verweigern, auch erforderlichen Falls zur Erhaltung des Friedensstandes geeignete Mittel anzuwenden. Ergiebt sich das Gegentheil, so ist die Bundesversammlung verpflichtet[1]), dem verletzten Bundesstaate ihre wirksamste Verwendung und Vertretung angedeihen zu lassen, und solche so weit auszudehnen, als nöthig ist, damit demselben volle Sicherheit und angemessene Genugthuung zu Theil werde.

Art. 38.

Vorkehr gegen Gefahr vom Ausland.

Wenn aus der Anzeige eines Bundesstaates, oder aus anderen zuverlässigen Angaben, Grund zu der Besorgniß geschöpft wird, daß ein einzelner Bundesstaat, oder die Gesammtheit des Bundes, von einem feindlichen Angriffe bedroht sei, so muß die Bundesversammlung sofort die Frage, ob die Gefahr eines solchen Angriffes wirklich vorhanden ist, in Berathung nehmen, und darüber in der kürzestmöglichen Zeit einen Ausspruch thun. — Wird die Gefahr anerkannt, so muß, gleichzeitig mit diesem Ausspruche, wegen der in solchem Falle unverzüglich in Wirksamkeit zu setzenden Vertheidigungs-Maßregeln, ein Beschluß gefaßt werden. Beides, jener Ausspruch und dieser Beschluß, ergeht von der engeren Versammlung, die dabei nach der in ihr geltenden absoluten Stimmenmehrheit verfährt.

---

[1]) Vergl. unten Art. 50. Nro. 4.

Art. 39.

Kriegszustand bei erfolgtem Angriff vom Auslande.

Wenn das Bundesgebiet von einer auswärtigen Macht feindlich überfallen wird, tritt sofort der Stand des Krieges ein, und es muß in diesem Falle, was auch ferner von der Bundesversammlung beschlossen werden mag, ohne weitern Verzug zu den erforderlichen Vertheidigungs-Maßregeln geschritten werden.

Art. 40.

Kriegserklärung.

Sieht sich der Bund zu einer förmlichen Kriegserklärung genöthigt, so kann solche nur in der vollen Versammlung nach der für dieselbe vorgeschriebenen Stimmenmehrheit von zwei Drittheilen beschlossen werden.

Art. 41.

Verbindlichkeit der Beschlüsse für Kriegseventualitäten

Der in der engern Versammlung gefaßte Beschluß über die Wirklichkeit der Gefahr eines feindlichen Angriffes verbindet sämmtliche Bundesstaaten zur Theilnahme an den vom Bundestage nothwendig erachteten Vertheidigungs-Maßregeln. Gleicherweise verbindet die in der vollen Versammlung ausgesprochene Kriegserklärung sämmtliche Bundesstaaten zur unmittelbaren Theilnahme an dem gemeinschaftlichen Kriege.

Art. 42.

Vorbehalt für Einzel-Fürsorge.

Wenn die Vorfrage, ob Gefahr vorhanden ist, durch die Stimmenmehrheit verneinend entschieden wird, so bleibt nichts desto weniger denjenigen Bundesstaaten, welche von der Wirklichkeit der Gefahr überzeugt sind, unbenommen, gemeinschaftliche Vertheidigungs-Maßregeln unter einander zu verabreden.

Art. 43.

Bundesvermittlung.

Wenn in einem Falle, wo es die Gefahr und Beschützung einzelner Bundesstaaten gilt, einer der streitenden Theile auf die förmliche Vermittelung des Bundes anträgt, so wird derselbe, in so fern er es der Lage der Sachen und seiner Stellung angemessen findet, unter vorausgesetzter Einwilligung des andern Theils, diese Vermittelung übernehmen; jedoch darf dadurch der Beschluß wegen der zur Sicherheit des Bundesgebiets zu ergreifenden Vertheidigungs-Maßregeln nicht aufgehalten werden, noch in der Ausführung der bereits beschlossenen ein Stillstand oder eine Verzögerung eintreten.

Art. 44.

Größere Kontingente.

Bei ausgebrochenem Kriege steht jedem Bundesstaate frei, zur gemeinsamen Vertheidigung eine größere Macht zu stellen, als sein Bundes-Kontingent beträgt; es kann jedoch in dieser Hinsicht keine Forderung an den Bund statt finden.

Art. 45.

Fürsorge in Kriegen zwischen auswärtigen Mächten.

Wenn in einem Kriege zwischen auswärtigen Mächten oder in andern Fällen Verhältnisse eintreten, welche die Besorgniß einer Verletzung der Neutralität des Bundesgebietes veranlassen, so hat die Bundesversammlung ohne Verzug im engern Rathe die zur Behauptung dieser Neutralität erforderlichen Maßregeln zu beschließen.

Art. 46.

Reservatkriegsrecht von Bundesstaaten, als europäischen Mächten, und Nichtbetheiligung des Bundes.

Beginnt ein Bundesstaat, der zugleich außerhalb des Bundesgebiets Besitzungen hat, in seiner Eigenschaft als europäische Macht einen Krieg, so bleibt ein solcher, die Verhältnisse und Verpflichtungen des Bundes nicht berührender Krieg dem Bunde ganz fremd [1]).

Art. 47.

Gefährdung von annexirten nichtdeutschen Ländern.

In den Fällen, wo ein solcher Bundesstaat in seinen außer dem Bunde belegenen Besitzungen bedroht oder angegriffen wird, tritt für den Bund die Verpflichtung zu gemeinschaftlichen Vertheidigungs-Maßregeln, oder zur Theilnahme und Hülfsleistung nur in so fern ein, als derselbe, nach vorgängiger Berathung durch Stimmenmehrheit in der engern Versammlung, Gefahr für das Bundesgebiet erkennt. — Im letztern Falle finden die Vorschriften der vorhergehenden Artikel ihre gleichmäßige Anwendung.

Art. 48.

Gleichmäßige Verbindlichkeit des Kriegs u. s. w.

Die Bestimmung der Bundesakte, vermöge welcher, nach einmal erklärtem Bundeskriege kein Mitglied des Bundes einseitige Unterhandlungen mit dem Feinde eingehen, noch einseitig Waffenstillstand oder Frieden schließen darf, ist für sämmtliche Bundesstaaten, sie mögen außerhalb des Bundes Besitzungen haben oder nicht, gleich verbindlich.

Art. 49.

Friedens- und Waffenstillstands-Verhandlungen

Wenn von Seiten des Bundes Unterhandlungen über Abschluß

---

[1]) Die Verhandlungen über diese, besonders für Oesterreich und Preußen wichtige Reservation, und Baierns Einreden dagegen auf dem Wiener Kongresse von 1815 sind in Klübers Akten des Wiener Kongresses nachzulesen.

des Friedens oder eines Waffenstillstandes statt finden, so hat die Bundesversammlung zu spezieller Leitung derselben einen Ausschuß zu bestellen, zu dem Unterhandlungsgeschäft selbst aber eigene Bevollmächtigte zu ernennen, und mit gehörigen Instruktionen zu versehen. Die Annahme und Bestätigung eines Friedensvertrages kann nur in der vollen Versammlung geschehen.

Art. 50.

Befugnisse der Bundesversammlung in Betreff der auswärtigen Verhältnisse.

In Bezug auf die auswärtigen Verhältnisse überhaupt liegt der Bundesversammlung ob:

1. Als Organ der Gesammtheit des Bundes für die Aufrechthaltung friedlicher und freundschaftlicher Verhältnisse mit den auswärtigen Staaten Sorge zu tragen;

2. Die von fremden Mächten bei dem Bunde beglaubigten Gesandten anzunehmen, und, wenn es nöthig befunden werden sollte, im Namen des Bundes Gesandte an fremde Mächte abzuordnen[1]).

3. In eintretenden Fällen Unterhandlungen für die Gesammtheit des Bundes zu führen und Verträge für denselben abzuschließen;

4. Auf Verlangen einzelner Bundesregierungen, für dieselben, die Verwendung des Bundes bei fremden Regierungen, und, in gleicher Art, auf Verlangen fremder Staaten, die Dazwischenkunft des Bundes bei einzelnen Bundesgliedern eintreten zu lassen.

Art. 51.

Verpflichtung der Bundesversammlung in Betreff der organischen Militaireinrichtungen und der Vertheidigungsanstalten.

Die Bundesversammlung ist ferner verpflichtet, die auf das Militairwesen des Bundes Bezug habenden organischen Einrichtungen, und die zur Sicherstellung seines Gebiets erforderlichen Vertheidigungsanstalten zu beschließen.

Art. 52.

Bundesmatrikel und Geldumlagen.

Da zu Erreichung der Zwecke und Besorgung der Angelegenheiten des Bundes von der Gesammtheit der Mitglieder Geldbeiträge zu leisten sind, so hat die Bundesversammlung

1. Den Betrag der gewöhnlichen verfassungsmäßigen Ausgaben, so weit solches im Allgemeinen geschehen kann, festzusetzen;

2. in vorkommenden Fällen die zur Ausführung besonderer, in Hinsicht auf anerkannte Bundeszwecke gefaßten Beschlüsse erforderlichen außerordentlichen Ausgaben und die zur Bestreitung derselben zu leistenden Beiträge zu bestimmen;

---

[1]) Ist niemals „für nöthig befunden worden". In der luxemburgischen Sache hatten Oesterreich und Preußen gemeinschaftlich die Bundesvollmacht.

3. das matrikelmäßige Verhältniß, nach welchem von den Mitgliedern des Bundes beizutragen ist, festzusetzen[1];

4. Die Erhebung, Verwendung und Verrechnung der Beiträge anzuordnen und darüber die Aufsicht zu führen.

Art. 53.

Einwirkung der Bundesversammlung auf innere Staatseinrichtung u Staatsverwaltung.

Die durch die Bundesakte den einzelnen Bundesstaaten garantirte Unabhängigkeit schließt zwar im Allgemeinen jede Einwirkung des Bundes in die innere Staatseinrichtung und Staatsverwaltung aus. Da aber die Bundesglieder sich in dem zweiten Abschnitt der Bundesakte über einige besondere Bestimmungen vereinigt haben, welche sich theils auf Gewährleistung zugesicherter Rechte, theils auf bestimmte Verhältnisse der Unterthanen beziehen, so liegt der Bundesversammlung ob, die Erfüllung der durch diese Bestimmungen übernommenen Verbindlichkeiten, wenn sich aus hinreichend begründeten Anzeigen der Betheiligten ergiebt, daß solche nicht statt gefunden habe, zu bewirken. Die Anwendung der in Gemaßheit dieser Verbindlichkeiten getroffenen allgemeinen Anordnungen auf die einzelnen Fälle bleibt jedoch den Regierungen allein überlassen.

Art. 54.

Fürsorge fur Einfuhrung landstandischer Verfassungen.

Da nach dem Sinn des dreizehnten Artikels der Bundesakte und den darüber erfolgten spateren Erklärungen in allen Bundesstaaten landständische Verfassungen statt finden sollen, so hat die Bundesversammlung darüber zu wachen, daß diese Bestimmung in keinem Bundesstaat unerfüllt bleibe.

Art. 55.

Die Landesverfassungen durch die Fursten zu ordnen.

Den souverainen Fürsten der Bundesstaaten bleibt überlassen, diese innere Landes-Angelegenheit, mit Berücksichtigung sowohl der früherhin gesetzlich bestandenen ständischen Rechte, als der gegenwärtig obwaltenden Verhältnisse zu ordnen.

Art. 56.

Abanderung bestehender Verfassungen.

Die in anerkannter Wirksamkeit bestehenden landständischen Verfassungen können nur auf verfassungsmäßigem Wege wieder abgeändert werden.

Art. 57.

Begriff furstlicher Souverainetätsrechte

Da der deutsche Bund, mit Ausnahme der freien Städte, aus souverainen Fürsten besteht, so muß, dem hierdurch gegebenen Grund-

---

[1] Die Bundesmatrikel geben wir nachstehend S. 30.

begriffe zufolge, die gesammte Staatsgewalt in dem Oberhaupte des Staats vereinigt bleiben, und der Souverain kann durch eine landständische Verfassung nur in der Ausübung bestimmter Rechte an die Mitwirkung der Stände gebunden werden.

Art. 58.

Bundesverpflichtungen uber den Landesverfassungen.

Die im Bunde vereinten souverainen Fürsten dürfen durch keine landständische Verfassung in der Erfüllung ihrer bundesmäßigen Verpflichtungen gehindert oder beschränkt werden.

Art. 59.

Obhut über die Redefreiheit in öffentlichen Kammerverhandlungen.

Wo die Oeffentlichkeit landständischer Verhandlungen durch die Verfassung gestattet ist, muß durch die Geschäftsordnung dafür gesorgt werden, daß die gesetzlichen Grenzen der freien Aeußerung, weder bei den Verhandlungen selbst, noch bei deren Bekanntmachung durch den Druck, auf eine die Ruhe des einzelnen Bundesstaats oder des gesammten Deutschlands gefährdende Weise überschritten werden [1]).

Art. 60.

Garantie von Landesverfassungen.

Wenn von einem Bundesgliede die Garantie des Bundes für die in seinem Lande eingeführte landständische Verfassung nachgesucht wird, so ist die Bundesversammlung berechtigt, solche zu übernehmen. Sie erhält dadurch die Befugniß, auf Anrufung der Betheiligten, die Verfassung aufrecht zu erhalten, und die über Auslegung oder Anwendung derselben entstandenen Irrungen, so fern dafür nicht anderweitig Mittel und Wege gesetzlich vorgeschrieben sind, durch gütliche Vermittelung oder compromissarische Entscheidung beizulegen [2]).

Art. 61.

Regel und Ausnahme der Nicht-Einmischung in landständische Angelegenheiten

Außer dem Fall der übernommenen besonderen Garantie einer landständischen Verfassung, und der Aufrechthaltung der über den dreizehnten Artikel der Bundesakte hier festgesetzten Bestimmungen, ist die

---

[1]) Wurde durch Bundesbeschluß vom 28. April 1836 dahin verschärft, daß Nachrichten und Berichte über Verhandlungen deutscher Ständeversammlungen nur aus öffentlichen Blättern und aus den zur Oeffentlichkeit bestimmten Akten des betreffenden Bundesstaats in die Zeitungen und periodischen Schriften (der andern Bundesstaaten) aufgenommen werden dürften.

[2]) Die Bundesgarantie wurde übernommen für die landständischen Verfassungen von Sachsen-Weimar-Eisenach (13. März 1817), Hildburghausen (1. October 1818), Sachsen-Coburg (15. Juni 1822), letztere mit Bezug auf Artikel 58 und 60 der Schlußakte, und das mecklenburgische Gesetz vom 28. November 1817 (am 25. Mai 1818). Mehrere andere dahin laufende Gesuche von Kurhessen, Baden, Sigmaringen und Sondershausen blieben unbeachtet.

Bundesversammlung nicht berechtigt, in landständische Angelegenheiten, oder in Streitigkeiten zwischen den Landesherren und ihren Ständen einzuwirken, so lange solche nicht den im sechs und zwanzigsten Artikel bezeichneten Charakter annehmen, in welchem Falle die Bestimmungen dieses, so wie des sieben und zwanzigsten Artikels auch hiebei ihre Anwendung finden. — Der sechs und vierzigste Artikel der Wiener Congreßakte vom Jahre achtzehn hundert und funfzehn, in Betreff der Verfassung der freien Stadt Frankfurt, erhält jedoch hierdurch keine Abänderung.

Art. 62.

Theilweise Anwendbarkeit auf die freien Städte.

Die vorstehenden Bestimmungen in Bezug auf den dreizehnten Artikel der Bundesakte sind auf die freien Städte in so weit anwendbar, als die besonderen Verfassungen und Verhältnisse derselben es zulassen.

Art. 63.

Fürsorge fur die Privilegien der ehemals Reichsunmittelbaren.

Es liegt der Bundesversammlung ob, auf die genaue und vollständige Erfüllung derjenigen Bestimmungen zu achten, welche der vierzehnte Artikel der Bundesakte in Betreff der mittelbar gewordenen ehemaligen Reichsstände und des ehemaligen unmittelbaren Reichsadels enthält. Diejenigen Bundesglieder, deren Ländern die Besitzungen derselben einverleibt worden, bleiben gegen den Bund zur unverrückten Aufrechthaltung der durch jene Bestimmungen begründeten staatsrechtlichen Verhältnisse verpflichtet. Und wenn gleich die über die Anwendung der in Gemäßheit des vierzehnten Artikels der Bundesakte erlassenen Verordnungen oder abgeschlossenen Verträge entstehenden Streitigkeiten in einzelnen Fällen an die competenten Behörden des Bundesstaats, in welchem die Besitzungen der mittelbar gewordenen Fürsten, Grafen und Herren gelegen sind, zur Entscheidung gebracht werden müssen, so bleibt denselben doch, im Fall der verweigerten gesetzlichen und verfassungsmäßigen Rechtshülfe oder einer einseitigen zu ihrem Nachtheil erfolgten legislativen Erklärung der durch die Bundesakte ihnen zugesicherten Rechte, der Recurs an die Bundesversammlung vorbehalten; und diese ist in einem solchen Falle verpflichtet, wenn sie die Beschwerde gegründet findet, eine genügende Abhülfe zu bewirken.

Art. 64.

Eventualitat gemeinnutziger Vorschlage.

Wenn Vorschläge zu gemeinnützigen Anordnungen, deren Zweck nur durch die zusammenwirkende Theilnahme aller Bundesstaaten vollständig erreicht werden kann, von einzelnen Bundesgliedern an die Bundesversammlung gebracht werden, und diese sich von der Zweckmäßigkeit und Ausführbarkeit solcher Vorschläge im Allgemeinen überzeugt, so liegt ihr ob, die Mittel zur Vollführung derselben in sorgfältige Erwägung zu ziehen, und ihr anhaltendes Bestreben dahin zu richten, die zu dem Ende erforderliche freiwillige Vereinbarung unter den sämmtlichen Bundesgliedern zu bewirken.

Art. 65.

Vorbehalt auch früher reservirter Thätigkeit. Unabänderliche Vereinbarung.

Die in den besonderen Bestimmungen der Bundesakte, Artikel 16, 18, 19, zur Berathung der Bundesversammlung gestellten Gegenstände bleiben derselben, um durch gemeinschaftliche Uebereinkunft zu möglichst gleichförmigen Verfügungen darüber zu gelangen, zur ferneren Bearbeitung vorbehalten.

Die vorstehende Akte wird als das Resultat einer unabänderlichen Vereinbarung zwischen den Bundesgliedern, mittelst Präsidial-Vortrags an den Bundestag gebracht, und dort, in Folge gleichlautender Erklärungen der Bundesregierungen, durch förmlichen Bundesbeschluß zu einem Grundgesetze erhoben werden, welches die nämliche Kraft und Gültigkeit wie die Bundesakte selbst haben und der Bundesversammlung zur unabweichlichen Richtschnur dienen soll.

Zur Urkunde dessen haben sämmtliche hier versammelte Bevollmächtigte die gegenwärtige Akte unterzeichnet und mit ihren Wappen untersiegelt.

So geschehen zu Wien den funfzehnten des Monats Mai, im Jahr ein tausend acht hundert und zwanzig.

(Folgen die Unterschriften.)

Beschluß der Bundesversammlung in ihrer Plenar-Versammlung vom 8. Juni 1820.

Es wird die von den Bevollmächtigten der sämmtlichen Bundesstaaten zu Wien vollzogene Schlußakte der daselbst über Ausbildung und Befestigung des Bundes gehaltenen Ministerial-Conferenzen, ihrer ausgesprochenen Bestimmung gemäß, zu einem der Bundesakte an Kraft und Gültigkeit gleichen Grundgesetze des Bundes erhoben.

Matrikel des deutschen Bundes,

nach den Beschlüssen der Bundesversammlung in den Jahren 1818, 1819, 1827, 1831, 1834, 1839 u. 1842; und mit den speziellen Berechnungen: Ausschlag zu 1000 fl. rhein., sodann den Militair-Contingenten (zu 1 % der Bevölker) und deren Bundeseintheilung

Bundesstaaten.	Seelenzahl.	Beitrag zu 1000 fl. fl décimal.	Militair-Contingent und Eintheilung.						
			Bundes-Armeecorps	Divisionen	Infanterie	Cavallerie.	Artillerie.	Geschütz	Stärke Contin
1. Oesterreich	9,482,227	314,351	I. II. III	6	73,501	13,546	7,775	192	94,8
2. Preußen	7,948,439	263,504	IV. V. VI.	6	61,629	11,355	6,500	160	79,4
3. Königreich Sachsen. .	1,200,000	39,782	IX.	1.	9,302	1,714	948		12,0
4. Baiern	3,560,000	118,019	VII.	2	27,595	5,086	2,919	72	35,6
5. Hannover	1,305,351	43,274	X.	1.	10,118	1,865	1,071		13,0
6. Würtemberg	1,395,462	46,261	VIII.	1.	10,816	1,994	1,145		13,9
7. Baden	1,000,000	33,151	VIII.	2.	7,751	1,429	820	Bei jedem Armeecorps auf je 1000 Mann 2 Stück Geschütze; für jedes Geschütz 36 Mann.	10,0
8. Kurhessen	567,868	18,825	IX.	2.	4,402	811	466		5,6
9. Großherzogth. Hessen.	619,500	20,537	VIII.	3.	4,802	885	508		6,1
10. Holstein u. Lauenburg	360,000	11,934	X.	2.	2,791	514	295		3,6
11. Luxemb. u. Limburg .	253,583	8,406	IX.	2.	1,966	362	208		2,5
12. Braunschweig	209,600	6,948	X.	1.	1,625	299	172		2,0
13. Mecklenb.-Schwerin .	358,000	11,868	X.	2.	2,775	511	294		3,5
14. Nassau	302,769	10,037	IX.	2.	3,721	—	318		4,0
15. Sachsen-Weimar. . .	201,000	6,663	Zur Reserve-Infanterie-Division.		2,010	—	—		2,0
16. " Coburg-Gotha .	111,600	3,699			1,116	—	—		1,1
17. " Mein-Hildburgh.	115,000	3,812			1,150	—	—		1,1
18. " Altenburg	98,200	3,255			982	—	—		9
19. Mecklenburg-Strelitz.	71,769	2,379	X.	2.	588	71	59		7
20. Oldenburg	220,718	7,317	X.	2.	2,650	—	179		2,8
21. Anhalt-Dessau	52,947	1,755	Zur Reserve-Infanterie-Division.		529	—	—		5
22. " Bernburg . .	37,046	1,228			370	—	—		3
23. " Cöthen	32,454	1,075			325	—	—		3
24. Schwarzb.-Sondersh.	45,117	1,495			451	—	—		4
25. " Rudolstadt	53,937	1,788			539	—	—		5
26. Hohenzollern-Heching.	14,500	0,480			145	—	—		1
27. Lichtenstein	5,546	0,183			55	—	—		
28. Hohenzollern-Sigm. .	35,560	1,178			356	—	—		3
29. Waldeck	51,877	1,719			519	—	—		5
30. Reuß, ältere Linie . .	22,255	0,737			223	—	—		2
31. " jüngere Linie .	52,205	1,730			522	—	—		5
32. Schaumburg-Lippe .	21,000	0,696			240	—	—		2
33. Lippe	72,062	2,388			691	—	—		6
34. Hessen-Homburg . . .	20,000	0,663			200	—	—		2
35. Lübeck	40,650	1,347	X.	2.	316	58	33		4
36. Frankfurt	47,850	1,586	Res.-Infant.-Division		693	—	—		6
37. Bremen	48,500	1,607	X.	2.	376	69	40		4
38. Hamburg	129,800	4,303	X.	2.	1,007	185	106		1,2
	30,164,392	1,000			238,847	40,754	23,892	594	303,4

Zu der vorstehenden Matrikulartabelle ist Folgendes zu bemerken:

1. Die Seelenzahl nach der Matrikel ist weit unter dem jetzigen Bestande. Auch sind natürlich die seit 1848 dem deutschen Bunde einverleibten preußischen Provinzen (beiläufig 2,500,000 Seelen) nicht einbegriffen.
2. Bei den Matrikularbeiträgen sind weitere Decimalstellen hier nicht aufgenommen, woher in der Addition der Ausfall ,04 rührt. — Für die Bundeskanzlei-Kasse trägt jede der 17 Stimmen des engen Raths gleichmäßig 2000 Gulden bei, so oft es erforderlich ist, was durch jeweiligen Bundesbeschluß bestimmt wird. Die Quoten der Theilhaber an den sechs Curiatstimmen ist hiefür besonders normirt.
3. Oesterreich und Preußen stellen jedes drei Armeecorps, Baiern eines. Die übrigen sind combinirt. Das achte (3 Divisionen), Würtemberg, Baden, Großherzogthum Hessen. Das neunte, Königreich Sachsen (1. Division), Kurhessen u. Nassau (2. Division), dazu ferner Luxemburg und Limburg, zur Besetzung von Luxemburg. Das zehnte Armeecorps, Hannover und Braunschweig (1. Division), Holstein und Lauenburg, die beiden Mecklenburg, Oldenburg und die drei Hansestädte (2. Division).

Die übrigen kleinen Staaten bilden mit ihren Kontingenten eine Reserve-Infanterie-Division, bestimmt zur Ergänzung der Kriegsbesatzungen der Bundesfestungen Mainz, Luxemburg und Landau und zur Disposition des Oberfeldherrn (definitive Organisation der drei gemischten Armeecorps und einer besonderen Reserve-Division, vom 9. December 1830).

Nassau und Oldenburg sind durch Bundesbeschluß vom 9. Decbr. 1830 und 5. Septbr. 1836 von der Cavalleriestellung befreit, gegen Erhöhung ihres Infanterie-Kontingents. Nach Uebereinkunft (genehmigt 1843) geschieht die Stellung von Kavallerie und Artillerie für beide Mecklenburg durch Schwerin allein.

Oldenburg stellt für die drei Hansestädte die Artillerie, diese dagegen die Kavallerie zur oldenburgisch-hanseatischen Brigade.

Durch die Abtretung von Luxemburg gegen Limburg verminderte sich das luxemburg-limburgische Kontingent um 20 Mann (Bundes-Beschluß vom 29. Juli 1841), das preußische vermehrte sich durch die Erwerbung von Lichtenberg (von Sachsen-Coburg-Gotha) um 250 Mann, wonach die preuß. Kriegsbesatzung von Mainz auf 7250 Mann festgestellt wurde.

Schon nach den in der Sitzung der Bundesversammlung vom 11. April 1821 beschlossenen fünf ersten Abschnitten der „Grundzüge der Militairverfassung des deutschen Bundes" soll zwar das Kontingent der Bundesstaaten nur ein Procent der Matrikularbevölkerung betragen, jedoch ein weiteres halbes Procent im Maximum, ein sechstel Procent im Minimum nach dem Ausrücken als Ersatzmannschaft aufgestellt werden. Die Reiterei soll ein

Siebentheil der Gesammtzahl der Kontingente betragen; 2 Stück Geschütze auf 1000 Mann Kontingent und ein drittes parat für den Abgang. Nach dem Bundesbeschlusse vom 13. Septbr. 1832 muß das Kontingent von 1 Procent der Bevolkerung (mit Ausschluß der Rekruten) stets bei der Fahne sein, und müssen die Cadres der Reserve (zu $^1/_3$ Procent der Bevölkerung) sowie Dienstpferde und Material stets so vorhanden sein, daß auch die Reserven, 10 Wochen nach gefaßtem Bundesbeschluß, vollkommen geübt und ausgerüstet, schlagfertig aufgestellt werden können. Hienach erhöhen sich also sämmtliche Kontingente, abgesehen von dem Beschlusse der Nationalversammlung, welche solche auf 2 Procent steigerte.

Die fünf letzten Abschnitte der Kriegsverfassung des Bundes wurden in der Sitzung vom 11. Juli 1822 angenommen.

Als Nachtrag dazu sind zu betrachten die „Bestimmungen über die Bundesfestungen Mainz, Luxemburg und Landau" vom 28. Juli 1825, vom 19. August 1830 und 26. August 1830; wegen der Verhältnisse von Landau vom 14. December 1830.

Hienach beträgt die Krieqbesatzung von Mainz 20,932 Mann (wovon Oesterreich und Preußen je 7000 Mann, die Uebrigen aus der Infanterie-Reserve-Division), von Luxemburg 7,006 Mann (wovon Preußen 3,000 Mann, Luxemburg 2,556, die Uebrigen aus der Infanterie-Reserve-Division), die Kriegsbesatzung von Landau 6,291 Mann (wovon Bayern 4000 Mann, die Uebrigen von der Infanterie-Reserve-Division).

Der Bau der Bundesfestungen Ulm und Rastatt (aus den von der französischen Kriegskontribution reservirten 20 Millionen Franken) wurde beschlossen in der Sitzung der Bundesversammlung vom 26. Marz und 1. Juli 1841; über die Deckung der (weiteren) Kosten Beschluß vom 27. April 1843.

Die Beschlüsse der Jahre 1819 und 1820.

In Folge des Carlsbader Kongresses, dessen Konferenz-Protokolle in den von J. L. Klüber hinterlassenen, von C. Welcker herausgegebenen Papieren (wichtige Urkunden, Mannheim bei Bassermann 1844) vollständig vorliegen, wurden die Bundesbeschlüsse des Jahres 1819 gefaßt und verkündigt. Am 20. September 1819 theilte der K. K. österreichische Präsidial-Gesandte der Bundesversammlung in einer Rede, welche die Lage Deutschlands als von der konstitutionellen Lehre höchst bedroht schilderte, eine Anzahl von Propositionen mit, deren Genehmigung im Voraus gegeben war.

Der erste Punkt betraf die „Ungewißheit über den Sinn des 13. Artikels der Bundesakte (welcher landständische Verfassungen für alle Bundesstaaten zusichert) und Mißdeutung desselben."

„Es muß eins der ersten und dringendsten Geschäfte der Bundesversammlung sein, zu einer gründlichen, auf alle Bundesstaaten, in welcher Lage sie sich auch gegenwärtig befinden mögen, anwendbaren, nicht von allgemeinen Theorien oder fremden Mustern, sondern von deutschen Begriffen, deutschem Recht und deutscher Geschichte abgeleiteten, vor allen aber der Aufrechthaltung des monarchischen Prinzips, dem Deutschland nie ungestraft untreu werden darf, und der Aufrechthaltung des Bundesvereins, als der einzigen Stütze seiner Unabhängigkeit und seines Friedens, vollkommen angemessenen Auslegung und Erläuterung des Art. 13 der Bundesakte zu schreiten."

Hierauf wurde der einmüthige Beschluß der Bundesversammlung gefaßt:

„Daß nach dem Sinne des monarchischen Prinzips und zur Aufrechthaltung des Bundesvereins die Bundesstaaten bei Wiedereröffnung der Sitzungen ihre Erklärung über eine angemessene Auslegung und Erläuterung des 13. Artikels der Bundesakte abzugeben haben." —

Das Resultat der hierauf in Wien stattgefundenen Erörterungen waren die Artikel 54—62 der vorstehenden Schlußakte.

Als zweiter Satz wurde aufgestellt, daß die Bundesversammlung die „oberste Gesetzgebung (d. h. Gesetzgebungsgewalt) in Deutschland constituire." Es müßten somit ihre Beschlüsse von „allgemein verbindlicher Kraft sein" und dürfe „ihrer Vollziehung keine einzelne Gesetzgebung und kein Separatbeschluß entgegenstehen."

Für diesen Zweck wurde alsbald eine provisorische Exekutionsordnung beschlossen. Da jedoch am 3. August desselben Jahres eine definitive Exekutionsordnung zum Bundesgesetz erhoben wurde, so theilen wir diese hier mit.

Exekutions-Ordnung
für Vollziehungsgeschäfte der Bundesversammlung,
festgesetzt in dem Plenum, am 3. August 1820.

Präsidium. In der 35. Bundestags-Sitzung 1819, §. 219, wurde unter die Gegenstände, welche zur Instruktions-Einholung und definitiven Beschlußnahme nach Wiedereröffnung der Sitzungen besonders ausgesetzt worden, auch die Einführung einer definitiven Exekutionsordnung, mit Bestimmung von ausreichenden kräftigen Mitteln, um sowohl die Beschlüsse des Bundestags, als auch die Erkenntnisse der Austrägal-Instanzen in ungehinderte Vollziehung zu setzen, mit aufgenommen.

Die Schlußakte enthält hierüber die Grundbestimmungen in den Artikeln 31 bis 34, und zur weitern Entwickelung derselben wurde in dem 31. Artikel vorbehalten, eine besondere Exekutionsordnung folgen zu lassen.

Da nun dieselbe in den Ministerial-Konferenzen zu Wien entworfen und genehmigt worden, so habe ich von meinem allerhöchsten Hofe den Auftrag erhalten, der verehrlichen Bundesversammlung diese Exekutionsordnung, welche in ihren vierzehn Artikeln zugleich die in die Schlußakte aufgenommenen Bestimmungen in sich begreift, zu dem Ende vorzulegen, damit dieselbe, in eben der Form, wie die Schlußakte selbst, durch gleichförmige Zustimmung zum Bundestags-Beschluß erhoben werde.

Art. 1.

Die Bundesversammlung hat das Recht und die Verbindlichkeit, für die Vollziehung der Bundesakte und übrigen Grundgesetze des Bundes, der, in Gemäßheit ihrer Kompetenz, von ihr gefaßten Beschlüsse, der durch Austräge gefallten schiedsrichterlichen Erkenntnisse, der unter die Gewährleistung des Bundes gestellten kompromissarischen Entscheidungen und der am Bundestage vermittelten Vergleiche, so wie für die Aufrechthaltung der von dem Bunde übernommenen besondern Garantien, zu sorgen, auch zu diesem Ende, nach Erschöpfung aller andern bundesverfassungsmäßigen Mittel, die erforderlichen Exekutions-Maßregeln in Anwendung zu bringen[1]).

Art. 2.

Zur Erfüllung dieser Verbindlichkeit wählt die Bundesversammlung jedesmal für den Zeitraum von sechs Monaten, mit Einschluß der Ferien, aus ihrer Mitte eine Kommission von fünf Mitgliedern mit zwei Stellvertretern, dergestalt: daß bei deren jedesmaligen Erneuerung wenigstens zwei neue Mitglieder darin aufgenommen werden. An dieselbe werden alle der Bundesversammlung zukommenden

---

[1]) Dieser Art. 1 ist wörtlich hier aufgenommen aus der Wiener Schlußakte von 1820, Art. 31.

Eingaben und Anzeigen abgegeben, welche auf die im 1. Art. bezeichneten Vollziehungsgegenstände Bezug haben.

Art. 3.

Dieser Kommission liegt ob, zuvörderst zu prüfen, ob der bundesmäßigen Verpflichtung vollständige oder unzureichende Folge geleistet worden sei, und darüber Vortrag an die Bundesversammlung zu erstatten. Erhält diese dadurch die Ueberzeugung, daß in dem gegebenen Falle die gesetzlichen Vorschriften gar nicht, oder nicht hinlänglich befolgt worden sind, so hat sie, nach Beschaffenheit der Umstände, einen kurzen Termin anzuberaumen, um von den Gesandten der Bundesstaaten, welche solches angeht, entweder die Erklärung der hierauf erfolgten Vollziehung, oder die genügende und vollständige Nachweisung der Ursachen, welche der Folgeleistung noch entgegenstehen, zu vernehmen.

Nach erfolgter Erklärung, oder, in Ermangelung dieser, nach Ablauf der bestimmten Frist, hat die Bundesversammlung auf das von der Kommission darüber abzugebende Gutachten zu beurtheilen, in wie fern die Sache erledigt, oder der Fall der Nichterfüllung der bundesmäßigen Verpflichtung begründet, und sonach das geeignete Exekutionsverfahren zu beschließen ist.

Art. 4.

Ehe die Bundesversammlung die wirkliche Ausführung ihres wegen der Exekution und der dabei anzuwendenden Mittel gefaßten Beschlusses verfügt, wird sie denselben der Regierung des betheiligten Bundesstaats durch dessen Bundestagsgesandten mittheilen, und zugleich an diese eine angemessene motivirte Aufforderung zur Folgeleistung, unter Bestimmung einer nach Lage der Sache zu bemessenden Zeitfrist, ergehen lassen.

Art. 5.

Wenn hierauf die Befolgung angezeigt wird, so hat die Kommission ihr Gutachten darüber abzugeben, und der Bundestag zu beurtheilen, in wie fern solches zur Genüge geschehen ist. — Ergeht keine solche Anzeige, oder wird selbige nicht hinreichend befunden, so wird ohne Verzug der wirkliche Eintritt des angedrohten Exekutionsverfahrens beschlossen, und zugleich der Bundesstaat, der zu diesem Beschlusse Anlaß gegeben hat, davon nochmals in Kenntniß gesetzt.

Art. 6.

Da jede Bundesregierung die Obliegenheit hat, auf Vollziehung der Bundesbeschlüsse zu halten, der Bundesversammlung aber eine unmittelbare Einwirkung auf die innere Verwaltung der Bundesstaaten nicht zusteht; so kann in der Regel nur gegen die Regierung selbst ein Exekutionsverfahren statt finden. Ausnahmen von dieser Regel treten jedoch ein, wenn eine Bundesregierung, in Ermangelung eigener zureichender Mittel, selbst die Hülfe des Bundes in Anspruch nimmt, oder wenn die Bundesversammlung unter den (im 26. Artikel der Schlußakte) bezeichneten Umständen, zur Wiederherstellung der allgemeinen Ordnung und Sicherheit unaufgefordert einzuschreiten, verpflichtet ist. — Im ersten Falle muß jedoch immer in Uebereinstimmung mit den Anträgen der Regierung, welcher die bundesmäßige Hülfe geleistet wird, verfahren, und im zweiten Falle ein Gleiches, sobald die Regierung wieder in Thätigkeit gesetzt ist, beobachtet werden [1]).

Art. 7.

Die Exekutionsmaßregeln werden im Namen der Gesammtheit des Bundes beschlossen und ausgeführt. Die Bundesversammlung ertheilt zu dem Ende, mit Berücksichtigung der Lokalumstände und sonstigen Verhältnisse, einer oder mehreren bei der Sache nicht betheiligten Regierungen den Auftrag zur Vollziehung der beschlossenen Maßregeln, und bestimmt zugleich sowohl die Stärke der dabei zu verwendenden Mannschaft, als die nach dem jedesmaligen Zwecke des Exekutionsverfahrens zu bemessende Dauer desselben.

Art. 8.

Die Regierung, an welche der Auftrag gerichtet ist, und welche solchen als eine Bundespflicht zu übernehmen hat, ernennt zu diesem Behuf einen Civil-Kommissair, der, nach einer von der Bundesversammlung zu ertheilenden besondern Instruktion, das Exekutionsverfahren unmittelbar leitet.

Wenn der Auftrag an mehrere Regierungen ergangen ist, so bestimmt die Bundesversammlung, welche derselben den Civil-Kommissair zu ernennen hat. Die beauftragte Regierung wird während der Dauer des Exekutionsverfahrens die Bundesversammlung von dem Erfolge desselben in Kenntniß erhalten, und sie, sobald der Zweck vollständig erfüllt ist, von der Beendigung des Geschäfts unterrichten.

Art. 9.

Wenn eine Regierung sich weigert, die Ausführung der ihr aufgetragenen Exekutionsmaßregeln zu übernehmen, so hat die Bundesversammlung über die Erheblichkeit oder Unzulänglichkeit der Weigerungsgründe zu entscheiden. Erkennt sie diese Gründe nicht für erheblich, oder findet sie selbst Anstände, das Exekutionsverfahren durch die früher bezeichnete Regierung vornehmen zu lassen, so hat sie solches einer andern Bundesregierung zu übertragen. Dasselbe findet auch statt, wenn die zuerst ernannte Regierung, ohne anerkannte hinlängliche Entschuldigungsgründe, auf Ablehnung des Auftrags beharrt, und diesen deßhalb unerfüllt läßt; in solchem Falle bleibt jedoch letztere zum Schadenersatz gehalten und für alle sonst daraus entstehenden nachtheiligen Folgen dem Bunde verantwortlich.

Art. 10.

Wenn nicht, nach einer bestimmten Erklärung der Bundesversammlung, Gefahr auf dem Verzuge haftet, soll die mit dem Exekutionsverfahren beauftragte Regierung den betheiligten Bundesstaat von

---

[1]) Dieser Artikel und die beiden folgenden 7 und 8, sind wörtlich genommen aus der Wiener Schlußakte von 1820, Art. 32, 33 und 34.

dem ihr ertheilten Auftrag benachrichtigen, mit der Anzeige: daß, wenn binnen drei Wochen eine genügende Erfüllung der Beschlüsse, auf welche diese Maßregeln Bezug haben, nicht nachgewiesen sein sollte, die wirkliche bundespflichtmäßige Vollziehung der letztern unfehlbar erfolgen werde.

Art. 11.

Die obere Leitung der angeordneten Vollziehung steht auch in ihrem Fortgange der Bundesversammlung zu; an diese werden alle darauf sich beziehenden Berichte und sonstigen Anzeigen gerichtet. — Die aus ihrer Mitte gewählte Exekutions-Kommission erstattet ihr darüber nähere Anträge, worauf sie ihre Beschlüsse faßt und an die mit der Exekution beauftragte Regierung die nöthigen Anweisungen erläßt.

Art. 12.

Die Vollstreckung der kompromissarischen und Austrägal-Erkenntnisse kann nur, auf Anrufen der Parteien, von der Bundesversammlung veranlaßt werden. Diese hat, nach gutachtlicher Vernehmung ihrer Kommission, das Geeignete hierauf zu verfügen.

Das Erkenntniß selbst darf in keinem Falle der Gegenstand einer Berathung und eines Beschlusses der Bundesversammlung werden. Wenn indeß gegen die Vollziehung noch zulässige Einreden vorgebracht werden, die ein weiteres rechtliches Verfahren veranlassen können; so sind diese unverzüglich an dasselbe Austrägalgericht zu verweisen, von welchem das Erkenntniß ausgegangen ist. In Gemäßheit des hierauf erfolgten weiteren Ausspruchs, ist durch die Bundesversammlung das erforderliche Exekutionsverfahren nach den gegebenen Vorschriften zu veranlassen. Ergeben sich ähnliche Gegenstände bei Kompromissen und gütlichen Vergleichen, so ist in gewöhnlicher Art, jedoch mit möglichster Beschleunigung, ein Austrägalgericht zu ernennen, welches über die gegen die Vollstreckung selbst noch vorkommenden Einreden und Zweifel rechtlich zu erkennen hat.

Art. 13.

Sobald der Vollziehungsauftrag vorschriftmäßig erfüllt ist, hört alles weitere Exekutionsverfahren auf, und die Truppen müssen ohne Verzug aus dem mit der Exekution belegten Staate zurückgezogen werden.

Die mit der Vollziehung beauftragte Regierung hat zu gleicher Zeit der Bundesversammlung davon Nachricht zu geben.

Entstehen wegen eines verlängerten Aufenthalts Beschwerden, so hat die Bundesversammlung über den Grund derselben, und die daraus erwachsenden Entschädigungsansprüche zu entscheiden.

Art. 14.

Die Kosten der Exekution sind auf den wirklichen, nach dem Zwecke zu bemessenden Aufwand zu beschränken. Die Bundesregierung, gegen welche die Exekution verfügt worden, hat dieselben, so weit sie liquid sind, ohne Aufenthalt zu berichtigen, oder hinreichende Sicherheit dafür zu stellen. Einwendungen oder Beschwerden, welche noch dagegen erhoben werden, sind bei Exekutionen, die nicht in Folge förmlicher Rechtsstreitigkeiten verhängt worden, durch die Bundesversammlung auf erstatteten Vortrag der Bundestags-Kommission auszugleichen; bei Exekutionen austrägalrichterlicher Erkenntnisse aber sind dieselben durch das Austrägalgericht, welches das Erkenntniß erlassen hat, zu entscheiden. Der Landesregierung bleibt es in den (im Art. 26 der Schlußakte) bezeichneten Fallen überlassen, die Schuldigen zur Bezahlung der durch ihre Vergehungen veranlaßten Kosten im gesetzlichen Wege anzuhalten.

Umfrage.

Oesterreich. Die Kaiserlich Konigliche Gesandtschaft ist angewiesen, die Zustimmung und Genehmigung ihres allerhöchsten Hofes dahin zu Protokoll zu erklären, daß die in den Ministerial-Konferenzen in Wien entworfene und genehmigte Exekutionsordnung auf gleiche Weise, wie die Schlußakte selbst, zum Bundesgesetz erhoben werde.

Alle übrigen Stimmen traten dem Präsidialantrage unbedingt bei; daher

Beschluß:

Die von den Bevollmächtigten sämmtlicher Bundesstaaten in den Ministerial-Konferenzen zu Wien verabredete Exekutionsordnung wird hiermit, in eben der Art, wie die Schlußakte selbst, durch gleichförmige Zustimmung zum Bundestags-Beschluß erhoben.

Der dritte Punkt des Vortrags des K. K. österreichischen Präsidialgesandten in der Sitzung vom 20. September 1819 berührte „die Gebrechen des Schul- und Universitätswesens." Doch wurde dabei nur das „Universitätswesen" vor die Schranken gefordert.

„Von dem Strom einer Alles erschütternden Zeit mit fortgerissen," heißt es in dem Vortrage, „hat ein großer Theil der akademischen Lehrer die wahre Bestimmung der Universitäten verkannt, und ihr eine willkührliche, oft verderbliche, untergeschoben. Anstatt, wie es ihre Pflicht gebot, die ihnen anvertrauten Jünglinge für den Staatsdienst, zu welchem sie berufen waren, zu erziehen, und die Gesinnungen in ihnen zu erwecken, von welchen das Vaterland, dem sie angehörten, sich gedeihliche Früchte versprechen konnte, haben sie das Phantom einer sogenannten weltbürgerlichen Bildung verfolgt, die für Wahrheit und Irrthum gleich empfänglichen Gemüther mit leeren Träumen angefüllt, und ihnen gegen die bestehende gesetzliche Ordnung, wo nicht Bitterkeit, doch Geringschätzung und Widerwillen eingeflößt. Aus einem so verkehrten Gange hat sich nach und nach, zu gleich großem Nachtheil für das gemeine Beste und für die heranreifende Generation, in dieser der Dünkel höherer Weisheit, Verachtung aller positiven Lehre und der Anspruch, die gesellschaftliche Ordnung nach eigenen unversuchten Systemen umzuschaffen, erzeugt, und eine beträchtliche Anzahl der zum Lernen bestimmten Jünglinge hat sich eigenmächtig in Lehrer und Reformatoren verwandelt . . . .

„Seitdem aber in unsern Tagen, wo sich unter dem wohlthätigen Einflusse des wiederhergestellten äußern Friedens, und bei dem redlichen und thätigen Bestreben so vieler deutschen Regenten, ihren Völkern eine glückliche Zukunft zu bereiten, mit Recht erwarten ließ, daß auch die hohen Schulen in jene Schranken zurückkehren würden, innerhalb deren sie vormals für das Vaterland und die Menschheit so rühmlich gewirkt hatten, gerade von dieser Seite her die bestimmtesten Feindseligkeiten gegen die Grundsätze und Anordnungen, auf welchen die gegenwärtigen Verfassungen und der innere Friede Deutschlands beruht, ausgegangen; seitdem, sei es durch sträfliche Mitwirkung, sei es durch unverzeihliche Sorglosigkeit der Lehrer, die edelsten Kräfte und Triebe der Jugend zu Werkzeugen abenteuerlicher politischer Plane, und, wenngleich ohnmächtiger, doch darum nicht minder frevelhafter Unternehmungen gemißbraucht worden sind, seitdem diese gefahrvollen Wege sogar zu Thaten geführt haben, die den deutschen Namen beflecken, würde eine weiter getriebene Schonung in tadelnswürdige Schwäche ausarten, und Gleichgültigkeit gegen ferneren Mißbrauch einer so verunstalteten akademischen Freiheit die sämmtlichen deutschen Regierungen vor Welt und Nachwelt verantwortlich machen."

Hierauf erfolgte nachstehender

Provisorischer Beschluß der Bundesversammlung
vom 20. September 1819
über die in Ansehung der Universitäten zu ergreifenden Maßregeln [1]).

§. 1. Es soll bei jeder Universität ein, mit zweckmäßigen Instruktionen und ausgedehnten Befugnissen versehener, am Orte der Universität residirender, außerordentlicher landesherrlicher Bevollmächtigter, entweder in der Person des bisherigen Curators, oder eines andern, von der Regierung dazu tüchtig befundenen Mannes, angestellt werden.

Das Amt dieses Bevollmächtigten soll sein, über die strengste Vollziehung der bestehenden Gesetze und Disciplinar-Vorschriften zu wachen, den Geist, in welchem die akademischen Lehrer bei ihren öffentlichen und Privat-Vorträgen verfahren, sorgfältig zu beobachten, und demselben, jedoch ohne unmittelbare Einmischung in das Wissenschaftliche und die Lehrmethoden, eine heilsame, auf die künftige Bestimmung der studirenden Jugend berechnete Richtung zu geben, endlich Allem, was zur Beförderung der Sittlichkeit, der guten Ordnung und

---

[1]) Protokoll der Bundesversammlung vom 20. September 1819, §. 220. — Die Fortdauer dieses provisorischen Beschlusses ward festgesetzt durch einen Beschluß der Bundesversammlung vom 16. August 1824.

des äußern Anstandes unter den Studirenden dienen kann, seine unausgesetzte Aufmerksamkeit zu widmen.

Das Verhaltniß dieser außerordentlichen Bevollmächtigten zu den akademischen Senaten soll, so wie Alles, was auf die nähere Bestimmung ihres Wirkungskreises und ihrer Geschäftsführung Bezug hat, in den ihnen von ihrer obersten Staatsbehörde zu ertheilenden Instruktionen, mit Rücksicht auf die Umstände, durch welche die Ernennung dieser Bevollmächtigten veranlaßt worden ist, so genau als möglich festgesetzt werden.

§. 2. Die Bundesregierungen verpflichten sich gegen einander, Universitäts- und andere öffentliche Lehrer, die durch erweisliche Abweichung von ihrer Pflicht, oder Ueberschreitung der Grenzen ihres Berufes, durch Mißbrauch ihres rechtmäßigen Einflusses auf die Gemüther der Jugend, durch Verbreitung verderblicher, der öffentlichen Ordnung und Ruhe feindseliger, oder die Grundlagen der bestehenden Staatseinrichtungen untergrabender Lehren, ihre Unfähigkeit zu Verwaltung des ihnen anvertrauten wichtigen Amtes unverkennbar an den Tag gelegt haben, von den Universitäten und sonstigen Lehranstalten zu entfernen, ohne daß ihnen hierbei, so lange der gegenwärtige Beschluß in Wirksamkeit bleibt, und bis über diesen Punkt definitive Anordnungen ausgesprochen sein werden, irgend ein Hinderniß im Wege stehen könne. Jedoch soll eine Maßregel dieser Art nie anders, als auf den vollständig motivirten Antrag des der Universität vorgesetzten Regierungs-Bevollmächtigten, oder von demselben vorher eingeforderten Bericht beschlossen werden.

Ein auf solche Weise ausgeschlossener Lehrer darf in keinem andern Bundesstaate bei irgend einem öffentlichen Lehr-Institute wieder angestellt werden.

§. 3. Die seit langer Zeit bestehenden Gesetze gegen geheime oder nicht autorisirte Verbindungen auf den Universitäten, sollen in ihrer ganzen Kraft und Strenge aufrecht erhalten, und insbesondere auf den seit einigen Jahren gestifteten, unter dem Namen der allgemeinen Burschenschaft bekannten Verein um so bestimmter ausgedehnt werden, als diesem Verein die schlechterdings unzulässige Voraussetzung einer fortdauernden Gemeinschaft und Korrespondenz zwischen den verschiedenen Universitäten zum Grunde liegt. Den Regierungs-Bevollmächtigten soll in Ansehung dieses Punktes eine vorzügliche Wachsamkeit zur Pflicht gemacht werden.

Die Regierungen vereinigen sich darüber, daß Individuen, die nach Bekanntmachung des gegenwärtigen Beschlusses erweislich in geheimen, oder nicht autorisirten Verbindungen geblieben, oder in solche getreten sind, bei keinem öffentlichen Amte zugelassen werden sollen.

§. 4. Kein Studirender, der durch einen von dem Regierungs-Bevollmächtigten bestatigten, oder auf dessen Antrag erfolgten Beschluß eines akademischen Senats von einer Universität verwiesen worden ist, oder der, um einem solchen Beschlusse zu entgehen, sich von der Universität entfernt hat, soll auf einer andern Universität zugelassen, auch überhaupt kein Studirender, ohne ein befriedigendes Zeugniß seines Wohlverhaltens auf der von ihm verlassenen Universität, von irgend einer andern Universität aufgenommen werden.

Der „Mißbrauch der Presse“ bildete den vierten Punkt in dieser beschlußreichen Sitzung der Bundesversammlung vom 20. September 1819.

Der K. K. Bundespräsident ließ sich darüber folgendermaßen aus:

„Die Druckpresse überhaupt, besonders der Zweig derselben, welcher die Tagesblätter, Zeit- und Flugschriften ans Licht fördert, hat während der letzten Jahre in dem größten Theile von Deutschland eine fast ungebundene Freiheit behauptet; denn selbst da, wo die Regierungen sich das Recht, ihr durch präventive Maßregeln Schranken zu setzen, vorbehalten hatten, war die Kraft solcher Maßregeln durch die Gewalt der Umstände häufig gelähmt, und folglich allen Ausschweifungen ein weites Feld geöffnet. Die durch den Mißbrauch dieser Freiheit über Deutschland verbreiteten zahllosen Uebel haben noch einen bedeutenden Zuwachs erhalten, seitdem die in verschiedenen Staaten eingeführte Oeffentlichkeit der ständischen Verhandlungen und die Ausdehnung derselben auf Gegenstände, die nie anders als in regelmaßiger feierlicher Form aus dem Heiligthum der Senate in die Welt dringen, nie eitler Neugier und leichtsinniger Kritik zum Spiel dienen sollten, der Verwegenheit der Schriftsteller neue Nahrung bereitet, und jedem Zeitungsschreiber einen Vorwand gegeben hat, in Angelegenheiten, welche den größten Staatsmännern noch Zweifel und Schwierigkeiten darboten, seine Stimme zu erheben. Wie weit diese verderblichen Anmaßungen endlich gediehen, welche Zerrüttung in den Begriffen, welche Gährung in den Gemüthern, welche Herabwürdigung aller Autorität, welcher Wettstreit der Leidenschaften, welche fanatische Verirrungen, welche Verbrechen daraus hervorgegangen sind, bedarf keiner weiteren Erörterung; und es läßt sich bei dem gut gesinnten und wahrhaft aufgeklärten Theil der deutschen Nation über ein so notorisches Uebel kaum noch irgend eine Verschiedenheit der Ansichten und Urtheile voraussetzen.

„Die Eigenthümlichkeit des Verhältnisses, in welchem die Bundesstaaten gegen einander stehen, giebt von einer Seite den mit der Ungebundenheit der Presse verknüpften Gefahren eine Gestalt und eine Richtung, welche sie in Staaten, wo die oberste Gewalt in einem und demselben Mittelpunkt vereinigt ist, nie annehmen können, und schließt von der anderen Seite die Anwendung der gesetzlichen Mittel, wodurch man in diesen Staaten dem Mißbrauch der Presse Einhalt zu thun sucht, aus. In einem Staatenbunde wie der, welcher in Deutschland unter der Sanktion aller europäischen Mächte gestiftet worden ist, fehlen, seiner Natur nach, jene mächtigen Gegengewichte, die in geschlossenen Monarchien die öffentliche Ordnung gegen die Angriffe vermessener oder übelgesinnter Schriftsteller schützen; in einem solchen Bunde kann Friede, Eintracht und Vertrauen nur durch die sorgfältigste Abwendung aller wechselseitigen Störungen und Verletzungen erhalten werden.

„Aus diesem obersten Gesichtspunkte, der mit der Gesetzgebung anderer Länder nichts gemein hat, ist in Deutschland jede mit Preßfreiheit zusammenhängende Frage zu betrachten. Nur im Zustande der vollkommensten Ruhe könnte Deutschland, bei seiner dermaligen Föderativ-Verfassung, uneingeschränkte Preßfreiheit, insofern sie sich mit dieser Verfassung überhaupt vereinigen läßt, ertragen, der gegenwärtige Zeitpunkt ist weniger als jeder andere dazu geeignet; denn das so vielen Regierungen obliegende Geschäft, die jetzige und künftige Wohlfahrt ihrer Völker durch gute Verfassungen zu gründen, kann unter einem wilden Zwiespalt der Meinungen, kann unter einem täglich erneuerten, alle Grundsätze erschütternden, alle Wahrheit in Zweifel und Wahn auflösenden Kampfe unmöglich gedeihen."

In Gemäßheit dieses Vorworts erfolgte dann folgendes

Preßgesetz

für Druckschriften, die als tägliche Blätter oder heftweise erscheinen, oder nicht über zwanzig Bogen im Druck stark sind; auf fünf Jahre festgesetzt, durch Beschluß der Bundesversammlung vom 20. September 1819 [1]).

§. 1. So lange, als der gegenwärtige Beschluß in Kraft bleiben wird, dürfen Schriften, die in der Form täglicher Blätter oder heftweise erscheinen, desgleichen solche, die nicht über zwanzig Bogen im Druck stark sind, in keinem deutschen Bundesstaate ohne Vorwissen und vorgängige Genehmhaltung der Landesbehörden zum Druck befördert werden.

Schriften, die nicht in eine der hier namhaft gemachten Klassen gehören, werden fernerhin nach den in den einzelnen Bundesstaaten erlassenen oder noch zu erlassenden Gesetzen behandelt. Wenn dergleichen Schriften aber irgend einem Bundesstaate Anlaß zur Klage geben, so soll diese Klage im Namen der Regierung, an welche sie gerichtet ist, nach den in den einzelnen Bundesstaaten bestehenden Formen gegen die Verfasser oder Verleger der dadurch betroffenen Schrift erledigt werden

§. 2. Die zur Aufrechthaltung dieses Beschlusses erforderlichen Mittel und Vorkehrungen bleiben der nähern Bestimmung der Regie-

[1]) Protokoll der Bundesversammlung vom 20. September 1819, §. 220, Num. 3. — Die Fortdauer dieses auf fünf Jahre errichteten Gesetzes ward auf so lang erstreckt, bis man über ein definitives Gesetz sich werde vereinbart haben; durch Beschluß der Bundesversammlung vom 16. August 1824.

rungen anheimgestellt; sie müssen jedoch von der Art sein, daß dadurch dem Sinn und Zweck der Hauptbestimmung des §. 1 vollständig Genüge geleistet werde.

§. 3. Da der gegenwärtige Beschluß durch die unter den obwaltenden Umständen von den Bundesregierungen anerkannte Nothwendigkeit vorbeugender Maßregeln gegen den Mißbrauch der Presse veranlaßt worden ist; so können die auf gerichtliche Verfolgung und Bestrafung der im Wege des Drucks bereits verwirklichten Mißbräuche und Vergehungen abzweckenden Gesetze, in so weit sie auf die im 1. §. bezeichneten Klassen von Druckschriften anwendbar sein sollen, so lange dieser Beschluß in Kraft bleibt, in keinem Bundesstaate als zureichend betrachtet werden.

§. 4. Jeder Bundesstaat ist für die unter seiner Oberaufsicht erscheinenden, mithin für sämmtliche, unter der Hauptbestimmung des §. 1 begriffenen Druckschriften, in so fern dadurch die Würde oder Sicherheit anderer Bundesstaaten verletzt, die Verfassung oder Verwaltung derselben angegriffen wird, nicht nur den unmittelbar Beleidigten, sondern auch der Gesammtheit des Bundes verantwortlich.

§. 5. Damit aber diese, in dem Wesen des deutschen Bundesvereins gegründete, von dessen Fortdauer unzertrennliche, wechselseitige Verantwortlichkeit nicht zu unnützen Störungen des zwischen den Bundesstaaten obwaltenden freundschaftlichen Verhältnisses Anlaß geben möge; so übernehmen sämmtliche Mitglieder des deutschen Bundes die feierliche Verpflichtung gegen einander, bei der Aufsicht über die in ihren Ländern erscheinenden Zeitungen, Zeit- und Flugschriften mit wachsamem Ernste zu verfahren, und diese Aufsicht dergestalt handhaben zu lassen, daß dadurch gegenseitigen Klagen und unangenehmen Erörterungen auf jede Weise möglichst vorgebeugt werde.

§. 6. Damit jedoch auch die, durch gegenwärtigen Beschluß beabsichtigte, allgemeine und wechselseitige Gewährleistung der moralischen und politischen Unverletzlichkeit der Gesammtheit und aller Mitglieder des Bundes nicht auf einzelnen Punkten gefährdet werden könne; so soll in dem Falle, wo die Regierung eines Bundesstaates sich durch die in einem andern Bundesstaate erscheinenden Druckschriften verletzt glaubte, und durch freundschaftliche Rücksprache oder diplomatische Korrespondenz zu einer vollständigen Befriedigung und Abhülfe nicht gelangen könnte, derselben ausdrücklich vorbehalten bleiben, über dergleichen Schriften Beschwerde bei der Bundesversammlung zu führen, letztere aber sodann gehalten sein, die angebrachte Beschwerde kommissarisch untersuchen zu lassen, und wenn dieselbe gegründet befunden wird, die unmittelbare Unterdrückung der in Rede stehenden Schrift, auch, wenn sie zur Klasse der periodischen gehört, alle fernere Fortsetzung derselben, durch einen entscheidenden Ausspruch zu verfügen.

Die Bundesversammlung soll außerdem befugt sein, die zu ihrer Kenntniß gelangenden, unter der Hauptbestimmung des §. 1 begriffenen Schriften, in welchem deutschen Staate sie auch erscheinen mögen, wenn solche, nach dem Gutachten einer von ihr ernannten Kommission, der Würde des Bundes, der Sicherheit einzelner Bundesstaaten, oder der Erhaltung des Friedens und der Ruhe in Deutschland zuwiderlaufen, ohne vorhergegangene Aufforderung aus eigener Autoritat durch einen Ausspruch, von welchem keine Appellation statt findet, zu unterdrücken, und die betreffenden Regierungen sind verpflichtet, diesen Ausspruch zu vollziehen.

§. 7. Wenn eine Zeitung oder Zeitschrift durch einen Ausspruch der Bundesversammlung unterdrückt worden ist; so darf der Redakteur derselben binnen fünf Jahren in keinem Bundesstaate bei der Redaktion einer ähnlichen Schrift zugelassen werden.

Die Verfasser, Herausgeber und Verleger der unter der Hauptbestimmung des §. 1 begriffenen Schriften bleiben übrigens, wenn sie den Vorschriften dieses Beschlusses gemäß gehandelt haben, von aller weitern Verantwortung frei, und die im §. 6 erwähnten Aussprüche der Bundesversammlung werden ausschließend gegen die Schriften, nie gegen die Personen gerichtet.

§. 8. Sämmtliche Bundesglieder verpflichten sich, in einem Zeitraum von zwei Monaten die Bundesversammlung von den Verfügungen und Vorschriften, durch welche sie dem §. 1 dieses Beschlusses Genüge zu leisten gedenken, in Kenntniß zu setzen.

§. 9. Alle in Deutschland erscheinenden Druckschriften, sie mögen unter den Bestimmungen dieses Beschlusses begriffen sein oder nicht, müssen mit dem Namen des Verlegers, und, in so fern sie zur Klasse der Zeitungen oder Zeitschriften gehören, auch mit dem Namen des Redakteurs versehen sein. Druckschriften, bei welchen diese Vorschrift nicht beobachtet ist, dürfen in keinem Bundesstaate in Umlauf gesetzt, und müssen, wenn solches heimlicher Weise geschieht, gleich bei ihrer Erscheinung in Beschlag genommen, auch die Verbreiter derselben nach Beschaffenheit der Umstände zu angemessener Geld- oder Gefängnißstrafe verurtheilt werden.

§. 10. Der gegenwärtige einstweilige Beschluß soll vom heutigen Tage an fünf Jahre lang in Wirksamkeit bleiben. Vor Ablauf dieser Zeit soll am Bundestage gründlich untersucht werden, auf welche Weise die im 18. Artikel der Bundesakte in Anregung gebrachten gleichförmigen Verfügungen über die Preßfreiheit in Erfüllung zu setzen sein möchten, und demnächst ein Definitiv-Beschluß über die rechtmäßigen Grenzen der Preßfreiheit in Deutschland erfolgen.

Endlich **fünftens** wurde auf den Vorschlag des österreichischen Präsidial-Gesandten in der Sitzung vom 20. September 1819 noch eine „**Central-Untersuchungs-Commission** zu Mainz" niedergesetzt, für „weitere Untersuchung der gegenwärtig in mehreren Bundesstaaten entdeckten revolutionairen Umtriebe."

Als Zweck ward ihr zur Aufgabe gemacht:

„Gemeinschaftliche, möglichst gründliche und umfassende Untersuchung nnd Feststellung des Thatbestandes, des Ursprungs und der mehrfachen Verzweigungen der gegen die bestehende Verfassung und innere Ruhe, sowohl des ganzen Landes, als einzelner Bundesstaaten, gerichteten revolutionairen Umtriebe und demagogischen Verbindungen." Folgende sieben Regierungen wurden gewählt um zu der Central-Untersuchungs-Kommission Mitglieder zu ernennen: Preußen, Baiern, Hannover, Baden, Großherzogthum Hessen, Nassau. Ihre Berichte an die Bundesversammlung wurden geheim gehalten, dennoch zum Theil bekannt. Installirt mit großer Oeffentlichkeit, (bemerkt Klüber in seiner Quellens.) erhielt die Kommission in der Stille nach und nach ihre Auflösung im Jahre 1828, ohne daß ein Resultat ihrer Wirksamkeit bekannt gemacht ward. Auch hat nie verlautet, daß sie Personen oder Verbindungen unmittelbar in Untersuchung genommen habe.

Die Thätigkeit der Bundesversammlung
von 1821 bis 1830.

Nachdem durch die Beschlüsse des Jahres 1819 und die Wiener Schlußakte Form und Tendenz der Bundesthätigkeit nach der damals obherrschenden politischen Ansicht der leitenden Mächte festgesetzt worden war, beschäftigte sich die Bundesversammlung, bei allgemeinem Frieden und äußerer Ordnung, eine Reihe von Jahren mehr mit der Erledigung laufender Geschäfte und mit dem „korrekten" Ausbau der bereits mitgetheilten Gesetzgebung.

Neben einigen Beschlüssen über die Verhandlungen bei Austrägal-Instanzen, die Bundesfestungen u. s. w., sodann denen über die Kriegsverfassung des Deutschen Bundes (vom 9. April und 12. April 1821 und 11. Juli 1822), über welche unter dem Abschnitte „Bundesmatrikel" u. s. w. im Wesentlichen kurz berichtetet ist, wendete die Bundesversammlung ihre Fürsorge mit Vorliebe der stets enger zu begrenzenden öffentlichen Presse zu. Daß sie selbst „neuen Bundeslehren und falschen Theorien von Schriftstellern keine auf Bundesbeschlüsse einwirkende Autorität gestatten", und nicht einmal „Berufung auf solche bei ihren Verhandlungen Raum geben wolle" beschloß sie am 11. Decbr. 1823. Im nächsten Monate schon (Beschluß vom 15. Januar 1824) dehnte sie die Censur auch auf Denkschriften und Reklamationen aus, welche bei ihr, der Bundesversammlung, selbst eingereicht werden sollten. Am 1. Juli 1824 bemerkte der österreichische Präsidial-Gesandte: „die bisherige Uebung, die gesammten Verhandlungen des deutschen Bundestags, wenige Ausnahmen abgerechnet, der Oeffentlichkeit zu übergeben, habe zu Mißbräuchen Anlaß gegeben, welche jeder Gutgesinnte gewiß mißbillige, denen aber eben darum ein Ziel gesetzt werden müsse." In Folge dessen vereinigten sich sämmtliche Stimmen zu dem Beschlusse, künftig zweierlei Protokolle jeder (?) Sitzung aufzunehmen, und zwar öffentliche und Separat-Protokolle, blos loco dictaturae zu drucken. — Es versteht sich, daß Letzteres die Regel, Ersteres die Ausnahme wurde. — Schon am 6. Februar desselben Jahres war vereinbart worden, daß „in den in den deutschen Bundesstaaten erscheinenden Zeitungen, sowohl in Beziehung auf die Verhandlungen der hohen Bundesversammlung selbst, als auch auf die Geschäfte aller von ihr abhangenden Kommissionen, nichts anderes aufgenommen werde, als wörtlich, was die denselben mitgetheilten Bundestagsprotokolle enthielten." Daß aber vom 1. Juli 1824 an den Zeitungen die (loco dictaturae gedruckten) Bundestagsprotokolle nicht mehr mitgetheilt wurden, sie aber dennoch über Bundesangelegenheiten nur die offiziellen Mittheilungen aufnehmen durften, braucht nicht gesagt zu werden. Wir haben bereits oben erwähnt, daß der Beschluß vom 20. Septbr. 1819 über die Censur im Jahre 1824 auf unbestimmte Zeit verlängert wurde. — In dem Streite zwischen dem König von Großbritannien und Hannover und Herzog Carl von Braunschweig ward durch Beschluß der Bundesversammlung vom 20. August 1829 jede weitere Veröffentlichung von Schriften untersagt.

Wir haben endlich noch aus dieser Periode hervorzuheben, daß — gleichzeitig mit der Verlängerung der Beschlüsse von 1819 über die Universitäten und die Presse — in der Sitzung der Bundesversammlnng vom 16. August 1829 beschlossen worden war:

„Es soll in allen Bundesstaaten, in welchen landständische Verfassungen bestehen, strenge darüber gewacht werden, damit in der Ausübung der den Ständen durch die landständische Verfassung zugestandenen Rechte das monarchische Prinzip unverletzt erhalten bleibe, und damit zur Abhaltung aller Mißbräuche, welche durch die Oeffentlichkeit in den Verhandlungen oder durch den Druck derselben begangen werden können, eine den angeführten Bestimmungen der Schlußakte entsprechende Geschäftsordnung eingeführt und über die genaue Beobachtung derselben strenge gehalten werde.

Die Deutsche Bundesversammlung theilt den Wunsch Seiner Kaiserlich-Königlichen Majestät, daß diejenigen Bundesstaaten, bei welchen die Oeffentlichkeit der landständischen Verhandlungen besteht, sich über die Grundlinien einer solchen Geschäftsordnung, im Sinne der angeführten bundesgesetzlichen Vorschriften, vereinbaren möchten."

Vergessen wir nicht anzufügen, daß durch Bundesbeschluß vom 18. August 1825 den „vormals reichsständischen, jetzt standesherrlich untergeordneten Familien" das Prädikat „Durchlaucht" für die unter ihnen befindlichen Fürsten, und durch Bundesbeschluß vom 13. Februar 1829 den vormals reichsständischen Grafen das Prädikat „Erlaucht" verliehen wurde.

Thätigkeit und Beschlüsse der Bundesversammlung von 1830 bis 1834.

Die französische Revolution vom Juli 1830 hatte in Deutschland vielfache Nachwirkung. Die Bewegungen in Sachsen, in Kurhessen, in Braunschweig, das Hambacher Fest, endlich gar das Frankfurter Attentat (3. April 1833) zogen die Repression des Bundes in einer Reihe von Maßregeln nach sich, welche wir nur in möglichster Kürze erwähnen, da sie in dem Aktenstücke des nachfolgenden Abschnittes ihren vollkommensten Ausdruck finden.

Zunächst gehört hierher der, auch durch Bezugnahme bei Ereignissen des Jahres 1849, noch wichtige

Beschluß der Bundesversammlung
vom 21. Oktober 1830,

betreffend Sicherheitsvorkehrungen wider die in mehreren Bundesstaaten eingetretenen oder zu besorgenden Unruhen und aufrührerischen Auftritte.

Zur Herstellung und Erhaltung der Ruhe in Deutschland vereinigte sich die Bundesversammlung am 21. Oktober zu folgendem Beschlusse:

Der Deutsche Bund, von der Verpflichtung durchdrungen, bei den gegenwärtig auf dem Bundesgebiete statt gehabten, so bedenklichen und allgemeine Gefahr drohenden, aufrührerischen Vorfällen, im Sinne des 2. Artikels der Bundesakte und der sich hierauf beziehenden späteren Bestimmungen der Schlußakte, die verfassungsmäßige Wirksamkeit zu äußern, und in dankbarer Anerkennung der von dem K. K. Oesterreichischen Hofe durch Anregung dieses Gegenstandes von neuem bewahrte Fürsorge für das Gesammtinteresse des Bundes, beschließt:

1. Für die Dauer der gegenwärtigen Zeitverhältnisse sollen in allen denjenigen Fällen, in welchen nach der Bestimmung des Art. 26 der Schlußakte, die Mitwirkung der Gesammtheit zur Wiederherstellung der Ruhe und Ordnung in den Bundesstaaten verfassungsmäßig begründet ist, sämmtliche Bundesregierungen zur gegenseitigen Hulfsleistung in der Art verpflichtet sein, daß, wenn eine den Beistand des Bundes bedürfende Regierung sich wegen Dringlichkeit der Gefahr unmittelbar an eine oder die andere benachbarte Regierung mit dem Ersuchen um militärische Hülfe wendet, diese Hülfe sofort Namens des Bundes geleistet werde, so weit die Krafte des requirirten Bundesstaates hierzu ausreichen, und so weit es ohne Gefahr für dessen eigenes Gebiet und ohne offenbare Kompromittirung seiner Truppen geschehen kann.

2. Zur Erreichung dieses Zweckes sollen, während der Dauer der gegenwartigen außerordentlichen Zeitverhaltnisse, die Bundeskontingente in möglichst disponibler Bereitschaft gehalten werden.

3. So wie die Bundesregierungen überhaupt die Verbindlichkeit anerkennen, von allen, innerhalb ihres Gebiets vorfallenden, aufrührischen Auftritten, welche einen politischen Charakter andeuten, offene und rückhaltlose Anzeige am Bundestage zu erstatten, und zugleich über die Veranlassung der eingetretenen Unruhen und über die zur Befestigung der Ordnung ergriffenen Maßregeln Nachricht zu geben, so soll dieß insbesondere in dem ad 1 bemerkten Falle geschehen, und übrigens in diesem Falle auch von der angesuchten Hülfsleistung unverweilt der Bundesversammlung, sowohl durch die Regierung, welche die Hülfe ansucht, als durch diejenige, welche selbige leistet, die An-

zeige gemacht werden, damit die Bundesversammlung sofort die ihr durch die Bundesgesetzgebung vorgezeichnete Stellung annehme.

4. Die Bundesregierungen — erwägend, daß nach Artikel 8 der Schlußakte die einzelnen Bevollmächtigten am Bundestage von ihren Kommittenten unbedingt abhängig und nur nach Maßgabe der ihnen ertheilten Instruktionen fürzugehen berechtigt sind, daß aber in Fällen, wo es sich um Erhaltung der Sicherheit und Ordnung in Deutschland handelt, möglichste Schnelligkeit in Ergreifung und Ausführung der Maaßregeln von der höchsten Wichtigkeit ist — vereinigen sich, die sich hierauf beziehenden Instruktionen in möglichster Ausdehnung und mit thunlichster Beschleunigung an die Gesandtschaften gelangen zu lassen.

5. Die Censoren der öffentlichen Blätter politischen Inhalts sollen auf das Bestimmteste angewiesen werden, bei Zulassung von Nachrichten über stattgefundene aufrührische Bewegungen mit Vorsicht und mit Vergewisserung der Quellen, aus welchen derlei Nachrichten geschöpft sind, zu Werke zu gehen, und die bestehenden Bundesbeschlüsse vom 20. Septbr. 1819 sich gegenwärtig zu halten. Dabei soll sich die Wachsamkeit derselben auch auf jene Tagblätter richten, welche, auswärtigen Angelegenheiten fremd, bloß innere Verhältnisse behandeln, indem auch diese bei ungehinderter Zügellosigkeit das Vertrauen in die Landesbehörden und Regierungen schwächen, und dadurch indirekt zum Aufstand reizen.

Der Deutsche Bund, indem derselbe den gegenwärtigen Beschluß faßt, überläßt sich mit Vertrauen der Hoffnung, daß die dermalen an verschiedenen Punkten Deutschlands sichtbar gewordene Aufregung bald der ruhigen und besonnenen Ueberzeugung von dem Werthe des inneren Friedens weichen und in der Weisheit der Deutschen Regierungen ihr Ziel finden werde, indem zu erwarten ist, daß diese Regierungen einer Seits gerechten Beschwerden, wo solche bestehen und im gesetzlichen Wege vorgebracht werden, mit landesväterlichem Sinne abhelfen, die ihnen bundesgesetzlich obliegenden Verpflichtungen gegen ihre Unterthanen erfüllen, und auf diese Weise jeden Vorwand zu sträflicher Auflehnung beseitigen, anderer Seits aber auch eben so wenig einer unzeitigen oder mit ihren Bundespflichten unvereinbaren und für die Gesammtheit gefährlichen Nachgiebigkeit Raum geben werden.

Sodann ward am 10. Februar 1831 eine

allgemeine Kartell-Konvention der Bundesstaaten

wegen gegenseitiger Auslieferung der Militair-Deserteure und Konscriptions-Pflichtigen als Bundesgesetz vereinbart, und darin selbst bestimmte Geldprämien an „Unterthanen, welche Deserteure und mitgenommene Pferde ausliefern" (je 8 fl. Conv.-M.) ausgesetzt.

Durch Beschluß der Bundesversammlung vom 27. Oktober 1831 wurde das Einreichen gemeinschaftlicher Adressen oder Vorstellungen von Angehörigen deutscher Bundesstaaten bei der Bundesversammlung, in Beziehung auf öffentliche Angelegenheiten des deutschen Bundes, so wie das Sammeln solcher Unterschriften, als unstatthaft erklärt.

Den vollständigen Ausdruck der Tendenz der Bundesversammlung, so weit solche offiziell zur öffentlichen Kunde gelangte, findet man aber in folgendem

Oeffentlichem Protokoll und Beschluß der Bundesversammlung vom 28. Juni 1832, betreffend Maaßregeln zu Aufrechthaltung der gesetzlichen Ordnung und Ruhe in den Bundesstaaten.

Geschehen, Frankfurt den 28. Juni 1832.

Präsidium. Zeitumstände und Verhältnisse, welche zum Theil außer der Einwirkung der deutschen Regierungen lagen, haben dermalen einen Zustand der Dinge in Deutschland herbeigeführt, welcher die Aufmerksamkeit Seiner Majestät des Kaisers um so lebhafter in Anspruch nehmen mußte, je wohlwollender und aufrichtiger die Theilnahme ist, mit welcher das Schicksal sämmtlicher im Bunde vereinten Staaten zu umfassen, Seine Majestat Sich zur theuersten Aufgabe machen.

So lange sich die Stimmung der Gemüther auf jene aus der Natur der Dinge hervorgehende Aufregung beschränkte, welche große und unerwartete Ereignisse in den Nachbarstaaten stets zur unmittelbaren Folge haben, glaubten Seine Majestät Sich mit Vertrauen der Hoffnung hingeben zu können, daß der krankhafte Zustand der öffentlichen Meinung dem Einflusse weichen werde, welchen die Erfahrungen der Zeit und das Uebergewicht der ruhigen und wohlgesinnten Mehrheit auf eine Nation auszuüben berufen waren, welche durch edlen Charakter und tiefen Sinn, wie durch Achtung für gesetzliche Ordnung und Anhänglichkeit an ihre Fürsten in den entscheidendsten Momenten, der vollen Bewunderung Europas würdig geblieben ist.

Als sich aber in mehreren Gegenden Deutschlands die Gährung bis zu einem Grade steigerte, welcher nicht bloß die innere Ruhe und Sicherheit der einzelnen Staaten, sondern die Existenz des ganzen Bundes bedrohte, mußten bei der unvermeidlichen permanenten Berührung der deutschen Staaten unter einander, bei der über ganz Deutschland ergossenen Fluth revolutionärer Zeit- und sonstiger Schriften, bei dem, selbst in den ständischen Kammern laut gewordenen Mißbrauche der Rede, bei der täglichen Bearbeitung einer enge geschlossenen, heute am hellen Lichte ungescheut wirkenden Propaganda, und bei den täglichen Beweisen fruchtlosen Einwirkens einzelner Regierungen, Seine Kaiserliche Majestät bald zu der betrübenden Ueberzeugung gelang'en, daß die Revolution in Deutschland mit starken Schritten ihrer Reife entgegengehe, und daß es nur noch der fernern Duldung des Uebels von Seiten des Bundes bedürfe, um sie zum thätlichen Ausbruche zu bringen.

Sobald dieser Stand der Dinge Seiner Majestät klar vor Augen lag, schwankten Allerhochstdieselben auch keinen Augenblick über das, was die durch die Bundesakte sanktionirte Stellung des Kaiserhofes im deutschen Bunde demselben als dringende Pflicht darstellte. Der Kaiser wandte Sich vor Allem vertrauensvoll an Seine Majestät den König von Preußen, um zuerst mit diesem erhabenen Bundesgenossen und erleuchteten Freunde den Zustand Deutschlands in Erwagung zu ziehen, und sodann im Verein mit Seiner Königlichen Majestät und mit den übrigen deutschen Regierungen die Mittel gründlich zu berathen, deren Anwendung die Ereignisse der Zeit gebieterisch erheischen.

In Folge dieser vorhergegangenen, vom Geiste der Erhaltung des gesetzlich und völkerrechtlich Bestehenden und vom pflichtmaßigen Gefühle der Fürsorge für das Wohl der Ihnen anvertrauten Völkerschaften geleiteten, wechselseitigen, freimüthigen Rücksprache sammtlicher Bundesglieder, finden sich die Gesandten von

Oesterreich und Preußen zu folgender Eröffnung an die Bundesversammlung beauftragt:

Seine Majestat der Kaiser von Oesterreich und Seine Majestät der König von Preußen haben Ihre Verpflichtung erkannt, von den Gefahren, mit welchen die innere Ruhe Deutschlands bedroht ist, Sich ein treues Bild zu entwerfen und Sich die Frage zu stellen, welches die Aufgabe und der Beruf des deutschen Bundesvereins und seiner Mitglieder sei, damit den bestehenden Uebeln abgeholfen und die gesetzliche Ordnung und Ruhe in Deutschland gesichert werden könne? Beide Höfe sind hierbei zu der vollen Ueberzeugung gelangt, daß die Bekämpfung jenes nur allzu notorischen Uebels, und die davon abhängige Herstellung der Ruhe in Deutschland, nur durch feste und kräftige Anwendung der Mittel, welche die Verfassung des deutschen Bundes dafür gewährt, von den deutschen Fürsten zu bewirken sei.

Der deutsche Bund ist zur Erhaltung der innern und äußern Sicherheit Deutschlands gegründet worden.

Hat derselbe den einen seiner Zwecke — Erhaltung der innern Sicherheit — nach der bisherigen Erfahrung so weit verfehlt, daß die vorwaltende Aufregung der Gemüther und der krankhafte Zustand der öffentlichen Meinung eine so drohende Gestalt, wie die Gegenwart sie zeigt, anzunehmen vermochten, so können die Mängel und Unvollkommenheiten, denen solches zuzuschreiben ist, entweder in der Gesetzgebung des Bundes, oder in deren Anwendung und Ausführung gesucht werden.

Bis zur Abfassung der Wiener Schlußakte fehlte es allerdings dem Bunde an denjenigen organischen Gesetzen, wie sie eine bestimmte und klare Entwicklung seiner politischen Wirksamkeit bedurfte. Durch die Wiener Schlußakte wurde jedoch diese Lücke so weit ausgefüllt, als die Natur des Bundes es gestattete, sollte diese selbst nicht in ihrem innersten Wesen verändert werden. Namentlich enthält sie für die Erhaltung der innern Sicherheit der deutschen Staaten Verabredungen, die, so weit es auf Grundsätze ankommt, auch für das Bedürfniß der jetzigen Zeit noch als angemessen und ausreichend angesehen werden müssen. Während die Schlußakte des Jahres 1820 einer Seits die Ausführung des 13. Artikels der Bundesakte, nach einer angemessenen und beruhigenden Auslegung, sichert, und, durch Zulassung von Beschwerden über verweigerte Rechtshülfe (Art. 29), dem Mißbrauche der Gewalt der Regierungen nach Möglichkeit vorbeugt, tritt sie auf der andern Seite allen demokratischen Anmaßungen gegen diese Gewalt entschieden entgegen, indem sie bestimmt (Art. 57), daß die gesammte Staatsgewalt in dem Oberhaupte des Staates vereinigt bleiben, und der Souverain durch eine landständische Verfassung nur in der Ausübung bestimmter Rechte an die Mitwirkung der Stände gebunden werden könne; indem sie ferner (Art. 26) dem Bunde die Pflicht auferlegt, wo in einem Bundesstaate durch Widersetzlichkeit der Unterthanen gegen die Obrigkeit die innere Ruhe unmittelbar gefährdet, eine Verbreitung aufrührerischer Bewegungen zu fürchten, oder ein wirklicher Aufruhr zum Ausbruche gekommen ist, die schleunigste Hülfe zur Wiederherstellung der Ordnung zu veranlassen, und sogar zu diesem Zwecke, nach Lage der Umstände, einen unaufgerufenen Beistand des Bundes vorschreibt.

Dafür, daß dieser Beistand des Bundes schnell geleistet werde, ist endlich durch den, bei Gelegenheit der im Jahre 1830 in mehreren deutschen Staaten statt gehabten Unruhen, von der Bundesversammlung in ihrer 34. Sitzung vom 21. Oktober 1830 gefaßten Beschluß gesorgt worden, indem darnach, bei dringender Gefahr, auf bloße Requisition der einen Bundesregierung an die andere, ohne vorgängige Anzeige, Berathung und Beschlußnahme bei der Bundesversammlung, die militärische Hülfsleistung gewährt werden soll.

Hiernach ist das zur Erhaltung der innern Sicherheit Deutschlands gestiftete Föderativband der deutschen Staaten, den Grundgesetzen des Bundes nach, enger und fester, als es vielleicht in irgend einem Staatenbunde noch existirt hat. Diese Thatsache macht auch bei dem jetzt einbrechenden Verderben, so fern demselben mit Erfolg gesteuert werden soll, jede Verabredung neuer Grundsätze oder neuer bundesgesetzlicher Bestimmungen eben so wenig nöthig, als von einer Veränderung der Grundverfassung des Bundes und seiner Gesetzgebung die Rede sein kann.

Es liegt daher keineswegs an einem Mangel oder einer Unvollkommenheit der vorhandenen Bundesgesetzgebung, wenn in Deutschland, nach den bedauernswerthen Erfahrungen der neuern Zeit, hier die rohe

Gewalt aufgeregter Volkshaufen, dort eine in das verfassungsmäßige Gewand ständischer Opposition gekleidete Anmaßung des demokratischen Geistes, im Bunde mit einer zügellosen Presse — beides Symptome der zu bekämpfenden Grundübel — die Macht der Regierungen theils zu schwächen sucht, theils aber wirklich schon geschwächt und ihnen Zugeständnisse von Rechten abgenöthigt hat, oder noch abzutrotzen droht, deren sie sich, ohne Gefahr für die Erhaltung öffentlicher Ordnung und eines gesicherten gesetzlichen Zustandes, im wohlverstandenen Interesse ihrer Unterthanen nicht entäußern können.

So viel nun insbesondere

I. die Stellung der ständischen Kammern betrifft, so sind beide Höfe der Ansicht, daß, wie zweckmäßig und heilsam sich auch eine angemessene Wirksamkeit der Landstände in den deutschen Bundesstaaten darstellt, doch die Richtung des Geistes, welche man in neuester Zeit dem Institute der Landstände zu geben versucht habe, unverkennbar eine höchst bedauerliche Erscheinung sei. Dieselbe hat sich auf zweifache Weise zu erkennen gegeben, je nachdem dabei das Verhältniß ihren Fürsten gegenüber, und das Verhältniß dem Bunde und der Bundesversammlung gegenüber, in Betrachtung kam.

A. Ihren Fürsten gegenüber wurden

a) neue, mit dem monarchischen Prinzipe und mit Erhaltung der öffentlichen Ordnung unvereinbare Zugeständnisse in Anspruch genommen, und wohl auch

b) für den Fall, wenn diese Zugeständnisse nicht erfolgen, die Verwerfung der Budgets in Aussicht gestellt.

B. Dem Bunde und der Bundesversammlung gegenüber aber zeigte sich nicht allein

a) eine Neigung, sich über die Bundesgesetzgebung hinwegzusetzen, sondern es sind sogar

b) in den ständischen Versammlungen offene Angriffe auf den Bund und die Bundesversammlung laut geworden.

Die Bundesgesetzgebung bietet den deutschen Regierungen, zur Beseitigung ähnlicher Erscheinungen, die erforderlichen Mittel.

ad A, a. Braucht wohl kaum daran erinnert zu werden, daß den deutschen Fürsten, in Beziehung auf Gesetzgebung, nach allen deutschen Verfassungen die Initiative zusteht, — daß daher von den Ständen neue Gesetze nicht anders, als in Form von Petitionen in Antrag gebracht werden können, wobei es den Fürsten unbenommen bleibt, frei zu prüfen, ob sie es ihrem Interesse und dem innig damit verbundenen Interesse des Landes, so wie ihren Verpflichtungen gegen den Bund für gemäß halten, die Petition zu gewähren, im entgegengesetzten Falle aber dieselbe zu verwerfen. Ein vollgültiger Grund zur Verwerfung einer von den Ständen angebrachten Petition würde darin liegen, wenn der Fürst das darin begehrte Zugeständniß in Folge jener Prüfung dem Grundsatze des Artikel 57 der

Wiener Schlußakte zuwiderlaufend fände. — Je bestimmter dessen Worte dahin lauten, daß die gesammte Staatsgewalt in dem Oberhaupte des Staates vereinigt bleiben muß, und daß der Souverain durch eine landständische Verfassung nur in der Ausübung bestimmter Rechte an die Mitwirkung der Stände gebunden werden kann; um so gewisser ist ein deutscher Bundessouverain zur Verwerfung einer hiermit in Widerspruch stehenden ständischen Petition nicht nur berechtigt, sondern im Gesammt-Interesse des Bundes auch verpflichtet.

ad A, b. Von der Benutzung dieses Rechtes und der Erfüllung der zugleich damit verbundenen Pflicht, wird kein deutscher Fürst, bei dem Bewußtsein seiner Würde und seines hohen Berufes, durch eine Drohung mit der Verweigerung des Budgets sich zurückhalten lassen, da der Satz:

„daß dem Souverain durch die Landstände die zur Führung „einer zweckmäßig geordneten Regierung erforderlichen Mittel „nie verweigert werden dürfen"

in dem Sinne der oben angeführten Bestimmung des Artikel 57 der Schlußakte, so wie in der hieraus hervorgehenden Folgerung, welche der Artikel 58 der Schlußakte ausspricht, liegt.

Sollten demnach ständische Versammlungen ihre Stellung so weit verkennen, daß sie an die Bewilligung der zur Führung einer wohlgeordneten Regierung erforderlichen Steuern, auf eine direkte oder indirekte Weise, die Durchsetzung anderweiter Wünsche und Anträge anknüpfen wollten, so würden Fälle dieser Art zu denjenigen zu zählen sein, auf welche die Artikel 25 und 26 der Wiener Schlußakte in Anwendung gebracht werden müßten.

ad B, a. Belangend das Verhältniß der inneren Gesetzgebung eines Landes zu der Bundesgesetzgebung, so können die auf den bereits bestehenden Beschlüssen des Bundes beruhenden Ansichten beider Höfe hierüber in folgende Sätze zusammengefaßt werden:

1. Die innere Gesetzgebung der deutschen Bundesstaaten darf weder dem Zwecke des Bundes, wie solcher in der Bundesakte, Art. 2, und in der Wiener Schlußakte, Art. 1, ausgesprochen ist, noch den zur Erreichung desselben verabredeten organischen Einrichtungen (Art. 13 der Wiener Schlußakte, Num. 2), noch auch den zur Entwicklung und Ausbildung der Bundesakte im Geiste der letzteren bereits gefaßten oder noch zu fassenden Beschlüssen (Art. 4 der Wiener Schlußakte) irgend einen Eintrag thun.

2. Eben so wenig darf sie der Erfüllung sonstiger bundesverfassungsmäßiger Verbindlichkeiten gegen den Bund, namentlich der dahin gehörigen Leistung von Geldbeiträgen, hinderlich werden (Artikel 52 und 58 der Wiener Schlußakte).

3. Nicht den bei der inneren Gesetzgebung eines Landes konkurrirenden Behörden, namentlich nicht den ständischen Versammlungen, gebührt es, über den Sinn der Bundesakte, so wie der darin enthaltenen Bestimmungen, wenn Zweifel darüber obwalten, eine Auslegung

zu geben. Hierzu berechtigt und berufen ist allein der deutsche Bund selbst, welcher dieses Recht durch sein Organ, die Bundesversammlung, ausübt (Art. 17 der Wiener Schlußakte).

4. Damit diese Gerechtsame des Bundes, wie solche in dem Vorstehenden unter 1, 2 und 3 aufgeführt sind, gegen die Eingriffe der ständischen Kammern, nicht allein von den eigenen Regierungen derselben, sondern auch direkt von Seite des Bundes, gehörig gewahrt und geschützt werden mögen, wäre von der Bundesversammlung eigens für diesen Zweck eine Kommission niederzusetzen, welche sich vereinigt und in Thätigkeit tritt, so oft in einem Bundesstaate eine Versammlung der Stände statt findet, um den Verhandlungen der letztern aus obgedachtem Gesichtspunkte eine fortgesetzte Aufmerksamkeit zu widmen, und, wo sie einen Versuch zur Ueberschreitung der Bundesgesetzgebung wahrnimmt, der Bundesversammlung davon, zur weiteren, der Lage der Umstände und der Stellung des Bundes angemessenen Veranlassung, Anzeige zu machen.

Die ad B, b erwähnten Angriffe auf den Bund und die Bundesversammlung werden nicht wieder vorkommen, wenn die deutschen Staaten, wie sie es ihrem Bundesverhältnisse schuldig sind, sich gegen einander anheischig machen, solche nicht zu dulden, und zur Steuerung derselben, jeder nach Maßgabe seiner innern Landesverfassung, die angemessenen Anordnungen zu erlassen, wobei die Analogie von der Behandlung ähnlicher Ausfälle gegen den Landesherrn selbst, oder die landesherrliche Regierung, und im Ganzen ähnlicher Verunglimpfungen des einen oder des (der) andern, zu Grunde gelegt werden können. Eine Verpflichtung hierzu folgt zum Theil schon daraus, daß, nach Art. 59 der Wiener Schlußakte, da, wo Oeffentlichkeit der landständischen Verhandlungen durch die Verfassung gestattet ist, die Grenzen der freien Aeußerung, weder bei den Verhandlungen selbst, noch bei deren Bekanntmachung durch den Druck, auf eine die Ruhe des einzelnen Bundesstaates oder des gesammten Deutschlands gefährdende Weise überschritten, und dafür durch die Geschäftsordnung gesorgt werden soll. — Auch in Hinsicht solcher Angriffe auf den Bund könnte die nach B, 4 in Vorschlag gebrachte Kommission mit einer Kontrolle beauftragt werden. Diese Vorschläge, in Verbindung mit dem Anspruche auf gewissenhafte, einsichtsvolle und kräftige Erfüllung der Verpflichtungen gegen den Bund, bilden die Grundlage der Ansichten, welche die Höfe von Oesterreich und Preußen zur Bekämpfung der oben bezeichneten bedenklichen Erscheinungen in den ständischen Kammern ihren Mitverbündeten an das Herz zu legen.

Die Gesandten von Oesterreich und Preußen sind sonach beauftragt, darauf anzutragen, daß nachstehende sechs Artikel in einen förmlichen Bundesbeschluß verwandelt werden.

(Folgen die Anträge, wörtlich wie solche unten als Bundesbeschlüsse abgedruckt sind.)

II. In Beziehung auf die beispiellosen Mißbräuche der periodisch politischen Presse hat die Bundesversammlung — von der Verpflichtung durchdrungen, für die Erhaltung der innern Ruhe, Sicherheit und Würde des Bundes alle in der Bundesverfassung liegenden Mittel und Kräfte aufzubieten — sämmtliche Regierungen bereits mit Beschluß vom 10. Mai d. J. (§. 154) auf die Gefahren aufmerksam gemacht, welche der Gesammtheit drohen, wenn den Bundesbeschlüssen in Preßangelegenheiten nicht der genaueste Vollzug von Seiten der Regierungen zu Theil wird; es hat dieselbe ferner unterm 26. April d. J. (§. 118) eine Kommission aus ihrer Mitte gewählt, welche sich mit der im Art. 18 der Bundesakte, wegen gleichförmiger Verfügungen hinsichtlich der Presse, enthaltenen Verabredung unverzüglich zu beschäftigen haben wird, und es ist von dem thätigen und einsichtsvollen Eifer dieser Kommission zu erwarten, daß dieselbe die ihr übertragene Aufgabe auf eine Art lösen werde, welche — ohne die Thätigkeit nützlicher und achtungswerther Schriftsteller zu hemmen, oder den natürlichen Fortschritten des menschlichen Geistes Fesseln anzulegen — die wilden Ausschweifungen einer alle Begriffe verwirrenden, nur auf Erschütterung und Umwälzung des Bestehenden gerichteten, und das Höchste wie das Heiligste lästernden Preßfrechheit in die gehörigen Schranken zu weisen geeignet ist.

Daß bis zu dem Zeitpunkte, in welchem sich die Regierungen durch einen bundesverfassungsmäßigen Beschluß hierüber geeinigt haben werden, das provisorische Gesetz vom 20. September 1819 für den gesammten Bund verbindlich sei, und daß sonach dessen Bestimmungen im Interesse der öffentlichen Ruhe und im Sinne der wechselseitig übernommenen Verpflichtung von allen Regierungen und vom Bunde gewissenhaft zu handhaben seien, ist eine Ueberzeugung, welche die Höfe von Oesterreich und Preußen nicht nur wiederholt auszusprechen sich veranlaßt finden müssen, sondern es werden sich dieselben auch verpflichtet halten, so weit es in ihren Kräften steht, gemeinschaftlich mit ihren Bundesgenossen, auf deren übereinstimmende Gesinnung sie eben so viel Werth legen, als sie zuversichtlich dieselbe voraussetzen, dahin einzuwirken, daß diesem Gesetze allenthalben und ohne irgend eine Ausnahme Befolgung zu Theil werde.

Ist nun hiernach die Bundesversammlung in den Stand gesetzt, die Gerechtsame des Bundes gegen die Eingriffe der ständischen Kammern und gegen den Mißbrauch der Presse zu handhaben; übt sie diese Handhabung, wie es sich gebührt, und werden die Beschlüsse mit Ernst und Nachdruck vollzogen; gelingt es endlich den vereinten Bemühungen der Fürsten, bei der Bundesversammlung gemeinnützige, ganz Deutschland interessirende Anordnungen, so weit sie sich dafür eignen, mit Erfolg in Berathung zu ziehen, wozu die Höfe von Oesterreich und Preußen insbesondere durch ihre Gesandschaften am Bundestage wirken zu wollen, sich feierlichst verpflichten: so darf man sich der Erwartung hingeben, daß die in das allgemeine Wohl thätig eingreifende Wirksamkeit des Bundes und dessen Autorität erkannt und geachtet werden, und daß die öffentliche Meinung aus ihrer jetzigen Befangenheit in sophistischen Irrlehren zu einem für Wahrheit, Recht und Ordnung empfänglichen Sinne wieder zurückkehren werde.

Sollte aber diese Erwartung nicht in Erfüllung gehen; sollte die innere Ruhe und Ordnung in Deutschland fortan gefährdet erscheinen, und die Autorität der zum Schutze dieser höchsten Güter gefaßten bundesverfassungsmäßigen Beschlüsse verkannt werden: so sind Ihre Majestäten der Kaiser von Oesterreich und der König von Preußen — im Gefühle der von eigener Erhaltung unzertrennlichen Sorge für das Schicksal der im Bunde vereinten Staaten, in gerechter Würdigung der Gefahr, das ganze gesellschaftliche System von Europa durch gesetzlose Willkür zertrümmert zu sehen, und in getreuer Erfüllung der Ihnen obliegenden Verpflichtung gegen den Bund und gegen dessen einzelne Glieder — fest entschlossen, zur Aufrechthaltung und Durchführung der Bundesverfassung, ihrer wichtigen Zwecke und der darauf gegründeten oder noch zu gründenden Beschlüsse der Bundesversammlung, endlich zur Zurückweisung der Angriffe gegen den Bund und dessen Glieder, von welcher Seite sie auch kommen mögen, auf jedesmaliges Anrufen der Gesammtheit oder eines Bundesgliedes, von allen Ihnen zu Gebote stehenden Mitteln Gebrauch zu machen, damit den Beschlüssen des Bundes diejenige pünktliche und genaue Befolgung gesichert sei, welche allein für die Ruhe des gemeinsamen Vaterlandes Bürgschaft zu bieten vermag. — Von dieser Bestrebung geleitet, haben beide Höfe zugleich diejenigen militairischen Maßregeln bereits getroffen, und an ihre beiderseitigen Gesandten am Bundestage diejenigen ausgedehnten Vollmachten ertheilt, welche dazu geeignet sind, dem Bundestage zu verbürgen, daß auf die erste Aufforderung desselben die militairische Hülfe zur Aufrechthaltung seines Ansehens und zur Durchführung seiner Beschlüsse mit möglichster Beschleunigung zur Stelle geschafft werde.

Indem die Höfe von Oesterreich und Preußen diese ihren Bundespflichten entsprechende Erklärung geben, halten sich dieselben überzeugt von der gleichmäßigen Bereitwilligkeit aller ihrer Mitverbündeten, im erforderlichen Falle in derselben föderativen Weise wirksam zu sein.

Baiern. Seine Majestät der König von Baiern finden bei den gegenwärtigen Zeitverhältnissen der so sehr überhand genommenen Aufregung und den Gefahren, welche bei den weit verzweigten gemeinsamen Bemühungen der Feinde der gesetzlichen Ordnung unverkennbar sind, ein kräftiges und vertrauensvolles Zusammenwirken der Bundesglieder, in Folge der bereits bestehenden und in der Bundes- und Schlußakte enthaltenen Bestimmungen, vollkommen angemessen.

Allerhöchstdieselben treten daher den von dem Kaiserlich-Oesterreichischen und dem Königlich-Preußischen Hofe zu diesem Zwecke in Antrag gebrachten sechs Propositionen, jedoch in der Art bei, daß die nach dem Art. IV. zu errichtende Bundestags-Kommission vor der

Hand auf sechs Jahre ernannt werde, und man nach Verlauf dieser Zeit die Fortdauer dieser Kommission weiterer Vereinigung vorbehalte.

Der Gesandte ist zugleich angewiesen, in Ansehung der Fassung des Art. IV. zu bemerken, daß man Baierischer Seits anstatt der Stelle:

„um in den einzelnen Bundesstaaten die Handhabung der zwischen den Regierungen und ihren Ständen bestehenden verfassungsmäßigen Verhältnisse zu erleichtern,"

vorziehen würde, zu setzen:

um den Regierungen die Handhabung ihrer verfassungsmäßigen Rechte zu erleichtern,

da man sich überzeugt hält, daß dieses die eigentliche Absicht jener Stelle sei, die keine Einmischung der Bundestags-Kommission in die inneren Regierungsangelegenheiten veranlassen dürfe.

Königreich Sachsen. Die Königlich-Sächsische Regierung — die in dem verehrten Bundes-Präsidialvortrage ausgesprochenen, ächt föderativen Absichten anerkennend — nimmt um so weniger Anstand, den auf Sicherstellung des Bundes und Erhaltung seiner Würde gerichteten sechs Propositionen beizutreten, als dieselben in den bestehenden Bundesgesetzen und — so viel die IV. Proposition insbesondere anlangt — in der Geschäftsordnung der Bundesversammlung völlig gegründet sind, und als dadurch die verfassungsmäßigen Rechte der Stände, und namentlich die den diesseitigen nach §. 97 der Sächsischen Verfassung zustehende Befugniß, hinsichtlich des Ermessens, der Bewilligung und Aufbringung der zur innern Regierung fur erforderlich zu achtenden Mittel nicht beschränkt, auch die Erschöpfung aller verfassungsmäßigen Einigungsmittel dabei überall vorausgesetzt wird. — Der Gesandte findet sich demnach ermächtigt, jene Zustimmung von Seiten seiner höchsten Regierung hiermit zu erklaren.

Hannover. Seine Majestät der König von Großbritannien und Hannover erblicken in den so eben vernommenen Anträgen des Kaiserlich-Königlich-Oesterreichischen Präsidial- und des Königlich-Preußischen Hofes einen erneueten, den höchsten Dank verdienenden Beweis der Sorgfalt, womit Allerhöchstdieselben unausgesetzt darauf bedacht sind, die für die Aufrechthaltung der innern Ruhe und Sicherheit Deutschlands in den jetzigen Zeiten zu ergreifenden Maßregeln zu sichern, und haben daher die Gesandtschaft beauftragt, jenen Anträgen, zumal sie lediglich auf der bestehenden Bundesverfassung beruhen, der durch dieselbe beabsichtigte Zweck aber dazu geeignet ist, eine der dringendsten Anforderungen der Zeitverhältnisse an die deutschen Regierungen zu erledigen, unbedingt beizutreten und solche aus allen Kräften zu unterstützen.

Würtemberg. Die Königliche Gesandtschaft ist ermächtigt, den von dem Kaiserlich-Königlich-Oesterreichischen und von dem Königlich-Preußischen Hofe in Antrag gebrachten sechs Artikeln, mit der Bemerkung zu Artikel III. beizutreten, daß zwar nach der Würtembergischen Verfassung, in Ansehung der Wahl der Mittel zur Erfüllung bundesverfassungsmäßiger Verbindlichkeiten, eine Mitwirkung der Stände eintrete, hierdurch aber die Erfüllung selbst nicht gehindert werde.

Baden. Die Gesandtschaft ist angewiesen, den Anträgen des Kaiserlich-Königlich-Oesterreichischen und Königlich-Preußischen Hofes beizutreten.

Kurhessen. Der Gesandte ist beauftragt worden, die Zustimmung seines höchsten Hofes zu den eben verlesenen sechs Artikeln, jedoch mit dem Wunsche zu erklären, daß in dem dispositiven Theile des Artikels IV. zu Beseitigung jedes möglichen Zweifels über den eigentlichen Sinn desselben, und zwar in der Stelle:

„der Bundesversammlung davon Anzeige zu thun,“

statt des Wortes „davon“ möge gesagt werden:

„in allen, in diesem Artikel erwähnten Fällen.“

Großherzogthum Hessen. Die Großherzogliche Gesandtschaft ist ermächtigt, die Zustimmung zu den sechs Anträgen der allerhöchsten Höfe von Oesterreich und Preußen, unter dankbarer Anerkennung der dadurch von Neuem bewährten Aufmerksamkeit auf die wichtigsten Interessen des deutschen Bundes, zu erklären.

Dänemark wegen Holstein und Lauenburg. Seine Majestät der König — von der Ueberzeugung durchdrungen, daß dem gegenwärtig in mehreren deutschen Bundesstaaten herrschenden revolutionairen Treiben durch unverweilte Entwickelung, durch sachgemäße und thatsächliche Anwendung der Kompetenz des Bundes ein Ziel zu setzen sei — erkennen mit größter Befriedigung in den Anträgen Sr. Majestät des Kaisers von Oesterreich und Sr. Majestät des Königs von Preußen eine Auffassung dieser Aufgabe, welche Deren Weisheit entspricht, durch die Verfassung des deutschen Bundes gerechtfertigt wird, und die Sicherstellung seiner Zwecke verbürgt.

Erhaltung der landständischen Wirksamkeit innerhalb der durch die Grundgesetze des Bundes vorgezeichneten Grenzen, und Verhinderung des Mißbrauchs der Presse durch eine gemeinsame Gesetzgebung, sind die Mittel, welche zum Schutze und zur Förderung der allgemeinen Wohlfahrt mit unverrückter Konsequenz anzuwenden sind. Alsdann wird das Bestehende vor jenen vermessenen Angriffen bewahrt sein, welche in ihrer Richtung gegen die monarchische Ordnung die durch tiefere besonnene Erkenntniß gegründeten, durch Geschichte und Erfahrung bewährten Institutionen zu zerstören, und nicht weniger den Grundcharakter des deutschen Volks als den des deutschen Bundes umzuwandeln drohen. Nur gänzliche Verkennung beider kann zu dem Wahne führen, daß, unter Auflösung der Bande, welche Fürsten und Völker im Verhältnisse der Autorität und der Liebe wie der Ehrfurcht und des Gehorsams vereinigen, aus neuen Verfassungsformen, welche die Wirksamkeit der großen religiösen und moralischen

Triebfedern ersetzen sollen, ein neues Glück für Deutschland hervorgehen könne.

Aber Throne, auf Gerechtigkeit und Wohlwollen gestützt, sind unerschütterlich. In diesem Glauben haben Se. Majestät es mit dem lebhaftesten Danke erkannt, daß Ihre beiden hohen Bundesgenossen es zur Aufgabe des Bundes machen, auch dieses Wohlwollen den deutschen Völkern durch gemeinnützige Anordnungen, wie sie wahres Bedürfniß der Zeit und der deutsche Staatenverein als wünschenswerth oder erforderlich darstellen, zu bethätigen.

Unter den vorstehenden Gesichtspunkten eignen Se. Majestät der König Sich nicht weniger die Begründung aller vorgelegten Anträge an, als Sie diesen selbst Ihre vollkommene Zustimmung ertheilen.

Niederlande wegen des Großherzogthums Luxemburg. Da dem Könige-Großherzog nichts so sehr am Herzen liegt, als Seiner Seits zur Aufrechthaltung der gesetzlichen Ordnung und Ruhe im Bunde die Hände zu bieten, so nehmen Se. Majestät keinen Anstand, zu den von Oesterreich und Preußen, in preiswürdiger Fürsorge für das wahre Heil der Gesammtheit, in Antrag gestellten Beschlüssen andurch Ihre vollkommene Zustimmung zu erklären.

Se. Majestät erwarten, daß diese Beschlüsse, im Interesse des Bundes und der einzelnen Bundesstaaten, in jedem vorkommenden Falle zur Ausführung gebracht werden. Allerhöchstdieselben theilen die Ansicht, daß das stete Fortschreiten und Ueberhandnehmen des demokratischen Schwindels, welcher jede gesetzliche Autorität der Regierungen nach und nach über den Haufen wirft, nicht in irgend einer Mangelhaftigkeit oder Unvollständigkeit der Bundesgesetze liege, daß es vielmehr nur von dem ernsten und übereinstimmenden Willen der Bundesfürsten abhänge, mit Hülfe der ihnen durch die Bundesakte dargebotenen gesetzlichen Mittel, das gesellschaftliche Gebäude vor der ihm täglich drohender werdenden Gefahr eines gänzlichen Umsturzes zu bewahren.

Se. Majestät der König-Großherzog sind fest entschlossen, zu Erreichung des großen Zweckes, welchen die beiden ersten Bundesmächte sich vorgesetzt, nach Kräften mitzuwirken, gleichwie Allerhöchstdieselben Sich fortdauernd der Hoffnung überlassen, daß von Seiten sämmtlicher Bundesglieder die zur Aufrechthaltung der Allerhöchst Ihnen, als Großherzog von Luxemburg, zustehenden Rechte geeignete Verfügungen annoch werden getroffen und dabei die in dem Artikel 26 und anderen der Schlußakte vom 15. Mai 1820 enthaltenen Stipulationen nicht werden aus den Augen verloren werden.

Großherzoglich- und Herzoglich-Sächsische Häuser. Der Gesandte hat die von ihm vertretene Gesammtstimme, mit dankbarer Anerkennung der sich auch bei dieser Gelegenheit bethätigenden Fürsorge der allerhöchsten Regierungen von Oesterreich und Preußen für das Beste des Bundes durchgängig beitretend auszusprechen.

Braunschweig und Nassau stimmt den Oesterreichischen und Preußischen Anträgen bei, und erkennt darin die Beweise ihrer Fürsorge für die Erhaltung der Ruhe und Sicherheit in Deutschland dankbar an.

Mecklenburg-Schwerin und Mecklenburg-Strelitz. Ihre Königlichen Hoheiten die Großherzoge von Mecklenburg sind lebhaft überzeugt, daß der gegenwärtige Zustand der öffentlichen Meinung in Deutschland und die unverkennbare revolutionaire Richtung in mehreren Bundesstaaten gemeinsame Maßregeln erheischen, damit weiteren Folgen mit vereinter Kraft begegnet werde; Ihre Königlichen Hoheiten erkennen daher dankbar die Vorsorge der allerhöchsten Höfe von Oesterreich und Preußen, und ertheilen den so eben vernommenen, mit den Bundesgesetzen übereinstimmenden Vorschlägen Ihre unbedingte Zustimmung.

Oldenburg, Anhalt und Schwarzburg. Des Gesandten höchste Kommittenten, mit den Grundsätzen vollkommen einverstanden, welche in der eben vernommenen Erklärung der Höfe von Oesterreich und Preußen ausgesprochen sind, treten, unter dankbarer Anerkennung der dem deutschen Bunde bethätigten Fürsorge, den sechs Anträgen um so mehr bei, als sie selbst stets von der Ueberzeugung erfüllt waren, daß ein konsequentes, am Geiste der Bundesverfassung haltendes Benehmen die erste Bedingung des Bestandes eines Bundesvereins sein müsse.

Hohenzollern, Liechtenstein, Reuß, Schaumburg-Lippe, Lippe und Waldeck. Der Gesandte ist angewiesen, den Präsidialanträgen Namens Ihrer Majestäten des Kaisers von Oesterreich und Königs von Preußen beizustimmen, und den Dank Ihrer Durchlauchten, welche die sechzehnte Kurie bilden, für diese Fürsorge zur Wiederherstellung der Ruhe und Ordnung auszudrücken.

Die freien Städte. Der Gesandte ist angewiesen, den so eben vernommenen Anträgen, als in der bestehenden Bundesgesetzgebung begründet und durch die neuesten Zeitereignisse hervorgerufen, in dankbarster Anerkennung der dargelegten heilsamen Fürsorge, wie in vollkommenster Würdigung desjenigen beizutreten, was in dem einleitenden Vortrage über die Wirksamkeit des deutschen Bundes und seines Organs, namentlich auch für gemeinnützige das Gesammtwohl Deutschlands fördernde Anordnungen, sich bemerkt findet.

Präsidium. Nachdem die gemeinschaftlichen Anträge von Oesterreich und Preußen die Zustimmung sämmtlicher im Bunde vereinten Regierungen erhalten haben, hat die Kaiserlich-Königliche Präsidialgesandtschaft in Beziehung auf den von Baiern ausgesprochenen Wunsch zu erkliren, daß der Kaiserlich-Königliche Hof den Antrag:

„die nach dem Art. IV. zu errichtende Bundestags-Kommission vor der Hand auf sechs Jahre zu ernennen und nach Verlauf dieser Zeit die Fortdauer der Kommission weiterer Vereinigung vorzubehalten,“

sich nicht nur mit Bereitwilligkeit eigen mache, sondern auch die übrigen Regierungen hiermit einlade, dieser Königlich-Baierischen Proposition ihre Zustimmung ertheilen zu wollen.

Sammtliche übrigen Gesandtschaften schlossen sich dem Antrage des Präsidialhofes an.

In Betreff der übrigen von Baiern und Kurhessen vorgetragenen Wünsche wegen einigen Redaktionsveranderungen, glaubt die Versammlung es bei der von Oesterreich und Preußen vorgeschlagenen Fassung belassen zu müssen.

Hierauf wurde einhellig beschlossen:

Unter dankbarer Anerkennung der von Ihren Majestäten dem Kaiser von Oesterreich und dem Könige von Preußen wiederholt bewährten Fürsorge für das gemeinsame Beste des deutschen Vaterlandes, vereinigen sich sämmtliche Bundesregierungen zu folgenden Bestimmungen:

I. Da nach dem Art. 57 der Wiener Schlußakte die gesammte Staatsgewalt in dem Oberhaupte des Staates vereinigt bleiben muß, und der Souverain durch eine landständische Verfassung nur in der Ausübung bestimmter Rechte an die Mitwirkung der Stände gebunden werden kann, so ist auch ein deutscher Souverain als Mitglied des Bundes, zur Verwerfung einer hiermit in Widerspruch stehenden Petition der Stande nicht nur berechtigt, sondern die Verpflichtung zu dieser Verwerfung geht aus dem Zwecke des Bundes hervor.

II. Da gleichfalls nach dem Geiste des eben angeführten Art. 57 der Schlußakte und der hieraus hervorgehenden Folgerung, welche der Art. 58 ausspricht, keinem deutschen Souverain durch die Landstände die zur Fuhrung einer den Bundespflichten und der Landesverfassung entsprechenden Regierung erforderlichen Mittel verweigert werden dürfen, so werden Falle, in welchen ständische Versammlungen die Bewilligung der zur Führung der Regierung erforderlichen Steuern auf eine mittelbare oder unmittelbare Weise durch die Durchsetzung anderweiter Wünsche und Anträge bedingen wollten, unter diejenigen Falle zu zählen sein, auf welche die Art. 25 und 26 der Schlußakte in Anwendung gebracht werden müßten.

(Folgt die wörtliche Anführung der Art. 25 und 26 der Wiener Schlußakte.)

III. Die innere Gesetzgebung der deutschen Bundesstaaten darf weder dem Zwecke des Bundes, wie solcher in dem Art. 2 der Bundesakte und in dem Art. 1 der Schlußakte ausgesprochen ist, irgend einen Eintrag thun, noch darf dieselbe der Erfüllung sonstiger bundesverfassungsmäßiger Verbindlichkeiten gegen den Bund, und namentlich der dahin gehörigen Leistung von Geldbeiträgen, hinderlich sein.

IV. Um die Würde und Gerechtsame des Bundes und der den Bund repräsentirenden Versammlung gegen Eingriffe aller Art sicher zu stellen, zugleich aber in den einzelnen Bundesstaaten die Handhabung der zwischen den Regierungen und ihren Ständen bestehenden verfassungsmäßigen Verhältnisse zu erleichtern, soll am Bundestage eine mit diesem Geschäfte besonders beauftragte Kommission, vor der Hand auf sechs Jahre ernannt werden, deren Bestimmung sein wird, insbesondere auch von den ständischen Verhandlungen in den deutschen Bundesstaaten fortdauernd Kenntniß zu nehmen, die mit den Verpflichtungen gegen den Bund, oder mit den durch die Bundesverträge garantirten Regierungsrechten in Widerspruch stehenden Anträge und Beschlüsse zum Gegenstand ihrer Aufmerksamkeit zu machen, und der Bundesversammlung davon Anzeige zu thun, welche demnächst, wenn sie die Sache zu weiteren Erörterungen geeignet findet, solche mit den dabei betheiligten Regierungen zu veranlassen hat. Nach Verlauf von sechs Jahren wird die Fortdauer der Kommission weiterer Vereinigung vorbehalten.

V. Da nach Art. 59 der Wiener Schlußakte, da, wo Oeffentlichkeit der landständischen Verhandlungen durch die Verfassung gestattet ist, die Grenzen der freien Aeußerung, weder bei den Verhandlungen selbst, noch bei deren Bekanntmachung durch den Druck, auf eine die Ruhe des einzelnen Bundesstaates oder des gesammten Deutschlands gefährdende Weise überschritten werden darf, und dafür durch die Geschäftsordnung gesorgt werden soll; so machen auch sämmtliche Bundesregierungen, wie sie es ihren Bundesverhältnissen schuldig sind, sich gegen einander anheischig, zur Verhütung von Angriffen auf den Bund in den ständischen Versammlungen und zur Steuerung derselben, jede nach Maßgabe ihrer inneren Landesverfassung, die angemessenen Anordnungen zu erlassen und zu handhaben.

VI. Da die Bundesversammlung schon nach dem Art. 17 der Schlußakte berufen ist, zur Aufrechthaltung des wahren Sinnes der Bundesakte und der darin enthaltenen Bestimmungen, wenn über deren Auslegung Zweifel entstehen sollte, dem Bundeszwecke gemäß zu erklären, so versteht es sich von selbst, daß zu einer Auslegung der Bundes- und der Schlußakte mit rechtlicher Wirkung auch nur allein und ausschließend der deutsche Bund berechtigt ist, welcher dieses Recht durch sein verfassungsmäßiges Organ, die Bundesversammlung, ausübt.

In Beziehung auf den Mißbrauch der periodischen Presse sieht die Bundesversammlung dem Vortrage ihrer in der 14. diesjährigen Sitzung gewählten Kommission wegen Einführung gleichförmiger Verfügungen hinsichtlich der Presse entgegen, um hierauf einen endlichen Beschluß fassen zu können, und sie erwartet mit Vertrauen von dem Eifer der Kommission, daß sie die ihr übertragene Aufgabe in dem Sinne obiger Proposition baldigst lösen werde.

Anmerkung (von Klüber in seiner Quellensammlung).

Vorstehende sechs Artikel wurden in verschiedenen Bundesstaaten mit verwahrenden Klauseln publizirt.

In dem Königreich Sachsen wurden solche unter dem 24. Juli 1832 bekannt gemacht, mit Verwahrung der Gerechtsame der Landstände, insbesondere ihres Rechtes der Steuerbewilligung. Es „soll und kann," ward erklärt, dadurch „den gesammten verfassungsmäßigen Rechten der Stände des Königreichs nirgend Eintrag geschehen." Die Regierung halte sich versichert, „daß jene Beschlüsse ohne Einfluß auf das Königreich Sachsen bleiben würden."

Der König von Baiern fügte seiner Bekanntmachung vom 11. Oktober 1832 die Erklärung hinzu: „daß die Bestimmungen der Verfassungsurkunde durch Unseren Beitritt zu denselben (6 Artikeln) keineswegs einer Abänderung unterworfen worden sind, sondern vielmehr hiedurch deren treue Beobachtung im Zusammenwirken der Staatsregierung, der Staatsangehörigen und deren Vertreter, nach dem Zwecke der Bundesakte werde erkräftigt werden."

In dem von der Königlich-Würtembergischen Regierung, in Abwesenheit des Königs, erlassenen Publikations-Patent vom 28. Juli 1832, wird gesagt: „Indem wir diese Beschlüsse andurch zur allgemeinen Kenntniß bringen, erklären wir zugleich, zu Beseitigung kund gewordener Mißverständnisse über ihre Bedeutung, in Vollmachts-Namen des Königs Majestät, daß durch diese Beschlüsse irgend eine Gefährdung der Landesverfassung weder beabsichtigt worden sei, noch auch habe beabsichtigt werden können, da namentlich der Art. 56 der in denselben mehrmals angeführten Wiener Schlußakte ausdrücklich festsetzt: daß die in anerkannter Wirksamkeit bestehenden landständischen Verfassungen nur auf verfassungsmäßigem Wege wieder abgeändert werden können. Gleichwie daher in keiner Beziehung ein Grund vorliegt, irgend eine mit der Verfassung nicht im Einklang stehende Anwendung jener Bundesbeschlüsse zu besorgen: so wird auch die Staatsregierung, wie bisher, fortfahren, die Verfassung in allen ihren Bestimmungen, mögen solche das Recht der ständischen Theilnahme an der Gesetzgebung, oder das Steuerverwilligungsrecht, oder sonst ein den Würtembergischen Staatsbürgern zugesichertes Recht betreffen, mit gewissenhafter Treue aufrecht zu halten." — Dieser Erklärung ließ Seine Majestät der König nachstehendes allerhöchst unmittelbare Dekret, datirt aus Livorno vom 3. August 1832, nachfolgen: „daß Wir nach Einsicht der von Unserem Ministerium in Unserem Namen erlassenen, der Bekanntmachung der Bundesbeschlüsse vom 28. Juni 1832 beigefügten Erklärung vom 28. Juli d. J. Uns bewogen finden, zu um so vollständigerer Beruhigung Unserer getreuen Unterthanen hinsichtlich der zu Unserer Kenntniß gebrachten, vielfältig verbreiteten irrigen Ansichten über die Natur und Bedeutung obiger Bundesbeschlüsse, diese Erklärung Unseres Ministerrathes hiemit nach ihrem ganzen Inhalte nachträglich zu genehmigen und die in derselben enthaltenen Zusicherungen förmlich zu bestätigen."

Für das Großherzogthum Hessen ward in dem Publikationspatent vom 31. Juli 1832 die Klausel hinzugefügt: daß durch diesen Beschluß „übrigens der Verfassung des Großherzogthums in keiner Beziehung Eintrag geschieht."

In dem Herzogthum Sachsen-Meiningen ward dem Publikationspatent vom September 1832 die Verwahrung hinzugefügt, daß durch die sechs Artikel „weder die Verfassung des Herzogthums überhaupt, noch insbesondere die Rechte und Pflichten der Stände, wie sie in den bestehenden Gesetzen bestimmt sind, eine Veränderung erleiden."

Dagegen

ward in der Bundesversammlung, in dem Protokoll vom 8. November (Sitzung 42), als die von den Regierungen sämmtlicher Bundesstaaten vorgelegten Anzeigen ihrer Bekanntmachung des Beschlusses vom 28 Juni 1832 zur Nachricht genommen wurden, die Bemerkung hinzugefügt: „daß, wie sich von selbst verstehe, durch die von einigen Regierungen der Bekanntmachung dieser Beschlüsse beigefügten erläuternden Beisätze der allgemeinen Verbindlichkeit des Bundesbeschlusses vom 28. Juni für sämmtliche Bundesstaaten in keiner Beziehung irgend ein Eintrag habe geschehen können, so wie Solches ohnehin auch nicht in der Absicht der einzelnen Regierungen gelegen habe.

Diese „Maßregeln" wurden aber nicht für genüglich gehalten und bald darauf (in der nächsten Sitzung der Bundesversammlung) durch weitere ergänzt, welche hier folgen.

Beschluß der Bundesversammlung,
vom 5. Juli 1832,
enthaltend Maßregeln zur Aufrechthaltung der gesetzlichen Ordnung und Ruhe im deutschen Bunde.

In Erwägung der gegenwärtigen Zeitverhältnisse und für die Dauer derselben, beschließt die Bundesversammlung, in Gemäßheit der ihr obliegenden Verpflichtung, die gemeinsamen Maßregeln zur Aufrechthaltung der öffentlichen Ruhe und gesetzlichen Ordnung zu berathen, nach vernommenem Gutachten einer aus ihrer Mitte gewählten Kommission, wie folgt:

1. Keine in einem nicht zum deutschen Bunde gehörigen Staate in deutscher Sprache in Druck erscheinende Zeit- oder nicht über zwanzig Bogen betragende sonstige Druckschrift politischen Inhalts darf in einem Bundesstaate, ohne vorgängige Genehmhaltung der Regierung desselben, zugelassen und ausgegeben werden; gegen die Uebertreter dieses Verbots ist eben so, wie gegen die Verbreiter verbotener Druckschriften, zu verfahren.

2. Alle Vereine, welche politische Zwecke haben, oder unter anderem Namen zu politischen Zwecken benutzt werden, sind in sämmtlichen Bundesstaaten zu verbieten und ist gegen deren Urheber und die Theilnehmer an denselben mit angemessener Strafe vorzuschreiten.

3. Außerordentliche Volksversammlungen und Volksfeste, nämlich solche, welche bisher hinsichtlich der Zeit und des Ortes weder üblich, noch gestattet waren, dürfen, unter welchem Namen und zu welchem Zwecke es auch immer sei, in keinem Bundesstaate, ohne vorausgegangene Genehmigung der kompetenten Behörde, statt finden.

Diejenigen, welche zu solchen Versammlungen oder Festen durch Verabredungen oder Ausschreiben Anlaß geben, sind einer angemessenen Strafe zu unterwerfen.

Auch bei erlaubten Volksversammlungen und Volksfesten ist es nicht zu dulden, daß öffentliche Reden politischen Inhalts gehalten werden; diejenigen, welche sich dies zu Schulden kommen lassen, sind nachdrücklich zu bestrafen, und wer irgend eine Volksversammlung dazu mißbraucht, Adressen oder Beschlüsse in Vorschlag zu bringen und durch Unterschrift oder mündliche Beistimmung genehmigen zu lassen, ist mit geschärfter Ahndung zu belegen.

4. Das öffentliche Tragen von Abzeichen in Bändern, Kokarden oder dergleichen, sei es von In- oder Ausländern, in anderen Farben, als jenen des Landes, dem der, welcher solche trägt, als

Unterthan angehört, — das nicht autorisirte Aufstecken von Fahnen und Flaggen, das Errichten von Freiheitsbäumen und dergleichen Aufruhrzeichen — ist unnachsichtlich zu bestrafen.

5. Der am 20. September 1819 gefaßte, gemäß weiteren Beschlusses vom 12. August 1824 fortbestehende, provisorische Beschluß über die in Ansehung der Universitäten zu ergreifenden Maßregeln, wird sowohl im Allgemeinen, als insbesondere hinsichtlich der in den §§. 2 und 3 desselben enthaltenen Bestimmungen, in den geeigneten Fällen, in so weit es noch nicht geschehen, unfehlbar zur Anwendung gebracht werden.

(Folgt die wörtliche Citation der §§. 2 und 3 des Beschlusses vom 12. August 1824 über die Universitäten, welche wir S. 40 mitgetheilt.)

6. Die Bundesregierungen werden fortwährend die genaueste polizeiliche Wachsamkeit auf alle Einheimische, welche durch öffentliche Reden, Schriften oder Handlungen ihre Theilnahme an aufwieglerischen Planen kund, oder zu desfallsigem Verdacht gegründeten Anlaß gegeben haben, eintreten lassen; sie werden sich wechselseitig mit Notizen über alle Entdeckungen staatsgefährlicher geheimer Verbindungen und der darin verflochtenen Individuen, auch in Verfolgung desfallsiger Spuren, jederzeit aufs schleunigste und bereitwilligste unterstützen.

7. Auf Fremde, welche sich wegen politischer Vergehen oder Verbrechen in einen der Bundesstaaten begeben haben, sodann auf Einheimische und Fremde, die aus Orten oder Gegenden kommen, wo sich Verbindungen zum Umsturz des Bundes oder der deutschen Regierungen gebildet haben und der Theilnahme daran verdächtig sind, ist besondere Aufmerksamkeit zu wenden; zu diesem Ende sind überall in den Bundeslanden die bestehenden Paßvorschriften auf das Genaueste zu beobachten und nöthigenfalls zu schärfen.

Auch werden die sämmtlichen Bundesregierungen dafür sorgen, daß verdächtigen ausländischen Ankömmlingen, welche sich über den Zweck ihres Aufenthalts im Lande nicht befriedigend ausweisen können, derselbe nicht gestattet werde.

8. Die Bundesregierungen machen sich verbindlich, diejenigen, welche in einem Bundesstaat politische Vergehen oder Verbrechen begangen, und sich, um der Strafe zu entgehen, in andere Bundeslande geflüchtet haben, auf erfolgende Requisition, in so fern es nicht eigene Unterthanen sind, ohne Anstand auszuliefern.

9. Die Bundesregierungen sichern sich gegenseitig auf Verlangen die prompteste militairische Assistenz zu, und indem sie anerkennen, daß die Zeitverhältnisse gegenwärtig nicht minder dringend, als im Oktober 1830, außerordentliche Vorkehrungen wegen Verwendung der militairischen Kräfte des Bundes erfordern, werden sie sich die Vollziehung des Beschlusses vom 21. Oktober 1830 — betreffend Maß-

regeln zur Herstellung und Erhaltung der Ruhe in Deutschland — auch unter den jetzigen Umständen, und so lange, als die Erhaltung der Ruhe in Deutschland es wünschenswerth macht, ernstlich angelegen sein lassen.

10. Sämmtliche Bundesregierungen verpflichten sich, unverweilt diejenigen Verfügungen, welche sie zur Vollziehung vorbemerkter Maßregeln nach Maßgabe des in den verschiedenen Bundesstaaten sich ergebenden Erfordernisses getroffen haben, der Bundesversammlung anzuzeigen.

Sodann wurde:

1. Durch Beschluß der Bundesversammlung vom 9. August 1832 ausgesprochen, daß „Protestationen, Petitionen und Adressen gegen die neuesten Bundesbeschlüsse als Bestrebungen anzusehen sein, die Regierungen zu veranlassen, sich von Verpflichtungen loszusagen, welche sie durch die Grundgesetze des Bundes übernommen," was eine „ahnungswürdige Absicht nicht verkennen lasse," die Bundesversammlung deshalb die „zuversichtliche Absicht ausspreche, daß die Regierungen, in deren Staaten derlei Akte der Auflehnung sich ereignen, gegen die Urheber und Verbreiter solcher Protestationen u. s. w. die Untersuchung einleiten und nach den Gesetzen verfahren werden."

2. Durch Beschluß der Bundesversammlung vom 23. Aug. 1832 die Regierungen aufgefordert, der Bundesversammlung von den Resultaten der Untersuchungen wegen neuerlicher „revolutionairer Versuche oder Umtriebe," so wie der Bestrafung der Schuldigen in Kenntniß zu setzen.

3. Durch authentische Interpretation der §§. 31 und 32 der Kriegsverfassung des deutschen Bundes in der Sitzung der Bundesversammlung vom 13. Sept. 1832 (siehe die Rubrik Matrikel und deren Noten) die Bundes-Militair-Kontingente erhöht.

Schlußprotokoll der Wiener Ministerial-Konferenz vom 12. Juni 1834.

(Eröffnet durch nachstehende Rede des Fürsten von Metternich.)

Aus den Stürmen der Zeit ist eine Partei entsprossen, deren Kühnheit, wenn nicht durch Entgegenkommen, so doch durch Nachgiebigkeit, bis zum Uebermuthe gestiegen ist. Jede Autorität anfeindend, weil sie selbst sich zur Herrschaft berufen wähnt, unterhält sie mitten im allgemeinen politischen Frieden einen inneren Krieg, vergiftet den Geist und das Gemüth des Volkes, verführt die Jugend, bethört selbst das reifere Alter, trübt und verstimmt alle öffentlichen und Privat-Verhältnisse, stachelt mit voller Ueberlegung die Völker zu systematischem Mißtrauen gegen ihre rechtmäßigen Herrscher auf, und predigt Zerstörung und Vernichtung gegen Alles, was besteht. Diese Partei ist es, welche sich der Formen der in Deutschland eingeführten Verfassungen zu bemächtigen gewußt hat. Ob sie diesen scheinbar gesetzlichen, langsamen und sicheren Weg, oder den des offenen Aufruhrs einschlage, immer verfolgt sie den nämlichen Zweck. Planmäßig vorschreitend begnügte sie sich zuerst damit, in den ständischen Kammern den Regierungen gegenüber eine Position zu gewinnen. Allmählig ging ihr Streben weiter; die gewonnene Stellung sollte thunlichst verstärkt werden. Dann galt es, die Regierungsgewalt in möglichst enge Gränzen einzuschließen; endlich sollte die wahre Herrschaft nicht länger in dem Staatsoberhaupte concentrirt bleiben, sondern die Staatsgewalt in die Omnipotenz der ständischen Kammern verpflanzt werden. Und in der That dürfen wir uns nicht verhehlen, daß die Partei mit größerem oder geringerem Erfolge leider ihren Zweck hier und da zu erreichen gewußt hat; weiter, daß, wenn nicht bald dem überfluthenden Strome dieses Geistes ein hemmender und rettender Damm entgegengesetzt, und in dem mächtigen Entwickelungsgange jener Fortschritte der Faktion ein Abschnitt gemacht wird, in Kurzem selbst das Schattenbild einer monarchischen Gewalt in den Händen mancher Regenten zerfließen könnte.

Die souverainen Fürsten und freien Städte Deutschlands haben in pflichtmäßiger Fürsorge für die Erhaltung der durch die Bundesakte bestimmten, und durch die Schlußakte ausgebildeten Verfassung des deutschen Bundes, wie für die durch diese Grundgesetze verbürgte Sicherung der landesherrlichen Autoritat und der Ordnung und Ruhe in den einzelnen Bundesstaaten, endlich in dem festen Entschlusse, den in Deutschland bestehenden Rechtszustand gegen jeden Versuch zu dessen Verletzung durch alle in ihren Rechten wie in ihren Pflichten liegende Mittel gewissenhaft zu bewahren, zur Berathschlagung über die zur Erreichung dieses gemeinsamen Zweckes von allen Regierungen gleichmäßig festzuhaltenden Grundsätze und zu treffenden Maßregeln nachstehende Bevollmächtigte ernannt, nämlich ꝛc. ꝛc.

(folgen Namen und Titel der Bevollmächtigten)

welche zu Wien nach geschehener Auswechselung ihrer richtig befundenen Vollmachten in Kabinetskonferenzen zusammengetreten, und zu einer einhelligen definitiven Vereinbarung über folgende Artikel gelangt sind:

§. 1. Das in Artikel 57 der Wiener Schlußakte anerkannte Grundprinzip des deutschen Bundes, gemäß welchem die gesammte Staatsgewalt in dem Oberhaupte des Staates vereinigt bleiben muß, und der Souverain durch eine landständische Verfassung nur in der Ausübung bestimmter Rechte an die Mitwirkung der Stande gebunden werden kann, ist in seinem vollen Umfange unverletzt zu erhalten. Jede demselben widerstrebende, auf eine Theilung der Staatsgewalt zielende Behauptung ist unvereinbar mit dem Staatsrecht der im deutschen Bunde vereinigten Staaten, und kann bei keiner deutschen Verfassung in Anwendung kommen. Die Regierungen werden daher eine mit den Souverainetätsrechten unvereinbare Erweiterung ständischer Befugnisse in keinem Falle zugestehen.

§. 2. Wenn Stände, in der Absicht, ihre Befugnisse zu erweitern, Zweifel über den Sinn einzelner Stellen der Verfassungsurkunde erheben sollten, so werden die Regierungen die den übrigen Grundsätzen entsprechende Deutung aufrecht erhalten. Sollten die Stände sich bei dieser Deutung nicht beruhigen, so wird die betreffende Regierung den erhobenen Anstand auf dem im folgenden Artikel zur Entscheidung solcher Irrungen bezeichneten Wege zur Erledigung bringen.

§. 3. Für den Fall, daß in einem Bundesstaate zwischen der Regierung und den Ständen über die Auslegung der Verfassung, oder über die Gränzen der bei Ausübung bestimmter Rechte des Regenten den Ständen eingeräumten Mitwirkung, namentlich durch Verweigerung der zur Führung einer den Bundespflichten oder der Landesverfassung entsprechenden Regierung erforderlichen Mittel Irrungen entstehen, und alle verfassungsmäßigen und mit den Gesetzen vereinbarlichen Wege zu deren genügender Beseitigung ohne Erfolg eingeschlagen worden sind, verpflichten sich die Bundesglieder, als solche gegen einander, ehe sie die Dazwischenkunft des Bundes nachsuchen, die Entscheidung solcher Streitigkeiten durch Schiedsrichter auf dem in dem folgenden Artikel bezeichneten Wege zu veranlassen.

§. 4. Um das Schiedsgericht zu bilden, ernennt jede der 17 Stimmen des engeren Rathes der Bundesversammlung aus den von ihr repräsentirten Staaten von 3 zu 3 Jahren, zwei durch Charakter und Gesinnung ausgezeichnete Männer, welche durch mehrjährigen Dienst, hinlängliche Kenntnisse und Geschäftsbildung, der Eine im juridischen, der Andere im administrativen Fache, sich erprobt haben. Die erfolgten Ernennungen werden von den einzelnen Regierungen der Bundesversammlung angezeigt ꝛc. (Folgen bis Art. 14 die bekannten, das Bundesschiedsgericht betreffenden Anordnungen.)

§. 15. Stände können von ihren eigenen Beschlüssen, oder von jenen einer früheren Ständeversammlung, wenn sie in verfassungsmäßiger Form erfolgt, und von der Regierung genehmigt sind, ohne deren Zustimmung mit rechtlicher Wirksamkeit nicht abgehen. Dies versteht sich auch von den Beschlüssen, welche für einen ausdrücklich bestimmten Zeitraum gefaßt sind, während der Dauer derselben. Wo Landtagsabschiede üblich sind, werden die Regierungen in der bisherigen Form und Weise deren Abfassung keine Abänderung eintreten lassen, welche den landesherrlichen Rechten zum Nachtheil gereichen könnte.

§. 16. Verordnungen, welche von der Regierung vermöge der Regierungsgewalt in verfassungsmäßiger Form erlassen worden sind, haben fur die Unterthanen verbindliche Kraft, und werden von ersterer mit Nachdruck gehandhabt werden. Den etwa gegen solche Verordnungen gerichteten Kompetenz-Uebergriffen der Gerichte werden die betreffenden Regierungen auf jede mit den Gesetzen vereinbare Weise standhaft begegnen. Ein Nichtanerkennen solcher Verordnungen durch die Stände kann die Regierung in Handhabung derselben nicht hemmen, so lange die ständische Beschwerde nicht auf verfassungsmäßigem Wege als begründet erkannt worden ist. — Ueberhaupt kann der Gang der Regierungen durch standische Einsprüche, in welcher Form diese nur immer vorkommen mögen, nicht gestört werden, sondern dieselben haben ihre Erledigung stets auf gesetzlichem Wege zu erwarten. Die Regierungen werden in den Gesetzesentwürfen, welche von ihrer Seite den Ständen vorgelegt werden, die eigentlich gesetzlichen Bestimmungen sorgfältig von eigentlichen Vollzugsbestimmungen trennen.

§. 17. Die Regierungen werden nicht gestatten, daß die Stände über die Gültigkeit der Bundesbeschlüsse berathen und beschließen.

§. 18. Die Regierungen werden Ständeversammlungen, welche die zur Handhabung der Bundesbeschlüsse vom 28. Juni 1832 erforderlichen Leistungen verweigern, nach fruchtloser Anwendung aller gesetzlichen und verfassungsmäßigen Mittel (und zwar nach Umständen mit Bezeichnung des Grundes) auflösen, und es soll ihnen in solchem Falle die Hülfe des Bundes nach Maßgabe Art. 25—27 der Schlußakte zugesichert sein. Diese Bestimmungen gelten auch für den Fall einer gänzlichen Verweigerung der Steuern.

§. 19. Bedingungen, welche bei Bewilligung der zur Führung der Regierung erforderlichen Steuern nach Art. 2 des Bundesbeschlusses vom 28. Juni 1832 unzulässig sind, können auch unter der Benennung von Voraussetzungen oder irgend unter einer anderen Form nicht geltend gemacht werden.

§. 20. Das Recht der Steuerbewilligung ist nicht gleichbedeutend mit dem Rechte, das Staatsausgaben-Budget zu regeln. Die Regierungen werden diesen Unterschied bei den Verhandlungen über das Budget genau im Auge behalten, und die durch die einzelnen Bundesverfassungen gezogenen Gränzen mit gehöriger Sorgfalt für die erforderlichen Dispositions- und Reservefonds strenge beobachten lassen.

Aus diesem Unterschiede folgt, daß Ständen das Recht, einzelne innerhalb des Betrags der im Allgemeinen bestimmten Etatssumme vorkommende Ausgabeposten festzusetzen oder zu streichen, nicht zusteht, insofern ihre Zustimmung dazu nicht ausdrücklich durch Verfassungen und Gesetze vorbehalten ist. Werden bereits erfolgte Ausgaben von den Ständen (worunter in jenen Staaten, deren Stände in zwei Kammern getheilt sind, immer beide Kammern verstanden werden) nicht anerkannt oder gestrichen, so können letztere zwar eine Verwahrung für künftige Fälle einlegen, oder nach Umständen einen anderen nach der Verfassung jedes Landes zulässigen Weg einschlagen; es können aber dergleichen als wirklich verausgabt nachgewiesene Summen nicht als effektive Kassenvorräthe von den Ständen in Anschlag gebracht werden. Die Frage über die Rechtmäßigkeit einer erweislich erfolgten Ausgabe wird auf verfassungsmäßigem Wege entschieden, und wenn diese Entscheidung verneinend ausfällt, so steht nur der kompetenten landesherrlichen Behörde, und nicht den Ständen der Ausspruch über die Ersatzverbindlichkeit zu.

§. 21. Damit die Berathung über das Budget in der nöthigen Frist um so gewisser beendigt werden könne, werden die Regierungen die Stände zu rechter Zeit einberufen, und denselben das Budget in der Regel beim Beginn der Sitzungen vorlegen. Sollte die Erledigung der Budgetfrage nicht auf irgend einem gesetzlichen oder durch freies Uebereinkommen bestimmten Wege vor Ablauf der gesetzlichen Steuerbewilligungsperiode zu bewirken gewesen sein, so wollen die betheiligten Regierungen die Entscheidung der streitig gewordenen Punkte durch ein nach den Bestimmungen des Art. 3 zu bildendes Schiedsgericht so zeitig einleiten, daß die Entscheidung jedenfalls binnen sechs Monaten von Ablauf der letzten Steuerbewilligungsperiode an ertheilt werden kann. Würden sich die Stände auch zu einer einstweiligen, den Fortgang des Staatshaushaltes bis zur Entscheidung sichernden Steuerbewilligung nicht verstanden haben, oder sich einem schiedsrichterlichen Ausspruche gar nicht unterwerfen wollen, während die Regierung den obenerwähnten Bestimmungen nachgekommen ist, so steht letzterer das Recht zu, die zur Erfüllung der Bundespflicht und zur Führung einer der Bundesverfassung entsprechenden, geordneten Verwaltung erforderlichen Steuern fortzuerheben, ohne jedoch, den Fall außerordentlicher Bundesleistungen oder anderer außerordentlicher und dringender Ereignisse ausgenommen, den Betrag der letzten Steuerbewilligung zu überschreiten, und der Bund wird nöthigenfalls die Bundeshülfe nach Art. 25 und 26 der Schlußakte und Art. 2 des Bundesbeschlusses vom 28. Juni 1832 eintreten lassen.

§. 22. Die verbündeten Souveraine werden sich bemühen, zu bewirken, daß da, wo das Einkommen des Regenten nicht verfassungsmäßig auf andere Weise gesichert ist, die Civillisten auf Dominialgefälle gegründet und jedenfalls in der Art mit den Ständen fixirt werden, daß sie sowohl während der Lebenszeit jedes Regenten, als bei einem neuen Regierungsantritte nicht ohne des Landesherrn Einwilligung vermindert, aber auch nicht ohne Zustimmung der Stände erhöht werden können.

§. 23. Man wird den Grundsatz festhalten, daß Staatsbeamte zu ihrem Eintritt in ständische Kammern der Genehmigung des Landesherrn bedürfen.

§. 24. Die Regierungen werden einer Beeidigung des Militärs auf die Verfassung nirgends und zu keiner Zeit stattgeben.

§. 25. Die Regierungen werden zur Bewirkung eines gleichförmigen und kräftigen Vollzugs des Art. 5 des Bundesbeschlusses vom 28. Juni 1832 und der demselben vorausgegangenen Vorschriften der Schlußakte in Betreff der Oeffentlichkeit landständischer Verhandlungen, in so weit nicht durch die bestehenden Geschäftsordnungen bereits genügend vorgesorgt ist, die nöthigen Anordnungen treffen, und zu diesem Ende ihre den Ständesitzungen beiwohnenden Kommissäre mit den geeigneten Instruktionen versehen.

§. 26. Man wird insbesondere darüber wachen, daß die Präsidenten der ständischen Kammern nicht verabsäumen, die Redner wegen Mißbrauch des Wortes (sei es zu Angriffen auf den Bund oder einzelne Bundesregierungen, sei es zur Verbreitung die rechtmäßige Staatsordnung untergrabender oder ruhestörender Grundsätze und Lehren) zur Ordnung zu verweisen, und nöthigenfalls die weiteren verfassungsmäßigen Einschreitungen veranlassen. Sollte eine Ständeversammlung in ihrer Mehrheit solche ahndungswürdige Ausfälle einzelner Mitglieder billigen, oder denselben nicht entgegen treten, so werden die Regierungen, nach erfolgloser Anwendung ihnen zu Gebote stehender Mittel, die Vertagung und selbst die Auflösung der Kammer, unter ausdrücklicher Anführung des Grundes, verfügen.

§. 27. Jedesmal, wenn die Berathung in öffentlicher Sitzung über die Mittel zur Ausführung von Bundesbeschlüssen, in so weit ständische Mitwirkung dazu verfassungsmäßig nöthig ist, von nachtheiligem Einflusse auf die Bundesverhältnisse, oder die auswärtige Politik des deutschen Bundes sein könnte, werden die Regierungen auf geeignetem Wege dahin wirken, daß die öffentlichen Sitzungen in geheime verwandelt werden. (Im Entwurfe folgte nach Art. 27 ein Artikel: Da die Gründe, welche dem provisorischen Preßgesetze vom 20. September 1819 seine Entstehung gegeben, und dessen fernere Erstreckung veranlaßt haben, unverkennbar in gleichem Gewichte noch vorhanden sind, so sollen diese gesetzlichen Bestimmungen noch ferner in ihrem vollen Umfange in Kraft bleiben, und ihnen in sämmtlichen deutschen Bundesstaaten gleichformiger Vollzug gesichert werden. — Baiern beantragte dazu, hinter „gesetzlichen Bestimmungen" einzuschalten: „auf sechs Jahre". Die anderen Bundesmitglieder erwiederten darauf, „es gehe durch diesen Zusatz der Zweck des Artikels, das jetzt in unbestimmter Dauer bestehende Gesetz vom Jahre 1819 in seiner Wirksamkeit zu bekräftigen und zu stärken, verloren". Da jedoch Baiern sich entschieden weigerte, ohne jenen Zusatz dem Artikel beizutreten, so wurde beschlossen, denselben lieber wegzulassen.)

§. 28. Um die zur Erhaltung der Ruhe Deutschlands übernommenen gegenseitigen Verpflichtungen einer wachsamen und strengen Aufsicht über die in den verbündeten Staaten erscheinenden Zeitungen, Zeit- und Flugschriften in gleichem Sinne vollständig zu erfüllen, und die dem provisorischen Preßgesetze gemäß bestehende Censur auf die zweckmäßigste Weise gehörig zu handhaben, werden die Regierungen 1. das Censoramt nur Männern von erprobter Gesinnung und Fähigkeit übertragen, und diesen eine dem ehrenvollen Vertrauen, welches dasselbe voraussetzt, entsprechende Stellung, sei es in selbstständiger Eigenschaft, oder in Verbindung mit anderen angesehenen Aemtern, sichern. 2. Den Censoren bestimmte Instruktionen ertheilen. 3. Censur-Lücken nirgends dulden. 4. In denjenigen Bundesstaaten, in welchen nicht durch die Verfassung oder durch die Landesgesetze anderweit Fürsorge getroffen ist, wird unbeschadet dessen, was in §. 6 des provisorischen Preßgesetzes vom Jahre 1819 verfügt ist, eine höhere Behörde mit den Funktionen eines Ober-Censur-Kollegii beauftragt werden, um als solches theils für die pflichtmäßige Erfüllung der Obliegenheiten der Censur zu wachen, theils auch die Beschwerden der Schriftsteller über das Verfahren und die Ansprüche der Censoren zu erledigen.

§. 29. Von den Nachtheilen einer übermäßigen Anzahl politischer Tageblätter überzeugt, werden die Regierungen auf eine allmählig herbeizuführende Verminderung solcher Blätter, soweit dieses ohne Kränkung erworbener Rechte thunlich ist, Bedacht nehmen.

§. 30. Kraft der ihnen zustehenden oberpolizeilichen Aufsicht werden die Regierungen die Herausgabe neuer politischer Tageblätter ohne die vorgängige Erwirkung diesfallsiger Konzession nicht gestatten. Es wird diese nur mit Rücksicht auf vorstehenden Artikel 29 nach gewonnener Ueberzeugung von der Befähigung des Redakteurs und mit der Klausel völlig uneingeschränkter Widerruflichkeit ertheilt werden.

§. 31. Das in einem Bundesstaate einer Druckschrift von einem Censor ertheilte Imprimatur befreit diese Schrift nicht von den in anderen Bundesländern bestehenden Aufsichtsregeln.

§. 32. Die Bestimmungen des Bundesbeschlusses vom 5. Juli 1832, betreffend die Zulassung der außerhalb des Bundesgebietes in deutscher Sprache erscheinenden Zeit- und nicht über 20 Bogen betragenden Druckschriften politischen Inhalts, sollen fortwährend streng vollzogen werden. Rücksichtlich der in fremden Sprachen erscheinenden Zeitungen vereinigen sich die Regierungen zu der Bestimmung, daß Abonnements auf dieselben von den Postämtern nur nach einem von der Regierung genehmigten Verzeichniß angenommen werden dürfen. Die auf diese Weise nicht zugelassenen Zeitungen dürfen zwar von Einzelnen verschrieben, aber nicht öffentlich ausgelegt werden.

§. 33. Es wird auf geeigneten Wegen dafür Sorge getragen werden, daß beim Druck der ständischen Protokolle, wo solcher stattfindet, alle jene Aeußerungen hinweggelassen werden, welche nach Bestimmung des Art. 26 eine Verweisung zur Ordnung veranlaßt haben. Wenn die ständischen Protokolle in Zeitungen oder sonstigen periodischen Schriften abgedruckt werden, so unterliegt dieser Abdruck allen für die Redaktion, Censur und Beaufsichtigung dieser letzteren bestehenden Vorschriften. Gleiches gilt von der auszugsweisen Bekanntmachung ständischer Verhandlungen in periodischen Blättern.

§. 34. Die beaufsichtigenden Behörden und Censoren der Zeitblätter werden angewiesen werden, auch in Betreff der Aufnahme der faktischen Umstände anderer deutschen Ständeverhandlungen mit großer Umsicht und nach denselben Regeln, wie bei jenen des eigenen Staates, zu verfahren.

§. 35. Da, wo Oeffentlichkeit gerichtlicher Verhandlungen in Staatssachen besteht, wollen die Regierungen der Bekanntmachung dieser letzteren durch den Druck nur unter Beobachtung solcher mit den Gesetzen vereinbarten Vorsichtsmaßregeln stattgeben, durch welche eine nachtheilige Einwirkung auf die öffentliche Ruhe und Ordnung verhütet werden kann. (NB. Der Entwurf enthielt einen Artikel 59: In denjenigen Ländern, in welchen das Institut der Geschworenen-Gerichte besteht und seine Wirksamkeit auf politische Verhältnisse ausgedehnt ist, verbinden sich die Regierungen, auf dessen Zurückführung in unschädliche Gränzen, oder nach Umständen auf dessen Beseitigung hinzuwirken. Baiern verweigerte diesem Artikel seine Zustimmung, und deshalb ward beschlossen, ihn zu entfernen.)

§. 36. Die Regierungen vereinbaren sich dahin, daß der Nachdruck im Umfange des ganzen Bundesgebietes zu verbieten, und das schriftstellerische Eigenthum nach gleichförmigen Grundsätzen festzustellen und zu schützen sei.

§. 37. Es soll am Bundestag eine Kommission ernannt werden, um in Erwägung zu ziehen, inwiefern über die Organisation des deutschen Buchhandels ein Uebereinkommen sämmtlicher Bundesmitglieder zu treffen sei. Zu diesem Ende werden die Regierungen geachtete Buchhändler ihrer Staaten über diesen Gegenstand vernehmen, und die Ergebnisse dieser Begutachtung an die Bundeskommissarien gelangen lassen.

§. 38. Damit die nach Bundesbeschluß vom 20. September 1819 für die Universitäten bestellten landesherrlichen Bevollmächtigten ihre Obliegenheiten mit gesichertem Erfolge ausüben können, werden sich die Regierungen die denselben ertheilten Instruktionen nach vorangegangener Revision gegenseitig durch den Weg der Bundesversammlung mittheilen, und solche zur Erzielung möglichster Gleichförmigkeit in ihren Anordnungen auf den verschiedenen Universitäten benutzen.

§. 39. Privatdocenten werden auf der Universität nur zugelassen, wenn sie mindestens die für die Kandidaten des öffentlichen Dienstes in dem erwähnten Fache vorgeschriebene Prüfung, und diese mit Auszeichnung, bestanden haben. Die Regierungen werden übrigens, sofern die bestehenden Einrichtungen es zulassen, darauf Bedacht nehmen, daß diejenigen, welche in Wissenschaften, deren Studium zur Vorbereitung auf den Staatsdienst gehört, Unterricht ertheilen wollen, sich vorher auf dem für den wirklichen Dienst vorgezeichneten Vorbereitungswege mit den Geschäften bekannt machen. Die venia legendi wird nur mit Genehmigung der der Universität vorgesetzten Behörde und stets widerruflich ertheilt werden. Kein Studirender wird an der Universität, auf welcher er studirt hat, vor Ablauf von 2 Jahren nach seinem Abgange von dort als Privatdocent zugelassen.

§. 40. Kein akademischer Lehrer soll ohne Genehmigung der vorgesetzten Behörde Vorlesungen über Wissenschaften halten, die einer anderen Fakultät, als der seinigen, angehören. Es wird da, wo es noch nicht geschehen ist, die Einrichtung getroffen werden, daß die Honorare für die Vorlesungen von den Studirenden nicht unmittelbar an die Professoren bezahlt, sondern durch einen von der Universitätsbehörde ernannten Einnehmer erhoben, und von diesem den Lehrern ausgehändigt werden.

§. 41. Die Regierungen werden sich vereinigen, die Ferien an den Universitäten dem Anfangs- und End-Termine nach möglichst übereinstimmend zu ordnen, den Studirenden soll übrigens außer den Ferien in der Regel keine Erlaubniß zu Reisen ertheilt werden, und ausnahmsweise nur dann, wenn die Eltern oder deren Stellvertreter sowohl der Zeit, als den bestimmt anzugebenden Gegenden nach, die Reise genehmigen, oder der Nachsuchende dringende Motive zu einer Reise glaubwürdig darthun kann. Es soll Studirenden, welche an geheimen Verbindungen Theil genommen, oder sich einer tadelhaften Aufführung schuldig gemacht haben, auch während der Ferien nur die Reise nach ihrer Heimath gestattet, und die Reiseroute wo möglich nicht über eine Universitätsstadt gerichtet werden.

§. 42. Die Regierungen werden auf ihren Universitäten für die Immatrikulation eine eigene Kommission niedersetzen, welcher der außerordentliche Regierungsbevollmächtigte oder ein von der Regierung dazu ernannter Stellvertreter beiwohnen wird. Alle Studirende sind verbunden, sich bei dieser Kommission innerhalb zweimal 24 Stunden nach ihrer Ankunft zur Immatrikulation zu melden. Acht Tage nach dem vorschriftsmäßigen Beginne der Vorlesungen darf, ohne Genehmigung der, von den Regierungen hierzu bestimmten Behörden, keine Immatrikulation mehr stattfinden. Diese Genehmigung wird insbesondere alsdann erfolgen, wenn ein Studirender die Verzögerung seiner Anmeldung durch Nachweisung gültiger Verhinderungsgründe zu entschuldigen vermag. Auch die auf einer Universität bereits immatrikulirten Studirenden müssen sich beim Anfang eines jeden Semesters in der zur Immatrikulation angesetzten Stunde bei der Kommission melden und sich über den inzwischen gemachten Aufenthalt ausweisen.

§. 43. Ein Studirender, welcher um die Immatrikulation nachsucht, muß der Kommission vorlegen: 1. wenn er das akademische Studium beginnt, ein Zeugniß seiner wissenschaftlichen Vorbereitung zu demselben, und seines sittlichen Betragens, wie solches durch die Gesetze des Landes, dem er angehört, vorgeschrieben ist. Wo noch keine Verordnungen hierüber bestehen, werden sie erlassen werden. Die Regierungen werden einander von ihren über diese Zeugnisse erlassenen Gesetzen durch deren Mittheilung an die Bundesversammlung in Kenntniß setzen. 2. Wenn der Studirende sich von einer Universität auf eine andere begeben hat, auch von jeder früher besuchten ein Zeugniß des Fleißes und sittlichen Betragens. 3. Wenn er die akademischen Studien eine Zeit lang unterbrochen hat, ein Zeugniß uber sein Betragen von der Obrigkeit des Orts, wo er sich im letzten Jahre längere Zeit aufgehalten hat, in welchem zugleich zu bemerken ist, daß von ihm eine öffentliche Lehranstalt nicht besucht sei. Päße und Privatzeugnisse genügen nicht, doch kann bei solchen, welche aus Orten außer Deutschland kommen, hierin einige Nachsicht statt finden. 4. Jedenfalls bei solchen Studirenden, die einer väterlichen oder obervormundschaftlichen Gewalt noch unterworfen sind, ein obrigkeitlich beglaubigtes Zeugniß der Eltern oder deren, welche ihre Stelle vertreten, daß der Studirende von ihnen auf die Universität, wo er aufgenommen zu werden verlangt, gesandt sei. Diese Zeugnisse sind von der Immatrikulations-Kommission nebst dem Passe des Studirenden bis zu seinem Abgange aufzubewahren. Ist alles gehörig beobachtet, so erhält der Studirende die gewöhnliche Matrikel; die Regierungen der Bundesstaaten werden aber dafür Sorge tragen, daß diese in keinem derselben statt eines Passes angenommen werden kann.

§. 44. In den Zeugnissen über das Betragen sind die etwa erkannten Strafen, nebst der Ursache derselben, aufzuführen, und zwar in allen Fällen, wo irgend eine Strafe wegen verbotener Verbindungen bekannt ist. Die Anführung der Bestrafung wegen anderer nicht erheblicher Kontraventionen kann nach dem Ermessen der Behörde ganz unterbleiben, oder nur im Allgemeinen angedeutet werden. In allen Zeugnissen ist (wo möglich mit Angabe des Grundes) zu bemerken, ob der Inhaber der Theilnahme an verbotenen Verbindungen verdächtig geworden sei. Jeder ist verpflichtet, um diese Zeugnisse so zeitig nachzusuchen, daß er sie bei der Immatrikulation vorzeigen kann, und die Behörden sind gehalten, solche ohne Aufenthalt auszufertigen, falls nicht Gründe der Verweigerung vorliegen, welche auf Verlangen des Studenten bescheinigt werden müssen. Gegen die Verweigerung kann er den Rekurs an die Oberbehörde nehmen.

Kann ein Studirender bei dem Gesuche um Immatrikulation die erforderlichen Zeugnisse nicht vorlegen, verspricht er jedoch deren Nachlieferung, so kann er, nach dem Ermessen der Immatrikulations-Kommission, vorerst ohne Immatrikulation auf die akademischen Gesetze verpflichtet und zum Besuche der Kollegien zugelassen werden. Von Seiten der Universität soll aber sofort an die Behörde, welche die Zeugnisse auszustellen oder zu beglaubigen hat, um Nachricht geschrieben werden, welche von derselben ohne Aufenthalt zu ertheilen ist.

§. 45. Die Immatrikulation ist zu verweigern 1. wenn ein Studirender sich zu spät dazu meldet und sich nicht genügend entschuldigen kann (Art. 42). 2. Wenn er die erforderlichen Zeugnisse nicht vorlegen kann. Erfolgt auf Erkundigung von Seiten der Universität längstens binnen vier Wochen, vom Abgangstage des Schreibens an gerechnet, keine Antwort, oder wird die Ertheilung eines Zeugnisses, aus welchem Grunde es auch sei, verweigert (Art. 43, 44), so muß der Angekommene in der Regel sofort die Universität verlassen, wenn die Regierung sich nicht aus besonderen rücksichtswürdigen Gründen bewogen findet, ihm den Besuch der Kollegien auf eine bestimmte Zeit zu gestatten. Auch bleibt ihm unbenommen, wenn er später mit den erforderlichen Zeugnissen versehen ist, sich wieder zu melden. 3. Wenn der Ankommende von einer anderen Universität mittelst des Consilium abeundi weggewiesen ist. Ein solcher kann von einer Universität nur dann angenommen werden, wenn die Regierung dieser Universität, nach vorgängiger nothwendiger, mittelst des Regierungs-Bevollmächtigten zu pflegender Rücksprache mit der Regierung der Universität, welche die Wegweisung verfügt hat, es gestattet. Zu der Aufnahme eines Relegirten ist nebstdem die Einwilligung der Regierung des Landes, dem er angehört, erforderlich. 4. Wenn sich gegen den Ankommenden ein dringender Verdacht ergiebt, daß er einer verbotenen Verbindung angehört, und er sich von demselben auf eine befriedigende Weise nicht zu reinigen vermag. Die Regierungs-Kommissaire werden darüber wachen, daß die Universitäten jede Wegweisung eines Studirenden von der Universität nebst dem genau bezeichneten Verdacht in einem Signalement des Weggewiesenen, sich gegenseitig mittheilen, zugleich aber auch die Eltern des Weggewiesenen oder deren Stellvertreter davon benachrichtigen.

§. 46. Jedem Studirenden werden vor der Immatrikulation die Vorschriften des §. 3 und 4 des Bundesbeschlusses vom 20. September 1819 über die in Ansehung der Universitäten zu ergreifenden Maßregeln, so wie die Bestimmungen der hier folgenden §§. in einem wörtlichen Abdrucke eingehandigt, welcher sich mit folgendem Revers schließt: „Ich Endesunterschriebener verspreche mit meiner Namensunterschrift auf Ehre und Gewissen: 1. daß ich an keiner verbotenen oder unerlaubten Verbindung der Studirenden, insbesondere an keiner burschenschaftlichen Verbindung, welchen Namen dieselbe auch führen mag, Theil nehmen, mich an dergleichen Verbindungen in keiner Beziehung näher oder entfernter anschließen, noch solche auf irgend eine Art befördern werde; 2. daß ich weder zu dem Zwecke gemeinschaftlicher Berathungen über die bestehenden Gesetze und Einrichtungen des Landes, noch zu jenem der wirklichen Auflehnung gegen obrigkeitliche Maßregeln mit Anderen mich vereinigen werde. Insbesondere erkläre ich mich für verpflichtet, den Forderungen, welche die diesem Reverse vorgedruckten Bestimmungen enthalten, stets nachzukommen, widrigenfalls aber mich allen gegen die Uebertretung daselbst ausgesprochenen Strafen und nachtheiligen Folgen unweigerlich zu unterwerfen." — Erst nachdem dieser Revers unterschrieben worden ist, findet die Immatrikulation statt. Wer diese Unterschrift verweigert, ist sofort ohne alle Nachsicht von der Universität zu verweisen.

§. 47. Vereinigungen der Studirenden zu wissenschaftlichen und gesellschaftlichen Zwecken sind unter den von den Regierungen festzusetzenden Bestimmungen erlaubt. Alle anderen Verbindungen der Studirenden sowohl unter sich, als mit sonstigen geheimen Gesellschaften, sind als verboten zu betrachten.

§. 48. Die Theilnehmer an verbotenen Verbindungen sollen, unbeschadet der in einzelnen Staaten bestehenden, strengeren Bestimmungen, nach folgenden Abstufungen bestraft werden: 1. Die Stifter einer verbotenen Verbindung und alle diejenigen, welche Andere zum Beitritt verleiten, oder zu verleiten versucht haben, sollen niemals mit bloßer Carcerstrafe, sondern jedenfalls mit dem consilium abeundi, oder, nach Befinden, mit der Relegation, die nach Umständen noch zu schärfen ist, belegt werden. 2. Die übrigen Mitglieder solcher Verbindungen sollen mit strenger Carcerstrafe, bei wiederholter oder fortgesetzter Theilnahme aber, wenn schon eine Strafe wegen verbotener Verbindungen vorangegangen ist, oder andere Verschärfungsgründe vorliegen, mit der Unterschrift des consilium abeundi, oder dem consilium abeundi selbst, oder, bei besonders erschwerenden Umständen, mit der Relegation, die nach Befinden noch zu schärfen ist, belegt werden. 3. Insofern aber eine Verbindung mit Studirenden anderer Universitäten zur Beförderung verbotener Verbindungen Briefe wechselt, oder durch Deputirte communicirt, so sollen alle diejenigen Mitglieder, welche an dieser Korrespondenz einen thätigen Antheil genommen haben, mit der Relegation bestraft werden. 4. Auch diejenigen, welche, ohne Mitglieder der Gesellschaft zu sein, dennoch für die Verbindung thätig gewesen sind, sollen, nach Befinden der Umstände, nach obigen Strafabstufungen bestraft werden. 5. Wer wegen verbotener Verbindungen bestraft wird, verliert nach Umständen zugleich die akademischen Beneficien, die ihm aus öffentlichen Fondskassen, oder von Städten, Stiften, aus Kirchenregistern ꝛc. verliehen sein möchten, — — oder deren Genuß aus irgend einem anderen Grunde an die Zustimmung der Staatsbehörde gebunden ist. Desgleichen verliert er die seither genossene Befreiung von der Bezahlung der Honorarien für Vorlesungen. 6. Wer wegen verbotener Verbindungen mit dem consilium abeundi belegt ist, dem kann die zur Wiederaufnahme auf eine Universität erforderliche Erlaubniß (Art. 45 Nr. 3) vor Ablauf von sechs Monaten, und dem, der mit Relegation bestraft ist, vor Ablauf eines Jahres nicht ertheilt werden. Sollte die eine oder andere Strafe, theils wegen verbotener Verbindungen, theils wegen anderer Vergehen, erkannt werden, und das in Betreff verbotener Verbindungen zur Last fallende Verschulden nicht so groß gewesen sein, daß deshalb allein auf Wegweisung erkannt worden sein würde, so sind die oben bezeichneten Zeiträume auf die Hälfte beschränkt. 7. Bei allen in den akademischen Gesetzen des betreffenden Staates erwähnten Vergehungen der Studirenden ist, bei dem Dasein von Indicien, zu forschen, ob dazu eine verbotene Verbindung näheren oder entfernteren Anlaß gegeben habe. Wenn dies der Fall ist, so soll es als erschwerender Umstand angesehen werden. 8. Dem Gesuche um Aufhebung der Strafe der Wegweisung von einer Universität in den Fällen und nach Ablauf der festgesetzten Zeit, wo Begnadigung stattfinden kann (Nr. 6 oben), wollen die Regierungen niemals willfahren, wenn der Nachsuchende nicht glaubhaft darthut, daß er die Zeit der Verweisung von der Universität nützlich verwendet, sich eines untadeligen Lebenswandels beflissen hat, und keine glaubhaften Anzeigen, daß er an verbotenen Verbindungen Theil genommen, vorliegen.

§. 49. Die Mitglieder einer burschenschaftlichen oder einer auf politische Zwecke unter irgend einem Namen gerichteten unerlaubten Verbindung trifft (vorbehaltlich der etwa zu verhängenden Kriminalstrafen) geschärfte Relegation. Außerdem sollen dieselben so wenig zum Civildienste als zu einem kirchlichen oder Schulamte, zu einer akademischen Würde, zur Advokatur, zur ärztlichen oder chirurgischen Praxis innerhalb der Staaten des deutschen Bundes zugelassen werden. Würde sich eine Regierung durch besonders erhebliche Gründe bewogen finden, eine gegen einen ihrer Unterthanen wegen Verbindungen der bezeichneten Art erkannte Strafe im Gnadenwege zu mildern oder nachzulassen, so wird dieses nie ohne sorgfaltige Erwägung aller Umstände, ohne Ueberzeugung von dem Austritte des Verirrten aus jeder gesetzwidrigen Verbindung und ohne Anordnung der erforderlichen Aufsicht geschehen.

§. 50. Die Regierungen werden das Erforderliche verfügen, damit im Falle, wo politische Verbindungen der Studirenden auf Universitäten vorkommen, sämmtliche übrigen Universitäten alsbald hiervon benachrichtigt werden.

§. 51. Bei allen mit akademischen Strafen zu belegenden Gesetzwidrigkeiten bleibt die Kriminalbestrafung nach Beschaffenheit der verübten gesetzwidrigen That, und insbesondere auch dann vorbehalten, wenn die Zwecke einer Verbindung der Studirenden oder die in Folge derselben begangenen Handlungen die Anwendung härterer Strafgesetze nothwendig machen.

§. 52. Wer gegen eine Universität, ein Institut, eine Behörde oder einen akademischen Lehrer eine sogenannte Verrufserklärung direkt oder indirekt unternimmt, soll von allen deutschen Universitäten ausgeschlossen sein, und es soll die Ausschließung öffentlich bekannt gemacht werden. Diejenigen, welche die Ausführung solcher Verrufserklärungen vorsätzlich befördern, werden nach den Umständen mit dem consilium abeundi, oder mit der Relegation bestraft werden, und es wird in Ansehung ihrer Aufnahme auf eine andere Universität dasjenige stattfinden, was oben Art. 18 bestimmt ist. Gleiche Strafe, wie den Beförderer vorgedachter Verrufserklärung, wird diejenigen Studirenden treffen, welche sich Verrufserklärungen gegen Privatpersonen erlauben, oder daran Theil nehmen. Der Bundesgesetzgebung bleibt die Bestimmung überlassen, in wie weit Verrufserklärungen außerdem als Injurien zu behandeln seien.

§. 53. Jeder, der auf einer Universität studirt hat, und in Staatsdienste treten will, ist verpflichtet, bei dem Abgange von der Universität sich mit einem Zeugnisse über die Vorlesungen, welche er besucht hat, über seinen Fleiß und seine Aufführung zu versehen. Ohne die Vorlage dieser Zeugnisse wird Keiner in einem deutschen Bundesstaate zu einem Examen zugelassen, und also auch nicht im Staatsdienste angestellt werden. Die Regierungen werden solche Verfügungen treffen, daß die ausgestellten Zeugnisse ein möglichst genaues und bestimmtes Urtheil geben. Vorzüglich haben diese Zeugnisse sich auf die Frage der Theilnahme an verbotenen Verbindungen zu erstrecken. — Die außerordentlichen Regierungsbevollmächtigten werden angewiesen werden, über den gewissenhaften Vollzug dieser Anordnung zu wachen.

§. 54. Die akademischen Gremien als solche werden der von ihnen bisher ausgeübten Strafgerichtsbarkeit in Kriminal- und allgemeinen Polizeisachen über die Studirenden allenthalben enthoben. Die Bezeichnung der Zusammensetzung derjenigen Behörden, welchen diese Gerichtsbarkeit übertragen werden soll, bleibt den einzelnen Landesregierungen überlassen.

Vorstehende Bestimmung bezieht sich jedoch eben so wenig auf einfache, die Studirenden ausschließlich betreffende Disciplinargegenstände, namentlich die Aufsicht auf Studien, Sitten und Beobachtung der akademischen Statuten, als auf Erkennung eigentlich akademischer Strafen.

§. 55. Die Bestimmungen der Art. 28 — 34, dann 39 — 53 sollen auf 6 Jahre als eine verbindliche Verabredung bestehen, vorbehaltlich einer weiteren Uebereinkunft, wenn sie nach den inzwischen gesammelten Erfahrungen für angemessen erachtet werden.

§. 56. Die Art. 39 — 53 sollen auch auf andere öffentliche sowohl, als Privat-, Lehr- und Erziehungsanstalten, soweit es ihrer Natur nach dienlich ist, angewendet werden. Die Regierungen werden auch bei diesen die zweckmäßigste Fürsorge eintreten lassen, daß dem Verbindungswesen, namentlich soweit dasselbe eine politische Tendenz hat, kräftigst vorgebeugt, und sonach die Vorschriften des §. 2 des Bundesbeschlusses vom 20. Sept. 1819 insbesondere auf Privatinstitute ausgedehnt werden.

§. 57. Da sich ergeben hat, daß die im Art. 12 der Bundesakte enthaltene Bestimmung wegen Verschickung der Akten auf eine deutsche Universität, oder an einen Schöppenstuhl zur Abfassung des Endurtheils, zum Theil auch auf Polizei- und Kriminal-Erkenntnisse ausgedehnt worden ist, eine solche Auslegung aber nicht in dem Sinn jener

Artikel liegt, so vereinigen sich die Regierungen zu der Erklärung, daß der gedachte Art. 12 der Bundesakte nur auf Civil-Streitigkeiten Anwendung zu finden habe.

§. 58. Da die in den vorstehenden Artikeln enthaltenen Bestimmungen, insbesondere jene, welche die ständischen Verhältnisse betreffen, und eine weitere Entwickelung der in Art. 54—61 der Wiener Schlußakte festgestellten Grundsatze bezwecken, nach Maßgabe des Art. 62 derselben auch auf die freien Städte (auf die freie Stadt Frankfurt, mit besonderer Rücksicht auf die Wiener Kongreßakte von 1815) Anwendung finden und deren verfassungsmäßigen Obrigkeiten daher jeder Zeit die Mittel zu Gebote stehen müssen, um den bestehenden Rechtszustand, die öffentliche Ruhe und gesetzliche Ordnung aufrecht zu erhalten, so wie namentlich allen, aus dem Bundesverhältnisse hervorgehenden Obliegenheiten Beachtung und Ausführung zu verschaffen, so werden auch die Senate der freien Städte alle ihnen durch die verschiedenen Verfassungen derselben zu Gebote stehenden Mittel zu einer konsequenten Festhaltung jener analogen Anwendung geltend machen.

§. 59. Die vertragsmäßige Verbindlichkeit zur Erfüllung der durch vorstehende Artikel eingegangenen Verpflichtungen kann durch Hindernisse, welche dem alsbaldigen Vollzuge der gemeinsamen Verabredungen in einzelnen Fallen durch bestehende Verfassungen oder bereits geltende gesetzliche Vorschriften im Wege stehen, nicht beeinträchtigt werden; es wird vielmehr auf Beseitigung dieser Hindernisse von den betreffenden Regierungen hingewirkt werden.

§. 60. Die Regierungen werden sich gegenseitig an vorstehende Artikel, als das Resultat einer Vereinbarung zwischen den Bundesgliedern, eben so gebunden erachten, als wenn dieselben zu förmlichen Bundesbeschlüssen erhoben worden wären. Die Art. 3—14 werden sofort, mittelst Präsidialvortrages an den Bundestag gebracht, und dort in Folge gleichlautender Erklärungen der Bundesregierungen zu Bundesbeschlüssen erhoben werden. Hinsichtlich der übrigen, in gegenwärtigem, in das geheime Bundes-Präsidialarchiv niederzulegenden Schlußprotokolle enthaltenen, derzeit zur Verlautbarung nicht bestimmten Artikel werden die Regierungen ihren Gesandtschaften am Bundestage, unter Aufbietung strenger Geheimhaltung, sowohl zur Bezeichnung der allgemeinen Richtung, als zur Anwendung auf vorkommende spezielle Fälle, die geeignete, mit der durch Gegenwärtiges übernommenen Verpflichtungen übereinstimmende Instruktionen ertheilen. Zur Urkunde dessen haben sämmtliche hier versammelte Bevollmächtigte den gegenwärtigen Akt am heutigen Tage unterzeichnet und mit ihrem Wappen untersiegelt. — So geschehen, Wien den 12. Juni im Jahre 1834. — Unterzeichnet: Fürst Metternich, Münch-Bellinghausen, Alvensleben, Mieg, Minkwitz, Ompteda, Graf von Berolbingen, Freiherr von Reitzenstein, Tettenborn, Freiherr Trott zu Solz, Freiherr von Gruben, Reventlow-Criminill, Verstolk van Soelen,

Fritsch, Freiherr von Plessen, von Berg, von Strauch, Smidt. — (Der preußische Minister von Ancillon mußte vor Beendigung der Konferenzen Wien verlassen, erbat sich aber als besondere Gunst, daß ihm das Schlußprotokoll nachträglich zur Unterzeichnung nach Berlin gesandt werden möge.)

Am Schluß der Konferenzen sprach sofort der Fürst von Metternich folgende Worte: „Wir alle theilen gewiß die Ansicht, daß die Gefahren, mit welchen unser gemeinsames Vaterland bedroht ist, ein trauriges Resultat tief eingreifender älterer Ereignisse, die Niemand ungeschehen machen kann, ein Produkt bedauernswerther Irrthümer, von denen ganze Generationen heimgesucht werden, überhaupt zum größten Theil eine Wirkung von Ursachen seien, deren Schuld eine andere Zeit, als die unsrige, trägt. Wer wäre nun eitel genug, zu glauben, daß menschliche Berathungen ein Uebel, welches leider eine so weit hinaufreichende und vielfach verzweigte Geschichte hat, in weniger Monate Frist mit der Wurzel ausrotten und seine Spuren vertilgen könnten? Unser Trost darf jedoch sein, daß geschehen ist, was menschliche Kräfte unter den gegebenen Umständen vermochten, und mehr noch als dies, daß ein Weg gefunden und eröffnet ist, der, wenn er mit neuem und beharrlichen Festhalten an dem einmal als recht Erkannten verfolgt wird, ohne gewaltsame Erschütterungen, ohne feindliche Gegenwirkungen hervorzurufen, nicht blos aus dem Labyrinthe der in diesem Augenblicke drohenden Gefahren und Bedrängnisse zu führen, sondern auch für alle Zukunft auf einen besseren Pfad der Ordnung, der ächten Freiheit und des Rechts zu leiten geeignet ist. Diese Hoffnung beruht auf zwei Einrichtungen, die ich als den eigentlichen Mittelpunkt der Beschlüsse dieser Konferenz bezeichnen möchte. Die erste derselben ist das Institut der Schiedsgerichte. Während das Repräsentativ-System in seiner naturgemäßen Entwicklung zu einer souverainen Gewalt demokratischer Volksvertreter-Versammlungen hinstrebt, und durch die unbegränzte Verantwortlichkeit der Minister die eigentlich entscheidende Macht im Staate den Händen der Regierung zu entwinden, ja dieselbe in der Person ihrer nothwendigsten Organe grade in den wichtigsten Angelegenheiten, der richterlichen Gewalt eben jener republikanischen Kammern zu unterwerfen, mithin die Natur der Dinge umzukehren strebt, führt unser Schiedsgericht auf den schlichten Pfad der natürlichen Verhältnisse zurück ꝛc. Die zweite der oben bezeichneten, aus unseren Berathungen hervorgegangenen Einrichtungen schließt sich an die obenbenannte an, und betrifft die Sicherung des Staatshaushaltes in den deutschen Bundesländern gegen mögliche feindselige Bestrebungen der anarchischen Faktion. Die Theorie des Repräsentativ-Systems legt in die Hand der Volksdeputirten die Gewalt, mittelst einer Abstimmung das gesammte Leben der öffentlichen Verwaltung zu lähmen, und Bosheit und Aberwitz einer systematischen Opposition hat auch in deutschen Kammern Bundesregierungen mit dieser landesverrätherischen Selbsthülfe bedroht, wenn dem Willen der antimonarchischen Seite in dem, was sie grade zu fordern beliebte, kein Genüge geschehe. Unfugen solcher Art ist für die Zukunft vorgebeugt. (Folgt eine Explikation von Art. 21.)

In welch' neue günstige Stellung die Regierungen, die früher durch jene unziemliche Drohung von den Ständen abhängig gemacht werden sollten, durch diese Bestimmungen kommen, wie ihnen jetzt ein kräftiges und entschiedenes Auftreten für die Sache der Gerechtigkeit und Ordnung, und ein rastloses Fortschreiten auf dieser Bahn möglich ist, ohne daß sie eine Hemmung von Seiten irregeleiteter Stände zu besorgen hätten, ist so einleuchtend, daß es einer weiteren Ausführung nicht bedarf."

Die Bundesgesetzgebung von 1834—1848.

Mit der Bundesgesetzgebung des Jahres 1834 hatte das System der Präventivmaßregeln seinen Höhepunkt erreicht.

Es war jetzt vorzugsweise Aufgabe der Bundesversammlung, diese Maßregeln auch praktisch ins Leben zu rufen und tüchtig in ihrem durch die vorstehenden Aktenstücke bezeichneten Sinne zu handhaben.

Sie hat es daran nicht fehlen lassen, besonders die freieren Aeußerungen in einer Reihe von Exekutivbeschlüssen unterdrückt. Es liegt außerhalb des Zweckes dieser Urkunden, eine Liste aller durch den Bund unterdrückten Journale, Zeitungen, Flugschriften zu geben. Allmählig wurde auch weiter gegriffen. So schleuderte die Bundesversammlung am 10. Decbr. 1835 ein Interdikt gegen eine ganze Dichterschule „das junge Deutschland" (Laube, Wienbarg, Gutzkow, Heine, Mundt), und die Verlagshandlung von Hoffmann und Comp. in Hamburg; gegen auswärtige Verlagshandlungen (Schuber und Silbermann in Straßburg, Heideloff und Comp. in Paris); ein geschärftes Verbot der Mittheilung landständischer Verhandlungen aus andern, als den Blättern des betreffenden Landes; die Censur über alle nicht in deutschen Bundesstaaten, aber in deutscher Sprache erscheinenden Blätter u. s. w.

Eine nicht unbedeutende Ausdehnung erhielt die Theorie des Strafrechts durch den

Bundesbeschluß über Bestrafung von Verbrechen gegen den deutschen Bund und Auslieferung politischer Verbrecher,

vom 18. August 1836.

Art. 1.

Da nicht nur der Zweck des deutschen Bundes in der Erhaltung der Unabhängigkeit und Unverletzbarkeit der deutschen Staaten, so wie in jener der äußeren und innern Ruhe und Sicherheit Deutschlands besteht, sondern auch die Verfassung des Bundes wegen ihres wesentlichen Zusammenhanges mit den Verfassungen der einzelnen Bundesstaaten als ein nothwendiger Bestandtheil der letzteren anzusehen ist, mithin ein gegen den Bund oder dessen Verfassung gerichteten Angriff gegen jeden einzelnen Bundesstaat in sich begreift; so ist jedes Unternehmen gegen die Existenz, die Integrität, die Sicherheit oder die Verfassung des deutschen Bundes, in den einzelnen Bundesstaaten, nach Maßgabe der in den letzteren bestehenden oder künftig in Wirksamkeit tretenden Gesetze, nach welchen eine gleiche gegen den einzelnen Bundesstaat begangene Handlung als Hochverrath, Landesverrath oder unter einer anderen Benennung zu richten wäre, zu beurtheilen, und zu bestrafen.

Art. 2.

Die Bundesstaaten verpflichten sich gegeneinander, Individuen, welche der Anstiftung eines gegen den Souverain, oder gegen die Existenz, Integrität, Verfassung oder Sicherheit eines anderen Bundesstaates gerichteten Unternehmens, oder einer darauf abzielenden Verbindung, der Theilnahme daran, oder der Begünstigung beinzichtigt sind, dem verletzten oder bedrohten Staate auf Verlangen auszuliefern, vorausgesetzt, daß ein solches Individuum nicht entweder ein Unterthan des um die Auslieferung angegangenen Staates selbst, oder in demselben schon wegen anderer ihm zur Last fallenden Verbrechen zu untersuchen oder zu bestrafen ist. Sollte das Unternehmen, dessen der Auszuliefernde beinzichtigt ist, gegen mehrere einzelne Bundesstaaten gerichtet sein, so hat die Auslieferung an jenen dieser Staaten zu geschehen, welcher darum zuerst das Ansuchen stellt.

Bedeutungsvoll für die Stellung des Bundes zum Auslande ist die Haltung der Bundesversammlung bei den

Protestationen Englands und Frankreichs gegen die militairische Okkupation der Stadt Frankfurt. Der nachstehende Bundesbeschluß vom 18. Septbr. 1834 wurde den Gesandten der genannten Mächte auf ihre dem Bundespräsidium übergebenen Noten durch dasselbe zugestellt.

Bundesbeschluß
über Unstatthaftigkeit der Einmischung fremder Mächte in die inneren Angelegenheiten des Bundes,
vom 18. September 1834.
34ste Sitzung. §. 455.

Es wurde einhellig beschlossen:

In Erwägung,

daß der deutsche Bund ausschließend nur von den souverainen Fürsten und freien Städten Deutschlands errichtet worden ist (Art. 1 der Bundesakte), —

daß durch die Einverleibung des Bundesvertrags in die Kongreßakte den fremden Mächten, welche die Kongreßakte mit unterzeichnet haben, weder ein Recht, die Aufrechthaltung der in der deutschen Bundesakte sanktionirten Grundsätze zu beaufsichtigen, eingeräumt, noch eine Verpflichtung, die Unabhängigkeit der einzelnen Glieder des deutschen Bundes zu beschützen, übertragen worden, —

daß vielmehr daraus für gedachte Mächte die Verbindlichkeit, sich vermöge der vertragsmäßigen Grundverfassung des Bundes jeder Einmischung in dessen innere Angelegenheiten zu enthalten, hervorgegangen ist, —

daß es dagegen der eigentliche Zweck des deutschen Bundes ist, die innere und äußere Sicherheit Deutschlands, und die Unabhängigkeit und Unverletzbarkeit der einzelnen deutschen Staaten selbst zu erhalten (Art. 2 der Bundesakte);

in fernerer Erwägung,

daß der Bundesversammlung das Recht zusteht, die Grundgesetze des Bundes abzufassen und abzuändern (Art. 6),

und daß die Bundesglieder unter sich über diejenigen Fälle übereingekommen sind, in welchen die Bundesversammlung durch Stimmenmehrheit oder Stimmeneinhelligkeit gültige Beschlüsse zu fassen berechtigt ist (Art. 7), —

daß ferner die organische Einrichtung des Bundes, in Rücksicht auf seine militärischen, inneren und auswärtigen Angelegenheiten, ausdrücklich der Bundesversammlung zugewiesen ist (Art. 10), —

daß alle Mitglieder des Bundes in der Bundesakte (ohne irgendwo und irgendwie die Garantie fremder Mächte in Anspruch zu nehmen) versprochen haben, sowohl ganz Deutschland, als jeden einzelnen Bundesstaat gegen Angriff in Schutz zu nehmen, und sich gegenseitig ihre sämmtlichen, unter dem Bunde begriffenen Besitzungen zu garantiren (Art. 11);

in Erwägung endlich,

daß Deutschland mittelst der Bundesverfassung ein eigener, durch sich selbst entstandener, für innere und äußere Zwecke so vollständig gebildeter und so fest begründeter politischer Körper geworden ist, daß es als ein Hauptbestandtheil des europäischen Staatengebäudes alle Mittel besitzt, um ohne fremde Beihülfe seine innere Ruhe eben so, als die unverbrüchliche Sicherheit und Selbstständigkeit der im Bunde vereinten souverainen Fürsten und freien Städte, zu verbürgen; —

in Erwägung aller dieser Verhältnisse kann der deutsche Bund in dem Inhalte der Note des Kgl. französischen bevollmächtigten Ministers vom 30. Juni, und jener des Kgl. großbritannischen bevollmächtigten Ministers vom 1. Juli d. J. nur eine fremde Einmischung in seine inneren Angelegenheiten, und eine Anforderung von Rechten und Befugnissen erkennen, welche, wenn sie dem Bundesvertrage und der Kongreßakte zuwider, zugestanden würde, das ganze Verhältniß des Bundes verrücken, seine Selbstständigkeit gefahrden, und dem Bunde eine den Absichten und Zwecken seiner Stifter widerstrebende Abhängigkeit gegen das Ausland geben würde.

Diesem nach beschließt die Bundesversammlung:

1. daß der deutsche Bund sich gegen die in den Noten des Kgl. französischen und des Kgl. großbritannischen Ministers vom 30. Juni und vom 1. Juli d. J. aufgestellten Theorieen, als mit der deutschen Bundesakte im direkten Widerspruche stehend, feierlich verwahre; daß derselbe den fremden Mächten, als Mitunterzeichnern der Kongreßakte, in Bundesangelegenheiten niemals Rechte zugestehen werde, welche, nach dem Wortlaute des Bundesvertrages, und eben so nach dem Inhalte der Kongreßakte, ausdrücklich nur den Gliedern des deutschen Bundes und dessen Gesammtheit zustehen; daß der wahre Schutz und Schirm der einzelnen Bundesstaaten gegen Verletzung ihrer Unabhängigkeit in der ausschließend nur von den Bundesgliedern gegenseitig übernommenen Garantie ihrer im Bunde begriffenen Besitzungen liege, und daß der Bund in der ruhigen und konsequenten Entwickelung und Ausbildung seiner Gesetzgebung nach Maßgabe der Bundeszwecke, und in der gewissenhaften und treuen Anwendung der im Bundesvertrage zwischen den Gliedern des deutschen Bundes festgesetzten Grundsätze sich durch keinen Versuch irgend einer Einmischung stören lassen werde.

2. Der Bundesversammlung und besonders dem Präsidium dient gegenwärtiger Beschluß zur Richtschnur für die Fälle, wenn wider Vermuthen von Seiten fremder Mächte sich ähnliche Einschreitungen in die inneren Angelegenheiten des Bundes, oder eine Bestreitung der Kompetenz der Bundesversammlung erneuern sollten; und es werden

sonach Noten solchen Inhalts diesen Grundsätzen gemäß behandelt werden, ohne sich in weitere Erklärungen einzulassen.

3. In der durch das Präsidium zu bewirkenden Mittheilung von Abschriften dieses Beschlusses an die Gesandtschaften von Frankreich und Großbritannien werden die bevollmächtigten Minister genannter Höfe die Beantwortung ihrer Noten vom 30. Juni und vom 1. Juli d. J. finden.

Aus der in der Ueberschrift bezeichneten Periode ist noch hervorzuheben, daß die Beschlüsse der geheimen Wiener Konferenz vom Jahre 1834, welche in dem vorigen Abschnitte mitgetheilt wurden, in der Sitzung der Bundesversammlung vom 29. Juli 1841 mit nachstehendem Protokoll aufs Neue bestätigt und verlängert wurden.

Beschluß

vom 29. Juli 1841

betreffend die Verlängerung der Beschlüsse der Wiener Konferenz von 1834.

Registratur

Geschehen Frankfurt den 29. Juli 1841.

In Gegenwart aller in der zwei und zwanzigsten Bundestags-Sitzung Anwesenden.

Der k. k. österreichische präsidirende Herr Gesandte hielt nachstehenden Vortrag:

„In dem Schlußprotokoll der Wiener Ministerialkonferenzen vom 12. Juni 1834 ist im Art. 55 bestimmt, daß die in den Art. 28—34 (über die Censur) und Art. 39—53 (über die Beaufsichtigung der Universitäten) getroffenen Verabredungen auf sechs Jahre als verbindliche Bestimmungen bestehen sollen, vorbehaltlich einer weiteren Uebereinkunft, wenn sie nach den inzwischen gesammelten Erfahrungen für angemessen werden erachtet werden.

Die Dispositionen der Artikel 42—53 sind als Art. I—XII. und die angeführte Bestimmung des Art. 55, in Bezug auf den Inhalt dieser Art. I—XII. als Art. XIV. in den Bundesbeschluß vom 13. November 1834 (§. 546 des Bundestags-Protokolls) übergegangen, während die Art. 28—34, so wie 39—41 des Schlußprotokolls nicht die Form von Bundesbeschlüssen erhalten haben.

In Ansehung dieser letzteren war sonach die sechsjährige Frist schon am 12. Juni v. J., in Betreff des gedachten Bundesbeschlusses aber am 13. November v. J. abgelaufen.

Nachdem nun die im Art. I—XII. dieses Beschlusses enthaltenen

Bestimmungen in der heutigen Sitzung neuerdings auf fernere sechs Jahre durch einen förmlichen in das Bundesprotokoll aufgenommenen Beschluß als gültig erklärt worden sind, so beehrt sich das Präsidium, darauf anzutragen, daß auch in Ansehung der Art. 28—34, so wie der Art. 39—41 des Schlußprotokolls die Verabredung getroffen und in einer Registratur niedergelegt werden möge, solche während fernerer sechs Jahre als verbindliche Bestimmungen fortbestehen zu lassen."

Sämmtliche Gesandtschaften erklärten hierauf, Namens ihrer höchsten und hohen Regierungen, ihre Zustimmung zu dem Präsidial-Antrage.

Von Seiten des Kgl. baierschen Herrn Gesandten erfolgte dabei insbesondere nachstehende Aeußerung:

„Der Gesandte hat mit der Zustimmung zu dem vorliegenden Präsidial-Antrage über Verlängerung der Gültigkeit des Art. 55 der Wiener Konferenzbeschlüsse vom 12. Juni 1834 und des Art. XIV. des Bundesbeschlusses vom 13. November 1834 die Bezugnahme auf Art. 59 der eben erwähnten Konferenzbeschlüsse zu verbinden, durch welchen den bestehenden Verfassungen beim Vollzuge der getroffenen Vereinbarung die gehörige Berücksichtigung vorbehalten worden ist.

So viel die Zulassung von Privatdocenten auf den Universitäten betrifft, so betrachten Se. Majestat der König die Bestimmung des Art. 39 jener Beschlüsse als die Regel, wobei es jedoch den betreffenden Regierungen zustehen muß, in einzelnen besonderen Fällen Ausnahmen aus überwiegenden Gründen zu gestatten."

Der Kgl. sächsische Herr Gesandte äußerte sich, wie folgt:

„Die Kgl. sächsische Regierung hat im Wesentlichen kein Bedenken, dem gestellten Antrage beizutreten, sie ist jedoch des Dafürhaltens, daß es zweckmäßig sein würde, die in dem Wiener Schlußprotokolle enthaltenen Artikel 29, 30 und 33 in die zu treffende anderweite Vereinbarung nicht mit aufzunehmen, da die durch jene Artikel getroffenen Bestimmungen theils durch besonderen Bundesbeschluß bereits sich erledigt haben, theils von der Art sind, daß sie einer besonderen Uebereinkunft unter den Bundesstaaten nicht bedürfen.

Indem daher die Kgl. Gesandtschaft den Wunsch auf Weglassung der bezeichneten Artikel ausdrückt, hat sie im Uebrigen die Zustimmung zu dem Präsidial-Antrage andurch zu erklären, und nur noch zu bemerken, daß ihre höchste Regierung hierbei von der Voraussetzung ausgeht, es werde ihr unbenommen bleiben, auf die jetzt zu treffenden Vereinbarungen, auch wenn sie nicht oder nur theilweise zur Veröffentlichung gelangen sollten, vorkommenden Falls in geeigneter Weise Bezug zu nehmen."

Den vorstehenden Abstimmungen gemäß vereinbarte man sich sonach einhellig dahin, daß die Bestimmungen der Art. 28—34, so wie der Art. 39—41 des Schlußprotokolls der Wiener Ministerialkonferenzen vom Jahre 1834 während fernerer sechs Jahre, von heute an gerechnet, als verbindliche Verabredung fortzubestehen haben, vorbehaltlich einer weiteren Uebereinkunft, wenn sie nach den inzwischen gemachten Erfahrungen für angemessen werden erachtet werden.

Zugleich kam man überein, daß zur Bekräftigung dieser Verabredung die gegenwärtige Registratur aufgenommen werden sollte.

Das Benehmen und die Beschlüsse der Bundesversammlung bei der Verletzung der Art. 56 der Wiener Schlußakte durch die einseitige Aufhebung des hannoverischen Staatsgrundgesetzes durch König Ernst August finden, da sie organische Verfügungen nicht in sich schlossen, hier keine Nachweisung.

Die Eventualität eines Krieges mit Frankreich im Jahre 1840 veranlaßte die Auffachung des allgemeinen deutschen Bewußtseins. Mehr noch und nachhaltiger wirkten auf die Gesammtmeinung Deutschlands die Regierungshandlungen Preußens seit der Thronbesteigung König Friedrich Wilhelms IV. Durch letztere wurde die präventive Tendenz des Bundes bedeutend gelähmt.

Ueber die Verhandlungen auf Reform der Bundesgesetzgebung in liberalerem Sinne, welche Preußen vor den Ereignissen des Jahres 1848 bereits eingeleitet hatte, liegen veröffentlichte Aktenstücke nicht vor. Wir gehen somit alsbald auf den großen Wendepunkt in der deutschen Verfassungsgeschichte, auf die Folgen der Ereignisse des Jahres 1848 über.

Ereignisse und Urkunden des Jahres 1848
in Bezug auf den Bund,
bis zur Auflösung des Bundestags.

Gleich nach der Kunde von der Pariser Revolution des 24. Febr. 1848 erließ der Bundestag eine Proklamation (vom 2. März), worin er zur Eintracht und zum Vertrauen aufforderte. Sie blieb ohne allen Erfolg. Die seit den Carlsbader Beschlüssen (1819) von Bundes wegen eingeführte Censur fiel zuerst in Folge der Bewegung in Deutschland. Schon am 1. März 1848 hoben die Regierungen von Baden und von Würtemberg die Censur auf, und stellten — erstere das durch Bundesbeschluß vom 5. Juli 1832 unterdrückte Preßfreiheitsgesetz vom 1. März desselben Jahres, letztere ihr Preßfreiheitsgesetz vom Jahre 1817 — wieder her. In der betreffenden badischen Verordnung ward u. A. auch auf einen dahin zielenden, bei der Bundesversammlung gestellten Antrag Bezug genommen; aus der K. Preuß. Verordnung vom 8. März erhellt, daß Preußen, also schon vor der Pariser Februar-Revolution, diesen Antrag gestellt hatte. Die Bundesversammlung selbst mußte dem Impulse folgen, und faßte schon am 3. März folgenden

Beschluß der Bundesversammlung auf Aufhebung der Censur

Frankfurt a. M., 3. März.

Nachdem die Bundesversammlung sich die Aeußerungen sämmtlicher Regierungen über den unterm 9. September v. J. erstatteten ausführlichen Vortrag der Kommission in Preßangelegenheiten behufs einer möglichst gleichförmigen Bundes-Preßgesetzgebung erbeten hat, so hat sie auf anderweiten Vortrag der Kommission beschlossen:

1. Jedem deutschen Bundesstaate wird freigestellt, die Censur aufzuheben und Preßfreiheit einzuführen.

2. Dies darf jedoch nur unter Garantieen geschehen, welche die anderen deutschen Bundesstaaten und den ganzen Bund gegen den Mißbrauch der Preßfreiheit möglichst sicherstellen.

Die Volksbewegung in Deutschland, lebhaft und heftig wie niemals zuvor, war jedoch nicht nur auf Erzielung freiheitlicher Institutionen im Geiste der Zeit, sondern vorzugsweise und in erster Linie auf eine engere und kräftigere Einigung des Gesammtvaterlandes gerichtet. Ueberall erhob sich das lang verpönte schwarz-roth-goldne Banner, als äußeres Symbol dieser Richtung, mit dem alten deutschen Reichsadler. Noch vor den Ereignissen zu Wien und Berlin (13. und 18. März) gab die Bundesversammlung auch hierin der dringenden öffentlichen Meinung nach, und faßte folgenden Beschluß.

Auszug aus dem Protokoll der 16. Sitzung der deutschen Bundesversammlung am 9. März 1848.

Der betreffende Ausschuß trägt vor:

„Der Ausschuß, von der Ueberzeugung ausgehend, daß die Kraft Deutschlands wesentlich auf dem Bewußtsein seiner Einheit beruht, dieses Bewußtsein aber, damit es der Nation lebendig und klar vorschwebt, äußerer Symbole bedarf, glaubt die wiederholt schon in Anregung gebrachte Frage wegen eines Bundeswappens und wegen Bundesfarben dermalen zur Lösung bringen zu sollen. Der Ausschuß ist der entschiedenen Ansicht, daß zum Bundeswappen sich am besten dasjenige Emblem eignet, welches schon im Jahre 1846 zur Bezeichnung der Geschützrohre und übrigen Gegenstände der Artillerie-Dotation der beiden Festungen Ulm und Rastatt verwendet worden ist — der alte Reichsadler mit der Umschrift: „Deutscher Bund"; — da es kein anderes geschichtliches Symbol der tausendjährigen Einheit der verschiedenen deutschen Stämme giebt. Ebenso werden die Bundesfarben der deutschen Vorzeit zu entnehmen sein, wo das deutsche Reichspanier schwarz, roth und golden war. Der Ausschuß trägt daher darauf an — unbeschadet der einzelnen Landesfarben und Wappen — jenes Emblem zum Bundeswappen und diese Farben zu den Bundesfarben zu erklären. Der Ausschuß wird unverzüglich weitere Anträge stellen, wo und in welcher Weise das Wappen und die Farben anzubringen sind."

Nach ausführlicher Besprechung dieses Gegenstandes wurde dem Ausschuß-Antrage einhellig beigestimmt; daher

Beschluß:

„Die Bundesversammlung erklärt den alten deutschen Reichsadler mit der Umschrift: „Deutscher Bund", und die Farben des ehemaligen deutschen Reichspaniers — schwarz, roth, gold — zu Wappen und Farben des deutschen Bundes, und behält sich vor, wegen der Anwendung derselben nach Erstattung des Ausschuß-Vortrags das Weitere zu beschließen."

Ergänzt wurde dieser Beschluß und praktisch ausgeführt durch nachstehenden

Auszug aus dem Protokoll der 21. Sitzung der deutschen Bundesversammlung vom 20. März 1848.

Der betreffende Ausschuß erstattet nachstehenden Vortrag:

„Der Ausschuß hatte sich unterm 9. d. M. weiteren Vortrag über die Frage vorbehalten: wo und in welcher Weise das Wappen und die Farben des Bundes anzubringen sein werden. Der Ausschuß glaubt, daß diese Embleme der nationalen Einheit ihre geeignete Anwendung da finden werden, wo die Gesammtheit des Bundes als solche besonders hervortritt. Dieses ist, außer bei den Bundesbehörden, vorzugsweise in der Bundes-Kriegsverfassung der Fall. In den Bundesfestungen wird daher zunächst die Verwendung dieser Embleme einzutreten haben, und ebenso wird das gemeinschaftliche Erkennungszeichen, welches die Bundes-Kriegsverfassung (§. 36) für den Fall eines Bundeskrieges vorschreibt, jenen Emblemen zu entnehmen sein. Der Ausschuß schlägt daher vor, hohe Bundesversammlung wolle beschließen:

1. das Bundeswappen und die Bundesfarben werden sofort in den Bundesfestungen angebracht, und ist die Bundes-Militärkommission mit der unmittelbaren Ausführung dieses Beschlusses beauftragt. 2. Das durch die Bundes-Kriegsverfassung (§. 36) für den Fall eines Bundeskrieges vorgeschriebene gemeinschaftliche Erkennungszeichen aller Bundestruppen ist diesen Emblemen zu entnehmen. 3. Die Siegel der Bundesbehörden haben das Bundeswappen zu führen."

In Uebereinstimmung mit dem Antrage des Ausschusses wurde einhellig beschlossen:

1. Das Bundeswappen und die Bundesfarben werden sofort in den Bundesfestungen angebracht, und ist die Bundes-Militärkommission mit der unmittelbaren Ausführung dieses Beschlusses beauftragt. 2. Das durch die Bundes-Kriegsverfassung (§. 36) für den Fall eines Bundeskrieges vorgeschriebene gemeinschaftliche Erkennungszeichen aller Bundestruppen ist diesen Emblemen zu entnehmen. 3. Die Siegel der Bundesbehörden haben das Bundeswappen zu führen."

Allein das Mißtrauen und die Ungunst gegen die Bundesversammlung waren zu hoch gestiegen, zu allgemein verbreitet, die Widerstandskraft der Regierungen zu gering, als daß der Bundestag selbst hätte hoffen können, sich möglich zu erhalten, wenn nicht eine Umgestaltung mit ihm vorgenommen würde. Er versuchte das ihm augenfällig drohende Geschick abzuleiten, indem er sich ein mehr Vertrauen gewinnendes Kollegium berathend zur Seite stellte.

Durch Bundesbeschluß vom 10. März d. J. wurden sämmtliche Bundesregierungen eingeladen:

„Männer des allgemeinen Vertrauens, und zwar für jede der 17 Stimmen des engeren Rathes einen, alsbald (spätestens bis zu Ende d. M.) mit dem Auftrage nach Frankfurt abzuordnen, der Bundesversammlung und deren Ausschüssen zum Behuf der Vorbereitung der Revision der Bundesverfassung mit gutachtlichem Beirath an die Hand zu gehen.

Die nach diesem Beschluß abgeordneten Männer verhandeln theils unter sich kollegialisch in gesonderter Sitzung, theils in gemeinschaftlicher mit dem vom Bundestage bestellten Ausschuß für Revision der Bundesverfassung, welcher jedoch bis jetzt für sich allein seine Beschlüsse faßt.

Da dieser Beschluß nicht alsbald überall zur Ausführung kam, die Ereignisse aber unaufhaltsam fortschritten, so wiederholte die Bundesversammlung denselben am 25. März mit einigen Bezeichnungen der neuen Tendenz:

„Männer des allgemeinen Vertrauens zur Berathung über die Revision der Bundesverfassung auf wahrhaft zeitgemaßer und nationaler Grundlage."

Die nationale Richtung der Bewegung in Deutschland wurde — ebenfalls schon vor den Revolutionen in Wien und Berlin — öffentlich als für berechtigt anerkannt in dem

Königl. Preuß. Patent
wegen Einberufung des Vereinigten Landtages.

Wir Friedrich Wilhelm, von Gottes Gnaden, König von Preußen 2c.

haben im Verein mit der Kaiserlich österreichischen Regierung Unsere deutschen Bundesgenossen eingeladen, sich unverzüglich zu einer gemeinsamen Berathung über diejenigen Maßregeln zu vereinigen, welche unter den gegenwärtigen schwierigen und gefahrvollen Verhältnissen das Wohl des deutschen Vaterlandes erheischt, und sind entschlossen, mit allen Unseren Kräften dahin zu wirken, daß diese Berathungen zu einer *wirklichen Regeneration des deutschen Bundes führen, damit das deutsche Volk in ihm wahrhaft vereinigt, durch freie Institutionen gekräftigt, nicht minder aber auch gegen die Gefahren des Umsturzes und der Anarchie geschützt, die alte Größe wieder gewinne, damit Deutschland den ihm gebührenden Rang in Europa einnehme.* Welches aber auch der Erfolg dieser Unserer Bemühungen sein möge, so werden jedenfalls dadurch Maßregeln für Unsere Staaten bedingt, zu deren Ausführung Wir der Mitwirkung Unserer getreuen Stände bedürfen. Dieserhalb und weil Wir überhaupt in so großen und entscheidenden Epochen, wie die gegenwärtige, Uns nur in Vereinigung mit Unseren Ständen stark fühlen, haben Wir beschlossen, den Vereinigten Landtag auf Donnerstag den 27. April d. J. in Unserer Haupt- und Residenzstadt Berlin zu eröffnen, und beauftragen das Staatsministerium, die Einberufung desselben durch den Minister des

Innern zu veranlassen, auch die sonst erforderlichen Vorbereitungen zu treffen.

Gegeben Berlin, den 14. März 1848.

Friedrich Wilhelm.
Prinz v. Preußen.

Mühler. v. Rother. Eichhorn. v. Thile. v. Savigny. v. Bodelschwingh. Graf zu Stolberg. Uhden. Frh. v. Canitz. v. Düesberg. v. Rohr.

Die Märzereignisse zu Berlin gaben dieser Auffassung natürlicher Weise ein schärferes Gepräge, welches sich darstellt in dem Aufrufe des Königs Friedrich Wilhelm IV.:

An mein Volk und die deutsche Nation!

„Mit Vertrauen sprach der König vor fünf und dreißig Jahren in den Tagen hoher Gefahr zu seinem Volke, und sein Vertrauen ward nicht zu Schanden; der König, mit seinem Volke vereint, rettete Preußen und Deutschland von Schmach und Erniedrigung.

Mit Vertrauen spreche ich heute, im Augenblicke, wo das Vaterland in höchster Gefahr schwebt, zu der deutschen Nation, unter dessen edelste Stämme Mein Volk sich mit Stolz rechnen darf. Deutschland ist von innerer Gährung ergriffen und kann durch äußere Gefahr von mehr als einer Seite bedroht werden. Rettung aus dieser doppelten dringenden Gefahr kann nur aus der innigsten Vereinigung der deutschen Fürsten und Völker unter **einer** Leitung hervorgehen.

Ich übernehme heute diese Leitung für die Tage der Gefahr. Mein Volk, das die Gefahr nicht scheut, wird Mich nicht verlassen, und Deutschland wird sich Mir mit Vertrauen anschließen. Ich habe heute die alten deutschen Farben angenommen, und Mich und Mein Volk unter das ehrwürdige Banner des deutschen Reiches gestellt. Preußen geht fortan in Deutschland auf.

Als Mittel und gesetzliches Organ, um im Vereine mit Meinem Volke zur Rettung und Beruhigung Deutschlands voranzugehen, bietet sich der auf den 2. April bereits einberufene Landtag dar. Ich beabsichtige, in einer unverzüglich näher zu erwägenden Form, den Fürsten und Ständen Deutschlands die Gelegenheit zu eröffnen, mit Organen dieses Landtages zu einer gemeinschaftlichen Versammlung zusammenzutreten.

Die auf diese Weise zeitweilig sich bildende deutsche Ständeversammlung wird in gemeinsamer, freier Berathung das Erforderliche in der gemeinsamen, inneren und äußeren Gefahr ohne Verzug vorkehren.

Was heute vor Allem Noth thut, ist:

1. Aufstellung eines allgemeinen deutschen, volksthümlichen Bundesheeres;
2. Bewaffnete Neutralitäts-Erklärung.

Solche vaterländische Rüstung und Erklärung werden Europa Achtung einflößen vor der Heiligkeit und Unverletzlichkeit des Gebietes deutscher Zunge und deutschen Namens. Nur Eintracht und Stärke vermögen heute den Frieden in unserem schönen, durch Handel und Gewerbe blühenden Gesammt-Vaterlande zu erhalten.

Gleichzeitig mit den Maßregeln zur Abwendung der augenblicklichen Gefahr wird die deutsche Ständeversammlung über die Wiedergeburt und Gründung eines neuen Deutschlands berathen, eines einigen, nicht einförmigen Deutschlands, einer Einheit in der Verschiedenheit, einer Einheit mit Freiheit. Allgemeine Einführung wahrer konstitutioneller Verfassungen, mit Verantwortlichkeit der Minister in allen Einzelstaaten, öffentliche und mündliche Rechtspflege, in Strafsachen auf Geschworenengerichte gestützt, gleiche politische und bürgerliche Rechte für alle religiöse Glaubensbekenntnisse und eine wahrhafte volksthümliche, freisinnige Verwaltung werden allein solche höhere und innere Einheit zu bewirken und zu befestigen im Stande sein.

Berlin, den 21. März 1848.

Friedrich Wilhelm.

Graf Arnim. v. Rohr. Graf Schwerin. Bornemann. Arnim. Kühne.

Am gleichen Tage befahl der König von Preußen seiner Armee, die deutsche Kokarde neben der preußischen zu tragen. Daß keine Usurpation der Rechte der übrigen Fürsten des Bundes und ihrer Staaten beabsichtigt sei, hatte der König schon bei dem Zuge mündlich häufig wiederholt und ein unmittelbar folgender Erlaß dieses nochmals verdeutlicht. Mit der Annahme der deutschen Kokarde neben der betreffenden Landesfarbe folgten die übrigen deutschen Staaten.

Schon einige Zeit vor den Ereignissen des Februar und März 1848 hatte der badische Abgeordnete, Friedr. Bassermann, in der Karlsruher Ständeversammlung das Wort „deutsches Parlament" hingeschleudert, und diese Idee eines Symbols geistiger Einheit trat im März des Jahres 1848 mit unwiderstehlicher Gewalt hervor. Die Regierungen und die Bundesversammlung machten schwache Versuche, die Konstituirung desselben von ihnen ausgehen zu lassen. So theilte ein königlich preußischer Erlaß vom 3. April dem Vereinigten Landtage mit, daß „mehrere deutsche Staaten die Verabredung getroffen, die zur Nationalvertretung abzusendenden Repräsentanten durch die bestehenden Ständekammern wählen zu lassen." (Wirklich wählte der Vereinigte Landtag — am 7. April — und nach Provinzen die dazu bestimmten Repräsentanten. Am 10. April aber theilte eine königl. Botschaft mit, daß die Bundesversammlung eine direkte Repräsentation des deutschen Volkes beschlossen, worauf die geschehenen Wahlen des Vereinigten Landtags von diesem selbst annulirt wurden.)

Unterdessen war in Süddeutschland die Vorbereitung zu einer Versammlung von Kammermitgliedern aller deutschen Länder in Frankfurt getroffen worden. Da in Preußen der Vereinigte Landtag einberufen und versammelt war, so kamen nur sehr wenige Mitglieder von da. Die Veranstalter der Zusammenkunft hatten aber auch sonstige Personen eingeladen, welche — mit Sitz und Stimme — in der Versammlung Platz nahmen. Aus Oesterreich hatten sie nur Einen gefunden. Diese, unter dem Namen das Vorparlament bekannte Versammlung, ohne offiziellen Charakter, ohne Mission und Mandat, hat einen so bedeutungsvollen Antheil an der Gestaltung der Ereignisse des Jahres 1848, daß ihre Wirksamkeit unmöglich da übergangen werden kann, wo eine Zusammenstellung der wichtigsten Urkunden und Akten zur deutschen Verfassungsgeschichte beabsichtigt ist. Ohne auf das Geschichtliche einzugehen, was außer dem Plan dieser Urkundensammlung liegt, geben wir deshalb nachfolgend die von ihr selbst verfaßte Bekanntmachung von Beschlüssen.

Bekanntmachung der Beschlüsse

der zu Frankfurt a. M. am 31. März und 1. bis 4. April 1848 abgehaltenen Versammlung zur Vorbereitung der deutschen konstituirenden National-Versammlung.

Das zu Frankfurt a. M. abgehaltene Vorparlament hat über die nachfolgenden Gegenstände Beschlüsse gefaßt. Wir theilen sie dem deutschen Volke mit.

Aufgabe der Versammlung.

Die Versammlung hat ihre Aufgabe darin erkannt, die Art und Weise festzustellen, in welcher die konstituirende Nationalversammlung gebildet werden soll. Sie hat dabei ausdrücklich ausgesprochen, daß die Beschlußnahme über die künftige Verfassung Deutschlands einzig und allein dieser vom Volke zu erwählenden konstituirenden Nationalversammlung zu überlassen sei.

Das Bundesgebiet.

Schleswig, staatlich und national mit Holstein unzertrennlich verbunden, ist unverzüglich in den deutschen Bund aufzunehmen und in der konstituirenden Versammlung gleich jedem anderen deutschen Bundesstaate durch freigewählte Abgeordnete zu vertreten.

Ost- und Westpreußen ist auf gleiche Weise in den deutschen Bund aufzunehmen.

Die Versammlung erklärt die Theilung Polens für ein schmachvolles Unrecht. Sie erkennt die heilige Pflicht des deutschen Volkes, zur Wiederherstellung Polens mitzuwirken. Sie spricht dabei den Wunsch aus, daß die deutschen Regierungen den in ihr Vaterland zurückkehrenden Polen freien Durchzug ohne Waffen und, so weit es nöthig, Unterstützung gewähren mogen.

Zahl der Volksvertreter in der deutschen konstituirenden Versammlung.

Auf je 50,000 Seelen wird ein Vertreter zur deutschen konstituirenden Versammlung gewählt.

Ein Staat mit weniger als 50,000 Seelen wählt einen Deputirten. Bei Berechnung der Seelenzahl ist die letzte Bundesmatrikel maßgebend.

Wahlart der Abgeordneten zur deutschen konstituirenden Versammlung.

In Betreff der Wahlart gelten für jedes der deutschen Länder folgende Bedingungen:

Die Wahlberechtigung und Wählbarkeit darf nicht beschränkt werden durch einen Wahlcensus, durch Bevorrechtung einer Religion, durch eine Wahl nach bestimmten Ständen.

Jeder volljahrige, selbstständige Staatsangehörige ist wahlberechtigt und wählbar.

Der zu Wahlende braucht nicht dem Staate anzugehören, welchen er bei der Versammlung vertreten soll.

Die politischen Flüchtlinge, die nach Deutschland zurückkehren und ihr Staatsbürgerrecht wieder antreten, sind wahlberechtigt und wählbar.

In allen übrigen Beziehungen ist es jedem einzelnen deutschen Staate überlassen, auf welche Weise er die Wahlen zu ordnen angemessen findet; die Versammlung erachtet jedoch die direkte Wahl im Prinzipe für die zweckmaßigste.

Ort der konstituirenden Nationalversammlung.

Die konstituirende Nationalversammlung hält ihre Sitzungen in Frankfurt am Main.

Zeit des Zusammentritts.

Das Wahlgeschäft ist von den einzelnen Staaten in der Art anzuordnen, daß die Nationalversammlung am 1. Mai d. J. ihre erste Sitzung halten kann.

Permanenter Ausschuß der Versammlung.

Die gegenwärtige Versammlung wählt einen permanenten Ausschuß von funfzig Mitgliedern, der bis zum Zusammentritt der konstituirenden Versammlung in Frankfurt a. M. verweilt.

Der Ausschuß wird aus den Mitgliedern der Versammlung in der Art gewählt, daß jeder Wahlzettel funfzig Personen bezeichnet, in Betreff derer die Versammlung voraussetzt, daß jeder Wählende alle Theile des Vaterlandes in dem Ausschusse vertreten sehen wolle.

Dieser Funfziger-Ausschuß ist beauftragt:
die Bundesversammlung einzuladen, mit ihm bis zum Zusammentritt der konstituirenden Versammlung in Vernehmen zu treten;

er ist beauftragt:
die Bundesversammlung bei Wahrung der Interessen der Nation und bei der Verwaltung der Bundesangelegenheiten bis zum Zusammentritt der konstituirenden Versammlung selbstständig zu berathen und die nöthigen Anträge an die Bundesversammlung zu bringen;

er ist beauftragt:
bei eintretender Gefahr des Vaterlandes die gegenwärtige Versammlung sofort wieder einzuberufen.

Der Ausschuß wird bei den Regierungen dahin wirken, daß die allgemeine Volksbewaffnung in allen deutschen Landern schleunigst ins Leben gerufen werde.

Der Ausschuß hat dafür zu sorgen, daß ihm sechs Männer aus Oesterreich als weitere Ausschußmitglieder beitreten.

Die Verhandlungen des Ausschusses mit der Bundesversammlung sind durch die Presse zu veröffentlichen.

Die Versammlung verlangt, daß der Bundestag, indem er die Angelegenheit der Begründung eines konstituirenden Parlaments in die Hand nimmt, sich von den verfassungswidrigen Ausnahmebeschlüssen lossage und die Männer aus seinem Schooße entferne, welche zu Hervorrufung und Ausführung derselben mitgewirkt haben.

Grundrechte und Forderungen des deutschen Volkes.

Die Versammlung empfiehlt, mit ihrer grundsätzlichen Zustimmung, dem konstituirenden Parlamente zur Prüfung und geeigneten Berücksichtigung die nachstehenden Anträge, welche bestimmte Grundrechte als geringstes Maß deutscher Volksfreiheit verlangen, und die im deutschen Volke lebenden Wünsche und Forderungen aussprechen.

Gleichstellung der politischen Rechte ohne Unterschied des Glaubensbekenntnisses, und Unabhängigkeit der Kirche vom Staate.

Volle Preßfreiheit.

Freies Vereinigungsrecht.

Petitionsrecht.

Eine freie volksvertretende Landesverfassung mit entscheidender Stimme der Volksabgeordneten in der Gesetzgebung und Besteuerung, und mit Verantwortlichkeit der Minister.

Gerechtes Maß der Steuerpflicht nach der Steuerkraft.

Gleichheit der Wehrpflicht und des Wehrrechts.

Gleiche Berechtigung aller Bürger zu Gemeinde- und Staatsämtern.

Unbedingtes Auswanderungsrecht.

Allgemeines deutsches Staatsbürgerrecht.

Lehr- und Lernfreiheit.

Schutz der persönlichen Freiheit.

Schutz gegen Justizverweigerungen.

Unabhängigkeit der Justiz.

Oeffentlichkeit und Mündlichkeit der Rechtspflege und Schwurgerichte in Strafsachen.

Ferner:

Ein volksthümliches Kreditsystem mit Ackerbau- und Arbeits-Kreditkassen.

Schutz der Arbeit durch Einrichtungen und Maßregeln, um Arbeitsunfähige vor Mangel zu bewahren, Erwerbslosen lohnende Beschäftigung zu verschaffen, die Verfassung des Gewerbe- und Fabrikwesens den Bedürfnissen der Zeit anzupassen.

Schulunterricht für alle Klassen, Gewerbe und Berufe aus Staatsmitteln.

Anerkennung endlich der Auswanderung als Nationalangelegenheit und Regelung derselben zum Schutze der Auswanderer.

Dank der Versammlung.

Der Dank der Versammlung wird ausgesprochen den zu Heppenheim und Heidelberg zusammengetretenen Männern;

den Behörden und den Bürgern der Stadt Frankfurt a. M. für die gastliche Aufnahme und ihre Anordnungen;

dem Vorstande der Versammlung für seine Mühewaltung;

der Bürgerwehr für ihren Schutz und den Turnern für ihre dienstliche Mitwirkung in der Versammlung.

Frankfurt a. M., 3. April 1848.

Namens des Funfziger-Ausschusses.

Soiron, als Vorsitzender.

H. Simon, als Schriftführer.

Am Tage vor der förmlichen Eröffnung des Vorparlaments (der erste Zusammentritt fand übrigens bereits am 29. März statt) faßte die Bundesversammlung schon nachstehenden Beschluß auf Einberufung und Wahl von Nationalvertretern:

Auszug des Protokolls der 26. Sitzung der Bundesversammlung vom 30. März 1848.

„Zu beschleunigter Entwerfung der Grundlagen einer neuen Bundesverfassung hat die Bundesversammlung mit einleitenden Arbeiten zu diesem Zwecke, unter Zuziehung von Männern des öffentlichen Vertrauens, bereits begonnen. Zu weiterer Förderung dieser wichtigen Angelegenheit beschließt dieselbe, die Bundesregierungen aufzufordern, in ihren sämmtlichen, dem deutschen Staatensystem angehörigen Provinzen auf verfassungsmäßig bestehendem oder sofort einzuführendem Wege Wahlen von Nationalvertretern anzuordnen, welche am Sitze der Bundesversammlung an einem schleunigst festzustellenden, möglichst kurzen Termine zusammen zu treten haben, um zwischen den Regierungen und dem Volke das deutsche Verfassungswerk zu Stande zu bringen. Da der Drang der Umstande die einstweilige Annahme eines bestimmten Maßstabes der Bevölkerung, nach welchem die gedachten Volksvertreter in jedem Bundesstaate zu erwählen sind, erforderlich macht, so erscheint es zweckmäßig, in Bezug auf die bisherigen Bestandtheile des Bundes das bestehende Bundes-Matrikular-Verhältniß dabei zum Grunde zu legen und die Aufforderung dahin zu richten, daß auf 70,000 Seelen der Bevölkerung jedes Bundesstaates ein Vertreter zu wählen, auch denjenigen Staaten, deren Bevölkerung nicht 70,000 Seelen beträgt, die Wahl eines Vertreters zuzugestehen."

Da aber das „Vorparlament" mit diesen Anordnungen nicht zufrieden gestellt war, so wurde der eben mitgetheilte

Beschluß, auf den Vortrag des Revisions-Ausschusses der Bundesversammlung modifizirt. Wir lassen hier beide folgen, den Vortrag wie den Beschluß.

Auszug aus dem Protokoll der 29. Sitzung der Bundesversammlung vom 7. April 1848.

Der Ausschuß für Revision der Bundesverfassung erstattete nachstehenden Vortrag:

Wenn der Revisions-Ausschuß sich heute in der Lage findet, bei hoher Bundes-Versammlung auf Abänderung des in der Sitzung vom 30. v. M. auf seinen Antrag gefaßten, inmittelst schon von Bundes-Regierungen gesetzlichen Vorlagen zu Grunde gelegten Beschlusses anzutragen, so hält er sich verpflichtet, zuvörderst sowohl auf die der Entstehung jenes Beschlusses vorausgegangenen, als auf die seit dessen Erlassung stattgehabten Verhandlungen und eingetretenen Verhältnisse zurückzugehen.

Nachdem die Bundesversammlung erkannt hatte, daß dem dringenden Verlangen nach Einigung aller nationalen Kräfte ohne Zeitverlust ein legaler Anhaltspunkt gegeben werden müsse, und daß dieser Anhaltspunkt zunächst in der Bundesversammlung, als dem gemeinschaftlichen Central-Organ aller deutschen Regierungen, zu finden sei, hat sie in ihrem öffentlichen Aufruf vom 1. März d. J. ausgesprochen, wie sie Alles aufbieten werde, um gleich eifrig für die Sicherheit Deutschlands nach Außen, so wie für die Förderung der nationalen Interessen und des nationalen Lebens im Innern, zu sorgen, auch sofort durch Beschluß vom 3. März die Aufhebung der Censur und Einführung der Preßfreiheit in allen Bundesstaaten ermöglicht. Zugleich hat sie nach gewissenhafter Erforschung der in der bestehenden Verfassung und in der der öffentlichen Meinung widerstrebenden Fortbildung des deutschen Bundes liegenden Gründe, wonach eine gedeihliche Wirksamkeit der Bundesversammlung seit einer Reihe von Jahren mehr und mehr gelähmt und unmöglich gemacht worden war, den deutschen Regierungen gegenüber die Ueberzeugung ausgesprochen, daß eine Revision der Bundesverfassung auf wahrhaft zeitgemäßer und nationaler Grundlage nothwendig sei.

Sie ist sodann sofort in die Berathung der Frage eingetreten über die Art und Weise, wie diese Revision auf eine der öffentlichen Meinung gebührende Rechnung tragende, das allgemeine Vertrauen verdienende Weise anzubahnen sei.

Zu der Ueberzeugung gelangt, daß die dem engeren Rathe der Bundesversammlung nach Artikel VII. der Bundesakte obliegende Vorbereitung einer solchen Revision der Bundesverfassung auf der bezeichneten Grundlage nicht mit Erfolg vorgenommen werden könne, wenn ihr nicht unverzüglich Männer, die das allgemeine Vertrauen genießen, zum Beirath beigegeben werden, hat sie schon unterm 10. März d. J.

beschlossen, sämmtliche deutsche Regierungen aufzufordern, Männer des allgemeinen Vertrauens, und zwar für jede der 17 Stimmen des engeren Rathes einen, alsbald, spätestens bis Ende des Monats März, mit dem Auftrage hierher abzuordnen, der Bundesversammlung und deren Ausschüssen mit gutachtlichem Beirath an die Hand zu gehen.

Umstände, deren Beseitigung außerhalb der Gränzen ihrer Macht lagen, haben die vollständige Ausführung dieses Beschlusses bis zu dem Zeitpunkt verzögert, wo in Folge der bekannten Aufforderung deutscher Patrioten der Zusammentritt von Abgeordneten deutscher Ständeversammlungen zur Berathung über die Begründung eines deutschen Parlaments dahier nahe bevorstand.

Der Zustimmung der deutschen Regierungen zur Berufung einer deutschen National-Vertretung inmittelst versichert, glaubte sie nicht zögern zu dürfen, den ernsten Willen zu bethätigen, die Organisationsarbeiten möglichst zu beschleunigen. Sie hat daher nicht nur die anher abgeordneten Männer des allgemeinen Vertrauens ersucht, den Entwurf einer neuen Bundesverfassung aufzustellen, und so die Initiative mit vollem Vertrauen in die Hände dieser Männer gelegt, sondern sie hat auch zu weiterer Förderung und Beschleunigung dieser wichtigen Angelegenheit, und von der Ueberzeugung durchdrungen, daß die freie Zustimmung des deutschen Volkes wesentlich erforderlich sei, den Weg als den einzig rathsamen, ja als den einzig zulässigen bezeichnet, daß der von der Bundesversammlung und ihrem Beirathe ausgehende Entwurf einer neuen Bundesverfassung, einer aus allen Bundesstaaten gewählten konstituirenden Volksversammlung zur Annahme vorgelegt werde.

Diese ihre Gründe hat sie in dem Protokoll vom 30. v. M. niedergelegt, und auf dieselben den damals veröffentlichten Beschluß folgenden Inhalts erlassen.

(Hier ist der oben abgedruckte Beschluß wörtlich citirt.)

Insoweit hatte die Bundesversammlung die in ihrer Erklärung vom 1. März gegebene Zusicherung, für Förderung des nationalen Lebens sorgen zu wollen, bewahrheitet, als die Versammlung von Abgeordneten zur Gründung eines deutschen National-Parlaments am 31. März dahier zusammentrat.

Von dieser Versammlung sind mehrere Wünsche und Ansichten hinsichtlich der einzuberufenden konstituirenden Versammlung ausgesprochen worden, und namentlich hat dieselbe das Verhältniß von einem Abgeordneten auf 70,000 Einwohner nicht für das richtige erkannt, vielmehr gewünscht, es möge dafür 1 auf 50,000 angenommen werden.

Man ist hierbei wohl von der Ansicht ausgegangen, daß die Vertretung um so vollständiger sei, je mehr Einfluß die Stimme des Einzelnen auf die Wahl der Vertreter habe. Da ja überhaupt jede Vertretung ein Auskunftsmittel ist, geboten durch die Unmöglichkeit um den Volkswillen in anderer Art zu ermitteln, so wünscht man dies Auskunftsmittel so wenig wie möglich auszudehnen, das heißt, man wünscht eine möglichst zahlreiche Vertretung.

Im Allgemeinen nun hat man, wenn man darüber entscheiden soll, wie zahlreich eine konstituirende Versammlung sein soll, dies aus dem Gesichtspunkte der Einzelstaaten und aus dem der Gesammtheit zu beurtheilen, muß sich aber im Voraus zugestehen, daß die Richtigkeit eines anzunehmenden Verhältnisses nie zu beweisen ist, vielmehr immer Sache der individuellen Meinung bleibt, die sich aber auch erst nach dem Erfolge mit Wahrheit fassen läßt.

Den einzelnen Bundesstaaten und besonders den kleineren muß es aber erwünscht sein, wenn die Interessen des Staates und der Bevölkerung von mehreren Personen vertreten werden; sie konnen dann sicherer sein, daß dies in ausreichender Weise geschieht; der Gesammtheit kann es aber nur darauf ankommen, daß die konstituirende Versammlung einmal zahlreich genug sei, um keinem fremden Einflusse zugänglich zu sein, dann aber, daß sie nicht so übermäßig groß sei, daß eine geordnete ruhige Berathung und sichere Beschlußfassung unmöglich oder doch äußerst schwierig werde.

Der Ausschuß muß also bekennen, daß er weder behaupten kann, daß das Verhaltniß von 1 zu 70,000, noch das von 1 zu 50,000 das wirklich richtige sei. Nichtsdestoweniger muß er sich aber bei der Lage der Sache für das Letztere aussprechen, und zwar aus folgenden Gründen:

Es dürfte schon aus dem oben Gesagten hervorgehen, daß man auf diesen einer so verschiedenartigen Beurtheilung unterworfenen Punkt überhaupt kein entschiedenes Gewicht zu legen habe. Gern aber werden die höchsten Bundesregierungen geneigt sein, in allen Stücken, wo kein offenbarer Nachtheil zu besorgen ist, der öffentlichen Stimme zu entsprechen.

Als hohe Bundesversammlung den Beschluß vom 30sten faßte, glaubte sie dies zu thun, indem sie das Verhaltniß von 1 zu 70,000 annahm; nun aber hat eine zahlreiche Versammlung von Mannern, welche die Absicht hatte, die öffentliche Meinung auszusprechen, ein Verhältniß von 1 zu 50,000 für entsprechender erklärt, und die hoher Bundesversammlung beigeordneten Manner des allgemeinen Vertrauens theilen diese Meinung. Mag nun aber auch die konstituirende Versammlung nach dem einen oder nach dem anderen Maßstabe gewahlt werden, so wird sie immer so zahlreich sein, daß die Berathung und Beschlußfassung Schwierigkeiten darbieten wird. Diese werden kaum bedeutend geringer sein, wenn die Zahl um $^2/_7$ kleiner ist, und können auch dann nur durch den vorauszusetzenden ernsten Willen und durch kräftige und geschickte Leitung gehoben werden.

Viel wird durch eine zweckmäßige Organisation des Geschäftsbetriebs, Ernennung von Ausschüssen, Theilung in Comité's 2c. geschehen können; mit Zuversicht darf man aber hoffen, daß, wenn irgend eine so zahlreiche Volkskammer ihrem Zweck entsprechen kann, einer deutschen dies eher, als der einer anderen Nation, gelingen wird, und namentlich jetzt, wo die Nothwendigkeit der Einigkeit gewiß von der überwiegenden Mehrzahl gefühlt werden wird.

Vergessen darf man auch nicht, daß es sich nur um die konstituirende Versammlung, nicht um die künftige Vertretung des Volkes handelt; ein Nachtheil, sollte er sich zeigen, wird also ein vorübergehender sein; die Erfahrungen, welche man macht, werden nicht verloren sein, sie können nicht ohne Einfluß auf die Bestimmung der Größe der künftigen Volkskammern bleiben.

Endlich aber, und dies scheint der wichtigste Grund, ist es leicht möglich, daß in Folge der Beschlüsse der gedachten freien Versammlung und überhaupt des sich kundgegebenen, wohl ziemlich allgemeinen Wunsches, schon in einigen Staaten Wahlen für die konstituirende Versammlung in dem Verhältniß von 1 zu 50,000 eingeleitet worden wären, oder daß sie wenigstens in diesem Verhältnisse veranstaltet würden, wenn die Bundesversammlung nicht ausdrücklich auf ihrem früheren Beschlusse beharrt. Hierdurch aber würde große Verwirrung entstehen, denn das erste Erforderniß einer wahren Vertretung ist die Gleichförmigkeit in Beziehung auf das numerische Verhältniß der Gewählten zu der wählenden Bevölkerung.

Der Ausschuß glaubt in Erwägung dieser Gründe hoher Bundesversammlung vorschlagen zu müssen, den Bundesbeschluß vom 30. v. M. so zu modifiziren, daß die höchsten Bundesregierungen aufgefordert würden, unter Zugrundelegung der Bundesmatrikel auf je 50,000 Einwohner einen Abgeordneten wählen zu lassen.

Hiernächst hat der Ausschuß sich für verpflichtet gehalten, in Erwägung zu ziehen, in wie weit den übrigen in der hier abgehaltenen freien Versammlung ausgesprochenen Wünschen in Beziehung auf Wahlprinzipien und Wahlqualifikation, wie sie von dem Präsidenten dieser Versammlung am 2. April dem hohen Bundespräsidium mitgetheilt worden sind, zu entsprechen sei. Er hat sich hierüber in Einvernehmen mit den hoher Bundesversammlung beigeordneten Männern des öffentlichen Vertrauens gesetzt und deren Gutachten vernommen.

Diese Wünsche aber sind folgende:
(übereinstimmend mit den betreffenden Beschlüssen des Vorparlaments, wie oben, über Zahl, Wahlart und Zusammentritt, nur mit Hinweglassung der Stelle über direkte oder indirekte Wahl).

Wenn nun der erste Wunsch, auf Herabsetzung des Verhältnisses für die Vertretung auf 1 zu 50,000 Seelen, bereits oben beifällig begutachtet worden, so findet der Ausschuß auch kein Bedenken, sich dafür auszusprechen, daß, wenn der Ueberschuß der Bevölkerung 25,000 Seelen übersteigt, ein weiterer Abgeordneter zu wählen sei. Das Resultat, wie es sich unter Zugrundelegung der Matrikel nach dem jetzt befürworteten Verhältnisse herausstellt, legt der Ausschuß in einer Beilage vor.

Beilage.

Matrikel des deutschen Bundes,

wie solche in der 9. Bundestagssitzung vom 14. April 1842 berücksichtigt worden und von da an zu gelten hat.

Bundesstaaten.	Seelenzahl.	Abgeordnete. 1 : 50,000
Oesterreich	9,482,227	190
Preußen	7,948,439	159
Königreich Sachsen	1,200,000	24
Baiern	3,560,000	71
Hannover	1,305,351	26
Würtemberg	1,395,462	28
Baden	1,000,000	20
Kurhessen	567,868	11
Großherzogthum Hessen	619,500	12
Holstein-Lauenburg	360,000	7
Luxemburg-Limburg	253,583	5
Braunschweig	209,600	4
Mecklenburg-Schwerin	358,000	7
Nassau	302,769	6
Sachsen-Weimar	201,000	4
Sachsen-Koburg-Gotha	111,600	2
Sachsen-Meiningen	115,000	2
Sachsen-Altenburg	98,200	2
Mecklenburg-Strelitz	71,769	1
Oldenburg	220,718	4
Anhalt-Dessau	52,947	1
Anhalt-Bernburg	37,046	1
Anhalt-Cöthen	32,454	1
Schwarzburg-Sondershausen	45,117	1
Schwarzburg-Rudolstadt	53,937	1
Hohenzollern-Hechingen	14,500	1
Liechtenstein	5,546	1
Hohenzollern-Sigmaringen	35,560	1
Waldeck	51,877	1
Reuß, ältere Linie	22,255	1
Reuß, jüngere Linie	52,205	1
Schaumburg-Lippe	21,000	1
Lippe	72,062	1
Hessen-Homburg	20,000	1
Lübeck	40,650	1
Frankfurt	47,850	1
Bremen	48,500	1
Hamburg	129,800	3
Summa	30,164,392	605

Was aber die übrigen Anträge in Beziehung auf die Wahlqualifikation betrifft, so glaubt der Ausschuß, sich eines näheren Eingehens enthalten zu dürfen, denn es scheint zu genügen, sich hinsichtlich dieser in dem Bundesbeschluß vom 30. v. M. ganz offen gelassenen

Punkte auf das einstimmige Gutachten der Männer des öffentlichen Vertrauens zu stützen. Dieses aber geht dahin, daß es dringend anzurathen sei, die höchsten Regierungen möchten bei den vorzunehmenden Wahlen den von der hier versammelt gewesenen freien Versammlung ausgesprochenen Wünschen, so viel irgend möglich, entsprechen, die Bundesversammlung aber möge dieselben durch Bundesbeschluß zu den ihrigen machen.

Ist nun hohe Bundesversammlung mit den hier kurz entwickelten Ansichten einverstanden, und ist sie mit dem Ausschusse überzeugt, daß in dieser Wahlangelegenheit dem Gutachten der Männer des öffentlichen Vertrauens unbedingt zu folgen sei, so würde dieselbe zu beschließen haben:

(Folgt der Antrag Wort für Wort, wie nachstehender Beschluß.)

Beschluß.

Daß die Bundesversammlung, in Berücksichtigung des inmittelst bekannt gewordenen öffentlichen Wunsches und gestützt auf das einstimmige Gutachten der ihr beigeordneten Männer des öffentlichen Vertrauens, ihren Beschluß vom 30. v. M. in Beziehung auf die Verhältnißzahl der Vertretung dahin abändere und ferner in der Weise vervollständige, daß

1. die Wahl der Vertreter des Volkes zu der konstituirenden deutschen Nationalversammlung so zu geschehen habe, daß, unter Beibehaltung des Verhaltnisses der Bundesmatrikel, je nach 50,000 Seelen ein Vertreter gewählt werde, daß, wenn der Ueberschuß der Bevölkerung 25,000 Seelen übersteigt, ein weiterer Abgeordneter zu wählen sei, und daß jeder kleinere Staat, dessen Bevölkerung nicht 50,000 Seelen erreicht, einen Vertreter zu wählen habe;

2. daß in Beziehung auf die Wahl der Abgeordneten zur konstituirenden Versammlung auf jeden Fall bei der Wählbarkeit keine Beschränkung durch Vorschriften über gewisse Eigenschaften in Beziehung auf Wahlcensus oder Bekenntniß einer bestimmten Religion vorkommen und eine Wahl nach bestimmten Ständen nicht angeordnet werden könne;

3. daß als wahlberechtigt und als wählbar jeder volljährige, selbstständige Staatsangehörige zu betrachten sei;

4. daß jeder Deutsche, wenn er die voranstehenden Eigenschaften besitzt, wählbar, und dann es nicht nothwendig sei, daß er dem Staate angehöre, welchen er bei der Versammlung vertreten soll;

5. daß auch die politischen Flüchtlinge, wenn sie nach Deutschland zurückkehren und ihr Staatsbürgerrecht wieder angetreten haben, wahlberechtigt und wählbar sind;

6. endlich, daß dieselbe die höchsten Regierungen ersuche, diese Wahlen so zu beschleunigen, daß, wo möglich, die Sitzungen der National-Versammlung am 1. Mai beginnen können.

Das „Vorparlament" hatte verlangt (2. April), daß der Bundestag, wenn ihm die Ausführung der Beschlüsse zur Einberufung der Nationalvertretung Deutschlands weiter überlassen bleiben solle, sich selbst purificire und die „verfassungswidrigen Ausnahmebestimmungen" zurücknehme. Am folgenden Tage schon theilte der Bundespräsidialgesandte mit, die Gesandten, welche sich durch diesen Beschluß betroffen fühlten, hätten ihre Regierungen bereits um Abberufung gebeten. Wegen des zweiten Punktes faßte es folgenden Beschluß:

Auszug des Protokolls der 27. Sitzung der deutschen Bundesversammlung vom 2. April 1848.

Beschluß.

Auf den in der 22. Sitzung am 23. März d. J. §. 176 erfolgten Antrag der freien Städte für Frankfurt, daß, da die seit dem Jahre 1819 erlassenen sogenannten Ausnahmegesetze des deutschen Bundes unter veränderten Umständen bereits allenthalben außer Wirksamkeit getreten, dieselben auch von Seiten des deutschen Bundes förmlich als aufgehoben und beseitigt zu erklären seien, beschließt die Bundesversammlung: daß die gedachten, beanstandeten Ausnahmegesetze und Beschlüsse für sämmtliche Bundesstaaten aufgehoben, mithin als bereits völlig beseitigt zu betrachten, und, wo es noch erforderlich befunden werden sollte, darüber die nöthigen Bekanntmachungen zu erlassen seien.

Welche der früheren Bundesbeschlüsse aber als „Ausnahmegesetze" zu betrachten seien, ist der freien Interpretation anheim gestellt.

Das „Vorparlament" hatte einen sogenannten 50er Ausschuß (mit Zuziehung der Oesterreicher aus 56 Mitgliedern bestehend) zurückgelassen, welcher den Bundestag treiben und überwachen sollte. In Folge der Schritte desselben (4. April) kam der Bundesbeschluß vom 7. April zu Stande, den wir nur in der Reihenfolge nicht von dem am 30. März trennen wollten.

In Betreff der Einverleibung der preußischen Ostprovinzen in den deutschen Bund hatten am 3. April 1848 die Provinzialstände des Königreichs Preußen dem Könige das Ansuchen vorgelegt, diese Provinz „ganz und ohne Schmälerung" in den deutschen Bund aufnehmen zu lassen, mit der

Aeußerung „das Königreich Preußen ist deutsch und will deutsch bleiben." Am 6. April reskribirte der König, daß ihr Antrag genehmigt und die Veranstaltung zur Vollziehung getroffen sei. Am 11. April erfolgte bereits der Antrag und die Aufnahme. Am 22. April wurde sodann von der Bundesversammlung der Antrag Preußens, noch „mehrere an das Bundesgebiet anstoßende Distrikte des Großherzogthums Posen, in welchem die Mehrzahl der Bevölkerung deutsch ist, mit einer Bevölkerung von 593,000 Einwohnern, dem Wunsche der Einwohner gemäß in den Bund aufzunehmen," zum Beschluß erhoben, wobei von Seiten der Bundesversammlung das Bedauern ausgesprochen wurde, daß die Festung Posen und ihr Rayon ausgeschlossen bleibe. Hierauf beantragte Preußen, in der Sitzung der Bundesversammlung vom 2. Mai desselben Jahres, auch die Aufnahme der Festung Posen und ihres Rayons mit einer Bevölkerung von 273,000 Seelen, was alsbald zum Beschluß erhoben wurde.

Am 3. Mai 1848 theilte der K. preuß. Gesandte der Bundesversammlung mit, daß die Matrikularbevölkerung der zum deutschen Bunde gehörigen Länder Preußens, nach erfolgter Aufnahme von Ost- und Westpreußen (also ohne die am 22. April und 2. Mai erfolgte Aufnahme des deutschen Theils des Großherzogthums Posen mit der Festung) sich auf 9,570,000 Köpfe belaufe.

Hiernach ward in der Sitzung der Bundesversammlung vom 17. Juni 1848 das preußische Militair-Kontingent matrikularmäßig auf 95,703 Mann erhöht.

Die Beschlüsse der Bundesversammlung über Schleswig-Holstein und den dortigen Krieg, die Verhandlungen über Aufstellung von Truppenkorps zur Sicherung der Gränzen, die mit Sardinien über die Blokade von Triest, die über Militairverfügungen bei dem Hecker'schen Aufstand in Baden, sodann die Schriftstücke über Aufstellung einer Bundescentralgewalt (Bundesbeschluß vom 18. April 1848) und die Gegenbeschlüsse des 50er Ausschusses, endlich die Verhandlungen wegen des Lepel'schen Promemoria's über die Theilnahme der deutschen Regierungen an dem Verfassungswerke, gehören nicht in diese Urkundensammlung zur deutschen Verfassung, wie interessant sie auch sonst sein mögen.

Am 14. April 1848 bestimmte die Bundesversammlung die Paulskirche zu Frankfurt a. M. als Lokal für die Nationalversammlung und beschloß die Kosten für die Herrichtung derselben zu dem bezeichneten Zweck auf die Bundeskasse zu übernehmen.

Am 26. April 1848 beschloß die Bundesversammlung die deutsche Nationalversammlung auf den 18. Mai desselben Jahres einzuberufen.

Die zur Bundesversammlung einberufenen Vertrauensmänner hatten unterdessen ihren Entwurf zu einer Verfassung für Deutschland beendigt, und denselben in der 42. Sitzung der Bundesversammlung vom 27. April 1848, mit einem vom Professor Dahlmann verfaßten Vorworte, übergeben. Wir lassen beide hier folgen.

Entwurf des deutschen Reichsgrundgesetzes,

wie er der deutschen Bundesversammlung als Gutachten der siebzehn Männer des öffentlichen Vertrauens am 26. April d. J. überreicht worden ist.

Vorwort.

Aus einem treulich fortgesetzten Bemühen ist uns am Ende eine Arbeit erwachsen, die der besonnenen Pflege und einer zeitigenden Frühlingssonne gar sehr bedarf, wenn aus ihr etwas zum Heile des Vaterlandes erblühen soll. Nicht blos, daß wir die ungeheure Kühnheit, ja Vermessenheit empfanden, durch wenige scharf einschneidende Paragraphen tausendjährige Schäden heilen zu wollen, unter uns ergab sich, daß wir es nur geradezu gestehen, als wir den Hauptorganen der neuen Staatsbildung nachfragten, mannigfache Meinungsverschiedenheit, und es sind hochwichtige Entscheidungen allein durch Mehrheiten, überwiegende freilich, getroffen. Was uns indeß immer wieder zu neuer Gemeinsamkeit des Eifers zusammenführte, war unsere volle begeisterte Einstimmigkeit in einem Punkte. Dieses Deutschland, welches die vielhundertjährigen Strafen seiner Entzweiung getragen hat, muß seine Volks- und Staatseinheit jetzt erreichen, unverzüglich, bevor noch das zweite Jahrhundert seit jenem Frieden abläuft, welcher seine Schwäche heilig spricht. Niemand in der Welt ist so mächtig, ein Volk von über vierzig Millionen, welches den Vorsatz gefaßt hat, sich selbst fortan anzugehören, daran zu verhindern, Niemand auch dürfte nur wünschen es zu sein, und wenn durch Ereignisse, in welchen wir Alle die Waltung einer höheren Hand verehren, Vieles von dem, was früher allein die Sehnsucht des Vaterlandsfreundes erreichte, heute in die nächste Nähe gerückt ist, — wehe der Staatskunst, die in solchem Augenblicke die alten Netze der Täuschung wieder auswerfen wollte, sie würde sich ihr eigenes Grab graben. Darum sind die Artikel über die Bedeutung des Reichs, über die Grundrechte des deutschen Volks und die Kompetenz des Reichsgerichts mit großer Einmüthigkeit genehmigt. Allein die Nothwendigkeit, welche in den Sachen belegen ist, führte die Mehrzahl der Versammlung einen starken Schritt weiter. Niemand in ihrer Mitte verbarg sich, daß in jener Zerstückelung, welches für unser Vaterland so traurige Früchte getragen hat, dennoch zugleich vielfaltige Keime verborgen liegen, welche unzertreten bleiben müssen, wenn unsere Zukunft fröhlich gedeihen soll. Die Bedeutung unserer Dynastieen ist durch die Stürme weniger Wochen nicht entblättert, und eine edle Scham hat uns Deutsche behütet, denen zur Seite zu treten, welche aus dem Mißbrauche der Macht, wozu die Versuchung in jeder Menschenbrust liegt, die Nothwendigkeit folgern wollen, jede hervorragende Größe als ein Hinderniß der Freiheit zu beseitigen. An unsere Fürstenhäuser knüpft sich nicht blos die Gewohnheit des Gehorsams, welche sich durchaus nicht beliebig anderswohin übertragen läßt, sondern in Wahrheit die einzige Möglichkeit, dieses weitschichtige vielgestaltige Deutschland allmählig in die Staatseinheit einzuführen, die sich aus höheren Gründen nicht länger entbehren laßt. Wenn es gewiß ist, daß eine Einheit in der Art, wie sie in anderen europäischen Reichen obwaltet, sich auf deutschem Boden nur durch eine unabsehliche Reihe von Gewaltthaten und Freveln, deren Verantwortlichkeit kein reiner Vaterlandsfreund auf sich nehmen möchte, erreichen ließe, so würde eben so gewiß am erreichten Ziele das Gefühl einer völligen Verödung und Rathlosigkeit die deutschen Gemüther bewältigen; denn es wäre ein plötzlicher leichtsinniger Bruch mit unserer ganzen Vergangenheit. Steht so die Erblichkeit nicht blos in der Gewissenhaftigkeit und der Gesinnung der Deutschen, sondern auch in ihren politischen Ueberzeugungen fest, so hat sich doch über die Frage, ob das künftige Oberhaupt Deutschlands ebenfalls erblich zu berufen sei, die Versammlung der Siebenzehner nicht zur Einstimmigkeit vereinbaren können. Die Auffassung der Mehrzahl aber, die im Fortgange der Berathung stärker anwuchs, ist diese: Von der Zeit an, da ein Reichsgrundgesetz dem deutschen Volke die Reichseinheit und seinen einzelnen Staaten eine Fülle der edelsten Freiheiten, wie sie noch kein Volk der Erde in so kurzem Kampfe erwarb, gewährleistet, Freiheiten, deren noch weiteren Fortschritt nichts hemmen wird, es wäre denn die eigene Besonnenheit, von dieser Zeit an muß für jeden Vaterlandsfreund die Bewahrung solcher unschätzbaren Güter vor umwälzenden Strebungen die Hauptsache sein. Knüpft sich nun unser vielverzweigtes Volksleben wesentlich an den Fortbestand der Dynastieen Deutschlands, so darf das Reichs-Oberhaupt, welches über dem Ganzen zu walten berufen ist, ebenfalls nur ein gleichartig erbberechtigtes sein. Verlassen von dieser Eigenschaft, welche die Wurzel jeder menschlichen Macht bildet, würde es ungleich berechtigt denjenigen gegenüberstehen, welche, um der Wohlfahrt des Ganzen willen, die Verpflichtung anerkannt haben, ihre Erbmacht seiner Hoheit unterzuordnen. Es würde eben darum, wenn von Haus aus mächtig, das Reichsregiment als eine vergängliche Nebenaufgabe, nur allenfalls zu Hauszwecken nutzbar, betrachten und behandeln; ohne Hauslande aber an den höchsten Platz gestellt, wie könnte ein solches, blos mit den Fictionen der Macht bekleidetes, Reichs-Oberhaupt nur anders als in den erblichen Dynastieen seine geborenen Gegner erblicken? Je kraftvoller ein solches Reichs-Oberhaupt auf den ihm übertragenen Rechten hielte, um so gewisser sähe sich das deutsche Volk in den verderblichsten inneren Zwiespalt, den gefahrlichsten Kampf der Pflichten hineingerissen. Nicht unwahrscheinlich würde die eine und untheilbare Republik, mit einem Präsidenten an der Spitze, den Sieg davon tragen, aber sicherlich nur auf einem mit deutschem Bürgerblute bespritzten Pfade; denn es ist eine Fabel, die allein in der verzehrenden Unruhe der letzten Wochen vorübergehenden Glauben finden konnte, als sei aus den Herzen der Deutschen die Geltung ihrer Fürstenhäuser auf einmal verschwunden. Diese werden vielmehr in dem Volksbewußtsein eine um so freundlichere Stätte finden, weil sie dem allgemeinen Wohle schmerzliche Opfer gebracht haben. Darum darf der Anfang unserer neuen Ordnung keineswegs mit der Bestellung eines wechselnden Oberhauptes gemacht werden, und die Mehrzahl unserer Versammlung hat, indem sie den fünften Paragraphen genehmigte, mit sicherer Ueberzeugung jede Richtung zu diesem Ziele hin aus ihrem Plan entfernt, denn der Gedanke, daß sich späterhin wohl auf eine Bahn zurückkommen lasse, die man, in schwankender Zeit schwankend gesinnt, jetzt zu betreten zagt, gehört den verderblichsten aller Täuschungen an. Was in dieser Richtung gelingen soll, muß unverzüglich geschehen. Wenn Deutschlands einträchtiger Fürstenrath der großen Maiversammlung zu Frankfurt a. M. einen deutschen Fürsten seiner Wahl als erbliches Reichs-Oberhaupt zur Annahme zuführt, dann werden Freiheit und Ordnung auf deutschem Boden sich versöhnt die Hände reichen und fürder nicht von einander lassen.

Entwurf des deutschen Reichsgrundgesetzes.

Da nach der Erfahrung eines ganzen Menschenalters der Mangel an Einheit in dem deutschen Staatsleben innere Zerrüttung und Herabwürdigung der Volksfreiheit, gepaart mit Ohnmacht nach Außen hin, über die deutsche Nation gebracht hat, so soll nunmehr an die

Stelle des bisherigen deutschen Bundes eine auf Nationaleinheit gebaute Verfassung treten.

Art. 1.

Grundlagen.

§. 1. Die zum bisherigen deutschen Bunde gehörigen Lande, mit Einschluß der neuerdings aufgenommenen preußischen Provinzen und des Herzogthums Schleswig, bilden fortan ein Reich (Bundesstaat).

§. 2. Die Selbstständigkeit der einzelnen deutschen Staaten wird nicht aufgehoben, aber, so weit es die Einheit Deutschlands fordert, beschränkt. Diese Beschränkung liegt theils darin, daß einzelne Staatsangelegenheiten fortan ausschließlich der Reichsgewalt anheimfallen (s. Art. 1.), theils darin, daß dem Volke gewisse Grundrechte und Einrichtungen von Reichswegen gewährleistet werden (s. Art. 4).

Art. 2.

Bedeutung des Reichs.

§. 3. Der Reichsgewalt steht fortan ausschließlich zu: a) die völkerrechtliche Vertretung Deutschlands und der einzelnen deutschen Staaten nach Außen, mithin das Recht der Verträge und des gesammten diplomatischen Verkehrs zu diesem Zweck; ingleichen die Ueberwachung der von den einzelnen Staaten unter sich oder mit dem Auslande abzuschließenden Verträge. (Ständige Gesandtschaften zwischen den einzelnen Staaten finden nicht weiter statt.) b) das Recht über Krieg und Frieden; c) das Heerwesen, beruhend auf stehendem Heer und Landwehr, und auf dem Grundsatz der allgemeinen Wehrpflicht ohne Stellvertretung; d) das Festungswesen; e) die Sicherung Deutschlands zur See durch eine Kriegsflotte und Kriegshäfen; f) das Zollwesen, so daß das ganze Reich ein Zollgebiet bildet; g) das Postwesen; h) Gesetzgebung und Oberaufsicht über Wasserstraßen, Eisenbahnen und Telegraphen; i) Ertheilung von Erfindungspatenten, die sich auf das ganze Reich erstrecken; k) die Gesetzgebung im Gebiete des öffentlichen und Privatrechts, in so weit eine solche zur Durchbildung der Einheit Deutschlands erforderlich ist, wohin insbesondere ein Gesetz über deutsches Heimathsrecht und Staatsbürgerrecht, so wie ein Gesetz über ein für ganz Deutschland gleiches Münz-, Maß- und Gewichtssystem gehört; l) die Gerichtsbarkeit in dem unten (§. 24.) bezeichneten Umfange; m) die Verfügung über sämmtliche Zoll- und Posteinkünfte und, sofern diese und sonstige Reichseinnahmen (Taxen, Konzessionsgelder rc.) nicht ausreichen, die Belegung der einzelnen Staaten mit Reichssteuern.

Art. 3.

Verfassung des Reichs.

§. 4. Die Fülle der Reichsgewalt ist in dem Reichs-Oberhaupte und dem Reichstage vereinigt. Die Verwaltung einzelner Zweige derselben geschieht durch eigene Reichsbehörden, an deren Spitze Reichsminister stehen; die Gerichtsbarkeit insbesondere übt ein Reichsgericht aus.

A. Das Reichs-Oberhaupt.

§. 5. Die Würde des Reichs-Oberhauptes (deutschen Kaisers) soll, um der Sicherstellung der wahren Wohlfahrt und Freiheit des deutschen Volkes willen, erblich sein. — §. 6. Das Reichs-Oberhaupt residirt zu Frankfurt a. M.; es bezieht eine mit dem Reichstage zu vereinbarende Civilliste. — §. 7. Der Kaiser hat die vollziehende Gewalt in allen Angelegenheiten des Reichs, ernennt die Reichsbeamten und die Offiziere des stehenden Heeres und der Marine, so wie die Stabs-Offiziere der Landwehr; desgleichen verfügt er über die Vertheilung des stehenden Heeres. Auch zur Ertheilung von Erfindungspatenten (§. 3. i) bedarf es der Zustimmung des Reichstages nicht. — §. 8. Dem Kaiser steht die außerordentliche Berufung (vergl. §. 18), die Vertagung, Schließung und Auflösung des Reichstages zu. Die Beschlüsse des Reichstages erhalten durch seine Verkündigung verbindliche Kraft für alle Theile des Reichs. Er erläßt die zur Vollziehung der Reichsgesetze nöthigen Verordnungen. Das Recht des Vorschlags und der Zustimmung zu den Gesetzen theilt er mit dem Reichstage. — §. 9. Der Kaiser übt die völkerrechtliche Vertretung Deutschlands und der einzelnen deutschen Staaten aus. Von ihm werden die Gesandten und Konsuln ernannt und bei ihm beglaubigt. Er schließt die Verträge mit auswärtigen Staaten und überwacht die Verträge der einzelnen deutschen Staaten (§. 3. a). Er entscheidet über Krieg und Frieden. — §. 10. Der Kaiser ist unverletzlich und unverantwortlich, dagegen müssen alle von ihm ausgehenden Verfügungen von wenigstens einem der Reichsminister unterzeichnet werden, zum Zeichen der Verantwortlichkeit desselben für die Zweck- und Gesetzmäßigkeit der Verfügung. Der Mangel einer solchen Unterschrift macht die Verfügung ungültig.

B. Der Reichstag.

§. 11. Der Reichstag besteht aus zwei Häusern, dem Oberhause und dem Unterhause. — §. 12. Das Oberhaus besteht aus höchstens 200 Mitgliedern, nämlich: 1. aus den regierenden Fürsten. Sie haben das Recht, einen Stellvertreter zu schicken, der aber im Laufe einer Sitzungsperiode nicht abgerufen werden darf; 2. aus einem Abgeordneten von jeder der 4 freien Städte, welchen die Regierungen mindestens für die Dauer einer Sitzungsperiode schicken; 3. aus Reichsräthen, welche aus dem Kreise der bewährten Verdienste des Vaterlandes von den einzelnen Staaten auf 12 Jahre gewählt werden, so daß alle 4 Jahre ein Drittel austritt. Die Wahlberechtigung ist unter den einzelnen Staaten mit Rücksicht auf deren Bevölkerung vertheilt. In Staaten, die nur einen Reichsrath schicken, steht das Wahlrecht den Ständen und in den freien Städten den gesetzgebenden Körpern; in solchen, die mehrere schicken, steht es zur Hälfte den Ständen, zur

Hälfte den Regierungen zu [1]); die Reichsräthe müssen dem Staate, von dem sie gewählt werden, angehören und das 40. Lebensjahr vollendet haben. — §. 13. Das Unterhaus besteht aus Abgeordneten des Volkes, welche auf 6 Jahre gewählt werden, so daß alle 2 Jahre ein Drittel austritt. Auf je 100,000 Seelen der wirklichen Bevölkerung kommt ein Abgeordneter, jedoch so, daß auch Staaten von geringerer Volkszahl einen Abgeordneten schicken und ein Ueberschuß von wenigstens 50,000 Seelen ebenfalls zu einem Abgeordneten berechtigt. Die Wahl geschieht durch das Volk (nicht durch die Ständeversammlungen), ob aber direkt oder indirekt (durch Wahlmänner), bleibt der Gesetzgebung der einzelnen Staaten überlassen. Wähler ist jeder volljährige selbstständige Staatsangehörige, mit Ausschluß der wegen eines entehrenden Verbrechens Verurtheilten; wählbar jeder Wahlberechtigte nach vollendetem 30. Lebensjahr, ohne Unterschied des deutschen Staates, dem er angehört. Die näheren Bestimmungen bleiben einer von Reichswegen zu erlassenden Wahlordnung vorbehalten. Beamte bedürfen zur Annahme der auf sie gefallenen Wahl keiner Genehmigung. — §. 14. Die Reichsräthe und die Mitglieder des Unterhauses beziehen Reise- und Tagegelder aus der Reichskasse. — §. 15. Jedes Miglied des Reichstages, mit Einschluß der §. 12. No. 1 und 2 erwähnten Stellvertreter und Abgeordneten, vertritt ganz Deutschland und ist an Instruktionen nicht gebunden. — §. 16. Zur Gültigkeit eines Reichstagsbeschlusses gehört die Uebereinstimmung beider Häuser. Das Recht des Gesetzvorschlags, der Beschwerde und der Adresse, desgleichen die Anklage der Minister steht jedem Hause für sich zu. Der Voranschlag des Reichshaushalts ist stets zuerst dem Unterhause zur Beschlußnahme vorzulegen, deren Ergebniß das Oberhaus nur im Ganzen verwerfen, in den einzelnen Ansatzen nicht verändern darf. — §. 17. Zu einem Beschluß eines jeden Hauses gehört die Gegenwart von wenigstens einem Drittel der Mitglieder und die absolute Mehrheit der Stimmen. — §. 18. Der Reichstag versammelt sich von Reichswegen jährlich einmal zu einer ordentlichen Sitzung in Frankfurt a. M., die am .... ihren Anfang nimmt. Außerordentliche Sitzungen können vom Kaiser zu jeder Zeit berufen werden (s. §. 8). Eine Vertagung des Reichstages durch den Kaiser darf nicht über sechs Wochen ausgedehnt werden.

---

[1]) Vertheilung der Reichsräthe auf die einzelnen deutschen Staaten: Oesterreich sendet 24; Preußen 24; Baiern 12; Sachsen, Hannover, Würtemberg und Baden, je 8, zusammen 32; Kurhessen, Großherzogthum Hessen, Schleswig-Holstein und Mecklenburg-Schwerin, je 6, zusammen 24; Luxemburg, Braunschweig, Nassau, Sachsen-Weimar und Oldenburg, je 4, zusammen 20; Sachsen-Koburg-Gotha, Sachsen-Meiningen und Sachsen-Altenburg, je 2, zusammen 6; Mecklenburg-Strelitz, Anhalt-Dessau, Anhalt-Bernburg, Schwarzburg-Rudolstadt, Schwarzburg-Sondershausen, Hohenzollern-Sigmaringen, Hohenzollern-Hechingen, Waldeck, Reuß ältere Linie, Reuß jüngere Linie, Lippe, Schaumburg-Lippe, Hessen-Homburg, Lichtenstein, Lauenburg, Lübeck, Frankfurt, Bremen, Hamburg, je 1, zusammen 19; im Ganzen 161.

Einer Auflösung soll die Anordnung neuer Wahlen binnen 14 Tagen nachfolgen, widrigenfalls tritt der Reichstag 3 Monate nach der Auflösung in seiner alten Gestalt zusammen, wenn die Zeit der ordentlichen Sitzung nicht früher fällt. Die Sitzungen beider Häuser sind öffentlich. — §. 19. Die Mitglieder des Reichstages können von der Verpflichtung, an den Verhandlungen desselben Theil zu nehmen, nur durch das betreffende Haus des Reichstags entbunden werden. — §. 20. Sie können, außer im Fall der Ergreifung auf frischer That, bei einem peinlichen Verbrechen, während ihrer Anwesenheit auf dem Reichstage und auf der Hin- und Herreise nicht ohne Zustimmung des Hauses, dem sie angehören, verhaftet werden. Auch können sie wegen ihrer Aeußerungen im Hause an keinem anderen Orte zur Rechenschaft gezogen werden. — §. 21. Die Reichsminister haben nur Stimmrecht in dem einen oder anderen Hause, wenn sie Mitglieder desselben sind. Sie haben Zutritt in jedem Hause und müssen auf ihr Verlangen gehört werden. Jedes Haus kann die Gegenwart der Minister verlangen.

C. Das Reichsgericht.

§. 22. Das Reichsgericht besteht aus 21 Mitgliedern. Sie werden zu einem Drittel vom Reichsoberhaupte, zu einem Drittel vom Oberhause, zu einem Drittel vom Unterhause auf Lebenszeit ernannt, und wählen aus ihrer Mitte den Präsidenten und den Vicepräsidenten. Unvereinbar mit der Stelle eines Reichsrichters ist die Bekleidung jedes anderen Reichs- oder Staats-Amtes und die Mitgliedschaft des Ober- und Unterhauses. — §. 23. Das Reichsgericht hat seinen Sitz in Nürnberg. Seine Sitzungen sind öffentlich. — §. 24. Die Zuständigkeit des Reichsgerichts umfaßt Folgendes: a) Streitigkeiten jeder Art, politische und rechtliche, zwischen den einzelnen deutschen Staaten, oder zwischen regierenden Fürsten, insofern sie nicht in das Gebiet der Reichs-Regierungssachen gehören, und mit Vorbehalt der gewillkürten Austräge; b) Streitigkeiten über Thronfolge, Regierungsfähigkeit und Regentschaft in den deutschen Staaten, unter demselben Vorbehalt; c) Klagsachen von Privatpersonen gegen regierende deutsche Fürsten, insofern es an der Zuständigkeit eines Landesgerichts fehlt; d) Klagsachen von Privatpersonen gegen deutsche Staaten, bei welchen die Verpflichtung, der Forderung Genüge zu leisten, zwischen mehreren Staaten zweifelhaft oder bestritten ist; e) Streitigkeiten zwischen der Regierung eines einzelnen Staates und dessen Ständen über die Gültigkeit oder Auslegung der Landesverfassung; f) alle Klagen gegen den Reichsfiskus und dessen einzelne Zweige; g) Entscheidungen in oberster Instanz über die, nach der Verfassung eines jeden Landes zu beurtheilenden Beschwerden wegen verweigerter oder gehemmter Rechtspflege; h) Anklagen gegen die Reichsminister oder die Landesminister durch eines der Häuser des Reichstags, desgleichen Anklagen gegen die Landesminister durch die Landstände, wegen Verletzung der Reichs-, beziehungsweise der Landesgrundgesetze. Die Frage wegen Ausdehnung des Anklagerechts auf andere Fälle bleibt der näheren Bestimmung eines Reichsgesetzes vorbehalten; i) Kriminalgerichtsbarkeit mit Urtheilsfällung durch Geschworene in Fällen des Hoch- und Landesverraths gegen das Reich, sowie bei Majestäts-Verbrechen gegen das Reichsoberhaupt. Der in diesen Fällen (sub i) dem Reichsoberhaupt zustehenden Begnadigung muß ein Gutachten des Reichsgerichts vorausgehen. Außerdem hat das Reichsgericht auf Erfordern der Reichsregierung, wegen angeblicher Verletzung reichsgesetzlich verbürgter Rechte durch Gesetze oder Regierungshandlungen der einzelnen Staaten Gutachten zu geben. Die Vollziehung der reichsgerichtlichen Sprüche wird durch ein Reichsgesetz näher bestimmt.

Art. 4.

Grundrechte des deutschen Volks.

§. 25. Das Reich gewährleistet dem deutschen Volke folgende Grundrechte, welche zugleich der Verfassung jedes einzelnen deutschen Staates zur Norm dienen sollen: a) eine Volksvertretung mit entscheidender Stimme bei der Gesetzgebung und der Besteuerung, und mit Verantwortlichkeit der Minister gegen die Volksvertreter; b) Oeffentlichkeit der Ständeversammlungen; c) eine freie Gemeindeverfassung auf Grundlage selbstständiger Verwaltung in Gemeindeangelegenheiten; d) Unabhängigkeit der Gerichte, Unabsetzbarkeit der Richter außer nach Urtheil und Recht; Oeffentlichkeit und Mündlichkeit des Gerichtsverfahrens mit Schwurgerichten, in Kriminalsachen und bei allen politischen Vergehen; Vollziehbarkeit der rechtskräftigen Erkenntnisse deutscher Gerichte im ganzen Gebiete des Reichs; e) Gleichheit aller Stände in Betreff der Staats- und Gemeindelasten und der Amtsfähigkeit; f) allgemeine Bürgerwehr; g) freies Versammlungs- und Vereinsrecht, mit Vorbehalt eines Gesetzes gegen den Mißbrauch; h) unbeschränktes Petitionsrecht sowohl der Einzelnen als der Körperschaften; i) das Recht jedes Betheiligten, Beschwerde über gesetzwidriges Verfahren einer Behörde, nach vergeblichem Anruf der vorgesetzten Behörden, an die Landstände und, sofern eine Verletzung von Reichsgesetzen behauptet wird, an eines der Häuser des Reichstages mit der Bitte um Verwendung zu bringen; k) Preßfreiheit ohne irgend eine Beschränkung durch Censur, Konzessionen und Kautionen; Aburtheilung der Preßvergehen durch Schwurgerichte; l) Unverbrüchlichkeit des Briefgeheimnisses unter gesetzlicher Normirung der bei Kriminal-Untersuchungen und in Kriegsfällen nothwendigen Beschränkungen; m) Sicherstellung der Person gegen willkurliche Verhaftung und Haussuchung durch eine Habeas-Corpus-Akte; n) Berechtigung aller Angehörigen des deutschen Reichs, in jedem einzelnen Staate und an jedem Orte ihren Aufenthalt zu nehmen, und unter den nämlichen Bedingungen, wie die Angehörigen des betreffenden Staates Grundstücke zu erwerben und Gewerbe zu betreiben; o) Auswanderungsfreiheit; p) Freiheit der Wahl des Berufs und der Bildung dazu im In- und Auslande; q) Freiheit der Wissenschaft; r) Freiheit des Glaubens und der privaten und öffentlichen Religionsübung; Gleichheit aller Religionsparteien in bürgerlichen und politischen Rechten; s) Freiheit volksthümlicher Entwickelung, insbesondere auch der nicht deutschen Volksstämme durch Gleichberechtigung ihrer Sprache in Rücksicht auf Unterricht und innere Verwaltung.

Art. 5.

Gewahr des Reichs-Grundgesetzes

§. 26. Das Reichs-Oberhaupt leistet beim Antritt seiner Regierung einen Eid auf das Reichs-Grundgesetz vor dem versammelten Reichstage, der bei jedem Thronwechsel unverzüglich und ohne Berufung in der Art zusammentritt, wie er das letzte Mal versammelt gewesen ist. — §. 27. Die Reichsminister und die übrigen Beamten des Reichs, ingleichen das Reichsheer, werden auf das Reichs-Grundgesetz vereidigt. — §. 28. Den in den einzelnen Staaten vorgeschriebenen Verpflichtungen auf die Landesverfassung wird die Verpflichtung auf das Reichs-Grundgesetz beigefügt. — §. 29. Zu Abänderungen des Reichs-Grundgesetzes ist die Uebereinstimmung des Reichstages mit dem Reichs-Oberhaupte, in jedem Hause die Anwesenheit von wenigstens Dreiviertel der Mitglieder und eine Stimmenmehrheit von Dreiviertel der Anwesenden erforderlich. — §. 30. Alle Bundesbeschlüsse, Landesgesetze und Verträge zwischen einzelnen deutschen Staaten sind, insoweit sie mit einer Bestimmung des Reichs-Grundgesetzes im Widerspruch stehen, hiermit außer Kraft gesetzt.

Der Entwurf der Vertrauensmänner führte zu keinem praktischen Ergebnisse.

Am 18. Mai 1848 konstituirte sich die deutsche Nationalversammlung. In einem Schreiben der Bundesversammlung begrüßte diese „das deutsche Parlament" als „eine neue Größe," welcher „das gemeinsame Organ der deutschen Regierungen, aufrichtig huldigend dem neuen Geiste der Zeit, die Hand zum Willkomm" biete.

Die Nationalversammlung fand nicht für nöthig, auf dieses Schreiben eine Antwort zu geben.

Am 28. Juni 1848 wurde von der deutschen Nationalversammlung nachstehendes Gesetz über Einführung einer provisorischen Centralgewalt votirt.

1. Bis zur definitiven Begründung einer Regierungsgewalt für Deutschland soll eine provisorische Centralgewalt für alle gemeinsamen Angelegenheiten der deutschen Nation bestellt werden.

2. Dieselbe hat

a) die vollziehende Gewalt zu üben in allen Angelegenheiten, welche die allgemeine Sicherheit und Wohlfahrt des deutschen Bundesstaates betreffen;

b) die Oberleitung der gesammten bewaffneten Macht zu übernehmen und namentlich die Oberbefehlshaber derselben zu ernennen;

c) die völkerrechtliche und handelspolitische Vertretung Deutschlands auszuüben, und zu diesem Ende Gesandte und Konsuln zu ernennen.

3. Die Errichtung des Verfassungswerks bleibt von der Centralgewalt ausgeschlossen.

4. Ueber Krieg und Frieden und über Verträge mit auswärtigen Mächten beschließt die Centralgewalt im Einverständnisse mit der National-Versammlung.

5. Die provisorische Centralgewalt wird einem Reichsverweser übertragen, welcher von der National-Versammlung gewählt wird.

6. Der Reichsverweser übt seine Gewalt durch von ihm ernannte, der National-Versammlung verantwortliche Minister aus. Alle Anordnungen desselben bedürfen zu ihrer Gültigkeit der Gegenzeichnung wenigstens eines verantwortlichen Ministers.

7. Der Reichsverweser ist unverantwortlich.

8. Ueber die Verantwortlichkeit der Minister wird die National-Versammlung ein besonderes Gesetz erlassen.

9. Die Minister haben das Recht, den Berathungen der National-Versammlung beizuwohnen und von derselben gehört zu werden.

10. Die Minister haben die Verpflichtung, auf Verlangen der National-Versammlung in derselben zu erscheinen und Auskunft zu ertheilen.

11. Die Minister haben das Stimmrecht in der National-Versammlung nur dann, wenn sie als deren Mitglieder gewählt sind.

12. Die Stellung des Reichsverwesers ist mit der eines Abgeordneten der National-Versammlung unvereinbar.

13. Mit dem Eintritt der Wirksamkeit der provisorischen Centralgewalt hört das Bestehen des Bundestages auf.

14. Die Centralgewalt hat sich in Beziehung auf die Vollziehungs-Maßregeln, so weit thunlich, mit den Bevollmächtigten der Landes-Regierungen ins Einvernehmen zu setzen.

15. Sobald das Verfassungswerk für Deutschland vollendet und in Ausführung gebracht ist, hört die Thätigkeit der provisorischen Centralgewalt auf.

Am folgenden Tage (29. Juni) wählte die Nationalversammlung (mit 436 Stimmen) den Erzherzog Johann von Oesterreich zum Reichsverweser.

Am gleichen Tage noch erließ die Bundesversammlung folgendes Schreiben an den von der Nationalversammlung erwählten Prinzen.

67ste Sitzung der deutschen Bundesversammlung am 29. Juni.

In Folge der heute von der National-Versammlung vorgenommenen Wahl eines Reichsverwesers faßte die Bundes-Versammlung einstimmig den Beschluß, folgendes Schreiben an Se. Kaiserl. Hoheit den Erzherzog Johann von Oesterreich zu richten:

„Durchlauchtigster Erzherzog!

In würdigem, feierlichen Akte wurden so eben Ew. Kaiserliche Hoheit von der deutschen National-Versammlung zum Reichsverweser unseres großen Vaterlandes erwählt.

Die Bundes-Versammlung theilt mit der ganzen Nation die Verehrung für Ew. Kaiserliche Hoheit, und die erhebenden patriotischen Gefühle, die sich an dieses große Ereigniß knüpfen, so wie das feste Vertrauen, daß diese Wahl heilverkündend und die beste Bürgschaft für die Einheit und Kraft, für die Ehre und Freiheit unseres Gesammt-Vaterlandes sei.

Sie beeilt sich, Ew. Kaiserlichen Hoheit diese Ueberzeugungen und Gesinnungen Glück wünschend auszudrücken. Ganz besonders aber gereicht es den in der Bundes-Versammlung vereinigten Bevollmächtigten der deutschen Regierungen zur höchsten Genugthuung, Ew. Kaiserlichen Hoheit die Versicherung ausdrücken zu dürfen, daß sie schon vor dem Schlusse der Berathungen über die Bildung einer provisorischen Centralgewalt von ihren Regierungen ermächtigt waren, für eine Wahl Ew. Kaiserlichen Hoheit zu so hohem Berufe sich zu erklären.

Die deutsche Bundes-Versammlung ist in dieser eben so großen als ernsten Zeit von dem wärmsten Wunsche belebt, Ew. Kaiserliche Hoheit möge dem allseitigen Vertrauen und der Berufung zu der erhabenen Würde baldmöglichst entsprechen und dadurch unsere Hoffnungen bestärken, die Vorsehung werde die große deutsche Nation zu neuen Zeiten des Heils und der Größe hinführen.

Frankfurt, den 29. Juni 1848.

Die deutsche Bundesversammlung,
und in deren Namen:
der Präsidirende: Ritter von Schmerling."

Eine Deputation der Nationalversammlung begab sich nach Wien, um den Erzherzog namentlich von seiner Berufung in Kenntniß zu setzen. S. Kaiserl. Hoheit nahm die Wahl an (5. Juli), „welcher, wie die Bundesversammlung ihm angezeigt habe, die deutschen Regierungen ihren Beifall gegeben haben."

Am 12. Juli 1848 übernahm der Erzherzog Johann in der Sitzung der Nationalversammlung die ihm fürsorglich übertragenen hohen Funktionen, und alsbald darauf begab er sich in die Bundesversammlung, wo ihm die Befugnisse derselben förmlich, Namens der Regierungen, übergeben wurden.

Mit nachstehendem Protokoll schließt die Wirksamkeit der Bundesversammlung:

71ste und letzte Sitzung der deutschen Bundesversammlung am 12. Juli.

Nachdem Se. Kaiserl. Hoheit der Erzherzog-Reichsverweser diesen Vormittag aus der Paulskirche in seine Wohnung zurückgekehrt war, verfügte sich Höchstderselbe sodann, von einer (aus dem Kaiserl. Präsidial-Gesandten, dem Königl. Sächsischen, Königl. Würtembergischen, Königl. Hannoverschen und dem stimmführenden Gesandten der freien Städte bestehenden) Deputation des Bundestages geleitet, in das Bundes-Palais. Dort, in der Mitte der Bundesversammlung angekommen, nahm Se. Kaiserl. Hoheit nachstehende Adresse der Bundesversammlung entgegen, welche der Bundespräsidial-Gesandte in Gegenwart der sämmtlichen Gesandten, ingleichen der Mitglieder der Militair-Kommission und einer großen Anzahl von Zuhörern, die sich bei dieser Feierlichkeit eingefunden hatten, darunter viele Mitglieder der Nationalversammlung, in öffentlicher Versammlung vorlas:

„Durchlauchtigster Herr Erzherzog-Reichsverweser!

Die Nationalversammlung, die Vertreterin des deutschen Volkes, hat Ew. Kaiserl. Hoheit, dem von ihr erwählten Reichsverweser, eben erst in feierlicher Stunde ihre Huldigung dargebracht. Mit lautem Jubel hat sie ausgesprochen, daß sie Deutschlands Recht und Deutschlands Freiheit, die Unabhängigkeit, die Ehre und die Macht des deutschen Volkes Ew. Kaiserl. Hoheit vertraue.

Die Bundesversammlung war es, die Sie, erlauchter Prinz, an dem denkwürdigen Tage Ihrer Wahl auch im Namen der deutschen Regierungen als Reichsverweser freudig begrüßte. Sie sah ihre Wünsche erfüllt, indem Ew. Kaiserl. Hoheit das Amt eines Reichsverwesers anzunehmen erklärt haben, und mit großer Befriedigung hat sie es vernommen, daß Sie, hoher Fürst, auf den Ausdruck des Vertrauens, womit sämmtliche deutsche Regierungen Ihnen entgegen kamen, den entschiedensten Werth legten.

Ew. Kaiserl. Hoheit traten an die Spitze der provisorischen Centralgewalt, jener Gewalt, geschaffen auf den Wunsch des deutschen Volkes, um für die allgemeine Sicherheit und Wohlfahrt des deutschen Bundesstaates zu sorgen, seine bewaffnete Macht zu leiten und seine völkerrechtliche Vertretung auszuüben.

Nach der Verfassung Deutschlands war die Bundesversammlung berufen und verpflichtet, die Sicherheit und Unabhängigkeit unseres Vaterlandes zu wahren, den Bund in seiner Gesammtheit vorzustellen und das beständige Organ seines Willens und Handelns zu sein; sie war berechtigt, für die Aufrechterhaltung friedlicher und freundschaftlicher Verhältnisse mit den auswärtigen Staaten Sorge zu tragen, Gesandte von fremden Mächten anzunehmen und an sie im Namen des Bundes Gesandte abzuordnen, Unterhandlungen für den Bund zu führen und Verträge für denselben abzuschließen.

Der Bundesversammlung war es übertragen, die auf das Militärwesen des Bundes Bezug habenden militärischen Einrichtungen und die zur Sicherstellung seines Gebiets erforderlichen Vertheidigungs-Anstalten zu beschließen und zu überwachen, über Krieg und Frieden zu entscheiden.

Die Bundesversammlung überträgt Namens der deutschen Regierungen die Ausübung dieser ihrer verfassungsmäßigen Befugnisse und Verpflichtungen an die provisorische Centralgewalt; sie legt sie insbesondere mit dem Vertrauen in die Hände Ew. Kaiserlichen Hoheit, als des deutschen Reichsverwesers, daß für die Einheit, die Macht und die Freiheit Deutschlands Großes und Erfolgreiches erzielt werde, daß Ordnung und Gesetzlichkeit bei allen deutschen Stämmen wiederkehren, und daß das deutsche Volk der Segnungen des Friedens und der Eintracht dauernd sich erfreue.

Die deutschen Regierungen, die nur das wohlverstandene Interesse des Volkes kennen und beachten, sie bieten freudig die Mitwirkung zu allen Verfügungen der Centralgewalt, die Deutschlands Macht nach Außen und im Innern begründen und befestigen sollen.

Mit diesen Erklärungen sieht die Bundesversammlung ihre bisherige Thätigkeit als beendet an, und die Gesandten erneuern den Ausdruck ihrer persönlichen Huldigung für Ew. Kaiserl. Hoheit den deutschen Reichsverweser.

Frankfurt, den 12. Juli 1848."

Diese Adresse wurde von Sr. Kaiserl. Hoheit dem Erzherzog-Reichsverweser mit folgender Gegenrede erwiedert, die Hochderselbe nachher dem Bundes-Präsidenten schriftlich überreichte:

„Hochgeehrteste Versammlung! Indem ich heute das wichtige Amt eines Reichsverwesers antrete, kann ich nicht umhin, in Gegenwart dieser hohen Versammlung meinen Dank auszudrücken, für das Vertrauen, welches mir sämmtliche deutsche Regierungen durch ihr Organ bei dem Anlasse meiner Wahl zu diesem wichtigen Amte zu erkennen gegeben haben.

Die Art und Weise, mit welcher die hohe Bundesversammlung mich an dem denkwürdigen Tage meiner Wahl im Namen der deutschen Regierungen als Reichsverweser zu begrüßen sich beeilt hat, verdient meine besondere dankbare Anerkennung.

Ich übernehme nunmehr die von der Bundesversammlung Namens der deutschen Regierungen an die provisorische Centralgewalt übertragene Ausübung ihrer bisherigen verfassungsmäßigen Befugnisse und Verpflichtungen mit dem Vertrauen auf die thätige Mitwirkung der Regierungen zu allen Verfügungen der Central-Gewalt, die Deutschlands Macht nach Außen und im Innern erstarken und befestigen soll.

In diesem Vertrauen erblicke ich eine sichere Bürgschaft für Deutschlands künftige Wohlfahrt."

Als Se. Kaiserliche Hoheit diese Rede geendet hatte, wurden Hochdemselben die Gesandten der einzelnen deutschen Bundesstaaten, so wie die Mitglieder der Militär-Kommission, und zwar Erstere durch den Präsidial-Gesandten, Letztere durch den Vorsitzenden dieser Kommission, General-Major Grafen von Nobili, vorgestellt, hierauf aber der Erzherzog-Reichsverweser von den sämmtlichen Mitgliedern der Bundes-Versammlung und der Militär-Kommission in den russischen Hof zurückgeleitet.

Mit dieser öffentlichen Sitzung, welche als Plenar-Sitzung zu gelten hat, hat die bisherige Thätigkeit der Bundesversammlung ihre Erledigung gefunden.

Gesetze, Reichsverfassung und Beschlüsse

aus der Berathung

der deutschen Nationalversammlung.

Nachdem die provisorische Centralgewalt errichtet und die Bundesversammlung geschlossen war, ging die Nationalversammlung auf ihren eigentlichen Beruf, die Entwerfung der Verfassung Deutschlands, über.

Der Zwiespalt über den Umfang ihrer Berechtigung trat bereits sehr entschieden zwischen der ersten und der zweiten Lesung der Reichsverfassung hervor. Es ist allerdings Thatsache, daß die deutschen Regierungen untereinander sich über die Prinzipien der Reorganisation des Bundes weder früher, noch zu jener Zeit, noch bis zu dieser Stunde einigen konnten, während doch durch das Gesetz vom 28. Juli 1848 über die provisorische Centralgewalt (siehe den vorigen Abschnitt) der ganze Organismus für die gemeinsame Thätigkeit des Staatenbundes aufgelöst, und — mit Zustimmung sämmtlicher Regierungen — provisorisch eine einheitliche Leitung an deren Stelle gesetzt wurde. Oesterreich hatte mit seinen außerdeutschen Staaten so viele Verwickelungen durchzukämpfen, daß es (in dem Programm von Kremsier vom 27. November 1848) für seine sämmtlichen Lande eine einheitliche kräftige Centralgewalt, ohne allen „beirrenden Einfluß von Außen auf die unabhängige Stellung unserer (Oesterreichs) inneren Verhältnisse" als höchstes Bedürfniß des Kaiserreichs aufstellte. Doch erklärte Fürst Schwarzenberg dem deutschen Reichsministerium schon damals, daß damit „das österreichische Kabinett die Absicht, sich von dem zu errichtenden deutschen Bundesstaate auszuschließen, keineswegs ausgesprochen habe; daß vielmehr Oesterreich seine Stellung als deutsche Bundesmacht nicht aufzugeben gedenke." (S. Aktenstücke und Beilagen zu dem Protokolle der Konferenz vom 24. Februar 1849 zwischen dem Gesammt-Reichsministerium und den Bevollmächtigten sämmtlicher deutschen Regierungen.)

Die K. preußische Regierung erklärte auf das Bestimmteste (Note vom 23. Januar 1849) „an dem Rechte der Zustimmung festzuhalten;" die K. sächsische (Note vom 23. Februar 1849) bestand ebenfalls auf „Vereinbarung" und Einholung der Zustimmung ihrer Kammern vor der Annahme der Reichsverfassung. In materieller Beziehung erhoben sich noch mehr Anstände. Preußen wollte „auf die alte Verbindung Deutschlands mit Oesterreich nicht verzichten," welche der Reichsverfassungsentwurf ausschloß, erklärte „die Aufrichtung einer neuen deutschen Kaiserwürde zu der Erlangung einer wirklichen und umfassenden deutschen Einigung nicht für nothwendig," und mit aller Bereitwilligkeit den Zweck des Bundesstaates auch mit Opfern zu fördern, legte es in Gemeinschaft mit beiden Hessen, Braunschweig, Luxemburg, Baden, Nassau, beiden Mecklenburg, Oldenburg, Schleswig-Holstein, den sächsischen Herzogthumern, Anhalt, den Hansestädten, Hohenzollern und Reuß, am 23. Februar eine Reihe von Bemerkungen gegen die beabsichtigte Centralisation der Gesetzgebung und der ausübenden Gewalt vor. Baiern erklärte sich am bestimmtesten und schärfsten gegen eine Verfassung, welche „Oesterreich ausschlösse oder in die Sonderstellung eines weiteren Bundesverhältnisses hinausdränge" (Note des Herrn v. Xylander vom 16. Februar 1848); die Niederlande verwahrten sich dagegen, daß Limburg, „welches einen integrirenden Theil des Königreichs der Niederlande ausmacht, jemals durch eine andere Verfassung, als diejenige dieses Königreichs, regiert werden könne" (Note des Hrn. Lightenvelt vom 12. Februar); Würtemberg wollte sich allen Beschlüssen der Nationalversammlung unbedingt unterwerfen, „vermochte jedoch der Bildung eines engeren Bundes im Bunde nicht das Wort zu reden," legte auf das Verbleiben Oesterreichs im deutschen Bundesstaate „den größten Werth," und wollte, wenn die Wahl eines einzigen Bundesoberhauptes den Austritt Oesterreichs zur Folge haben sollte, wie nach der österreichischen Depesche vom 4. Febr. der Fall zu sein scheine, „auf ein nur um diesen Preis zu erlangendes einziges Oberhaupt verzichten und an dessen Stelle mit dem früher vorgeschlagenen Direktorium sich begnügen" (Note des Herrn v. Sternenfels an den Reichsministerraths-Präsidenten v. Gagern vom 24. Febr. 1849).

Die Nationalversammlung beeilte vorzugsweise den Theil der Verfassung, welcher die sogenannten „Grundrechte" enthält und promulgirte denselben, so wie er hier folgt, abgesondert.

Gesetz,
betreffend
die Grundrechte des deutschen Volks.

Der Reichsverweser, in Ausführung des Beschlusses der Reichs-Versammlung vom 21. Dez. 1848, verkündet als Gesetz:

I. Grundrechte des deutschen Volks.

Dem deutschen Volke sollen die nachstehenden Grundrechte gewährleistet sein. Sie sollen den Verfassungen der deutschen Einzelstaaten zur Norm dienen, und keine Verfassung oder Gesetzgebung eines deutschen Einzelstaates soll dieselben je aufheben oder beschränken können.

Art. 1.

§. 1. Das deutsche Volk besteht aus den Angehörigen der Staaten, welche das deutsche Reich bilden.

§. 2. Jeder Deutsche hat das deutsche Reichsbürgerrecht. Die ihm kraft dessen zustehenden Rechte kann er in jedem deutschen Lande ausüben. Ueber das Recht, zur deutschen Reichs-Versammlung zu wählen, verfügt das Reichs-Wahlgesetz.

§. 3. Jeder Deutsche hat das Recht, an jedem Orte des Reichs-Gebietes seinen Aufenthalt und Wohnsitz zu nehmen, Liegenschaften jeder Art zu erwerben und darüber zu verfügen, jeden Nahrungszweig zu betreiben, das Gemeindebürgerrecht zu gewinnen.

Die Bedingungen für den Aufenthalt und Wohnsitz werden durch ein Heimathsgesetz, jene für den Gewerbebetrieb durch eine Gewerbe-Ordnung für ganz Deutschland von der Reichsgewalt festgesetzt.

§. 4. Kein deutscher Staat darf zwischen seinen Angehörigen und andern Deutschen einen Unterschied im bürgerlichen, peinlichen und Prozeß-Rechte machen, welcher die letzteren als Ausländer zurücksetzt.

§. 5. Die Strafe des bürgerlichen Todes soll nicht stattfinden, und da, wo sie bereits ausgesprochen ist, in ihren Wirkungen aufhören, so weit nicht hierdurch erworbene Privatrechte verletzt werden.

§. 6. Die Auswanderungsfreiheit ist von Staats wegen nicht beschränkt; Abzugsgelder dürfen nicht erhoben werden.

Die Auswanderungsangelegenheit steht unter dem Schutze und der Fürsorge des Reichs.

Art. 2.

§. 7. Vor dem Gesetze gilt kein Unterschied der Stände. Der Adel als Stand ist aufgehoben.

Alle Standes-Vorrechte sind abgeschafft.

Die Deutschen sind vor dem Gesetze gleich.

Alle Titel, insoweit sie nicht mit einem Amte verbunden sind, sind aufgehoben und dürfen nie wieder eingeführt werden.

Kein Staatsangehöriger darf von einem auswärtigen Staate einen Orden annehmen.

Die öffentlichen Aemter sind für alle Befähigten gleich zugänglich.

Die Wehrpflicht ist für Alle gleich; Stellvertretung bei derselben findet nicht statt.

Art. 3.

§. 8. Die Freiheit der Person ist unverletzlich.

Die Verhaftung einer Person soll, außer im Falle der Ergreifung auf frischer That, nur geschehen in Kraft eines richterlichen, mit Gründen versehenen Befehls. Dieser Befehl muß im Augenblicke der Verhaftung oder innerhalb der nächsten 24 Stunden dem Verhafteten zugestellt werden.

Die Polizeibehörde muß Jeden, den sie in Verwahrung genommen hat, im Laufe des folgenden Tages entweder freilassen oder der richterlichen Behörde übergeben.

Jeder Angeschuldigte soll gegen Stellung einer vom Gericht zu bestimmenden Kaution oder Bürgschaft der Haft entlassen werden, sofern nicht dringende Anzeigen eines schweren peinlichen Verbrechens gegen denselben vorliegen.

Im Falle einer widerrechtlich verfügten oder verlängerten Gefangenschaft ist der Schuldige und nöthigenfalls der Staat dem Verletzten zur Genugthuung und Entschädigung verpflichtet.

Die für das Heer- und Seewesen erforderlichen Modifikationen dieser Bestimmungen werden besonderen Gesetzen vorbehalten.

§. 9. Die Todesstrafe, ausgenommen wo das Kriegsgericht sie vorschreibt, oder das Seerecht im Fall von Meutereien sie zuläßt, so wie die Strafen des Prangers, der Brandmarkung und der körperlichen Züchtigung, sind abgeschafft.

§. 10. Die Wohnung ist unverletzlich.

Eine Haussuchung ist nur zulässig:

1. In Kraft eines richterlichen mit Gründen versehenen Befehls, welcher sofort oder innerhalb der nächsten 24 Stunden dem Betheiligten zugestellt werden soll.

2. Im Falle der Verfolgung auf frischer That durch den gesetzlich berechtigten Beamten.

3. In den Fällen und Formen, in welchen das Gesetz ausnahmsweise bestimmten Beamten auch ohne richterlichen Befehl dieselbe gestattet.

Die Haussuchung muß, wenn thunlich, mit Zuziehung von Hausgenossen erfolgen.

Die Unverletzlichkeit der Wohnung ist kein Hinderniß der Verhaftung eines gerichtlich Verfolgten.

§. 11. Die Beschlagnahme von Briefen und Papieren darf, außer bei einer Verhaftung oder Haussuchung, nur in Kraft eines richterlichen, mit Gründen versehenen Befehls vorgenommen werden, welcher sofort oder innerhalb der nächsten 24 Stunden dem Betheiligten zugestellt werden soll.

§. 12. Das Briefgeheimniß ist gewährleistet.

Die bei strafgerichtlichen Untersuchungen und in Kriegsfällen nothwendigen Beschränkungen sind durch die Gesetzgebung festzustellen.

Art. 4.

§. 13. Jeder Deutsche hat das Recht, durch Wort, Schrift, Druck und bildliche Darstellung seine Meinung frei zu äußern.

Die Preßfreiheit darf unter keinen Umständen und in keiner Weise durch vorbeugende Maßregeln, namentlich Censur, Konzessionen, Sicherheitsbestellungen, Staatsauflagen, Beschränkungen der Druckereien oder des Buchhandels, Postverbote oder andere Hemmungen des freien Verkehrs beschränkt, suspendirt oder aufgehoben werden.

Ueber Preßvergehen, welche von Amts wegen verfolgt werden, wird durch Schwurgerichte geurtheilt.

Ein Preßgesetz wird vom Reiche erlassen werden.

Art. 5.

§. 14. Jeder Deutsche hat volle Glaubens- und Gewissensfreiheit.

Niemand ist verpflichtet, seine religiöse Ueberzeugung zu offenbaren.

§. 15. Jeder Deutsche ist unbeschränkt in der gemeinsamen häuslichen und öffentlichen Uebung seiner Religion.

Verbrechen und Vergehen, welche bei Ausübung dieser Freiheit begangen werden, sind nach dem Gesetze zu bestrafen.

§. 16. Durch das religiöse Bekenntniß wird der Genuß der bürgerlichen und staatsbürgerlichen Rechte weder bedingt noch beschrankt. Den staatsbürgerlichen Pflichten darf dasselbe keinen Abbruch thun.

§. 17. Jede Religionsgesellschaft ordnet und verwaltet ihre Angelegenheiten selbstständig, bleibt aber den allgemeinen Staatsgesetzen unterworfen.

Keine Religionsgesellschaft genießt vor anderen Vorrechte durch den Staat; es besteht fernerhin keine Staatskirche.

Neue Religionsgesellschaften dürfen sich bilden; einer Anerkennung ihres Bekenntnisses durch den Staat bedarf es nicht.

§. 18. Niemand soll zu einer kirchlichen Handlung oder Feierlichkeit gezwungen werden.

§. 19. Die Formel des Eides soll künftig lauten: „So wahr mir Gott helfe."

§. 20. Die bürgerliche Gültigkeit der Ehe ist nur von der Vollziehung des Civilaktes abhängig; die kirchliche Trauung kann nur nach der Vollziehung des Civilaktes stattfinden.

Die Religionsverschiedenheit ist kein bürgerliches Ehehinderniß.

§. 21. Die Standesbücher werden von den bürgerlichen Behörden geführt.

Art. 6.

§. 22. Die Wissenschaft und ihre Lehre ist frei.

§. 23. Das Unterrichts- und Erziehungswesen steht unter Oberaufsicht des Staats, und ist, abgesehen vom Religionsunterricht, der Beaufsichtigung der Geistlichkeit als solcher enthoben.

§. 24. Unterrichts- und Erziehungsanstalten zu gründen, zu leiten und an solchen Unterricht zu ertheilen, steht jedem Deutschen frei, wenn er seine Befähigung der betreffenden Staatsbehörde nachgewiesen hat.

Der häusliche Unterricht unterliegt keiner Beschränkung.

§. 25. Für die Bildung der deutschen Jugend soll durch öffentliche Schulen überall genügend gesorgt werden.

Eltern oder deren Stellvertreter dürfen ihre Kinder oder Pflegebefohlenen nicht ohne den Unterricht lassen, welcher für die unteren Volksschulen vorgeschrieben ist.

§. 26. Die öffentlichen Lehrer haben die Rechte der Staatsdiener.

Der Staat stellt unter gesetzlich geordneter Betheiligung der Gemeinden aus der Zahl der Geprüften die Lehrer der Volksschulen an.

§. 27. Für den Unterricht in Volksschulen und niederen Gewerbeschulen wird kein Schulgeld bezahlt.

Unbemittelten soll auf allen öffentlichen Unterrichtsanstalten freier Unterricht gewährt werden.

§. 28. Es steht einem Jeden frei, seinen Beruf zu wählen und sich für denselben auszubilden, wie und wo er will.

Art. 7.

§. 29. Die Deutschen haben das Recht, sich friedlich und ohne Waffen zu versammeln; einer besonderen Erlaubniß dazu bedarf es nicht.

Volksversammlungen unter freiem Himmel können bei dringender Gefahr für die öffentliche Ordnung und Sicherheit verboten werden.

§. 30. Die Deutschen haben das Recht, Vereine zu bilden. Dieses Recht soll durch keine vorbeugende Maßregel beschränkt werden.

§. 31. Die in den §§. 29 und 30 enthaltenen Bestimmungen finden auf das Heer und die Kriegsflotte Anwendung, insoweit die militärischen Disziplinarvorschriften nicht entgegenstehen.

Art. 8.

§. 32. Das Eigenthum ist unverletzlich.

Eine Enteignung kann nur aus Rücksichten des gemeinen Besten, nur auf Grund eines Gesetzes und gegen gerechte Entschädigung vorgenommen werden

Das geistige Eigenthum soll durch die Reichsgesetzgebung geschützt werden.

§. 33. Jeder Grundeigenthümer kann seinen Grundbesitz unter Lebenden und von Todes wegen ganz oder theilweise veräußern. Den Einzelstaaten bleibt überlassen, die Durchführung des Grundsatzes der Theilbarkeit alles Grundeigenthums durch Uebergangsgesetze zu vermitteln.

Für die todte Hand sind Beschränkungen des Rechts, Liegenschaften zu erwerben und über sie zu verfügen, im Wege der Gesetzgebung aus Gründen des öffentlichen Wohls zulässig.

§. 34. Jeder Unterthänigkeits- und Hörigkeitsverband hört für immer auf.

§. 35. Ohne Entschädigung sind aufgehoben:

1. Die Patrimonialgerichtsbarkeit und die grundherrliche Polizei, sammt den aus diesen Rechten fließenden Befugnissen, Exemtionen und Abgaben.

2. Die aus dem guts- und schutzherrlichen Verbande fließenden persönlichen Abgaben und Leistungen.

Mit diesen Rechten fallen auch die Gegenleistungen und Lasten weg, welche dem bisher Berechtigten dafür oblagen.

§. 36. Alle auf Grund und Boden haftenden Abgaben und Leistungen, insbesondere die Zehnten, sind ablösbar: ob nur auf Antrag des Belasteten oder auch des Berechtigten, und in welcher Weise, bleibt der Gesetzgebnng der einzelnen Staaten überlassen.

Es soll fortan kein Grundstück mit einer unablösbaren Abgabe oder Leistung belastet werden.

§. 37. Im Grundeigenthum liegt die Berechtigung zur Jagd auf eignem Grund und Boden.

Die Jagdgerechtigkeit auf fremdem Grund und Boden, Jagddienste, Jagdfrohnden und andere Leistungen für Jagdzwecke sind ohne Entschädigung aufgehoben.

Nur ablösbar jedoch ist die Jagdgerechtigkeit, welche erweislich durch einen lästigen mit dem Eigenthümer des belasteten Grundstückes abgeschlossenen Vertrag erworben ist; über die Art und Weise der Ablösung haben die Landesgesetzgebungen das Weitere zu bestimmen.

Die Ausübung des Jagdrechts aus Gründen der öffentlichen Sicherheit und des gemeinen Wohls zu ordnen, bleibt der Landesgesetzgebung vorbehalten.

Die Jagdgerechtigkeit auf fremdem Grund und Boden darf in Zukunft nicht wieder als Grundgerechtigkeit bestellt werden.

§. 38. Die Familienfideikommisse sind aufzuheben. Die Art und Bedingungen der Aufhebung bestimmt die Gesetzgebung der einzelnen Staaten.

Ueber die Familienfideikommisse der regierenden fürstlichen Häuser bleiben die Bestimmungen den Landesgesetzgebungen vorbehalten.

§. 39. Aller Lehensverband ist aufzuheben. Das Nähere über die Art und Weise der Ausführung haben die Gesetzgebungen der Einzelstaaten anzuordnen.

§. 40. Die Strafe der Vermögenseinziehung soll nicht stattfinden.

Art. 9.

§. 41. Alle Gerichtsbarkeit geht vom Staate aus. Es sollen keine Patrimonialgerichte bestehen.

§. 42. Die richterliche Gewalt wird selbstständig von den Gerichten geübt. Kabinets- und Ministerialjustiz ist unstatthaft.

Niemand darf seinem gesetzlichen Richter entzogen werden. Ausnahmegerichte sollen nie stattfinden.

§. 43. Es soll keinen privilegirten Gerichtsstand der Personen oder Güter geben.

Die Militärgerichtsbarkeit ist auf die Aburtheilung militärischer Verbrechen und Vergehen, so wie der Militär-Disziplinarvergehen beschränkt vorbehaltlich der Bestimmungen für den Kriegsstand.

§. 44. Kein Richter darf, außer durch Urtheil und Recht, von seinem Amte entfernt, oder an Rang und Gehalt beeinträchtigt werden.

Suspension darf nicht ohne gerichtlichen Beschluß erfolgen.

Kein Richter darf wider seinen Willen, außer durch gerichtlichen Beschluß in den durch das Gesetz bestimmten Fällen und Formen, zu einer andern Stelle versetzt oder in Ruhestand gesetzt werden.

§. 45. Das Gerichtsverfahren soll öffentlich und mündlich sein.

Ausnahmen von der Oeffentlichkeit bestimmt im Interesse der Sittlichkeit das Gesetz.

§. 46. In Strafsachen gilt der Anklageprozeß.

Schwurgerichte sollen jedenfalls in schwereren Strafsachen und bei allen politischen Vergehen urtheilen.

§. 47. Die bürgerliche Rechtspflege soll in Sachen besonderer Berufserfahrung durch sachkundige, von den Berufsgenossen frei gewählte Richter geübt oder mitgeübt werden.

§. 48. Rechtspflege und Verwaltung sollen getrennt und von einander unabhängig sein.

Ueber Kompetenzkonflikte zwischen den Verwaltungs- und Gerichtsbehörden in den Einzelstaaten entscheidet ein durch das Gesetz zu bestimmender Gerichtshof.

§. 49. Die Verwaltungsrechtspflege hört auf; über alle Rechtsverletzungen entscheiden die Gerichte.

Der Polizei steht keine Strafgerichtsbarkeit zu.

§. 50. Rechtskräftige Urtheile deutscher Gerichte sind in allen deutschen Landen gleich wirksam und vollziehbar.

Ein Reichsgesetz wird das Nähere bestimmen.

II. Einführungs-Gesetz.

Die Grundrechte des deutschen Volks werden im ganzen Umfange des deutschen Reichs unter nachfolgenden Bestimmungen hiermit eingeführt:

Art. 1.

Mit diesem Reichsgesetze treten in Kraft die Bestimmungen:

1. der Paragraphen eins und zwei,
2. des Paragraphen drei, jedoch in Beziehung auf Aufenthalt, Wohnsitz und Gewerbebetrieb unter Vorbehalt der in Aussicht gestellten Reichsgesetze,
3. der Paragraphen vier, fünf und sechs,
4. des Paragraphen sieben unter Vorbehalt der in Art. 3 und 8 dieses Gesetzes enthaltenen Beschränkungen,
5. des Paragraphen acht, und zwar rücksichtlich des letzten, Heer- und Seewesen betreffenden, Absatzes unter Verweisung auf Art. 3 dieses Gesetzes,
6. des Paragraphen zehn, unter Vorbehalt der unter Art. 3 und 7 enthaltenen Bestimmungen,
7. der Paragraphen eilf und zwölf,
8. des Paragraphen dreizehn, mit der Maßgabe, daß, wo Schwurgerichte noch nicht eingeführt sind, bis zu deren Einführung über Preßvergehen die bestehenden Gerichte entscheiden,
9. der Paragraphen vierzehn, fünfzehn und sechszehn, so wie des zweiten und dritten Absatzes im Paragraphen siebenzehn, und des Paragraphen achtzehn,
10. der Paragraphen zweiundzwanzig, vierundzwanzig, fünfundzwanzig und achtundzwanzig,
11. der Paragraphen neunundzwanzig, dreißig und einunddreißig,
12. des Paragraphen zweiunddreißig, des zweiten Absatzes im Paragraphen dreiunddreißig, der Paragraphen vierund-

dreißig, fünfunddreißig, mit Ausnahme des ersten Absatzes (Art. 3, 8), des zweiten Absatzes im Paragraphen sechsunddreißig, dann siebenunddreißig unter Vorbehalt der über die Ablösung der betreffenden Jagdgerechtigkeiten und über die Ausübung des Jagdrechts zu erlassenden Gesetze (Art. 4),

13. des Paragraphen zweiundvierzig und des ersten Absatzes im Paragraphen vierundvierzig.

Alle Bestimmungen einzelner Landesrechte, welche hiermit in Widerspruch stehen, treten außer Kraft.

Art. 2.

In Beziehung auf den im Paragraphen siebenzehn ausgesprochenen Grundsatz der Selbstständigkeit der Religionsgesellschaften sollen die organischen Einrichtungen und Gesetze, welche für die bestehenden Kirchen zur Durchführung dieses Prinzips erforderlich sind, in den Einzelstaaten möglichst bald getroffen und erlassen werden.

Art. 3.

Abänderungen oder Ergänzungen der Landesgesetzgebungen, soweit dieselben durch die folgenden Bestimmungen der Grundrechte geboten sind, sollen ungesäumt auf verfassungsmäßigem Wege getroffen werden, und zwar

1. statt der im Paragraphen neun und Paragraphen vierzig abgeschafften Strafen des Todes, des Prangers, der Brandmarkung, der körperlichen Züchtigung und der Vermögenseinziehung durch gesetzliche Feststellung einer anderweiten Bestrafung der betreffenden Verbrechen;
2. durch Ausfüllung der Lücken, welche in Folge der im Paragraphen sieben ausgesprochenen Aufhebung der Standesunterschiede im Privatrechte eintreten;
3. durch Regelung der Wehrpflicht auf Grund der im Parapraphen sieben enthaltenen Vorschrift;
4. durch Feststellung der beim Heer- und Seewesen vorbehaltenen Modifikationen des Paragraphen acht;
5. durch Erlassung der Gesetze, welche den dritten im Paragraphen zehn erwähnten Fall der Haussuchung ordnen;
6. durch Erlassung der nach Paragraph neunzehn, zwanzig und einundzwanzig erforderlichen Vorschriften über Eid, Ehe und Standesbücher;
7. durch Einrichtung des Schulwesens auf Grund der Paragraphen dreiundzwanzig, sechsundzwanzig u. siebenundzwanzig.
8. durch Aenderungen im Gerichts- und Verwaltungswesen gemäß den Bestimmungen des Paragraphen fünfunddreißig im ersten Absatz, der Paragraphen einundvierzig, dreiundvierzig, vierundvierzig im zweiten und dritten Absatze, sowie der Paragraphen fünfundvierzig bis einschließlich neunundvierzig.

Art. 4.

Ebenso ist ungesäumt die weitere Feststellung der in den Paragraphen dreiunddreißig, sechsunddreißig bis einschließlich neununddreißig geordneten Eigenthumsverhältnisse in den einzelnen Staaten vorzunehmen.

Art. 5.

Die Erlassung und Ausführung der vorstehend gedachten neuen Gesetze sollen von Reichs wegen überwacht werden.

Art. 6.

Bis zur Erlassung der in den Paragraphen drei, dreizehn, zweiunddreißig und fünfzig erwähnten Reichsgesetze sind die betreffenden Verhältnisse der Landesgesetzgebung unterworfen.

Art. 7.

In den Fällen, in welchen nach dem Vorstehenden neue Gesetze erforderlich oder in Aussicht gestellt sind, bleiben bis zur Erlassung derselben für die betreffenden Verhältnisse die bisherigen Gesetze in Kraft. Rücksichtlich der Haussuchung bleibt denjenigen öffentlichen Beamten, welche zum Schutz der Abgabenerhebung und des Waldeigenthums zur Haussuchung befugt sind, vorläufig diese Befugniß.

Art. 8.

Abänderungen der Grundverfassung einzelner deutscher Staaten, welche durch die Abschaffung der Standesvorrechte nothwendig werden, sollen innerhalb sechs Monaten durch die gegenwärtigen Organe der Landesgesetzgebung nach folgenden Bestimmungen herbeigeführt werden:

1. Die durch die Verfassungsurkunden für den Fall der Verfassungsänderungen vorgeschriebenen Erschwerungen der Beschlußnahme finden keine Anwendung, vielmehr ist in den Formen der gewöhnlichen Gesetzgebung zu verfahren.

2. Wenn in Staaten, wo zwei Kammern bestehen, dieser Weg keine Vereinigung herbeiführen sollte, so treten diese zusammen, um in einer Versammlung durch einfache Stimmenmehrheit die erforderlichen Beschlüsse zu fassen.

Uebrigens bleibt es den gegenwärtigen Organen der Landesgesetzgebung unbenommen, sich darüber, daß die gedachten Abänderungen durch eine neu zu wählende Landesversammlung vorgenommen werden, zu vereinbaren, für welche Vereinbarung die Bestimmungen unter 1. und 2. gleichfalls maßgebend sind.

Sind in der bezeichneten Frist die betreffenden Gesetze nicht erlassen, so hat die Reichsgewalt die Regierung des einzelnen Staates aufzufordern, ungesäumt auf Grundlage des Reichswahlgesetzes eine aus einer einzigen Kammer bestehende Landesversammlung zur Revision der Landesverfassung und übrigen Gesetzgebung in Uebereinstimmung mit den Beschlüssen der Nationalversammlung zu berufen.

Frankfurt, den 27. Dezember 1848.

Der Reichsverweser

Erzherzog Johann.

Die Reichsminister

H. v. Gagern. v. Peucker. v. Beckerath. Duckwitz. R. Mohl.

In der zweiten Berathung der Verfassung wurden die Wünsche und Verlangen der Regierungen wenig beachtet, ja das ganze Kapitel vom Reichsrath, das den Einzelregierungen noch einigen Einfluß ließ, gestrichen. Eine Vergleichung der „Reichsverfassung" nach der 1sten und nach der 2ten Lesung würde hier zu weit führen. Es wird genügen, die Reichsverfassung, so wie sie von der Nationalversammlung „endgültig" festgesetzt wurde, hier abzudrucken.

Die deutsche verfassunggebende Nationalversammlung hat beschlossen, und verkündigt als Reichsverfassung:

Verfassung des deutschen Reiches.

Abschnitt I.

Das Reich.

Art. 1.

§. 1. Das deutsche Reich besteht aus dem Gebiete des bisherigen deutschen Bundes.

Die Festsetzung der Verhältnisse des Herzogthums Schleswig bleibt vorbehalten.

§. 2. Hat ein deutsches Land mit einem nichtdeutschen Lande dasselbe Staatsoberhaupt, so soll das deutsche Land eine von dem nichtdeutschen Lande getrennte eigene Verfassung, Regierung und Verwaltung haben. In die Regierung und Verwaltung des deutschen Landes dürfen nur deutsche Staatsbürger berufen werden.

Die Reichsverfassung und Reichsgesetzgebung hat in einem solchen deutschen Lande dieselbe verbindliche Kraft, wie in den übrigen deutschen Ländern.

§. 3. Hat ein deutsches Land mit einem nichtdeutschen Lande dasselbe Staatsoberhaupt, so muß dieses entweder in seinem deutschen Lande residiren, oder es muß auf verfassungsmäßigem Wege in demselben eine Regentschaft niedergesetzt werden, zu welcher nur Deutsche berufen werden dürfen.

§. 4. Abgesehen von den bereits bestehenden Verbindungen deutscher und nichtdeutscher Länder soll kein Staatsoberhaupt eines nichtdeutschen Landes zugleich zur Regierung eines deutschen Landes gelangen, noch darf ein in Deutschland regierender Fürst, ohne seine deutsche Regierung abzutreten, eine fremde Krone annehmen.

§. 5. Die einzelnen deutschen Staaten behalten ihre Selbstständigkeit, so weit dieselbe nicht durch die Reichsverfassung beschränkt ist; sie haben alle staatlichen Hoheiten und Rechte, so weit diese nicht der Reichsgewalt ausdrücklich übertragen sind.

Abschnitt II.

Die Reichsgewalt.

Art. 1.

§. 6. Die Reichsgewalt ausschließlich übt dem Auslande gegenüber die völkerrechtliche Vertretung Deutschlands und der einzelnen deutschen Staaten aus.

Die Reichsgewalt stellt die Reichsgesandten und die Konsuln an. Sie führt den diplomatischen Verkehr, schließt die Bündnisse und Verträge mit dem Auslande, namentlich auch die Handels- und Schifffahrtsverträge, so wie die Auslieferungsverträge ab. Sie ordnet alle völkerrechtlichen Maßregeln an.

§. 7. Die einzelnen deutschen Regierungen haben nicht das Recht, ständige Gesandte zu empfangen oder solche zu halten.

Auch dürfen dieselben keine besonderen Konsuln halten. Die Konsuln fremder Staaten erhalten ihr Exequatur von der Reichsgewalt.

Die Absendung von Bevollmächtigten an das Reichsoberhaupt ist den einzelnen Regierungen unbenommen.

§. 8. Die einzelnen deutschen Regierungen sind befugt, Verträge mit anderen deutschen Regierungen abzuschließen.

Ihre Befugniß zu Verträgen mit nichtdeutschen Regierungen beschränkt sich auf Gegenstände des Privatrechts, des nachbarlichen Verkehrs und der Polizei.

§. 9. Alle Verträge nicht rein privatrechtlichen Inhalts, welche eine deutsche Regierung mit einer anderen deutschen oder nichtdeutschen abschließt, sind der Reichsgewalt zur Kenntnißnahme und, insofern das Reichsinteresse dabei betheiligt ist, zur Bestätigung vorzulegen.

Art. 2.

§. 10. Der Reichsgewalt ausschließlich steht das Recht des Krieges und Friedens zu.

Art. 3.

§. 11. Der Reichsgewalt steht die gesammte bewaffnete Macht Deutschlands zur Verfügung.

§. 12. Das Reichsheer besteht aus der gesammten zum Zwecke des Krieges bestimmten Landmacht der einzelnen deutschen Staaten. Die Stärke und Beschaffenheit des Reichsheeres wird durch das Gesetz über die Wehrverfassung bestimmt.

Diejenigen Staaten, welche weniger als 500,000 Einwohner haben, sind durch die Reichsgewalt zu größeren militärischen Ganzen, welche dann unter der unmittelbaren Leitung der Reichsgewalt stehen, zu vereinigen, oder einem angrenzenden größeren Staate anzuschließen.

Die näheren Bedingungen einer solchen Vereinigung sind in beiden Fällen durch Vereinbarung der betheiligten Staaten unter Vermittelung und Genehmigung der Reichsgewalt festzustellen.

§. 13. Die Reichsgewalt ausschließlich hat in Betreff des Heerwesens die Gesetzgebung und die Organisation; sie überwacht deren Durchführung in den einzelnen Staaten durch fortdauernde Kontrole.

Den einzelnen Staaten steht die Ausbildung ihres Kriegswesens auf Grund der Reichsgesetze und der Anordnungen der Reichsgewalt, und beziehungsweise in den Grenzen der nach §. 12 getroffenen Vereinbarungen zu. Sie haben die Verfügung über ihre bewaffnete Macht, so weit dieselbe nicht für den Dienst des Reiches in Anspruch genommen wird.

§. 14. In den Fahneneid ist die Verpflichtung zur Treue gegen das Reichsoberhaupt und die Reichsverfassung an erster Stelle aufzunehmen.

§. 15. Alle durch Verwendung von Truppen zu Reichszwecken entstehenden Kosten, welche den durch das Reich festgesetzten Friedensstand übersteigen, fallen dem Reiche zur Last.

§. 16. Ueber eine allgemeine, für ganz Deutschland gleiche, Wehrverfassung ergeht ein besonderes Reichsgesetz.

§. 17. Den Regierungen der einzelnen Staaten bleibt die Ernennung der Befehlshaber und Offiziere ihrer Truppen, so weit deren Stärke sie erheischt, überlassen.

Für die größeren militärischen Ganzen, zu denen Truppen mehrerer Staaten vereinigt sind, ernennt die Reichsgewalt die gemeinschaftlichen Befehlshaber.

Für den Krieg ernennt die Reichsgewalt die kommandirenden Generale der selbstständigen Korps, so wie das Personal der Hauptquartiere.

§. 18. Der Reichsgewalt steht die Befugniß zu, Reichsfestungen und Küstenvertheidigungswerke anzulegen und, insoweit die Sicherheit des Reiches es erfordert, vorhandene Festungen gegen billige Ausgleichung, namentlich für das überlieferte Kriegsmaterial, zu Reichsfestungen zu erklären.

Die Reichsfestungen und Küstenvertheidigungswerke des Reiches werden auf Reichskosten unterhalten.

§. 19. Die Seemacht ist ausschließlich Sache des Reiches. Es ist keinem Einzelstaate gestattet, Kriegsschiffe für sich zu halten oder Kaperbriefe auszugeben.

Die Bemannung der Kriegsflotte bildet einen Theil der deutschen Wehrmacht. Sie ist unabhängig von der Landmacht.

Die Mannschaft, welche aus einem einzelnen Staate für die Kriegsflotte gestellt wird, ist von der Zahl der von demselben zu haltenden Landtruppen abzurechnen. Das Nähere hierüber, so wie über die Kostenausgleichung zwischen dem Reiche und den Einzelstaaten, bestimmt ein Reichsgesetz.

Die Ernennung der Offiziere und Beamten der Seemacht geht allein vom Reiche aus.

Der Reichsgewalt liegt die Sorge für die Ausrüstung, Ausbildung und Unterhaltung der Kriegsflotte und die Anlegung, Ausrüstung und Unterhaltung von Kriegshäfen und See-Arsenälen ob.

Ueber die zur Errichtung von Kriegshäfen und Marine-Etablissements nöthigen Enteignungen, so wie über die Befugnisse der dabei anzustellenden Reichsbehörden, bestimmen die zu erlassenden Reichsgesetze.

Art. 4.

§. 20. Die Schifffahrtsanstalten am Meere und in den Mündungen der deutschen Flüsse (Häfen, Seetonnen, Leuchtschiffe, das Lootsenwesen, das Fahrwasser u. s. w.) bleiben der Fürsorge der einzelnen Uferstaaten überlassen. Die Uferstaaten unterhalten dieselben aus eigenen Mitteln.

Ein Reichsgesetz wird bestimmen, wie weit die Mündungen der einzelnen Flüsse zu rechnen sind.

§. 21. Die Reichsgewalt hat die Oberaufsicht über diese Anstalten und Einrichtungen.

Es steht ihr zu, die betreffenden Staaten zu gehöriger Unterhaltung derselben anzuhalten, auch dieselben aus den Mitteln des Reiches zu vermehren und zu erweitern.

§. 22. Die Abgaben, welche in den Seeuferstaaten von den Schiffen und deren Ladungen für die Benutzung der Schifffahrtsanstalten erhoben werden, dürfen die zur Unterhaltung dieser Anstalten nothwendigen Kosten nicht übersteigen. Sie unterliegen der Genehmigung der Reichsgewalt.

§. 23. In Betreff dieser Abgaben sind alle deutschen Schiffe und deren Ladungen gleichzustellen.

Eine höhere Belegung fremder Schifffahrt kann nur von der Reichsgewalt ausgehen.

Die Mehrabgabe von fremder Schifffahrt fließt in die Reichskasse.

Art. 5.

§. 24. Die Reichsgewalt hat das Recht der Gesetzgebung und die Oberaufsicht über die in ihrem schiffbaren Lauf mehrere Staaten durchströmenden oder begrenzenden Flüsse und Seen und über die Mündungen der in dieselben fallenden Nebenflüsse, so wie über den Schifffahrtsbetrieb und die Flößerei auf denselben.

Auf welche Weise die Schiffbarkeit dieser Flüsse erhalten oder verbessert werden soll, bestimmt ein Reichsgesetz.

Die übrigen Wasserstraßen bleiben der Fürsorge der Einzelstaaten überlassen. Doch steht es der Reichsgewalt zu, wenn sie es im Interesse des allgemeinen Verkehrs für nothwendig erachtet, allgemeine Bestimmungen über den Schifffahrtsbetrieb und die Flößerei auf denselben zu erlassen, so wie einzelne Flüsse unter derselben Voraussetzung den oben erwähnten gemeinsamen Flüssen gleich zu stellen.

Die Reichsgewalt ist befugt, die Einzelstaaten zu gehöriger Erhaltung der Schiffbarkeit dieser Wasserstraßen anzuhalten.

§. 25. Alle deutschen Flüsse sollen für deutsche Schifffahrt von

Flußzöllen frei sein. Auch die Flößerei soll auf schiffbaren Flußstrecken solchen Abgaben nicht unterliegen. Das Nähere bestimmt ein Reichsgesetz.

Bei den mehrere Staaten durchströmenden oder begrenzenden Flüssen tritt für die Aufhebung dieser Flußzölle eine billige Ausgleichung ein.

§. 26. Die Hafen-, Krahn-, Waag-, Lager-, Schleusen- und dergleichen Gebühren, welche an den gemeinschaftlichen Flüssen und den Mündungen der in dieselben sich ergießenden Nebenflüsse erhoben werden, dürfen die zur Unterhaltung derartiger Anstalten nöthigen Kosten nicht übersteigen. Sie unterliegen der Genehmigung der Reichsgewalt.

Es bedarf in Betreff dieser Gebühren keinerlei Begünstigung der Angehörigen eines deutschen Staates vor denen anderer deutscher Staaten stattfinden.

§. 27. Flußzölle und Flußschifffahrtsabgaben dürfen auf fremde Schiffe und deren Ladungen nur durch die Reichsgewalt gelegt werden.

Art. 6.

§. 28. Die Reichsgewalt hat über die Eisenbahnen und deren Betrieb, soweit es der Schutz des Reiches oder das Interesse des allgemeinen Verkehrs erheischt, die Oberaufsicht und das Recht der Gesetzgebung. Ein Reichsgesetz wird bestimmen, welche Gegenstände dahin zu rechnen sind.

§. 29. Die Reichsgewalt hat das Recht, soweit sie es zum Schutze des Reiches oder im Interesse des allgemeinen Verkehrs für nothwendig erachtet, die Anlage von Eisenbahnen zu bewilligen, so wie selbst Eisenbahnen anzulegen, wenn der Einzelstaat, in dessen Gebiet die Anlage erfolgen soll, deren Ausführung ablehnt. Die Benutzung der Eisenbahnen für Reichszwecke steht der Reichsgewalt jederzeit gegen Entschädigung frei.

§. 30. Bei der Anlage oder Bewilligung von Eisenbahnen durch die einzelnen Staaten ist die Reichsgewalt befugt, den Schutz des Reiches und das Interesse des allgemeinen Verkehrs wahrzunehmen.

§. 31. Die Reichsgewalt hat über die Landstraßen die Oberaufsicht und das Recht der Gesetzgebung, soweit es der Schutz des Reiches oder das Interesse des allgemeinen Verkehrs erheischt. Ein Reichsgesetz wird bestimmen, welche Gegenstände dahin zu rechnen sind.

§. 32. Die Reichsgewalt hat das Recht, soweit sie es zum Schutze des Reiches oder im Interesse des allgemeinen Verkehrs für nothwendig erachtet, zu verfügen, daß Landstraßen und Kanäle angelegt, Flüsse schiffbar gemacht oder deren Schiffbarkeit erweitert werde.

Die Anordnung der dazu erforderlichen baulichen Werke erfolgt nach vorgängigem Benehmen mit den betheiligten Einzelstaaten durch die Reichsgewalt.

Die Ausführung und Unterhaltung der neuen Anlagen geschieht von Reichswegen und auf Reichskosten, wenn eine Verständigung mit den Einzelstaaten nicht erzielt wird.

Art. 7.

§. 33. Das deutsche Reich soll Ein Zoll- und Handelsgebiet bilden, umgeben von gemeinschaftlicher Zollgrenze, mit Wegfall aller Binnengrenzzölle.

Die Aussonderung einzelner Orte und Gebietstheile aus der Zolllinie bleibt der Reichsgewalt vorbehalten.

Der Reichsgewalt bleibt es ferner vorbehalten, auch nicht zum Reiche gehörige Länder und Landestheile mittelst besonderer Verträge dem deutschen Zollgebiete anzuschließen.

§. 34. Die Reichsgewalt ausschließlich hat die Gesetzgebung über das gesammte Zollwesen, so wie über gemeinschaftliche Produktions- und Verbrauchssteuern. Welche Produktions- und Verbrauchssteuern gemeinschaftlich sein sollen, bestimmt die Reichsgesetzgebung.

§. 35. Die Erhebung und Verwaltung der Zölle, so wie der gemeinschaftlichen Produktions- und Verbrauchssteuern, geschieht nach Anordnung und unter Oberaufsicht der Reichsgewalt.

Aus dem Ertrage wird ein bestimmter Theil nach Maßgabe des ordentlichen Budgets für die Ausgaben des Reiches vorweggenommen, das Uebrige wird an die einzelnen Staaten vertheilt.

Ein besonderes Reichsgesetz wird hierüber das Nähere feststellen.

§. 36. Auf welche Gegenstände die einzelnen Staaten Produktions- oder Verbrauchssteuern für Rechnung des Staates oder einzelner Gemeinden legen dürfen, und welche Bedingungen und Beschränkungen dabei eintreten sollen, wird durch die Reichsgesetzgebung bestimmt.

§. 37. Die einzelnen deutschen Staaten sind nicht befugt, auf Güter, welche über die Reichsgrenze ein- oder ausgehen, Zölle zu legen.

§. 38. Die Reichsgewalt hat das Recht der Gesetzgebung über den Handel und die Schifffahrt, und überwacht die Ausführung der darüber erlassenen Reichsgesetze.

§. 39. Der Reichsgewalt steht es zu, über das Gewerbewesen Reichsgesetze zu erlassen und die Ausführung derselben zu überwachen.

§. 40. Erfindungspatente werden ausschließlich von Reichswegen auf Grundlage eines Reichsgesetzes ertheilt; auch steht der Reichsgewalt ausschließlich die Gesetzgebung gegen den Nachdruck von Büchern, jedes unbefugte Nachahmen von Kunstwerken, Fabrikzeichen, Mustern und Formen und gegen andere Beeinträchtigungen des geistigen Eigenthums zu.

Art. 8.

§. 41. Die Reichsgewalt hat das Recht der Gesetzgebung und die Oberaufsicht über das Postwesen, namentlich über Organisation, Tarife, Transit, Portotheilung und die Verhältnisse zwischen den einzelnen Postverwaltungen.

Dieselbe sorgt für gleichmäßige Anwendung der Gesetze durch Vollzugsverordnungen, und überwacht deren Durchführung in den einzelnen Staaten durch fortdauernde Kontrole.

Der Reichsgewalt steht es zu, die innerhalb mehrerer Postgebiete sich bewegenden Course im Interesse des allgemeinen Verkehrs zu ordnen.

§. 42. Postverträge mit ausländischen Postverwaltungen dürfen nur von der Reichsgewalt oder mit deren Genehmigung geschlossen werden.

§. 43. Die Reichsgewalt hat die Befugniß, insofern es ihr nöthig scheint, das deutsche Postwesen für Rechnung des Reiches in Gemäßheit eines Reichsgesetzes zu übernehmen, vorbehaltlich billiger Entschädigung der Berechtigten.

§. 44. Die Reichsgewalt ist befugt, Telegraphenlinien anzulegen, und die vorhandenen gegen Entschädigung zu benutzen, oder auf dem Wege der Enteignung zu erwerben.

Weitere Bestimmungen hierüber, so wie über Benutzung von Telegraphen für den Privatverkehr, sind einem Reichsgesetz vorbehalten.

Art. 9.

§. 45. Die Reichsgewalt ausschließlich hat die Gesetzgebung und die Oberaufsicht über das Münzwesen. Es liegt ihr ob, für ganz Deutschland dasselbe Münzsystem einzuführen.

Sie hat das Recht, Reichsmünzen zu prägen.

§. 46. Der Reichsgewalt liegt es ob, in ganz Deutschland dasselbe System für Maaß und Gewicht, so wie für den Feingehalt der Gold- und Silberwaaren zu begründen.

§. 47. Die Reichsgewalt hat das Recht, das Bankwesen und das Ausgeben von Papiergeld durch die Reichsgesetzgebung zu regeln. Sie überwacht die Ausführung der darüber erlassenen Reichsgesetze.

Art. 10.

§. 48. Die Ausgaben für alle Maßregeln und Einrichtungen, welche von Reichswegen ausgeführt werden, sind von der Reichsgewalt aus den Mitteln des Reiches zu bestreiten.

§. 49. Zur Bestreitung seiner Ausgaben ist das Reich zunächst auf seinen Antheil an den Einkünften aus den Zöllen und den gemeinsamen Produktions- und Verbrauchssteuern angewiesen.

§. 50. Die Reichsgewalt hat das Recht, insoweit die sonstigen Einkünfte nicht ausreichen, Matrikularbeiträge aufzunehmen.

§. 51. Die Reichsgewalt ist befugt, in außerordentlichen Fällen Reichssteuern aufzulegen und zu erheben oder erheben zu lassen, so wie Anleihen zu machen oder sonstige Schulden zu kontrahiren.

Art. 11.

§. 52. Den Umfang der Gerichtsbarkeit des Reiches bestimmt der Abschnitt vom Reichsgericht.

Art. 12.

§. 53. Der Reichsgewalt liegt es ob, die kraft der Reichsverfassung allen Deutschen verbürgten Rechte oberaufsehend zu wahren.

§. 54. Der Reichsgewalt liegt die Wahrung der Reichsfriedens ob.

Sie hat die für die Aufrechterhaltung der innern Sicherheit und Ordnung erforderlichen Maßregeln zu treffen:

1. wenn ein deutscher Staat von einem andern deutschen Staate in seinem Frieden gestört oder gefährdet wird;
2. wenn in einem deutschen Staate die Sicherheit und Ordnung durch Einheimische oder Fremde gestört oder gefährdet wird. Doch soll in diesem Falle von der Reichsgewalt nur dann eingeschritten werden, wenn die betreffende Regierung sie selbst dazu auffordert, es sei denn, daß dieselbe dazu notorisch außer Stande ist oder der gemeine Reichsfrieden bedroht erscheint;
3. wenn die Verfassung eines deutschen Staates gewaltsam oder einseitig aufgehoben oder verändert wird, und durch das Anrufen des Reichsgerichts unverzügliche Hülfe nicht zu erwirken ist.

§. 55. Die Maßregeln, welche von der Reichsgewalt zur Wahrung des Reichsfriedens ergriffen werden können, sind: 1. Erlasse, 2. Absendung von Kommissarien, 3. Anwendung von bewaffneter Macht.

Ein Reichsgesetz wird die Grundsätze bestimmen, nach welchen die durch solche Maßregeln veranlaßten Kosten zu tragen sind.

§. 56. Der Reichsgewalt liegt es ob, die Fälle und Formen, in welchen die bewaffnete Macht gegen Störungen der öffentlichen Ordnung angewendet werden soll, durch ein Reichsgesetz zu bestimmen.

§. 57. Der Reichsgewalt liegt es ob, die gesetzlichen Normen über Erwerb und Verlust des Reichs- und Staatsbürgerrechts festzusetzen.

§. 58. Der Reichsgewalt steht es zu, über das Heimathsrecht Reichsgesetze zu erlassen und die Ausführung derselben zu überwachen.

§. 59. Der Reichsgewalt steht es zu, unbeschadet des durch die Grundrechte gewährleisteten Rechts der freien Vereinigung und Versammlung, Reichsgesetze über das Associationswesen zu erlassen.

§. 60. Die Reichsgesetzgebung hat für die Aufnahme öffentlicher Urkunden diejenigen Erfordernisse festzustellen, welche die Anerkennung ihrer Aechtheit in ganz Deutschland bedingen.

§. 61. Die Reichsgewalt ist befugt, im Interesse des Gesammtwohls allgemeine Maßregeln für die Gesundheitspflege zu treffen.

Art. 13.

§. 62. Die Reichsgewalt hat die Gesetzgebung, soweit es zur Ausführung der ihr verfassungsmäßig übertragenen Befugnisse und zum Schutze der ihr überlassenen Anstalten erforderlich ist.

§. 63. Die Reichsgewalt ist befugt, wenn sie im Gesammtinteresse Deutschlands gemeinsame Einrichtungen und Maßregeln nothwendig findet, die zur Begründung derselben erforderlichen Gesetze in den für die Veränderung der Verfassung vorgeschriebenen Formen zu erlassen.

§. 64. Der Reichsgewalt liegt es ob, durch die Erlassung allgemeiner Gesetzbücher über bürgerliches Recht, Handels- und Wechselrecht, Strafrecht und gerichtliches Verfahren die Rechtseinheit im deutschen Volke zu begründen.

§. 65. Alle Gesetze und Verordnungen der Reichsgewalt erhalten verbindliche Kraft durch ihre Verkündigung von Reichswegen.

§. 66. Reichsgesetze gehen den Gesetzen der Einzelstaaten vor, insofern ihnen nicht ausdrücklich eine nur subsidiäre Geltung beigelegt ist.

Art. 14.

§. 67. Die Anstellung der Reichsbeamten geht vom Reiche aus. Die Dienstpragmatik des Reiches wird ein Reichsgesetz feststellen.

Abschnitt III.

Das Reichsoberhaupt.

Art. 1.

§. 68. Die Würde des Reichsoberhauptes wird einem der regierenden deutschen Fürsten übertragen.

§. 69. Diese Würde ist erblich im Hause des Fürsten, dem sie übertragen worden. Sie vererbt im Mannsstamme nach dem Rechte der Erstgeburt.

§. 70. Das Reichsoberhaupt führt den Titel: Kaiser der Deutschen.

§. 71. Die Residenz des Kaisers ist am Sitze der Reichsregierung. Wenigstens während der Dauer des Reichstags wird der Kaiser dort bleibend residiren.

So oft sich der Kaiser nicht am Sitze der Reichsregierung befindet, muß einer der Reichsminister in seiner unmittelbaren Umgebung sein.

Die Bestimmungen über den Sitz der Reichsregierung bleiben einem Reichsgesetz vorbehalten.

§. 72. Der Kaiser bezieht eine Civilliste, welche der Reichstag festsetzt.

Art. 2.

§. 73. Die Person des Kaisers ist unverletzlich.

Der Kaiser übt die ihm übertragene Gewalt durch verantwortliche, von ihm ernannte Minister aus.

§. 74. Alle Regierungshandlungen des Kaisers bedürfen zu ihrer Gültigkeit der Gegenzeichnung von wenigstens einem der Reichsminister, welcher dadurch die Verantwortung übernimmt.

Art. 3.

§. 75. Der Kaiser übt die völkerrechtliche Vertretung des deutschen Reiches und der einzelnen deutschen Staaten aus. Er stellt die Reichsgesandten und die Konsuln an, und führt den diplomatischen Verkehr.

§. 76. Der Kaiser erklärt Krieg und schließt Frieden.

§. 77. Der Kaiser schließt die Bündnisse und Verträge mit den auswärtigen Mächten ab, und zwar unter Mitwirkung des Reichstages, insoweit diese in der Verfassung vorbehalten ist.

§. 78. Alle Verträge nicht rein privatrechtlichen Inhalts, welche deutsche Regierungen unter sich oder mit auswärtigen Regierungen abschließen, sind dem Kaiser zur Kenntnißnahme, und insofern das Reichs-interesse dabei betheiligt ist, zur Bestätigung vorzulegen.

§. 79. Der Kaiser beruft und schließt den Reichstag; er hat das Recht, das Volkshaus aufzulösen.

§. 80. Der Kaiser hat das Recht des Gesetzvorschlags. Er übt die gesetzgebende Gewalt in Gemeinschaft mit dem Reichstage unter den verfassungsmäßigen Beschränkungen aus. Er verkündigt die Reichsgesetze und erläßt die zur Vollziehung derselben nöthigen Verordnungen.

§. 81. In Strafsachen, welche zur Zuständigkeit des Reichsgerichts gehören, hat der Kaiser das Recht der Begnadigung und Strafmilderung. Das Verbot der Einleitung oder Fortsetzung von Untersuchungen kann der Kaiser nur mit Zustimmung des Reichstages erlassen.

Zu Gunsten eines wegen seiner Amtshandlungen verurtheilten Reichsministers kann der Kaiser das Recht der Begnadigung und Strafmilderung nur dann ausüben, wenn dasjenige Haus, von welchem die Anklage ausgegangen ist, darauf anträgt. Zu Gunsten von Landesministern steht ihm ein solches Recht nicht zu.

§. 82. Dem Kaiser liegt die Wahrung des Reichsfriedens ob.

§. 83. Der Kaiser hat die Verfügung über die bewaffnete Macht.

§. 84. Ueberhaupt hat der Kaiser die Regierungsgewalt in allen Angelegenheiten des Reiches nach Maßgabe der Reichsverfassung. Ihm, als Träger dieser Gewalt, stehen diejenigen Rechte und Befugnisse zu, welche in der Reichsverfassung der Reichsgewalt beigelegt und dem Reichstage nicht zugewiesen sind.

Abschnitt IV.

Der Reichstag.

Art. 1.

§. 85. Der Reichstag besteht aus zwei Häusern, dem Staatenhaus und dem Volkshaus.

Art. 2.

§. 86. Das Staatenhaus wird gebildet aus den Vertretern der deutschen Staaten.

§. 87. Die Zahl der Mitglieder vertheilt sich nach folgendem Verhältniß:

Preußen	40	Mitglieder.
Oesterreich	38	"
Baiern	18	"
Sachsen	10	"
Hannover	10	"
Würtemberg	10	"
Baden	9	"
Kurhessen	6	"
Großherzogthum Hessen	6	"
Holstein (-Schleswig, s. Reich §. 1.)	6	"

Mecklenburg-Schwerin	4	Mitglieder.
Luxemburg-Limburg	3	"
Nassau	3	"
Braunschweig	2	"
Oldenburg	2	"
Sachsen-Weimar	2	"
Sachsen-Koburg-Gotha	1	"
Sachsen-Meiningen-Hildburghausen	1	"
Sachsen-Altenburg	1	"
Mecklenburg-Strelitz	1	"
Anhalt-Dessau	1	"
Anhalt-Bernburg	1	"
Anhalt-Köthen	1	"
Schwarzburg-Sondershausen	1	"
Schwarzburg-Rudolstadt	1	"
Hohenzollern-Hechingen	1	"
Liechtenstein	1	"
Hohenzollern-Sigmaringen	1	"
Waldeck	1	"
Reuß ältere Linie	1	"
Reuß jüngere Linie	1	"
Schaumburg-Lippe	1	"
Lippe-Detmold	1	"
Hessen-Homburg	1	"
Lauenburg	1	"
Lübeck	1	"
Frankfurt	1	"
Bremen	1	"
Hamburg	1	"
	192	Mitglieder.

So lange die deutsch-österreichischen Lande an dem Bundesstaate nicht Theil nehmen, erhalten nachfolgende Staaten eine größere Anzahl von Stimmen im Staatenhause; nämlich:

Baiern	20
Sachsen	12
Hannover	12
Würtemberg	12
Baden	10
Großherzogthum Hessen	8
Kurhessen	7
Nassau	4
Hamburg	2

§. 88. Die Mitglieder des Staatenhauses werden zur Hälfte durch die Regierung und zur Hälfte durch die Volksvertretung der betreffenden Staaten ernannt.

In denjenigen deutschen Staaten, welche aus mehreren Provinzen oder Ländern mit abgesonderter Verfassung oder Verwaltung bestehen, sind die durch die Volksvertretung dieses Staates zu ernennenden Mitglieder des Staatenhauses nicht von der allgemeinen Landesvertretung, sondern von den Vertretungen der einzelnen Länder oder Provinzen (Provinzialständen) zu ernennen.

Das Verhältniß, nach welchem die Zahl der diesen Staaten zukommenden Mitglieder unter die einzelnen Länder oder Provinzen zu vertheilen ist, bleibt der Landesgesetzgebung vorbehalten.

Wo zwei Kammern bestehen und eine Vertretung nach Provinzen nicht stattfindet, wählen beide Kammern in gemeinsamer Sitzung nach absoluter Stimmenmehrheit.

§. 89. In denjenigen Staaten, welche nur Ein Mitglied in das Staatenhaus senden, schlägt die Regierung drei Kandidaten vor, aus denen die Volksvertretung mit absoluter Stimmenmehrheit wählt.

Auf dieselbe Weise ist in denjenigen Staaten, welche eine ungerade Zahl von Mitgliedern senden, in Betreff des letzten derselben zu verfahren.

§. 90. Wenn mehrere deutsche Staaten zu einem Ganzen verbunden werden, so entscheidet ein Reichsgesetz über die dadurch etwa nothwendig werdende Abänderung in der Zusammensetzung des Staatenhauses.

§. 91. Mitglied des Staatenhauses kann nur sein, wer

1. Staatsbürger des Staates ist, welcher ihn sendet,
2. das 30ste Lebensjahr zurückgelegt hat,
3. sich im vollen Genuß der bürgerlichen und staatsbürgerlichen Rechte befindet.

§. 92. Die Mitglieder des Staatenhauses werden auf sechs Jahre gewählt. Sie werden alle drei Jahre zur Hälfte erneuert.

Auf welche Weise nach den ersten drei Jahren das Ausscheiden der einen Hälfte stattfinden soll, wird durch ein Reichsgesetz bestimmt. Die Ausscheidenden sind stets wieder wählbar.

Wird nach Ablauf dieser drei Jahre und vor Vollendung der neuen Wahlen für das Staatenhaus ein außerordentlicher Reichstag berufen, so treten, so weit die neuen Wahlen noch nicht stattgefunden haben, die früheren Mitglieder ein.

Art. 3.

§. 93. Das Volkshaus besteht aus den Abgeordneten des deutschen Volkes.

§. 94. Die Mitglieder des Volkshauses werden für das erste Mal auf vier Jahre, demnächst immer auf drei Jahre gewählt.

Die Wahl geschieht nach den in dem Reichswahlgesetze enthaltenen Vorschriften.

Art. 4.

§. 95. Die Mitglieder des Reichstags beziehen aus der Reichskasse ein gleichmäßiges Tagegeld und Entschädigung für ihre Reisekosten. Das Nähere bestimmt ein Reichsgesetz.

§. 96. Die Mitglieder beider Häuser können durch Instruktionen nicht gebunden werden.

§. 97. Niemand kann gleichzeitig Mitglied von beiden Häusern sein.

Art. 5.

§. 98. Zu einem Beschluß eines jeden Hauses des Reichstages ist die Theilnahme von wenigstens der Hälfte der gesetzlichen Anzahl seiner Mitglieder und die einfache Stimmenmehrheit erforderlich.

Im Falle der Stimmengleichheit ist ein Antrag als abgelehnt betrachtet.

§. 99. Das Recht des Gesetzvorschlages, der Beschwerde, der Adresse und der Erhebung von Thatsachen, so wie der Anklage der Minister, steht jedem Hause zu.

§. 100. Ein Reichstagsbeschluß kann nur durch die Uebereinstimmung beider Häuser gültig zu Stande kommen.

§. 101. Ein Reichstagsbeschluß, welcher die Zustimmung der Reichsregierung nicht erlangt hat, darf in derselben Sitzungsperiode nicht wiederholt werden.

Ist von dem Reichstage in drei sich unmittelbar folgenden ordentlichen Sitzungsperioden derselbe Beschluß unverändert gefaßt worden, so wird derselbe, auch wenn die Zustimmung der Reichsregierung nicht erfolgt, mit dem Schlusse des dritten Reichstages zum Gesetz. Eine ordentliche Sitzungsperiode, welche nicht wenigstens vier Wochen dauert, wird in dieser Reihenfolge nicht mitgezählt.

§. 102. Ein Reichstagsbeschluß ist in folgenden Fällen erforderlich:

1. Wenn es sich um die Erlassung, Aufhebung, Abänderung oder Auslegung von Reichsgesetzen handelt.
2. Wenn der Reichshaushalt festgestellt wird, wenn Anleihen kontrahirt werden, wenn das Reich eine im Budget nicht vorgesehene Ausgabe übernimmt, oder Matrikularbeiträge oder Steuern erhebt.
3. Wenn fremde See- und Flußschifffahrt mit höheren Abgaben belegt werden soll.
4. Wenn Landesfestungen zu Reichsfestungen erklärt werden sollen.
5. Wenn Handels-, Schifffahrts- und Auslieferungsverträge mit dem Auslande geschlossen werden, so wie überhaupt völkerrechtliche Verträge, insofern sie das Reich belasten.
6. Wenn nicht zum Reich gehörige Länder oder Landestheile dem deutschen Zollgebiete angeschlossen, oder einzelne Orte oder Gebietstheile von der Zolllinie ausgeschlossen werden sollen.
7. Wenn deutsche Landestheile abgetreten, oder wenn nichtdeutsche Gebiete dem Reiche einverleibt oder auf andere Weise mit demselben verbunden werden sollen.

§. 103. Bei Feststellung des Reichshaushaltes treten folgende Bestimmungen ein:

1. Alle die Finanzen betreffenden Vorlagen der Reichsregierung gelangen zunächst an das Volkshaus.
2. Bewilligungen von Ausgaben dürfen nur auf Antrag der Reichsregierung und bis zum Belauf dieses Antrages erfolgen. Jede Bewilligung gilt nur für den besonderen Zweck, für welchen sie bestimmt worden. Die Verwendung darf nur innerhalb der Grenze der Bewilligung erfolgen.
3. Die Dauer der Finanzperiode und Budgetbewilligung ist ein Jahr.
4. Das Budget über die regelmäßigen Ausgaben des Reiches und über den Reservefond, so wie über die für beides erforderlichen Deckungsmittel, wird auf dem ersten Reichstage durch Reichstagsbeschlüsse festgestellt. Eine Erhohung dieses Budgets auf späteren Reichstagen erfordert gleichfalls einen Reichstagsbeschluß.
5. Dieses ordentliche Budget wird auf jedem Reichstage zuerst dem Volkshause vorgelegt, von diesem in seinen einzelnen Ansätzen nach den Erlauterungen und Belegen, welche die Reichsregierung vorzulegen hat, geprüft und ganz oder theilweise bewilligt oder verworfen.
6. Nach erfolgter Prüfung und Bewilligung durch das Volkshaus wird das Budget an das Staatenhaus abgegeben. Diesem steht, innerhalb des Gesammtbetrages des ordentlichen Budgets, so wie derselbe auf dem ersten Reichstage oder durch spätere Reichstagsbeschlüsse festgestellt ist, nur das Recht zu, Erinnerungen und Ausstellungen zu machen, über welche das Volkshaus endgültig beschließt.
7. Alle außerordentlichen Ausgaben und deren Deckungsmittel bedürfen, gleich der Erhöhung des ordentlichen Budgets, eines Reichstagsbeschlusses.
8. Die Nachweisung über die Verwendung der Reichsgelder wird dem Reichstage, und zwar zuerst dem Volkshause, zur Prüfung und zum Abschluß vorgelegt.

Art. 6.

§. 104. Der Reichstag versammelt sich jedes Jahr am Sitze der Reichsregierung. Die Zeit der Zusammenkunft wird vom Reichsoberhaupt bei der Einberufung angegeben, insofern nicht ein Reichsgesetz dieselbe festsetzt.

Außerdem kann der Reichstag zu außerordentlichen Sitzungen jederzeit vom Reichsoberhaupt einberufen werden.

§. 105. Die ordentlichen Sitzungsperioden der Landtage in den Einzelstaaten sollen mit denen des Reichstages in der Regel nicht zusammenfallen. Das Nähere bleibt einem Reichsgesetz vorbehalten.

§. 106. Das Volkshaus kann durch das Reichsoberhaupt aufgelöst werden.

In dem Falle der Auflösung ist der Reichstag binnen drei Monaten wieder zu versammeln.

§. 107. Die Auflösung des Volkshauses hat die gleichzeitige

Vertagung des Staatenhauses bis zur Wiederberufung des Reichstages zur Folge.

Die Sitzungsperioden beider Häuser sind dieselben.

§. 108. Das Ende der Sitzungsperiode des Reichstages wird vom Reichsoberhaupt bestimmt.

§. 109. Eine Vertagung des Reichstages oder eines der beiden Häuser durch das Reichsoberhaupt bedarf, wenn sie nach Eröffnung der Sitzung auf länger als vierzehn Tage ausgesprochen werden soll, der Zustimmung des Reichstages oder des betreffenden Hauses.

Auch der Reichstag selbst, so wie jedes der beiden Häuser, kann sich auf vierzehn Tage vertagen.

Art. 7.

§. 110. Jedes der beiden Häuser wählt seinen Präsidenten, seine Vicepräsidenten und seine Schriftführer.

§. 111. Die Sitzungen beider Häuser sind öffentlich. Die Geschäftsordnung eines jeden Hauses bestimmt, unter welchen Bedingungen vertrauliche Sitzungen stattfinden können.

§. 112. Jedes Haus prüft die Vollmachten seiner Mitglieder und entscheidet über die Zulassung derselben.

§ 113. Jedes Mitglied leistet bei seinem Eintritt den Eid: „Ich schwöre, die deutsche Reichsverfassung getreulich zu beobachten und aufrecht zu erhalten, so wahr mir Gott helfe."

§. 114. Jedes Haus hat das Recht, seine Mitglieder wegen unwürdigen Verhaltens im Hause zu bestrafen und äußersten Falls auszuschließen. Das Nähere bestimmt die Geschäftsordnung jedes Hauses.

Eine Ausschließung kann nur dann ausgesprochen werden, wenn eine Mehrheit von zwei Dritteln der Stimmen sich dafür entscheidet.

§. 115. Weder Ueberbringer von Bittschriften, noch überhaupt Deputationen sollen in den Hausern zugelassen werden.

§. 116. Jedes Haus hat das Recht, sich seine Geschäftsordnung selbst zu geben. Die geschäftlichen Beziehungen zwischen beiden Häusern werden durch Uebereinkunft beider Häuser geordnet.

Art. 8.

§. 117. Ein Mitglied des Reichstages darf während der Dauer der Sitzungsperiode ohne Zustimmung des Hauses, zu welchem es gehört, wegen strafrechtlicher Anschuldigungen weder verhaftet, noch in Untersuchung gezogen werden, mit alleiniger Ausnahme der Ergreifung auf frischer That.

§. 118. In diesem letzteren Falle ist dem betreffenden Hause von der angeordneten Maßregel sofort Kenntniß zu geben. Es steht demselben zu, die Aufhebung der Haft oder Untersuchung bis zum Schlusse der Sitzungsperiode zu verfügen.

§. 119. Dieselbe Befugniß steht jedem Hause in Betreff einer Verhaftung oder Untersuchung zu, welche über ein Mitglied desselben zur Zeit seiner Wahl verhängt gewesen, oder nach dieser bis zur Eröffnung der Sitzungen verhängt worden ist.

§. 120. Kein Mitglied des Reichstages darf zu irgend einer Zeit wegen seiner Abstimmung oder wegen der in Ausübung seines Berufes gethanen Aeußerungen gerichtlich oder disciplinarisch verfolgt oder sonst außerhalb der Versammlung zur Verantwortung gezogen werden.

Art. 9.

§. 121. Die Reichsminister haben das Recht, den Verhandlungen beider Häuser des Reichstages beizuwohnen und jederzeit von denselben gehört zu werden.

§. 122. Die Reichsminister haben die Verpflichtung, auf Verlangen jedes der Häuser des Reichstages in demselben zu erscheinen und Auskunft zu ertheilen, oder den Grund anzugeben, weshalb dieselbe nicht ertheilt werden könne.

§. 123. Die Reichsminister können nicht Mitglieder des Staatenhauses sein.

§. 124. Wenn ein Mitglied des Volkshauses im Reichsdienst ein Amt oder eine Beförderung annimmt, so muß es sich einer neuen Wahl unterwerfen; es behält seinen Sitz im Hause, bis die neue Wahl stattgefunden hat.

Abschnitt V.

Das Reichsgericht.

Art. 1.

§. 125. Die dem Reiche zustehende Gerichtsbarkeit wird durch ein Reichsgericht ausgeübt.

§. 126. Zur Zuständigkeit des Reichsgerichts gehören:

a) Klagen eines Einzelstaates gegen die Reichsgewalt wegen Verletzung der Reichsverfassung durch Erlassung von Reichsgesetzen und durch Maßregeln der Reichsregierung, so wie Klagen der Reichsgewalt gegen einen Einzelstaat wegen Verletzung der Reichsverfassung.

b) Streitigkeiten zwischen dem Staatenhause und dem Volkshause unter sich und zwischen jedem von ihnen und der Reichsregierung, welche die Auslegung der Reichsverfassung betreffen, wenn die streitenden Theile sich vereinigen, die Entscheidung des Reichsgerichts einzuholen.

c) Politische und privatrechtliche Streitigkeiten aller Art zwischen den einzelnen deutschen Staaten.

d) Streitigkeiten über Thronfolge, Regierungsfähigkeit und Regentschaft in den Einzelstaaten.

e) Streitigkeiten zwischen der Regierung eines Einzelstaates und dessen Volksvertretung über die Gültigkeit oder Auslegung der Landesverfassung.

f) Klagen der Angehörigen eines Einzelstaates gegen die Regierung desselben, wegen Aufhebung oder verfassungswidriger Veränderung der Landesverfassung.

Klagen der Angehörigen eines Einzelstaates gegen die Regierung wegen Verletzung der Landesverfassung können bei dem Reichsgericht nur angebracht werden, wenn die in der Landesverfassung gegebenen Mittel der Abhülfe nicht zur Anwendung gebracht werden können.

g) Klagen deutscher Staatsbürger wegen Verletzung der durch die Reichsverfassung ihnen gewahrten Rechte. Die näheren Bestimmungen über den Umfang dieses Klagerechts und die Art und Weise, dasselbe geltend zu machen, bleiben der Reichsgesetzgebung vorbehalten.

h) Beschwerden wegen verweigerter oder gehemmter Rechtspflege, wenn die landesgesetzlichen Mittel der Abhülfe erschöpft sind.

i) Strafgerichtsbarkeit über die Anklagen gegen die Reichsminister, insofern sie deren ministerielle Verantwortlichkeit betreffen.

k) Strafgerichtsbarkeit über die Anklagen gegen die Minister der Einzelstaaten, insofern sie deren ministerielle Verantwortlichkeit betreffen.

l) Strafgerichtsbarkeit in den Fällen des Hoch- und Landesverraths gegen das Reich.

Ob noch andere Verbrechen gegen das Reich der Strafgerichtsbarkeit des Reichsgerichts zu überweisen sind, wird späteren Reichsgesetzen vorbehalten.

m) Klagen gegen den Reichsfiskus.

n) Klagen gegen deutsche Staaten, wenn die Verpflichtung, dem Anspruche Genüge zu leisten, zwischen mehreren Staaten zweifelhaft oder bestritten ist, so wie wenn die gemeinschaftliche Verpflichtung gegen mehrere Staaten in einer Klage geltend gemacht wird.

§. 127. Ueber die Frage, ob ein Fall zur Entscheidung des Reichsgerichts geeignet sei, erkennt einzig und allein das Reichsgericht selbst.

§. 128. Ueber die Einsetzung und Organisation des Reichsgerichts, über das Verfahren und die Vollziehung der reichsgerichtlichen Entscheidungen und Verfügungen wird ein besonderes Gesetz ergehen.

Diesem Gesetze wird auch die Bestimmung, ob und in welchen Fällen bei dem Reichsgericht die Urtheilsfällung durch Geschworene erfolgen soll, vorbehalten.

Ebenso bleibt vorbehalten: ob und wie weit dieses Gesetz als organisches Verfassungsgesetz zu betrachten ist.

§. 129. Der Reichsgesetzgebung bleibt es vorbehalten, Admiralitäts- und Seegerichte zu errichten, so wie Bestimmungen über die Gerichtsbarkeit der Gesandten und Konsuln des Reiches zu treffen.

Abschnitt VI.

Die Grundrechte des deutschen Volkes.

(Folgen die Grundrechte, welche oben bereits abgedruckt sind, als

§. 130 — 158. §. 161 — 172. §. 174 — 183. Neu hinzugekommen waren folgende Paragraphen:)

Art. 7.

§. 159. Jeder Deutsche hat das Recht, sich mit Bitten und Beschwerden schriftlich an die Behörden, an die Volksvertretungen und an den Reichstag zu wenden.

Dieses Recht kann sowohl von Einzelnen als von Korporationen und von Mehreren im Vereine ausgeübt werden; beim Heer und der Kriegsflotte jedoch nur in der Weise, wie es die Disziplinarvorschriften bestimmen.

§. 160. Eine vorgängige Genehmigung der Behörden ist nicht nothwendig, um öffentliche Beamte wegen ihrer amtlichen Handlungen gerichtlich zu verfolgen.

Art. 9.

§. 173. Die Besteuerung soll so geordnet werden, daß die Bevorzugung einzelner Stände und Güter in Staat und Gemeinde aufhört.

Art. 11.

§. 184. Jede Gemeinde hat als Grundrechte ihrer Verfassung:

a) die Wahl ihrer Vorsteher und Vertreter;
b) die selbstständige Verwaltung ihrer Gemeindeangelegenheiten mit Einschluß der Ortspolizei, unter gesetzlich geordneter Oberaufsicht des Staates;
c) die Veröffentlichung ihres Gemeindehaushaltes;
d) Oeffentlichkeit der Verhandlungen als Regel.

§. 185. Jedes Grundstück soll einem Gemeindeverbande angehören. Beschränkungen wegen Waldungen und Wüsteneien bleiben der Landesgesetzgebung vorbehalten.

Art. 12.

§. 186. Jeder deutsche Staat soll eine Verfassung mit Volksvertretung haben.

Die Minister sind der Volksvertretung verantwortlich.

§. 187. Die Volksvertretung hat eine entscheidende Stimme bei der Gesetzgebung, bei der Besteuerung, bei der Ordnung des Staatshaushaltes; auch hat sie — wo zwei Kammern vorhanden sind, jede Kammer für sich — das Recht des Gesetzvorschlags, der Beschwerde, der Adresse, so wie der Anklage der Minister.

Die Sitzungen der Landtage sind in der Regel öffentlich.

Art. 13.

§. 188. Den nicht deutsch redenden Volksstämmen Deutschlands ist ihre volksthümliche Entwickelung gewährleistet, namentlich die Gleichberechtigung ihrer Sprachen, soweit deren Gebiete reichen, in dem Kirchenwesen, dem Unterrichte, der innern Verwaltung und der Rechtspflege.

Art. 14.

§. 189. Jeder deutsche Staatsbürger in der Fremde steht unter dem Schutze des Reiches.

Abschnitt VII.

Die Gewähr der Verfassung.

Art. 1.

§. 190. Bei jedem Regierungswechsel tritt der Reichstag, falls er nicht schon versammelt ist, ohne Berufung zusammen, in der Art, wie er das letzte Mal zusammengesetzt war. Der Kaiser, welcher die Regierung antritt, leistet vor den zu einer Sitzung vereinigten beiden Häusern des Reichstages einen Eid auf die Reichsverfassung.

Der Eid lautet: „Ich schwöre, das Reich und die Rechte des deutschen Volkes zu schirmen, die Reichsverfassung aufrecht zu erhalten und sie gewissenhaft zu vollziehen. So wahr mir Gott helfe.“

Erst nach geleistetem Eide ist der Kaiser berechtigt, Regierungshandlungen vorzunehmen.

§. 191. Die Reichsbeamten haben beim Antritt ihres Amtes einen Eid auf die Reichsverfassung zu leisten. Das Nähere bestimmt die Dienstpragmatik des Reiches.

§. 192. Ueber die Verantwortlichkeit der Reichsminister soll ein Reichsgesetz erlassen werden.

§. 193. Die Verpflichtung auf die Reichsverfassung wird in den Einzelstaaten mit der Verpflichtung auf die Landesverfassung verbunden und dieser vorangesetzt.

Art. 2.

§. 194. Keine Bestimmung in der Verfassung oder in den Gesetzen eines Einzelstaates darf mit der Reichsverfassung in Widerspruch stehen.

§. 195. Eine Aenderung der Regierungsform in einem Einzelstaate kann nur mit Zustimmung der Reichsgewalt erfolgen. Diese Zustimmung muß in den für Aenderungen der Reichsverfassung vorgeschriebenen Formen gegeben werden.

Art. 3.

§. 196. Abänderungen in der Reichsverfassung können nur durch einen Beschluß beider Häuser und mit Zustimmung des Reichsoberhauptes erfolgen.

Zu einem solchen Beschluß bedarf es in jedem der beiden Häuser:

1. der Anwesenheit von wenigstens zwei Dritteln der Mitglieder;
2. zweier Abstimmungen, zwischen welchen ein Zeitraum von wenigstens acht Tagen liegen muß;
3. einer Stimmenmehrheit von wenigstens zwei Dritteln der anwesenden Mitglieder bei jeder der beiden Abstimmungen.

Der Zustimmung des Reichsoberhauptes bedarf es nicht, wenn in drei sich unmittelbar folgenden ordentlichen Sitzungsperioden derselbe Reichstagsbeschluß unverändert gefaßt worden. Eine ordentliche Sitzungsperiode, welche nicht wenigstens vier Wochen dauert, wird in dieser Reihenfolge nicht mitgezählt.

Art. 4.

§. 197. Im Falle des Krieges oder Aufruhrs können die Bestimmungen der Grundrechte über Verhaftung, Haussuchung und Versammlungsrecht von der Reichsregierung oder der Regierung eines Einzelstaates für einzelne Bezirke zeitweise außer Kraft gesetzt werden; jedoch nur unter folgenden Bedingungen:

1. die Verfügung muß in jedem einzelnen Falle von dem Gesammtministerium des Reiches oder Einzelstaates ausgehen;
2. das Ministerium des Reiches hat die Zustimmung des Reichstages, das Ministerium des Einzelstaates die des Landtages, wenn dieselben zur Zeit versammelt sind, sofort einzuholen. Wenn dieselben nicht versammelt sind, so darf die Verfügung nicht länger als 14 Tage dauern, ohne daß dieselben zusammenberufen und die getroffenen Maßregeln zu ihrer Genehmigung vorgelegt werden.

Weitere Bestimmungen bleiben einem Reichsgesetz vorbehalten.

Für die Verkündigung des Belagerungszustandes in Festungen bleiben die bestehenden gesetzlichen Vorschriften in Kraft.

Zur Beurkundung:

Frankfurt a. M., den 28. März 1849.

Martin Eduard Simson von Königsberg in Preußen, d. Z. Präsident der verfassunggebenden Reichsversammlung.
Carl Kirchgeßner aus Würzburg, d. Z. zweiter Stellvertreter des Vorsitzenden, Abgeordneter des Wahlbezirks Weiler in Bayern.
Friedrich Siegm. Jucho aus Frankfurt a. M., erster Schriftführer.
Karl August Fetzer aus Stuttgart, Schriftführer.
Dr. Anton Riehl aus Wien, Abgeordneter für Zwettl, Schriftführer.
Karl Biedermann aus Leipzig, Abgeordneter für den 11. sächsischen Wahlbezirk, Schriftführer.
Gustav Robert v. Maltzahn aus Cüstrin, Abgeordneter für den Wahlkreis Königsberg i. d. N., Schriftführer.
Max Neumayr aus München, Abgeordneter für den 10. oberbayrischen Wahlbezirk, Schriftführer.

Ergänzt und vervollständigt wurde die „Reichsverfassung“ durch nachfolgendes Wahlgesetz.

Gesetz,

betreffend die Wahlen der Abgeordneten zum Volkshause.

Der Reichsverweser, in Ausführung des Beschlusses der Reichsversammlung vom 27. März 1849, verkündet als Gesetz:

Reichsgesetz
über die Wahlen der Abgeordneten zum Volkshause.

Art. 1.

§. 1. Wähler ist jeder unbescholtene Deutsche, welcher das fünfundzwanzigste Lebensjahr zurückgelegt hat.

§. 2. Von der Berechtigung zum Wählen sind ausgeschlossen:

1. Personen, welche unter Vormundschaft oder Kuratel stehen;
2. Personen, über deren Vermögen Konkurs- oder Fallitzustand eröffnet worden ist, und zwar während der Dauer dieses Konkurs- oder Fallitverfahrens;
3. Personen, welche eine Armenunterstützung aus öffentlichen oder Gemeindemitteln beziehen oder im letzten der Wahl vorhergegangenen Jahre bezogen haben.

§. 3. Als bescholten, also von der Berechtigung zum Wählen ausgeschlossen, sollen angesehen werden:

Personen, denen durch rechtskräftiges Erkenntniß nach den Gesetzen des Einzelstaates, wo das Urtheil erging, entweder unmittelbar oder mittelbar der Vollgenuß der staatsbürgerlichen Rechte entzogen ist, sofern sie in diese Rechte nicht wieder eingesetzt worden sind.

§. 4. Des Rechts zu wählen soll, unbeschadet der sonst verwirkten Strafen, für eine Zeit von vier bis zwölf Jahren durch strafgerichtliches Erkenntniß verlustig erklärt werden, wer bei den Wahlen Stimmen erkauft, seine Stimme verkauft, oder mehr als einmal bei der für einen und denselben Zweck bestimmten Wahl seine Stimme abgegeben, oder zur Einwirkung auf die Wahl überhaupt gesetzlich unzulässige Mittel angewendet hat.

Art. 2.

§. 5. Wählbar zum Abgeordneten des Volkshauses ist jeder wahlberechtigte Deutsche, welcher das fünfundzwanzigste Lebensjahr zurückgelegt, und seit mindestens drei Jahren einem deutschen Staate angehört hat.

Erstandene oder durch Begnadigung erlassene Strafe wegen politischer Verbrechen schließt von der Wahl in das Volkshaus nicht aus.

§. 6. Personen, die ein öffentliches Amt bekleiden, bedürfen zum Eintritt in das Volkshaus keines Urlaubs.

Art. 3.

§. 7. In jedem Einzelstaate sind Wahlkreise von je 100,000 Seelen der nach der letzten Volkszählung vorhandenen Bevölkerung zu bilden.

§. 8. Ergiebt sich in einem Einzelstaate bei der Bildung der Wahlkreise ein Ueberschuß von wenigstens 50,000 Seelen, so ist hiefür ein besonderer Wahlkreis zu bilden.

Ein Ueberschuß von weniger als 50,000 Seelen ist unter die anderen Wahlkreise des Einzelstaates verhältnißmäßig zu vertheilen.

§. 9. Kleinere Staaten mit einer Bevölkerung von wenigstens 50,000 Seelen bilden einen Wahlkreis. Diesen soll die Stadt Lübeck gleichgestellt werden.

Diejenigen Staaten, welche keine Bevölkerung von 50,000 Seelen haben, werden mit anderen Staaten nach Maßgabe der Reichswahlmatrikel (Anlage A) zur Bildung von Wahlkreisen zusammengelegt.

§. 10. Die Wahlkreise werden zum Zweck des Stimmenabgebens in kleinere Bezirke eingetheilt.

Art. 4.

§. 11. Wer das Wahlrecht in einem Wahlbezirke ausüben will, muß in demselben zur Zeit der Wahl seinen festen Wohnsitz haben. Jeder darf nur an einem Orte wählen.

Der Standort der Soldaten und Militärpersonen gilt als Wohnsitz und berechtigt zur Wahl, wenn derselbe seit drei Monaten nicht gewechselt worden ist. — In den Staaten, wo Landwehr besteht, tritt für diese dahin eine Ausnahme ein, daß Landwehrpflichtige, welche sich zur Zeit der Wahlen unter den Fahnen befinden, an dem Orte ihres Aufenthalts für ihren Heimathsbezirk wählen. Die näheren Anordnungen zur Ausführung dieser Bestimmung bleiben den Regierungen der Einzelstaaten überlassen.

§. 12. In jedem Bezirke sind zum Zweck der Wahlen Listen anzulegen, in welche die zum Wählen Berechtigten nach Zu- und Vornamen, Alter, Gewerbe und Wohnort eingetragen werden. Diese Listen sind spätestens vier Wochen vor dem zur ordentlichen Wahl bestimmten Tage zu Jedermanns Einsicht auszulegen und dies öffentlich bekannt zu machen.

Einsprachen gegen die Listen sind binnen acht Tagen nach öffentlicher Bekanntmachung bei der Behörde, welche die Bekanntmachung erlassen hat, anzubringen und innerhalb der nächsten vierzehn Tage zu erledigen, worauf die Listen geschlossen werden. Nur diejenigen sind zur Theilnahme an der Wahl berechtigt, welche in die Listen aufgenommen sind.

Art. 5.

§. 13. Die Wahlhandlung ist öffentlich. Bei derselben sind Gemeindemitglieder zuzuziehen, welche kein Staats- oder Gemeinde-Amt bekleiden.

Das Wahlrecht wird in Person durch Stimmzettel ohne Unterschrift ausgeübt.

§. 14. Die Wahl ist direkt. Sie erfolgt durch absolute Stimmenmehrheit aller in einem Wahlkreis abgegebenen Stimmen.

Stellt bei einer Wahl eine absolute Stimmenmehrheit sich nicht heraus, so ist eine zweite Wahlhandlung vorzunehmen. Wird auch bei dieser eine absolute Stimmenmehrheit nicht erreicht, so ist zum dritten

Mal nur unter den zwei Kandidaten zu wählen, welche in der zweiten Wahlhandlung die meisten Stimmen erhalten haben.

Bei Stimmengleichheit entscheidet das Loos.

§. 15. Stellvertreter der Abgeordneten sind nicht zu wählen.

§. 16. Die Wahlen sind im Umfange des ganzen Reichs an einem und demselben Tage vorzunehmen, den die Reichsregierung bestimmt.

Die Wahlen, welche später erforderlich werden, sind von den Regierungen der Einzelstaaten auszuschreiben.

§. 17. Die Wahlkreise und Wahlbezirke, die Wahldirektoren und das Wahlverfahren, in so weit dieses nicht durch das gegenwärtige Gesetz festgestellt worden ist, oder durch Anordnung der Reichsgewalt noch festgestellt werden wird, werden von den Regierungen der Einzelstaaten bestimmt.

Anlage A.

Reichswahlmatrikel.

Zum Zweck der Wahlen der Abgeordneten zum Volkshaus werden zusammengelegt:

1. Liechtenstein mit Oesterreich.
2. Hessen-Homburg v. d. Höhe mit dem Großherzogthum Hessen; — das hessen-homburgische Oberamt Meisenheim auf dem linken Rheinufer mit Rheinbaiern.
3. Schaumburg-Lippe mit Hessen-Kassel.
4. Hohenzollern-Hechingen mit Hohenzollern-Sigmaringen.
5. Reuß älterer Linie mit Reuß jüngerer Linie.
6. Anhalt-Köthen mit Anhalt-Bernburg.
7. Lauenburg mit Schleswig-Holstein.
8. Der auf der linken Rheinseite gelegene Theil des Großherzogthums Oldenburg mit Rheinpreußen.
9. Pyrmont mit Preußen.

Frankfurt, den 12. April 1849.

Der Reichsverweser
Erzherzog Johann.

Die interimistischen Reichsminister
H. v. Gagern. v. Peucker. v. Beckerath. Duckwitz. R. Mohl.

Aus der gesetzgeberischen Thätigkeit der Nationalversammlung heben wir noch hervor:

Das Gesetz über die Einführung einer deutschen Kriegs- und Handelsflagge vom 31. Juli 1848.

Das Gesetz über das Verfahren im Falle gerichtlicher Anklagen gegen Mitglieder der verfassunggebenden Reichsversammlung vom 29. September 1848.

Das Gesetz zum Schutze der verfassunggebenden Reichsversammlung und der Beamten der provisorischen Centralgewalt vom 9. Oktober (welches jeden gewaltsamen Angriff auf die Reichsversammlung als Hochverrath erklärt, und mit Zuchthaus bis 20 Jahre bestraft; sodann Zusammenrottungen in der Nähe des Sitzungslokals, gewaltsames Eindringen Nichtberechtigter in dasselbe; öffentliche Beleidigungen der Reichsversammlung auch außerhalb des Sitzungslokals; Thätlichkeiten, Bedrohungen oder Beleidigungen gegen Mitglieder in Beziehung auf ihr Verhalten u. s. w. mit strengen Strafen belegt;. während der Dauer des Reichstags Volksversammlungen im Umkreise von 5 Meilen verbietet u. s. w.).

Das Gesetz betreffend die Einführung der allgemeinen Wechselordnung für Deutschland, vom 24. November 1848.

Das Verbot der öffentlichen Spielbanken und die Aufhebung der Spielpachtverträge (vom 1. Mai 1849 an) vom 8. Januar 1849.

Sodann: Die Matrikularumlage von 120,000 Gulden zur Bestreitung der Kosten der Reichsversammlung und der Centralgewalt vom 30. September 1848. (In derselben ist Oesterreich mit 35,797 fl 26 kr., Preußen mit 36,130 fl. angelegt).

Umlage von 5,250,000 Gulden (3 Millionen Thaler) nach der bestehenden Bundesmatrikel für die deutsche Flotte, gemäß Beschlusses der Nationalversammlung vom 14. Juni 1848.

Finanzgesetz für die Reichsbedürfnisse vom 22. Decbr. 1848 (10,518,622 fl. 32 kr. für die vier letzten Monate des Jahres 1848 nach der Matrikel vom 3. Mai 1848.)

Endlich ist hier noch zu erwähnen der

Disciplinar-Strafordnung für das deutsche Reichsheer vom 22. April 1849, von dem interimistischen Reichskriegsministerium erlassen.

Oesterreich hatte schon am 4. Februar 1849 sich feierlich gegen jede Unterordnung des Kaisers unter die von einem andern deutschen Fürsten gehandhabte Centralgewalt verwahrt, und (Note vom 8. April) seinen eben so festen Entschluß ausgedrückt, die österreichische Gesetzgebungsgewalt „niemals und unter keiner

Bedingung" einer fremden gesetzgebenden Versammlung unterzuordnen. Die Olmützer Konstitution vom 4. März konstituirte die ganze österreichische Monarchie zu einem einheitlichen Staate. Durch Note vom 9. März (Fürst Schwarzenberg an Herrn v. Schmerling) erklärt das kaiserliche Kabinett dem Reichsministerium, „Oesterreich kann seine deutschen Provinzen nicht aus dem innigen Verbande reißen, der die Monarchie zur Einheit gestaltet. Wer die Einheit Deutschlands wirklich will, wird den Weg suchen, der uns möglich macht ohne Aufgeben unser selbst im großen Gesammtvaterlande zu bleiben." Am 13. März verlangte es demgemäß den Wegfall des Volkshauses. Durch Depesche vom 5. April beschuldigte die österreichische Regierung die Nationalversammlung, häufige „Eingriffe in die exekutive Gewalt" sich erlaubt, überhaupt „den von ihr gehegten Erwartungen nicht entsprochen zu haben." Der §. 2 der Reichsverfassung mache das Verbleiben Oesterreichs in Deutschland unmöglich. Die Nationalversammlung habe den Weg der Vereinbarung verlassen, welchen zu gehen sie allein berufen und berechtigt gewesen und den die Regierungen sich ausdrücklich vorbehalten. Die erbliche Kaiserwürde stelle einen Einheitsstaat her, und an einem solchen Bundesstaate könne Oesterreich nicht Theil nehmen. Hiernach hätten die österreichischen Abgeordneten zum Frankfurter Reichstag ihre Sendung als beendigt zu betrachten und sofort in ihre Heimath zurückzukehren.

In der Sitzung der Nationalversammlung vom 27. März wurde beschlossen, die deutsche Kaiserwürde einem der regierenden deutschen Fürsten zu übertragen (279 gegen 255 Stimmen) und daß diese Würde erblich sein solle (mit 267 gegen 264 St.)

In der Sitzung vom 28. März 1849 votirten 290 Abgeordnete dafür, daß die erbliche Würde eines Kaisers der Deutschen Sr. Maj. dem Könige Friedrich Wilhelm IV. von Preußen und dessen Regierungsnachfolgern übertragen werden solle; 248 Abgeordnete enthielten sich der Abstimmung.

Die Gegner, aus sämmtlichen Oesterreichern, den meisten Baiern, dem größern Theil der Würtemberger und der Badener, so wie aus sämmtlichen Ultramontanen bestehend, enthielten sich der Abstimmung, weil ihnen dafür von der andern Seite das absolute Veto geopfert und zugesagt worden war, daß weder an der Verfassung, noch an dem Wahlgesetze eine Aenderung zugegeben werden solle.

15 Abgeordnete der Nationalversammlung, welche für die Uebertragung der Erbkaiserwürde an den König von Preußen gestimmt hatten (die HH. v. Radowitz, Grävell u. A.), erließen eine Verwahrung, nach welcher sie „der Versammlung das Recht nicht anerkannten, die Verfassung des Reiches endgültig zu beschließen und dessen Krone zu vergeben, sondern daß die Rechtsbeständigkeit dieser Handlungen von der freien Zustimmung der deutschen Regierungen abhängig ist."

Am 3. April 1849 lud eine deshalb entsendete Deputation der deutschen Nationalversammlung (Präsident Simson an der Spitze) in feierlicher Audienz im Schlosse zu Berlin den König Friedrich Wilhelm IV. ein, „die auf ihn gefallene Wahl auf Grundlage der (Reichs-) Verfassung annehmen zu wollen." Der König erwiederte:

Er erkenne in dem Beschlusse der deutschen Nationalversammlung die Stimme der Vertreter des deutschen Volkes, und dieser Ruf gebe ihm ein „Anrecht", dessen Werth Se. Maj. zu schätzen wisse, und er spreche seinen Dank für dieses Vertrauen aus. „Aber, meine Herren, Ich würde Ihr Vertrauen nicht rechtfertigen, Ich würde dem Sinne des deutschen Volkes nicht entsprechen, Ich würde Deutschlands Einheit nicht aufrichten, wollte Ich, mit Verletzung heiliger Rechte und Meiner früheren ausdrücklichen und feierlichen Versicherungen, ohne das freie Einverständniß der gekrönten Häupter, der Fürsten und freien Städte Deutschlands, eine Entschließung fassen, welche für sie und für die von ihnen regierten deutschen Stämme die entscheidendsten Folgen haben muß. — An den Regierungen der einzelnen deutschen Staaten wird es daher jetzt sein, in gemeinsamer Berathung zu prüfen, ob die Verfassung den Einzelnen wie dem Ganzen frommt, ob die Mir zugedachten Rechte Mich in den Stand setzen würden, mit starker Hand, wie ein solcher Beruf es von mir fordert, die Geschicke des großen deutschen Vaterlandes zu leiten und die Hoffnungen seiner Völker zu erfüllen. — Dessen aber möge Deutschland gewiß sein, und das, meine Herren, verkündigen Sie in allen seinen Gauen: bedarf es des preußischen Schildes und Schwertes gegen äußere oder innere Feinde, so werde Ich, auch ohne Ruf, nicht fehlen. Ich werde dann getrost den Weg Meines Hauses und Meines Volkes gehen, den Weg der deutschen Ehre und Treue."

Am 4. April erließ die K. preußische Regierung eine Cirkular-Depesche an sämmtliche deutsche Regierungen, in welcher die Antwort des Königs an die Frankfurter Deputation mitgetheilt und folgendermaßen erläutert wird:

„Während auf der einen Seite die Bedeutung der in Frankfurt getroffenen Wahl anerkannt und in Folge derselben die Bereitwilligkeit, an die Spitze Deutschlands zu treten, erklart wird, haben Se. Maj. auf der andern Seite festgehalten daran, daß die Verfassung Deutschlands nur im Wege der Vereinbarung festgestellt werden, und daß die getroffene Wahl nur durch das freie Einverständniß der Regierungen zur vollen Rechtsgültigkeit gelangen kann. Um diesem Einverständnisse in keiner Weise vorzugreifen, um selbst den Schein eines indirekten Zwanges zu vermeiden, ist auch nicht, wie es von mehreren Seiten erwartet wurde, unter Vorbehalt oder unter Voraussetzung des nachfolgenden Einverständnisses der Einzelstaaten, die Annahme der Wahl ausgesprochen worden.

Je größere Gewissenhaftigkeit und Zurückhaltung in dieser Beziehung bewiesen worden, um so mehr ist aber auch die Regierung Sr Maj. der Verpflichtung sich bewußt, so viel an ihr ist, die Geschicke Deutschlands auf der Bahn jener Entwickelung zu fördern und der ersehnten Vollendung entgegen zu führen. Sie hält sich daher jetzt für eben so verbunden als berechtigt, in dieser Angelegenheit ein offenes Wort an die übrigen deutschen Regierungen zu richten.

In Betracht, daß der Erzherzog Reichsverweser den Entschluß gefaßt hat, seine Stelle niederzulegen, und in Betracht der großen Gefahren, welche Deutschland aus der Verwirklichung dieses Entschlusses erwachsen können, sind Se. Majestät der König bereit, auf den Antrag der deutschen Regierungen und unter Zustimmung der deutschen Nationalversammlung die provisorische Leitung der Angelegenheiten zu übernehmen. Se. Majestät sind, dem ergangenen Rufe Folge leistend, und eingedenk der Ansprüche, welche ihm Preußens Stellung in Deutschland gewährt, entschlossen, an die Spitze eines deutschen Bundesstaates zu treten, der aus denjenigen Staaten sich bildet, welche demselben aus freiem Willen sich anschließen möchten. Die Formen dieses Bundesstaates werden wesentlich davon abhängen, wie viel und welche Staaten sich demselben anschließen."

Hiernach wurden die Regierungen aufgefordert, Bevollmächtigte in Frankfurt zu bestellen, welche ohne Verzug bindende Erklärungen darüber abzugeben hätten, ob und unter welchen Bedingungen man dem Bundesstaate beitrete, welche

Stellung die dadurch vereinigten Regierungen zu der deutschen Nationalversammlung einzunehmen haben, um die Vereinbarung unverzüglich „in Angriff zu nehmen," und welches Verhältniß zu den nicht beitretenden deutschen Staaten eingeleitet werden möchte.

Die Nationalversammlung aber beschloß (am 11. April 1849), auf den Antrag von Vogt und Genossen, feierlich, daß sie an der beschlossenen und verkündeten Reichsverfassung und an dem Wahlgesetze unwandelbar festhalte.

Am 14. April erfolgte, in Antwort auf die oben in Auszug mitgetheilte preuß. Cirkular-Depesche vom 4ten dess. Mts., eine Erklärung von 28 deutschen Regierungen (sämmtliche, mit Ausnahme der königlichen), daß sie die Reichsverfassung unbedingt annehmen und der Uebertragung der Kaiserkrone an den König von Preußen ihre Zustimmung geben. Baden aber behielt sich dabei, für den Fall daß noch andere Staaten, außer Oesterreich, nicht beitreten würden, weitere Schritte und Erklärungen bevor.

Am 21. April erklärte der preußische Ministerpräsident, Graf Brandenburg, in der preußischen zweiten Kammer:

„Die Regierung Sr. Majestät hat von jeher die Absicht gehabt, alle deutschen Staaten zu einem Bundesstaate zu vereinigen, und sie empfindet es schmerzlich, daß solche Vereinigung für jetzt wegen unübersteiglicher Hindernisse unmöglich ist, und beklagt die Täuschung der eigenen Hoffnung. Sie würde aber glauben, mit den in dieser hohen Kammer abgegebenen Erklärungen in Widerspruch zu treten, wenn sie unter den obwaltenden Umständen ferner noch ihre Bestrebungen auf den engeren Bundesstaat richtete.

Es ist bereits wiederholentlich ausgesprochen, daß die Verfassung der Nationalversammlung zu Frankfurt zu ihrer Rechtsgültigkeit der Anerkennung der deutschen Regierungen bedarf. Die Regierung Sr. Maj. des Königs hat durch die Note vom 23. Januar den Weg betreten, um im Vereine mit den übrigen deutschen Regierungen die von ihr für nothwendig erachteten Abänderungen durch geeignete Vorschläge zur Kenntniß der Nationalversammlung zu bringen. Sie gab sich der Hoffnung hin, daß auf diesem Wege diejenigen Bestimmungen entfernt werden würden, welche ihr zur Annahme der Verfassung nöthig schienen. Leider, leider ist diese Hoffnung nicht in Erfüllung gegangen. Die von Sr. Maj. Regierung im Verein mit den andern Regierungen erhobenen Erinnerungen und Vorschläge sind größtentheils ganz, ganz unberücksichtigt geblieben. Die Verfassung hat sogar bei der zweiten Lesung derselben Abänderungen erlitten, welche nur höchst nachtheilig genannt werden können. Diese Nachtheile sind so überwiegender Art, daß sich Sr. Maj. Regierung außer Stande sieht, die unbedingte Annahme der Verfassung Sr. Majestät zu empfehlen."

Eben so erklärte die K. baierische Regierung am 25. April, daß sie die Reichsverfassung, besonders wegen der Ausschließung Oesterreichs, nicht annehmen könne. Das Gleiche that Hannover.

Unterdessen wuchs die Agitation in Deutschland, besonders in den südwestlichen und westlichen Theilen, ungemein. Die Annahme der Reichsverfassung, die unbedingte Unterwerfung unter die Beschlüsse der Nationalversammlung war der Ruf, der in allen Volksversammlungen, in den Klubs und in den Kammern selbst erhoben wurde. Der sogenannte „Märzverein" fachte überall die Flamme an.

In Würtemberg wurde der König durch die gemeinschaftliche Agitation der Klubs, der Volksversammlungen und der Abgeordnetenkammer genöthigt, die Reichsverfassung unbedingt anzunehmen.

Am 26. April beschloß die Nationalversammlung, daß die Annahme der Reichsoberhauptswürde die Annahme der Reichsverfassung voraussetze. Zugleich veranlaßte sie die Absendung von Kommissären der provisorischen Centralgewalt, um die einzelnen Regierungen aufzufordern, die Reichsverfassung anzunehmen.

Am 28. April erließ der K. preußische Minister-Präsident, Graf von Brandenburg, ein Schreiben an den Bevollmächtigten bei der provisorischen Centralgewalt. Nach einer geschichtlichen Rekapitulation und Hinweisung auf die Thatsache, daß die Nationalversammlung den angebotenen Weg der Verständigung nicht eingegangen, ja die Vorschläge der kön. Regierung gar keiner Berathung in ihrer Mitte unterworfen, dagegen „wesentliche Bestimmungen des früheren Entwurfes in beeilter Beschlußnahme habe wegfallen, andere aufgenommen habe, welche dem ganzen Werke einen durchaus neuen Charakter verliehen;" daß nach der Wahl Sr. Maj. des Königs zum Kaiser „als Schlußstein dieses neuen Werkes, das so vollendete Ganze als ein unantastbarer Organismus zur Annahme hingestellt und so dem Könige dargeboten worden sei;" daß „die bedeutendsten deutschen Regierungen die Verfassung in der Form, wie sie vorliegt, nicht annehmen zu können erklären, in der Errichtung eines erblichen Kaiserthums selbst die größte Gefahr für Deutschland erblicken, und ihre Abneigung oder ihren festen Entschluß ausgesprochen haben, einem andern deutschen Fürsten als Kaiser sich nicht unterzuordnen;" daß andere Regierungen „um der Dringlichkeit der Umstände willen ihre Bedenken aufgegeben und dabei die Voraussetzung gehegt hätten, daß die Reichsverfassung durch den Beitritt der übrigen Staaten in ganz Deutschland wirklich zur Geltung komme;" daß „die weit gehenden Bestimmungen des ersten Entwurfs über die inneren Befugnisse der Reichsgewalt zum Eingreifen fast in alle inneren Verhältnisse der einzelnen Länder, welche eine selbstständige Verwaltung der letzteren unmöglich machen und sie mit der Zeit absorbiren würden, nicht beseitigt wurden; sodann die in die Verfassung aufgenommenen Grundrechte einzelne, so tief eingreifende und in mancher Hinsicht noch zweifelhafte Grundsätze enthalten, daß es bedenklich erscheinen muß, dieselben, für alle Zeiten bindend, den einzelnen Staaten aufzudringen, welchen überdies durch den Wegfall des Kapitels vom Reichsrath jede Mitwirkung der Exekutivgewalt genommen worden; daß dem Reichsoberhaupte, durch die Annahme des suspensiven Veto und die Ausdehnung desselben selbst auf Verfassungs-Aenderungen, in Wahrheit eine Stellung gegeben worden sei, bei der weder die Würde, noch die zum Heile des Ganzen, wie der Einzelnen erforderliche Macht gewahrt werden könne; daß endlich das konstitutionell-monarchische Prinzip, an welchem die große Mehrzahl des deutschen Volks mit Liebe und Vertrauen festhält, durch diese Stellung in seinen Basen bedroht sei, — hiernach die ganze Verfassung, mit dem alle Schranken niederwerfenden Wahlgesetze, einen Charakter erhalte, welcher sie nur als das Mittel erscheinen läßt, um allmählig und auf anscheinend legalem Wege die oberste Gewalt zu beseitigen und die Republik einzuführen. Hiernach habe sich der König in seinem Gewissen nicht für berechtigt halten können, an sein Land und Volk diejenigen Anforderungen zu machen, welche diese neue Stellung bedingt haben würde, und habe sich daher, mit dem Rathe seines Staatsministeriums, entschlossen, die auf Grund der in Frankfurt beschlossenen Verfassung ihm dargebotene Kaiserwürde abzulehnen.

Die Depesche fährt sodann folgendermaßen fort:

„Wie der König selbst unter den Ersten gewesen ist, aus freier Entschließung zu der Neugestaltung Deutschlands zu einem künftigen Bundesstaat die Hand zu bieten, so wird er auch der Letzte sein, an dem Gelingen dieses großen Werkes zu verzweifeln. Preußen wird sich unter keinen Umständen von dem Werke der deutschen Einigung zurückziehen, vielmehr auch jetzt alle Kraft aufbieten, um dasselbe zu fördern. Die K. Regierung hat zuerst den Weg der Verständigung eingeschlagen, und wenn gleich ihre bisherigen Bemühungen ohne ihre Schuld fruchtlos geblieben sind, so will sie doch denselben nicht aufgeben und erklärt daher ihre fortwährende Bereitwilligkeit, auf jede Verständigung einzugehen. . . . Wenn die Nationalversammlung uns wirklich in gleichem patriotischen Sinne entgegen kommen will, so liegt es noch immer in ihrer Hand, der Verfassungsangelegenheit eine solche Wendung zu geben, daß die Regierungen sich mit ihr verständigen und unter ihrer Mitwirkung und auf dem Wege der Vereinbarung die von einer ruhigen Erwägung der deutschen Verhältnisse geforderten Modifikationen zu Stande kommen.

„Daß es überhaupt möglich sein müsse, auf die Berathung der Verfassung noch einmal zurückzukommen und Modifikationen derselben ins Auge zu fassen, wird, glauben wir, schon darum die Nationalversammlung selbst nicht verkennen, weil sie sich nicht wird verhehlen können, daß der §. 1 der Verfassung in jedem Falle sich nur durch Gewalt, auf dem Wege des Krieges oder der Revolution, würde ins Leben führen lassen: eine Aufgabe, welche die Nationalversammlung sich so wenig stellen wird, wie irgend ein deutscher Fürst es thun könnte."

Die Nationalversammlung aber wollte von nichts Anderem wissen, als von der unbedingten Annahme der Verfassung vom 28. März. Die Agitation wuchs überaus, und da die Gültigkeit der Beschlüsse der Nationalversammlung als rechtsbeständige Gesetze, auch ohne oder wider den Willen der betreffenden Regierungen und gegen den Wortlaut der Landesverfassungen, von der demokratischen Partei wie von den Anhängern des Reichstags behauptet wurde, so konnte der offene Konflikt unmöglich ausbleiben.

Am 30. April ermächtigte die Nationalversammlung ihr Präsidium, zu jeder Zeit und an jedem Ort, welchen es zu wählen für zweckmäßig erachte, Sitzungen der Nationalversammlung anzuberaumen. Da bereits viele Mitglieder ausgetreten waren, so wurde zugleich beschlossen, die Versammlung sei bei bloßer Anwesenheit von 150 Mitgliedern beschlußfähig.

Zu Anfang des Monats Mai 1849 brachen die Aufstände in Rheinbaiern, in Dresden, in Breslau aus, sodann die zu Elberfeld, Düsseldorf, Iserlohn, endlich die Militärempörung zu Rastatt und in Baden überhaupt, nach der Beeidigung der badischen Truppen auf die Reichsverfassung. Die Märzvereine hielten einen Central-Kongreß zu Frankfurt und erließen Aufrufe zum

Treubruche an die deutschen Heere. In der Nationalversammlung gewann immer mehr die linke Seite die Majorität.

Am 4. Mai erwiederte die Nationalversammlung die obigen preußischen Vorschläge durch eine Reihe von Beschlüssen, in welchen sie

1. die Regierungen, die gesetzgebenden Versammlungen, die Gemeinden der Einzelstaaten, das gesammte deutsche Volk aufrief, die Verfassung des deutschen Reichs vom 28. März zur Anerkennung und Geltung zu bringen;

2. und 3. als Tag der Wahlen für das Volkshaus den 15. Juli, als Tag des Zusammentritts des 1. Reichstags, auf Grund der Verfassung, den 15. August desselben Jahres bestimmte;

4. verfügte, daß wenn „ein oder der andere Staat" im einberufenen Reichstag nicht vertreten sei, und deshalb „die eine oder die andere Bestimmung" der für ganz Deutschland gegebenen Verfassung nicht ausführbar erscheine, die Abänderung derselben provisorisch bis zu dem Zeitpunkte, „wo die Verfassung überall in Wirksamkeit getreten sein wird," auf dem in der Verfassung selbst vorgeschriebenen Wege erfolgen solle, wobei die $^2/_3$ der Stimmen nach der Zahl der wirklich Gewählten zu bemessen sei;

5. anordnete, wenn insbesondere Preußen im (einberufenen) Reichstage nicht vertreten sei, also die Verfassung weder ausdrücklich noch thatsächlich anerkannt habe, das Oberhaupt desjenigen Staates, welcher unter den im Staatenhause vertretenen Staaten die größte Seelenzahl hat, unter dem Titel eines Reichsstatthalters in die Rechte und Pflichten des Reichsoberhauptes eintrete;

6. dabei aber vorbehält, daß — sobald die Verfassung von Preußen anerkannt sei, damit von selbst die Würde des Reichsoberhauptes, nach Maßgabe der Verfassung §. 68 ff. auf den zur Zeit der Anerkennung regierenden König von Preußen übergehe; endlich

7. die Vorsorge traf, daß das Reichsoberhaupt den Eid auf die Verfassung vor der Nationalversammlung zu schwören und sodann den Reichstag zu eröffen habe. Mit letzterer Handlung sei die Nationalversammlung aufgelöst.

190 Stimmen votirten für, 188 (die Linke, welcher die Anträge nicht weit genug gingen und einige Mitglieder der Rechten) gegen diese Beschlüsse.

Am 7. Mai erließ das K. preuß. Staatsministerium eine amtliche Erklärung an die Oberpräsidenten sämmtlicher Provinzen, in welcher es ernstlich vor der Ausführung dieser Beschlüsse warnt, weil sich die Nationalversammlung „damit ein Recht anmaßt, das ihr auch von denjenigen Staaten, welche sich zur Annahme der von ihr beschlossenen Verfassung bereit erklärt haben, nicht zugestanden werden könnte," somit „auf das entschiedenste ihre Befugnisse überschreite, offen in das Gebiet der ausführenden Regierungsgewalt übergreife, und sich ganz von ihrer Aufgabe, im Verein mit den Regierungen die Verfassung Deutschlands zu gestalten, entferne." — „Indem aber die Nationalversammlung durch den ersten derselben, neben den Regierungen auch die gesetzgebenden Körper, die Gemeinden der Einzelstaaten und das gesammte deutsche Volk auffordert, die von ihr beschlossene Verfassung zur Anerkennung und Geltung zu bringen, droht sie die rechtlich nothwendige Mitwirkung der Regierungen zu umgehen und setzt sich der Gefahr aus, dahin verstanden zu werden, als wolle sie die einzelnen Körperschaften und das Volk veranlassen, die Verfassung selbstständig und ohne Sanktion zur Ausführung zu bringen.

„Die Königl. Regierung ist ihrerseits fest entschlossen, allen, aus dieser Aufforderung direkt oder indirekt hervorgehenden, gesetzwidrigen Bestrebungen, von welcher Seite sie auch kommen mögen, mit dem vollen Ernste des Gesetzes entgegenzutreten. Sie darf sich über die Möglichkeit nicht täuschen, daß, nachdem in benachbarten Staaten offene Auflehnung gegen die rechtmäßige Regierung stattgefunden, auch in Preußen durch ähnliche Einflüsse eine Agitation versucht werden möchte, welche Manche irre leiten und die traurigsten Folgen haben könnte. Sie hält es daher nicht für überflüssig, ihren festen Entschluß auszusprechen, dem Gesetz des Landes überall Achtung und Geltung zu verschaffen."

Unterdessen nahm die Parteiverwirrung und der Aufruhr in den deutschen Landen auf das Bedrohlichste zu. Dem durch die Empörung schwer bedrohten Könige von Sachsen leistete Preußen die verlangte bundesmäßige militairische Hülfe, während es die Empörung in einzelnen Gegenden und Städten Westphalens und der Rheinlande durch seine Truppen unterdrückte. Der Reichsverweser nahm gegenüber dem Ministerium Gagern, dessen Programm er anzunehmen weigerte, so wie auch gegenüber der Nationalversammlung, die eine Deputation an ihn abschickte (10. Mai), eine feste und selbständige Haltung an. Eine bedeutende Zahl gemäßigter Mitglieder der Nationalversammlung trat aus. Da nahm, in derselben Sitzung vom 10. Mai die Versammlung folgenden Antrag des Abgeordn. v. Reden mit 188 gegen 147 an:

„In Erwägung, daß die Reichsversammlung durch ihre Beschlüsse vom 28. April und 4. Mai d. J. die gesetzliche Mitwirkung des Volkes zur Durchführung der Reichsverfassung in Anspruch genommen hat, indem sie die Regierungen, die gesetzgebenden Körper, die Gemeinden der Einzelstaaten, das gesammte deutsche Volk aufgefordert hat, die Verfassung des deutschen Reiches vom 28. März d. J. zur Anerkennung und Geltung zu bringen;

In Erwägung, daß der Widerstand einzelner Regierungen gegen die zu Recht bestehende Reichsverfassung und die sehr allgemein für dieselbe ausgesprochene Sympathie des deutschen Volkes in einigen Theilen Deutschlands zu Versuchen gewaltsamer Unterdrückung geführt hat oder vorzuschreiten droht;

In Erwägung, daß derartige Maßregeln, welche ebenso verwerflich sind, als anarchische Bestrebungen von unten, den Reichsfrieden gestört haben, oder bedrohen, dessen Bewahrung nach oben, wie nach unten, durch Gesetz vom 28. Juni 1848, alleinige Berechtigung und Verpflichtung der provisorischen Centralgewalt ist;

In Erwägung, daß die gesetzliche Berechtigung der provisorischen Centralgewalt, sowohl — „als vollziehende Gewalt in allen Angelegenheiten, welche die allgemeine Sicherheit und Wohlfahrt des deutschen Bundesstaates betreffen, als zur Oberleitung der gesammten bewaffneten Macht" — die Anwendung jedes innerhalb dieser Gränzen liegenden Mittels zur Herstellung des Reichsfriedens gestattet;

aus diesen Gründen beschließt die Reichsversammlung:

1. dem schweren Bruche des Reichsfriedens, welchen die preußische Regierung durch unbefugtes Einschreiten im Königreich Sachsen sich hat zu Schulden kommen lassen, ist durch alle zu Gebote stehenden Mittel entgegen zu treten.
2. Neben Aufrechterhaltung der öffentlichen Ruhe und Sicherheit sind diejenigen Bestrebungen des Volkes und seiner Vertreter, welche zur Durchführung der endgültig beschlossenen Reichsverfassung geschehen, gegen jeden Zwang und Unterdrückung in Schutz zu nehmen.

Die provisorische Centralgewalt ist zur Ausführung dieser Beschlüsse aufzufordern."

Am 12ten beschloß die Nationalversammlung, das Reichsministerium aufzufordern, ungesäumt Kommissäre zu einer großen Volksversammlung nach Nürnberg zu senden (Hr. Eisenstuck war als Reichskommissär zu den Aufständischen in Rheinbaiern abgesendet worden), „um solche Erhebungen auf der Bahn der Gesetzlichkeit zu erhalten." Das Komité des fränkischen Volksvereins hatte es verlangt, um die Reichsverfassung oder, bei Widerstreben der baierischen Regierung, „Reichsunmittelbarkeit" für Franken zu verlangen. In derselben Sitzung setzte die Linke endlich den mehrfach vorgebrachten Beschluß durch

(163 gegen 142 Stimmen), daß die „gesammte bewaffnete Macht Deutschlands, einschließlich der Landwehr und Bürgerwehr, zur Aufrechthaltung der endgültig beschlossenen Verfassung feierlich zu verpflichten sei."

Unterm 14. Mai 1849 beantragte hierauf das preußische Staatsministerium bei dem Könige von Preußen in Bezug auf obige Vorgänge und insbesondere auf den Beschluß in Betreff der dem Königreich Sachsen geleisteten Bundeshülfe:

„in Erwägung, daß die Aufgabe der deutschen Nationalversammlung nach Lage der Sachen und ihrerseits erfolgter Ablehnung jeder weiteren Verständigung und Vereinbarung als durch die Berathung der Verfassung erledigt angesehen werden muß, die Versammlung aber nicht mehr auf gesetzlichem Boden steht und überdies sich in offene Feindseligkeit gegen Preußen gesetzt hat,"

eine Königl. Verordnung des Inhalts:

„das Mandat der auf Grund der Bundesbeschlüsse vom 30. März und 7. April 1848 und der Königl. Verordnung vom 11. letztgenannten Monats im preußischen Staat gewählten Abgeordneten zur deutschen National-Versammlung für erloschen zu erklären, und den Abgeordneten, durch den Königl. Bevollmächtigten zu Frankfurt, diese Verordnung mit der Weisung zuzustellen, sich jeder Theilnahme an den weiteren Verhandlungen der Versammlung zu enthalten."

Diese Verordnung wurde denn wirklich erlassen und publizirt.

Der Aufstand in Baden, wo der Großherzog die Reichsverfassung und die Grundrechte anerkannt und proklamirt hatte, brach im Augenblicke nach der Beeidigung der Truppen auf die Reichsverfassung aus, in Rastatt unter den Truppen selbst. Der Großherzog und seine Familie mußte fliehen. Die Nationalversammlung hatte kein Wort des Tadels gegen die Aufrührer. Am 17. Mai aber war der Aufstand in Elberfeld und Iserlohn, welcher den gleichen Vorwand hatte, von den preußischen Truppen unterdrückt. Der Erzherzog Reichsverweser erließ eine Proklamation an die im Reichsdienst stehenden Truppen (im südwestlichen Deutschland), um sie vor Treubruch zu warnen und zum Festhalten im Kampf gegen die Anarchie aufzufordern. Der König von Preußen aber erließ am 15. Mai folgende Proklamation:

An mein Volk!

„Unter dem Vorwande der deutschen Sache haben die Feinde des Vaterlandes zuerst in dem benachbarten Sachsen, dann in einzelnen Gegenden von Süddeutschland, die Fahne der Empörung aufgepflanzt. Zu Meinem tiefen Schmerze haben auch in einigen Theilen unseres Landes Verblendete sich hinreißen lassen, dieser Fahne zu folgen und unter derselben, im offenen Aufruhr gegen die rechtmäßige Obrigkeit, göttliche und menschliche Ordnung umzustürzen.

In so ernster und gefahrvoller Zeit drängt es Mich, ein offenes Wort zu Meinem Volk zu reden.

Ich habe auf das Anerbieten einer Krone Seitens der deutschen Nationalversammlung eine zustimmende Antwort nicht ertheilen können, weil die Versammlung nicht das Recht hatte, die Krone, welche sie Mir bot, ohne Zustimmung der deutschen Regierungen zu vergeben, weil sie Mir unter der Bedingung der Annahme einer Verfassung angetragen ward, welche mit den Rechten und der Sicherheit der deutschen Staaten nicht vereinbar war.

Ich habe fruchtlos alle Mittel versucht und erschöpft, zu einer Verständigung mit der deutschen Nationalversammlung zu gelangen. Ich habe Mich vergebens bemüht, sie auf den Standpunkt ihres Mandats und des Rechts zurückzuführen, welches nicht in der eigenmächtigen und unwiderruflichen Feststellung, sondern in der Vereinbarung einer deutschen Verfassung bestand, und selbst nach Vereitelung Meiner Bestrebungen habe Ich in der Hoffnung einer endlichen friedlichen Lösung nicht mit der Versammlung gebrochen.

Nachdem dieselbe aber durch Beschlüsse, gegen welche treffliche Männer fruchtlos ankämpften, ihrerseits den Boden des Rechts, des Gesetzes und der Pflicht gänzlich verlassen, nachdem sie uns nur deshalb, weil wir dem bedrängten Nachbar die erbetene Hülfe siegreich geleistet, des Friedensbruches angeklagt, nachdem sie gegen uns und die Regierungen, welche sich mit Mir den verderblichen Bestimmungen der Verfassung nicht fügen wollten, zum offenen Widerstand aufgerufen, jetzt hat die Versammlung mit Preußen gebrochen. Sie ist in ihrer Mehrheit nicht mehr jene Vereinigung von Männern, auf welche Deutschland mit Stolz und Vertrauen blickte. Eine große Zahl ist, als die Bahn des Verderbens betreten wurde, freiwillig ausgeschieden, und durch Meine Verordnung vom gestrigen Tage habe Ich alle preußischen Abgeordneten, welche der Versammlung noch angehörten, zurückgerufen. Gleiches wird von andern deutschen Regierungen geschehen. In der Versammlung herrscht jetzt eine Partei, die im Bunde steht mit den Menschen des Schreckens, welche die Einheit Deutschlands zum Vorwande nehmen, in Wahrheit aber den Kampf der Gottlosigkeit, des Eidbruchs und der Raubsucht gegen die Throne entzünden, um mit ihnen den Schutz des Rechtes, der Freiheit und des Eigenthums umzustürzen. Die Gräuel, welche in Dresden, Breslau und Elberfeld unter dem erheuchelten Rufe nach Deutschlands Einheit begangen worden, liefern die traurigen Beweise. Neue Gräuel sind geschehen und werden noch vorbereitet. Während durch solchen Frevel die Hoffnung zerstört ward, durch die Frankfurter Versammlung die Einheit Deutschlands erreicht zu sehen, habe Ich in Königlicher Treue und Beharrlichkeit daran nicht verzweifelt. Meine Regierung hat mit den Bevollmächtigten der größeren deutschen Staaten, welche sich Mir angeschlossen, das in Frankfurt begonnene Werk der deutschen Verfassung wieder aufgenommen.

Diese Verfassung soll und wird in kürzester Frist der Nation gewähren, was sie mit Recht verlangt und erwartet: ihre Einheit, dargestellt durch eine einheitliche Exekutivgewalt, die nach Außen den Namen und die Interessen Deutschlands würdig und kräftig vertritt, und ihre Freiheit, gesichert durch eine Volksvertretung mit legislativer Befugniß. Die von der Nationalversammlung entworfene Reichsverfassung ist hierbei zu Grunde gelegt, und sind nur diejenigen Punkte derselben verändert worden, welche, aus den Kämpfen und Zugeständnissen der Parteien hervorgegangen, dem wahren Wohle des Vaterlandes entschieden nachtheilig sind. Einem Reichstage aus allen Staaten, die sich dem Bundesstaate anschließen, wird diese Verfassung zur Prüfung und Zustimmung vorgelegt werden. Deutschland vertraue hierin dem Patriotismus und dem Rechtsgefühle der preußischen Regierung; sein Vertrauen wird nicht getäuscht werden.

Das ist mein Weg. Nur der Wahnsinn oder die Lüge kann solchen Thatsachen gegenüber die Behauptung wagen, daß Ich die Sache der deutschen Einheit aufgegeben, daß Ich Meiner früheren Ueberzeugung und Meinen Zusicherungen untreu geworden.

Preußen ist dazu berufen, in so schwerer Zeit Deutschland gegen innere und äußere Feinde zu schirmen, und es muß und wird diese Pflicht erfüllen. Deshalb rufe Ich schon jetzt Mein Volk in die Waffen. Es gilt Ordnung und Gesetz herzustellen im eigenen Lande und in den übrigen deutschen Ländern, wo unsere Hülfe verlangt wird; es gilt, Deutschlands Einheit zu gründen, seine Freiheit zu schützen vor der Schreckensherrschaft einer Partei, welche Gesittung, Ehre und Treue ihren Leidenschaften opfern will, einer Partei, welcher es gelungen ist, ein Netz der Bethörung und des Irrwahns über einen Theil des Volkes zu werfen.

Die Gefahr ist groß, aber vor dem gesunden Sinn Meines Volkes wird das Werk der Lüge nicht bestehen; dem Rufe des Königs wird die alte preußische Treue, wird der alte Ruhm der preußischen Waffen entsprechen.

Steht Mein Volk zu Mir, wie Ich zu ihm, in Treue und Vertrauen einträchtig, so wird uns Gottes Segen und damit ein herrlicher Sieg nicht fehlen.

Charlottenburg, den 15. Mai 1849.

Friedrich Wilhelm.

Graf von Brandenburg.

Am gleichen Tage beschloß die Nationalversammlung „die rheinpfälzische Bewegung" (den Aufstand in der baierischen Rheinpfalz) unter den Schutz der Centralgewalt zu stellen.

Der Reichsverweser ernannte hierauf (16. Mai), statt des abgetretenen Ministeriums Gagern, ein Reichsministerium aus Männern der äußersten Rechten, den HH. Detmold, Jochmus, Merk und Grävell, für welchen dann (21. Mai) Fürst Sayn-Wittgenstein eintrat.

Der Beschluß der Nationalversammlung vom 19. Mai 1849 veranlaßte die große Mehrheit der Centren sofort aus der Versammlung auszuscheiden. Es wurde nämlich, mit 126 gegen 116 Stimmen beschlossen, sofort einen Reichsstatthalter, wo möglich aus der Zahl der regierenden Fürsten, mit den Rechten und Pflichten des Reichsoberhauptes, zu ernennen, welcher die Verfassung zu beschwören und beschwören zu lassen habe. Mit dem Vollzuge dieses Beschlusses solle die bisherige provisorische Centralgewalt aufhören.

Angesichts der vielen Austritte setzte die Nationalversammlung (genau mit der zur Beschlußfähigkeit erforderlichen Zahl von 150 Mitgliedern) am 24. Mai fest, daß sie auch bei Anwesenheit von blos 100 Mitgliedern beschlußfähig sei.

Am folgenden Tage verlangte sie die Beeidigung der Truppen in und bei Frankfurt auf die Reichsverfassung und Entfernung solcher Truppen, die Staaten angehören, welche die Verfassung nicht annehmen. Das neue Reichsministerium aber verweigerte geradezu die Ausführung dieses Beschlusses.

Am 26. Mai erließ die Nationalversammlung einen (von Uhland verfaßten) Aufruf an das deutsche Volk. — Hierauf traten die letzten Reste der Centren aus „um sich von der moralischen Verantwortlichkeit (des eingeschlagenen revolutionären Weges) loszusagen."

Nun rief auch Hannover seine Deputirten ab.

Die preußischen Truppen rückten dem Aufstande im südwestlichen Deutschland immer näher zu Leibe, und die übrig gebliebenen Abgeordneten der Nationalversammlung beschlossen deshalb am 30. Mai 1849 (mit 71 gegen 64 Stimmen) die Verlegung der Nationalversammlung nach Stuttgart.

Die Akten und Beschlüsse dieser Minorität, während ihres kurzen Tagens in Stuttgart, die Ernennung einer „Reichsregentschaft", welche sie vornahm, so wie die Sprengung der Versammlung mit Militairgewalt durch das würtembergische Märzministerium, gehören nicht hierher.

Das Bündniß vom 26. Mai 1849.

Die in der vorstehenden K. preuß. Proklamation erwähnte Uebereinkunft Preußens mit den beiden königlichen Regierungen von Sachsen und Hannover, in Betreff der deutschen Verfassungsangelegenheit, sind das Ergebniß von Konferenzen der Bevollmächtigten genannter Staaten zu Berlin vom 17. Mai bis zum 26. desselben Monats. Der kaiserlich österreichische Gesandte trat nach der ersten Sitzung von den Berathungen ab, da es sich hierbei wiederum nur um einem „engeren" Bundesstaate handelte. Dagegen eröffnete die preußische Regierung unmittelbar mit dem österreichischen Kabinette im Mai 1849 Unterhandlungen über eine „Union" zwischen der österreichischen Gesammtmonarchie und dem zu errichtenden deutschen Bundesstaate, welche aber in Wien durchaus keinen Anklang fanden. — Der K. baierische Gesandte nahm an den Konferenzen Antheil, erklärte jedoch schon in der Konferenz vom 23. Mai seine Bedenken gegen den Abschnitt III. vom Reichsoberhaupte, und verlangte „den Charakter des föderativen Bundesstaats bestimmt ausgeprägt" so daß das Fürstenkollegium dem Reichsvorstande gleichberechtigt beigeordnet sei. Die dem Reichsvorstande zugeschiedenen Machtbefugnisse, ausschließlich der Krone Preußen übertragen, stelle dem Auslande kein föderirtes Deutschland, sondern, statt dessen, nur ein mächtigeres Preußen gegenüber. Auch bleibe das Verhaltniß Oesterreichs zu dem neuen Bundesstaate auf eine nicht unbedenkliche

Weise in Frage gestellt, so wie auch noch keineswegs voraus zu bestimmen sei, wie Rußland und Frankreich sich zu dem neuen Bundesstaate stellen werden. Es (Baiern) könne nicht für rechtlich erachten, etwa nur aus momentaner Verlegenheit, jetzt der Vorlage Preußens zuzustimmen, in der Voraussicht, später in Hauptpunkten wieder davon abzugehen."

Preußen erwiederte: „In unbefangener Anschauung der Thatsachen halte Preußen fest an der Annahme, daß in den Bundesstaat, der nach seiner Ansicht für Deutschland ein Recht und eine Nothwendigkeit geworden, und mit dessen Proposition es in jedem Fall, und zwar als Antwort auf den Vorgang vom 3. April d. J., vortreten werde, Oesterreich nicht eintreten könne, nicht eintreten werde. Preußen habe den sehnlichsten Wunsch gehabt, sich in dieser Anschauung mit Oesterreich zu einigen, und Oesterreich zu einer Union zu bestimmen, die pari passu mit dem deutschen Verfassungswerke zu Stande kommend, die beiden großen Faktoren: das concentrirte Oesterreich und das zu einem Bundesstaate vereinte Deutschland, dem Auslande gegenüber, zu Einer mächtigen Einheit gestalten solle, während diese nämliche, ganz Oesterreich und Deutschland umschließende Einheit im Innern der natürlichen Entwickelung und freien Bewegung der konstituirenden Faktoren den erforderlichen Raum gelassen, und überdem eine weit innigere Verbindung und Förderung unter einander herbei geführt haben würde, als dies nach den Verträgen von 1815 gegeben sei. Diesen Antrag Preußens habe Oesterreich in den letzten Tagen abgelehnt, was allerdings Sache Oesterreichs gewesen; es werde aber jetzt Sache Preußens sein, seinerseits die allenfallsigen ferneren Anträge Oesterreichs abzuwarten. Die Zeit der nebelhaften Gedanken und des sogenannten Vorschwebens sei vorbei; es müsse nach klarer Einsicht und mit Entschiedenheit rasch gehandelt werden, und Preußen sei dazu mit und ohne Oesterreich entschlossen."

„Sachsen widmet dem Bundesstaat offene und ehrliche Mitwirkung, wird aber dabei von der Aussicht geleitet, daß der Bundesstaat, wenn nicht ganz Deutschland, doch wenigstens alle deutsche Staaten außer Oesterreich, und namentlich Baiern, umfassen werde. Ein Nichtbeitreten Baierns würde das Ziel wesentlich ändern, das Sachsen bei seiner Zustimmung im Auge hätte, so wie auch die Oberhauptsfrage dadurch in eine ganz andere Lage gebracht wäre."

„Hannover will sich seinerseits in die Oberhauptsfrage nicht weiter einmischen. Es will über diese Frage bloß eine Verständigung zwischen Oesterreich und Preußen. Möchte diese Verständigung zur Zeit des Reichstages erreicht sein, so würde sich Hannover wohl zufrieden stellen; sei dieses nicht der Fall, so halte es sich seine alsdann zu ergreifenden Maßnahmen bevor."

Würtemberg und die übrigen deutschen Staaten, welche die „Reichsverfassung vom 28. März" unbedingt angenommen hatten, konnten natürlich an diesen Konferenzen keinen Antheil nehmen.

Am 24. Mai setzte die Konferenz durch einstimmigen Schluß fest:

Daß der auf Grund des Wahlgesetzes einzuberufende Reichstag lediglich und ausschließlich nur mit Berathung und Vereinbarung des Verfassungswerkes befaßt ist, und daß die formale Beschränkung der gesetzlichen Thätigkeit des Reichstages auf diesen Einen und einzigen Zweck, sowohl in der Kollektiv-Eröffnung an die Regierungen als auch in den Einberufungs-Verordnungen selbst, ausdrücklich erwähnt werden soll.

Das geschah auch in beiden Aktenstücken.

Wir lassen nunmehr das Schlußprotokoll folgen, mit welchem die Akte vom 26. Mai zu Stande kam.

Schlußprotokoll.

Verhandelt zu Berlin, am 26. Mai 1849.
Abends 10 Uhr.

In Gegenwart:

Des Königlich preußischen Bevollmächtigten, Generals von Radowitz, des Königlich baierischen Gesandten, Grafen von Lerchenfeld, des Königlich sächsischen Bevollmächtigten, Staatsministers v. Beust, des Königlich hannoverschen Bevollmächtigten, Staatsministers Stüve,
in Zustand des Königlich hannoverschen Klosterraths
v. Wangenheim.

Das Protokoll führt der Königlich preußische Landgerichtsrath Bloemer.

Der Bevollmächtigte der Königl. Preußischen Regierung legt als Proposition seiner Regierung vor:

a) den Entwurf der Verfassung für den zu bildenden deutschen Bundesstaat, wie dieser Entwurf aus den zwischen den Regierungen von Preußen, Baiern, Sachsen und Hannover in den Sitzungen vom 17., 18., 19., 20., 21., 22., 23., 24. und 26. dieses Monats und Jahres stattgehabten Konferenzen hervorgegangen ist;
b) den Entwurf des Wahlgesetzes zu dem Verfassungsentwurf ad a, auf Grund dessen die Wahlen zur Berathung und Vereinbarung über diesen Verfassungsentwurf zwischen den Regierungen und der Volks-Repräsentation, von den betreffenden Regierungen demnächst anzuordnen sind;
c) den Entwurf einer Note, mittelst welcher Preußen in eigenem Namen und im Auftrage der hier vertretenen, und gegenwärtig

zustimmenden Regierungen, die Regierungen der sämmtlichen übrigen deutschen Bundesstaaten zum Anschluß an die in der Note selbst näher präcisirte Proposition unverzüglich einladen wird.

Der Bevollmächtigte der Königl. baierischen Regierung ist noch außer Stande, sich über die gemachten Vorlagen der Königl. preußischen Regierung auszusprechen; hält sich demgemäß seine Erklärung offen, und ist der Hoffnung, diese Erklarung noch vor Entsendung der ad c. erwähnten Note abgeben zu können.

Die Bevollmachtigten der Königl. sächsischen und hannoverschen Regierung erklären unter ausdrücklicher Bezugnahme und Hinweisung auf ihre in den Konferenz-Protokollen der Sitzungen vom 17., 18., 19., 20., 21., 22., 23., 24. und 26. laufenden Monats und Jahres niedergelegten Ansichten und Verwahrungen, und unter Vorbehalt einer zunachst die Oberhaupts-Frage betreffenden nähern, dem heutigen Protokoll schriftlich zuzufügenden Erklarung, daß sie der in den vorangeführten Vorlagen der Königl. preußischen Regierung gemachten Proposition, Namens und im Auftrage der durch sie vertretenen Regierungen, ihre Zustimmung ertheilen, dieselben, wie hiermit geschieht, förmlich acceptiren und als nunmehr gegenseitig rechtsverbindend anerkennen.

Sie ermächtigen die Königl. preußische Regierung zugleich, den sämmtlichen anderen deutschen Regierungen, auch im Auftrage ihrer Regierungen die ad a. b. und c. vorangeführten Vorlagen zuzufertigen und außerdem in angemessener Weise zur Oeffentlichkeit zu bringen.

Die Bevollmächtigten der Königl. hannoverschen Regierung legen als Proposition ihrer Regierung vor:

d) den Entwurf zu einer näheren Feststellung des Rechtsverhältnisses, welches zwischen den durch den gegenwärtigen Abschluß verbundenen Königl. Regierungen während des in der vorangeführten Note ad c. bezeichneten Provisoriums eintreten wird.

Die Bevollmächtigten der Königl. preußischen und der Königl. sächsischen Regierung erklären, daß sie der in dem vorangeführten Entwurf sub litt. d. gemachten Proposition der Königl. hannoverschen Regierung, Namens und im Auftrage der durch sie vertretenen Regierungen, ihre Zustimmung ertheilen, dieselbe, wie hiermit geschieht, förmlich acceptiren und für nunmehr gegenseitig rechtsverbindend anerkennen.

Eine Deklaration zu dem Verfassungsentwurf ad a., deren Abfassung noch einige Frist erfordert, ist in der Note ad c. vorzubehalten. Der Entwurf zu dieser Deklaration wird nach Anleitung und Maßgabe der protokollarischen Aufzeichnungen in den Konferenzsitzungen vom 17., 18., 19, 20., 21., 22., 23., 24. und 26. laufenden Monats und Jahres Seitens der Königl. preußischen Regierung ausgearbeitet und vor weiterer Entsendung und Veröffentlichung der Königl. sächsischen und hannoverschen Regierung zur Kenntnißnahme, Prüfung und Zustimmung eingereicht werden.

Die ad litt. a. b. c. und d. vorangeführten Vorlagen sind zu dem gegenwärtigen Protokolle, als dessen integrirende Bestandtheile, von den Bevollmächtigten der Königl. preußischen, sächsischen, hannoverschen Regierung und dem Protokollführer paraphirt worden, und sollen dem Protokolle urschriftlich angefügt bleiben.

Ueber diesen Vorgang ist das gegenwärtige Protokoll aufgenommen, und nach erfolgter Verlesung und Genehmigung von den vorgenannten Regierungs-Bevollmachtigten mit dem Protokollführer unterzeichnet worden, zu Berlin wie Eingangs.

Für Preußen: von Radowitz.
Für Baiern: Graf von Lerchenfeld.
Für Sachsen: Freiher von Beust.
Für Hannover: H. von Wangenheim.
(gez.) Bloemer.

Wir lassen nun die

Staatsakten vom 26. Mai

in der vorgeschriebenen Ordnung folgen, und fügen nur den „Grundrechten" des Verfassungsentwurfs in der angeführten Note die desfallsigen Bestimmungen der revidirten preußischen Verfassung vom 31. Januar 1850 bei.

Entwurf
der Verfassung des deutschen Reiches.

Abschnitt I.

Das Reich.

Art. 1.

§. 1. Das deutsche Reich besteht aus dem Gebiete derjenigen Staaten des bisherigen deutschen Bundes, welche die Reichsverfassung anerkennen.

Die Festsetzung des Verhältnisses Oesterreichs zu dem deutschen Reiche bleibt gegenseitiger Verständigung vorbehalten.

§. 2. Hat ein deutsches Land mit einem nichtdeutschen Lande dasselbe Staatsoberhaupt, so soll das deutsche Land eine von dem nichtdeutschen Lande getrennte eigene Verfassung, Regierung und Verwaltung haben. In die Regierung und Verwaltung des deutschen Landes dürfen nur deutsche Staatsbürger berufen werden.

Die Reichsverfassung und Reichsgesetzgebung hat in einem solchen deutschen Lande dieselbe verbindliche Kraft, wie in den übrigen deutschen Ländern.

§. 3. Hat ein deutsches Land mit einem nichtdeutschen Lande dasselbe Staatsoberhaupt, so muß dieses entweder in seinem deutschen Lande residiren, oder es muß auf verfassungsmäßigem Wege in demselben eine Regentschaft niedergesetzt werden, zu welcher nur Deutsche berufen werden dürfen.

§. 4. Abgesehen von den bereits bestehenden Verbindungen deutscher und nichtdeutscher Länder soll kein Staatsoberhaupt eines nichtdeutschen Landes zugleich zur Regierung eines deutschen Landes gelangen, noch darf ein im Reiche regierender Fürst, ohne seine deutsche Regierung abzutreten, eine fremde Krone annehmen.

§. 5. Die einzelnen deutschen Staaten behalten ihre Selbstständigkeit, so weit dieselbe nicht durch die Reichsverfassung beschränkt ist; sie haben alle staatlichen Hoheiten und Rechte, so weit diese nicht der Reichsgewalt ausdrücklich übertragen sind.

Abschnitt II.

Die Reichsgewalt.

Art. 1.

§. 6. Die Reichsgewalt übt dem Auslande gegenüber die völkerrechtliche Vertretung des Reiches und der einzelnen deutschen Staaten aus.

Die Reichsgewalt stellt die Reichsgesandten und die Konsuln an. Sie führt den diplomatischen Verkehr, schließt die Bündnisse und Verträge mit dem Auslande, namentlich auch die Handels- und Schifffahrtsverträge, so wie die Auslieferungsverträge ab. Sie ordnet alle völkerrechtlichen Maßregeln an.

§. 7. Die einzelnen deutschen Regierungen haben ihr Recht, ständige Gesandte zu empfangen oder solche zu halten, auf die Reichsgewalt übertragen.

Auch werden dieselben keine besonderen Konsuln halten. Die Konsuln fremder Staaten erhalten ihr Exequatur von der Reichsgewalt.

Die Absendung von Bevollmächtigten an den Reichsvorstand oder andere deutsche Regierungen ist den einzelnen Regierungen unbenommen.

§. 8. Die einzelnen deutschen Regierungen sind befugt, Verträge mit anderen deutschen Regierungen abzuschließen.

Ihre Befugniß zu Verträgen mit nichtdeutschen Regierungen beschränkt sich auf Gegenstände, welche nicht der Zuständigkeit der Reichsgewalt zugewiesen sind.

§. 9. Alle Verträge nicht rein privatrechtlichen Inhalts, welche eine deutsche Regierung mit einer anderen deutschen oder nichtdeutschen abschließt, sind der Reichsgewalt zur Kenntnißnahme und, insofern das Reichsinteresse dabei betheiligt ist, zur Bestätigung vorzulegen.

Art. 2.

§. 10. Der Reichsgewalt ausschließlich steht das Recht des Krieges und Friedens zu.

Art. 3.

§. 11. Im Kriege oder in Fällen nothwendiger Sicherheitsmaßregeln im Frieden steht der Reichsgewalt die gesammte bewaffnete Macht des Reiches zur Verfügung.

§. 12. Das Reichsheer besteht aus der zum Zwecke des Krieges bestimmten gesammten Landmacht der einzelnen deutschen Staaten.

Diejenigen Staaten, welche weniger als 500,000 Einwohner haben, sind durch die Reichsgewalt zu größeren militärischen Ganzen zu vereinigen, oder einem angrenzenden größeren Staate anzuschließen.

Ueber die Bedingungen solcher Zusammenlegung haben sich die betreffenden Regierungen unter Vermittelung und Genehmigung der Reichsgewalt zu vereinbaren.

§. 13. Die Reichsgewalt hat in Betreff des Heerwesens die allgemeine Gesetzgebung und überwacht die Durchführung derselben in den einzelnen Staaten durch fortdauernde Kontrole. Den einzelnen Staaten steht die Ausbildung ihres Kriegswesens auf Grund der Reichsgesetze, der Wehrverfassung und in den Grenzen der nach §. 12 abgeschlossenen Vereinbarungen zu; sie haben die Verfügung über ihre bewaffnete Macht, so weit dieselbe nicht nach §. 11 für den Dienst des Reiches in Anspruch genommen wird.

§. 14. Der von der Reichsgewalt ernannte Feldherr und diejenigen Generale, welche von diesem zum selbstständigen Kommando einzelner Korps bestimmt werden, so wie die Gouverneure, Kommandanten und höheren Festungsbeamten der Reichsfestungen leisten dem Reichsvorstande und der Reichsverfassung den Eid der Treue.

§. 15. Alle durch Verwendung von Truppen zu Reichszwecken entstehenden Kosten, welche den durch das Reich festgesetzten Friedensstand übersteigen, fallen dem Reiche zur Last.

§. 16. Ueber eine allgemeine für das ganze Reich gleiche Wehrverfassung ergeht ein besonderes Reichsgesetz.

§. 17. Die Besetzung der Befehlshaberstellen und die Ernennung der Offiziere in den einzelnen Kontingenten bis zu den diesen Kontingenten entsprechenden Graden ist den betreffenden Regierungen überlassen; nur wo die Kontingente zweier oder mehrerer Staaten zu größeren Ganzen kombinirt sind, ernennt die Reichsgewalt unmittelbar die Befehlshaber dieser Korps, insofern deren Grad nicht innerhalb der Ernennungsbefugniß einer der betheiligten Regierungen liegt.

Für den Krieg ernennt die Reichsgewalt die kommandirenden Generale der auf den verschiedenen Kriegstheatern operirenden selbstständigen Korps.

§. 18. Der Reichsgewalt steht die Befugniß zu, Reichsfestungen und Küstenvertheidigungswerke anzulegen und, insoweit die Sicherheit des Reiches es erfordert, vorhandene Festungen gegen billige Ausgleichung, namentlich für das überlieferte Kriegsmaterial, zu Reichsfestungen zu erklären.

Die Reichsfestungen und Küstenvertheidigungswerke des Reiches werden auf Reichskosten unterhalten.

§. 19. Die Seemacht ist ausschließlich Sache des Reiches. Es ist keinem Einzelstaate gestattet, Kriegsschiffe für sich zu halten oder Kaperbriefe auszugeben.

Die Bemannung der Kriegsflotte bildet einen Theil der deutschen Wehrmacht. Sie ist unabhängig von der Landmacht.

Die Mannschaft, welche aus einem einzelnen Staate für die Kriegsflotte gestellt wird, ist von der Zahl der von demselben zu haltenden Landtruppen abzurechnen. Das Nähere hierüber, so wie über die Kostenausgleichung zwischen dem Reiche und den Einzelstaaten, bestimmt ein Reichsgesetz.

Die Ernennung der Offiziere und Beamten der Seemacht geht allein vom Reiche aus.

Der Reichsgewalt liegt die Sorge für die Ausrüstung, Ausbildung und Unterhaltung der Kriegsflotte und die Anlegung, Ausrüstung und Unterhaltung von Kriegshäfen und See-Arsenälen ob.

Ueber die zu Errichtung von Kriegshäfen und Marine-Etablissements nöthigen Enteignungen, so wie über die Befugnisse der dabei anzustellenden Reichsbehörden, bestimmen die zu erlassenden Reichsgesetze.

Art. 4.

§. 20. Die Schifffahrtsanstalten am Meere und in den Mündungen der deutschen Flüsse (Häfen, Seetonnen, Leuchtschiffe, das Lootsenwesen, das Fahrwasser u. s. w.) bleiben der Fürsorge der einzelnen Uferstaaten überlassen. Die Uferstaaten unterhalten dieselben aus eigenen Mitteln.

Ein Reichsgesetz wird bestimmen, wie weit die Mündungen der einzelnen Flüsse zu rechnen sind.

§. 21. Die Reichsgewalt hat die Oberaufsicht über diese Anstalten und Einrichtungen.

Es steht ihr zu, die betreffenden Staaten zu gehöriger Unterhaltung derselben anzuhalten.

§. 22. Die Abgaben, welche in den Seeuferstaaten von den Schiffen für die Benutzung der Schifffahrtsanstalten erhoben werden, dürfen die zur Unterhaltung dieser Anstalten nothwendigen Kosten nicht übersteigen.

§. 23. In Betreff dieser Abgaben sind alle deutschen Schiffe gleichzustellen.

Eine höhere Belegung fremder Schifffahrt kann nur von der Reichsgewalt ausgehen.

Die Mehrabgabe von fremder Schifffahrt fließt in die Reichskasse.

Art. 5.

§. 24. Die Reichsgewalt allein hat die Gesetzgebung über den Schifffahrtsbetrieb und über die Flößerei auf denjenigen Flüssen,

Kanälen und Seen, welche mehrere deutsche Staaten im schiffbaren oder flößbaren Zustande durchströmen oder begrenzen. Sie überwacht die Ausführung der darüber erlassenen Gesetze. Sie hat die Oberaufsicht über die eben bezeichneten Wasserstraßen und über die Mündungen der in dieselben sich ergießenden Nebenflüsse.

Es steht ihr zu, im Interesse des allgemeinen deutschen Verkehrs die einzelnen Staaten zur gehörigen Erhaltung und Verbesserung der Schiffbarkeit jener Wasserstraßen und Flußmündungen anzuhalten. Die Wahl der Verbesserungsmaßregeln und deren Ausführung verbleibt den einzelnen Staaten. Ueber die Aufbringung der erforderlichen Mittel ist nach Maßgabe der reichsgesetzlichen Bestimmung zu entscheiden. Alle übrigen Flüsse, Kanäle und Seen bleiben der Fürsorge der einzelnen Staaten überlassen.

§. 25. Alle deutschen Flüsse sollen für deutsche Schifffahrt von Flußzöllen frei sein. Auch die Flößerei soll auf schiffbaren Flußstrecken solchen Abgaben nicht unterliegen. Das Nähere bestimmt ein Reichsgesetz.

Bei den mehrere Staaten durchströmenden oder begrenzenden Flüssen tritt gleichzeitig für die Aufhebung dieser Flußzölle eine billige Ausgleichung ein.

§. 26. Die Hafen-, Krahn-, Waag-, Lager-, Schleusen- und dergleichen Gebühren, welche an den gemeinschaftlichen Flüssen und den Mündungen der in dieselben sich ergießenden Nebenflüsse erhoben werden, dürfen die zur Unterhaltung derartiger Anstalten nöthigen Kosten nicht übersteigen.

Es darf in Betreff dieser Gebühren keinerlei Begünstigung der Angehörigen eines deutschen Staates vor denen anderer deutschen Staaten stattfinden.

§. 27. Flußzölle und Flußschifffahrtsabgaben dürfen auf fremde Schiffe und deren Ladungen nur durch die Reichsgewalt gelegt werden.

Art. 6.

§. 28. Die Reichsgewalt hat über die Eisenbahnen und deren Betrieb, soweit es der Schutz des Reiches oder das Interesse des allgemeinen Verkehrs erheischt, die Oberaufsicht und das Recht der Gesetzgebung. Ein Reichsgesetz wird bestimmen, welche Gegenstände dahin zu rechnen sind.

§. 29. Die Reichsgewalt hat das Recht, soweit sie es zum Schutze des Reiches oder im Interesse des allgemeinen Verkehrs für nothwendig erachtet, Eisenbahnen anzulegen, wenn der Einzelstaat, in dessen Gebiet die Anlage erfolgen soll, deren Ausführung ablehnt. Die Benutzung der Eisenbahnen für Reichszwecke steht der Reichsgewalt jederzeit gegen Entschädigung frei.

§. 30. Bei der Anlage oder Bewilligung von Eisenbahnen durch die einzelnen Staaten ist die Reichsgewalt befugt, den Schutz des Reiches und das Interesse des allgemeinen Verkehrs wahrzunehmen.

§. 31. Die Reichsgewalt hat über die Landstraßen die Oberaufsicht und das Recht der Gesetzgebung, soweit es der Schutz des Reiches oder das Interesse des allgemeinen Verkehrs erheischt. Ein Reichsgesetz wird bestimmen, welche Gegenstände dahin zu rechnen sind.

§. 32. Der Reichsgewalt steht das Recht zu, zum Schutze des Reiches oder im Interesse des allgemeinen deutschen Verkehrs zu verfügen, daß aus Reichsmitteln Landstraßen und Kanäle angelegt, Flüsse schiffbar gemacht oder in ihrer Schiffbarkeit erweitert werden. Die Anordnung der dazu erforderlichen wasserbaulichen Werke erfolgt nach vorgängiger Verständigung mit den betheiligten einzelnen Staaten; diesen bleibt die Ausführung und auf Reichskosten die Unterhaltung der neuen Anlagen überlassen.

Art. 7.

§. 33. Das deutsche Reich soll Ein Zoll- und Handelsgebiet bilden, umgeben von gemeinschaftlicher Zollgrenze, mit Wegfall aller Binnengrenzzölle.

Die Aussonderung einzelner Orte und Gebietstheile aus der Zolllinie bleibt der Reichsgewalt vorbehalten.

Der Reichsgewalt bleibt es ferner vorbehalten, auch nicht zum Reiche gehörige Länder und Landestheile mittelst besonderer Verträge dem deutschen Zollgebiete anzuschließen.

§. 34. Die Reichsgewalt ausschließlich hat die Gesetzgebung über das gesammte Zollwesen, so wie über gemeinschaftliche Produktions- und Verbrauchssteuern. Welche Produktions- und Verbrauchssteuern gemeinschaftlich sein sollen, bestimmt die Reichsgesetzgebung.

§. 35. Die Erhebung und Verwaltung der Zölle, so wie der gemeinschaftlichen Produktions- und Verbrauchssteuern, geschieht unter Oberaufsicht der Reichsgewalt.

§. 36. Auf welche Gegenstände die einzelnen Staaten Produktions- oder Verbrauchssteuern für Rechnung des Staates oder einzelner Gemeinden legen dürfen, und welche Bedingungen und Beschränkungen dabei eintreten sollen, wird durch die Reichsgesetzgebung bestimmt.

§. 37. Die einzelnen deutschen Staaten sind nicht befugt, auf Güter, welche über die Reichsgrenze ein- und ausgehen, Zölle zu legen.

§. 38. Die Reichsgewalt hat das Recht der Gesetzgebung über den Handel und die Schifffahrt und überwacht die Ausführung der darüber erlassenen Reichsgesetze.

§. 39. Der Reichsgewalt steht es zu, über das Gewerbewesen Reichsgesetze zu erlassen und die Ausführung derselben zu überwachen.

§. 40. Erfindungspatente werden ausschließlich von Reichswegen auf Grundlage eines Reichsgesetzes ertheilt; auch steht der Reichsgewalt ausschließlich die Gesetzgebung gegen den Nachdruck von Büchern, jedes unbefugte Nachahmen von Kunstwerken, Fabrikzeichen, Mustern und Formen und gegen andere Beeinträchtigungen des geistigen Eigenthums zu.

Art. 8.

§. 41. Die Reichsgewalt hat das Recht der Gesetzgebung und die Oberaufsicht über das Postwesen, namentlich über Organisation,

Tarife, Transit, Portotheilung und die Verhältnisse zwischen den einzelnen Postverwaltungen.

§. 42. Postverträge mit ausländischen Postverwaltungen dürfen nur mit Genehmigung der Reichsgewalt geschlossen werden.

§. 43. Die Reichsgewalt ist befugt, Telegraphenlinien anzulegen, und die vorhandenen gegen Entschädigung zu benutzen, oder auf dem Wege der Enteignung zu erwerben.

Weitere Bestimmungen hierüber, so wie über Benutzung von Telegraphen für den Privatverkehr, sind einem Reichsgesetz vorbehalten.

Art. 9.

§. 44. Die Reichsgewalt ausschließlich hat die Gesetzgebung und die Oberaufsicht über das Münzwesen. Es liegt ihr ob, für das ganze Reich dasselbe Münzsystem einzuführen.

Sie hat das Recht, Reichsmünzen zu prägen.

§. 45. Der Reichsgewalt liegt es ob, im ganzen Reiche dasselbe System für Maß und Gewicht, so wie für den Feingehalt der Gold- und Silberwaaren, zu begründen.

§. 46. Der Reichsgewalt steht über das Bankwesen und das Ausgeben von Papiergeld die Erlassung allgemeiner Gesetze und die Oberaufsicht zu.

Art. 10.

§. 47. Die Ausgaben für alle Maßregeln und Einrichtungen, welche von Reichswegen ausgeführt werden, sind von der Reichsgewalt aus den Mitteln des Reiches zu bestreiten.

§. 48. Zur Bestreitung seiner Ausgaben ist das Reich zunächst auf die Matrikularbeiträge der einzelnen Staaten angewiesen.

§. 49. Die Reichsgewalt ist befugt, in außerordentlichen Fällen Anleihen zu machen oder sonstige Schulden zu kontrahiren.

Art. 11.

§. 50. Den Umfang der Gerichtsbarkeit des Reiches bestimmt der Abschnitt vom Reichsgericht.

Art. 12.

§. 51. Der Reichsgewalt liegt es ob, die kraft der Reichsverfassung allen Deutschen verbürgten Rechte oberaufsehend zu wahren.

§. 52. Der Reichsgewalt liegt die Wahrung des Reichsfriedens ob.

Sie hat die für die Aufrechthaltung der inneren Sicherheit und Ordnung erforderlichen Maßregeln zu treffen:

1. wenn ein deutscher Staat von einem andern deutschen Staate in seinem Frieden gestört oder gefährdet wird;
2. wenn in einem deutschen Staate die Sicherheit und Ordnung durch Einheimische oder Fremde gestört oder gefährdet wird. Doch soll in diesem Falle von der Reichsgewalt nur dann eingeschritten werden, wenn die betreffende Regierung sie selbst dazu auffordert, es sei denn, daß dieselbe dazu notorisch außer Stande ist oder der gemeine Reichsfrieden bedroht erscheint;
3. wenn die Verfassung eines deutschen Staates gewaltsam oder

einseitig aufgehoben oder verändert wird, und durch das Anrufen des Reichsgerichts unverzügliche Hülfe nicht zu erwirken ist.

§. 53. Die Maßregeln, welche von der Reichsgewalt zur Wahrung des Reichsfriedens ergriffen werden können, sind: 1. Erlasse, 2. Absendung von Kommissarien, 3. Anwendung von bewaffneter Macht.

Ein Reichsgesetz wird die Grundsätze bestimmen, nach welchen die durch solche Maßregeln veranlaßten Kosten zu tragen sind.

§. 54. Der Reichsgewalt liegt es ob, die Fälle und Formen, in welchen die bewaffnete Macht gegen Störungen der öffentlichen Ordnung angewendet werden soll, durch ein Reichsgesetz zu bestimmen.

§. 55. Der Reichsgewalt liegt es ob, die gesetzlichen Normen über Erwerb und Verlust des Reichs- und Staatsbürgerrechts festzusetzen.

§. 56. Der Reichsgewalt steht es zu, über das Heimathsrecht Reichsgesetze zu erlassen und die Ausführung derselben zu überwachen.

§. 57. Der Reichsgewalt steht es zu, unbeschadet des durch die Grundrechte gewährleisteten Rechts der freien Vereinigung und Versammlung, Reichsgesetze über das Associationswesen zu erlassen.

§. 58. Die Reichsgesetzgebung hat für die Aufnahme öffentlicher Urkunden diejenigen Erfordernisse festzustellen, welche die Anerkennung ihrer Aechtheit im ganzen Reiche bedingen.

§. 59. Die Reichsgewalt ist befugt, im Interesse des Gesammtwohls allgemeine Maßregeln für die Gesundheitspflege zu treffen.

Art. 13.

§. 60. Die Reichsgewalt hat die Gesetzgebung, soweit es zur Ausführung der ihr verfassungsmäßig übertragenen Befugnisse und zum Schutze der ihr überlassenen Anstalten erforderlich ist.

§. 61. Der Reichsgewalt liegt es ob, durch die Erlassung allgemeiner Gesetzbücher über bürgerliches Recht, Handels- und Wechselrecht, Strafrecht und gerichtliches Verfahren die Rechtseinheit im deutschen Volke zu begründen.

§. 62. Alle Gesetze und Verordnungen der Reichsgewalt erhalten verbindliche Kraft durch ihre Verkündigung von Reichswegen.

§. 63. Reichsgesetze gehen den Gesetzen der Einzelstaaten vor, insofern ihnen nicht ausdrücklich eine nur subsidiäre Geltung beigelegt ist.

Art. 14.

§. 64. Die Anstellung der Reichsbeamten geht vom Reiche aus. Die Dienstpragmatik des Reiches wird ein Reichsgesetz feststellen.

Abschnitt III.

Das Reichsoberhaupt.

Art. 1.

§. 65. Die Regierung des Reiches wird von einem Reichsvorstande an der Spitze eines Fürsten-Kollegiums geführt.

§. 66. Die Würde des Reichsvorstandes ist mit der Krone von Preußen verbunden.

§. 67. Das Fürsten-Kollegium besteht aus 6 Stimmen und zwar:

1) Preußen,
2) Baiern,
3) Sachsen, Sachsen-Weimar, Sachsen-Coburg-Gotha, Sachsen-Meiningen-Hildburghausen, Sachsen-Altenburg, Anhalt-Dessau, Anhalt-Bernburg, Anhalt-Cöthen, Schwarzburg-Sondershausen, Schwarzburg-Rudolstadt, Reuß ä. L., Reuß j. L.
4) Hannover, Braunschweig, Holstein, Mecklenburg-Schwerin, Mecklenburg-Strelitz, Oldenburg, Lübeck, Bremen, Hamburg.
5) Würtemberg, Baden, Hohenzollern-Hechingen, Hohenzollern-Sigmaringen, Lichtenstein.
6) Kurhessen, Großherzogthum Hessen, Luxemburg und Limburg, Nassau, Waldeck, Schaumburg-Lippe, Lippe-Detmold, Hessen-Homburg und Frankfurt a. M.

Die Staaten, welche einen gemeinschaftlichen Bevollmächtigten zum Fürsten-Kollegium bestellen, haben sich über dessen Wahl zu verständigen; für den Fall der Nichtverständigung wird ein Reichsgesetz die Mitwirkung der Betheiligten bestimmen.

Art. 2.

§. 68. Der Reichsvorstand wird während der Dauer des Reichstages am Sitze der Reichsregierung residiren.

So oft sich der Reichsvorstand nicht am Sitze der Reichsregierung befindet, muß einer der Reichsminister in seiner unmittelbaren Umgebung sein.

§. 69. Der Reichsvorstand übt die ihm übertragene Gewalt durch verantwortliche, von ihm ernannte Minister aus.

§. 70. Alle Regierungshandlungen des Reichsvorstandes bedürfen zu ihrer Gültigkeit der Gegenzeichnung von wenigstens einem der Reichsminister, welcher dadurch die Verantwortung übernimmt.

Art. 3.

§. 71. Der Reichsvorstand übt die völkerrechtliche Vertretung des deutschen Reiches und der einzelnen deutschen Staaten aus. Er stellt die Reichsgesandten und die Konsuln an, und führt den diplomatischen Verkehr.

§. 72. Der Reichsvorstand erklärt Krieg und schließt Frieden.

§. 73. Der Reichsvorstand schließt die Bündnisse und Verträge mit den auswärtigen Mächten ab, und zwar unter Mitwirkung des Reichstages, insoweit diese in der Verfassung vorbehalten ist.

§. 74. Alle Verträge nicht rein privatlichen Inhalts, welche deutsche Regierungen unter sich oder mit auswärtigen Regierungen abschließen, sind dem Reichsvorstande zur Kenntnißnahme und, insofern das Reichsinteresse dabei betheiligt ist, zur Bestätigung vorzulegen.

§. 75. Der Reichsvorstand beruft und schließt den Reichstag; er hat das Recht, das Volkshaus aufzulösen.

§. 76. Das Fürsten-Kollegium unter dem Vorsitze des Reichsvorstandes, oder in dessen Verhinderung unter dem Vorsitze Baierns, hat das Recht des Gesetzesvorschlages. Es übt die gesetzgebende Gewalt in Gemeinschaft mit dem Reichstage unter den verfassungsmäßigen Beschränkungen aus.

§. 77. Das Fürsten-Kollegium faßt seine Beschlüsse durch absolute Majorität der anwesenden Bevollmächtigten. Bei gleicher Stimmenzahl entscheidet die Stimme des Vorsitzenden.

§. 78. Der Reichsvorstand verkündigt die Reichsgesetze und erläßt die zur Vollziehung derselben nöthigen Verordnungen.

§. 79. In Strafsachen, welche zur Zuständigkeit des Reichsgerichts gehören, hat der Reichsvorstand das Recht der Begnadigung und Strafmilderung. Das Verbot der Einleitung oder Fortsetzung von Untersuchungen kann der Reichsvorstand nur mit Zustimmung des Reichstages erlassen. Zu Gunsten eines wegen seiner Amtshandlungen verurtheilten Reichsministers kann der Reichsvorstand das Recht der Begnadigung und Strafmilderung nur dann ausüben, wenn dasjenige Haus, von welchem die Anklage ausgegangen ist, darauf anträgt. Zu Gunsten von Landesministern steht ihm ein solches Recht nicht zu.

§. 80. Dem Reichsvorstand liegt die Wahrung des Reichsfriedens ob.

§. 81. Der Reichsvorstand hat die Verfügung über die bewaffnete Macht.

§. 82. Ueberhaupt hat der Reichsvorstand in allen Angelegenheiten des Reiches nach Maßgabe der Reichsverfassung die Regierungsgewalt, welche derselbe nach §. 76 als Theilhaber an der gesetzgebenden Gewalt unter Zustimmung und in Verbindung mit dem Fürstenkollegium ausübt.

Dem Reichsvorstande stehen diejenigen Rechte und Befugnisse zu, welche in der Verfassung der Reichsgewalt beigelegt und dem Reichstage nicht zugewiesen sind.

Abschnitt IV.

Der Reichstag.

Art. 1.

§. 83. Der Reichstag besteht aus zwei Häusern, dem Staatenhaus und dem Volkshaus.

Art. 2.

§. 84. Das Staatenhaus wird gebildet aus den Vertretern der deutschen Staaten.

§. 85. So lange die deutsch-österreichischen Lande an dem Bundesstaate nicht Theil nehmen, vertheilt sich die Zahl der Mitglieder des Staatenhauses nach folgendem Verhältniß:

Preußen	40	Mitglieder.
Baiern	20	"
Sachsen	12	"
Hannover	12	"
Würtemberg	12	"
Baden	10	"
Kurhessen	7	"
Großherzogthum Hessen	7	"
Holstein	6	"
Mecklenburg-Schwerin	4	"
Luxemburg-Limburg	3	"
Nassau	4	"
Braunschweig	2	"
Oldenburg	2	"
Sachsen-Weimar	2	"
Sachsen-Koburg-Gotha	1	"
Sachsen-Meiningen-Hildburghausen	1	"
Sachsen-Altenburg	1	"
Mecklenburg-Strelitz	1	"
Anhalt-Dessau	1	"
Anhalt-Bernburg	1	"
Anhalt-Köthen	1	"
Schwarzburg-Sondershausen	1	"
Schwarzburg-Rudolstadt	1	"
Hohenzollern-Hechingen	1	"
Liechtenstein	1	"
Hohenzollern-Sigmaringen	1	"
Waldeck	1	"
Reuß ältere Linie	1	"
Reuß jüngere Linie	1	"
Schaumburg-Lippe	1	"
Lippe-Detmold	1	"
Hessen-Homburg	1	"
Lauenburg	1	"
Lübeck	1	"
Frankfurt	1	"
Bremen	1	"
Hamburg	2	"
	167	Mitglieder.

§. 86. Die Mitglieder des Staatenhauses werden zur Hälfte durch die Regierung und zur Hälfte durch die Volksvertretung der betreffenden Staaten ernannt.

Wo zwei Kammern bestehen, wird die Hälfte von jeder Kammer gewählt; bei ungleichen Hälften fällt die größere auf das Volkshaus.

§. 87. In denjenigen Staaten, welche nur Ein Mitglied in

das Staatenhaus senden, schlägt die Regierung drei Kandidaten vor, aus denen die Volksvertretung mit absoluter Stimmenmehrheit wählt.

Auf dieselbe Weise ist in denjenigen Staaten, welche eine ungerade Zahl von Mitgliedern senden, in Betreff des letzten derselben zu verfahren.

§. 88. Wenn mehrere deutsche Staaten zu einem Ganzen verbunden werden, so entscheidet ein Reichsgesetz über die dadurch etwa nothwendig werdende Abänderung in der Zusammensetzung des Staatenhauses.

§. 89. Mitglied des Staatenhauses kann nur sein, wer

1. Staatsbürger des Staates ist, welcher ihn sendet,
2. das 30ste Lebensjahr zurückgelegt hat,
3. sich im vollen Genuß der bürgerlichen und staatsbürgerlichen Rechte befindet.

§. 90. Die Mitglieder des Staatenhauses werden auf sechs Jahre gewählt. Sie werden alle drei Jahre zur Hälfte erneuert.

Auf welche Weise nach den ersten drei Jahren das Ausscheiden der einen Hälfte stattfinden soll, wird durch ein Reichsgesetz bestimmt. Die Ausscheidenden sind stets wieder wählbar.

Wird nach Ablauf dieser drei Jahre und vor Vollendung der neuen Wahlen für das Staatenhaus ein außerordentlicher Reichstag berufen, so treten, so weit die neuen Wahlen noch nicht stattgefunden haben, die früheren Mitglieder ein.

Art. 3.

§. 91. Das Volkshaus besteht aus den Abgeordneten des deutschen Volkes.

§. 92. Die Mitglieder des Volkshauses werden auf vier Jahre gewählt.

Die Wahl geschieht nach den in dem Reichswahlgesetze enthaltenen Vorschriften.

Art. 4.

§. 93. Die Mitglieder des Reichstags beziehen aus der Reichskasse ein gleichmäßiges Tagegeld und Entschädigung für ihre Reisekosten. Das Nähere bestimmt ein Reichsgesetz.

§. 94. Die Mitglieder beider Häuser können durch Instruktionen nicht gebunden werden.

§. 95. Niemand kann gleichzeitig Mitglied von beiden Häusern sein.

Art. 5.

§. 96. Zu einem Beschluß eines jeden Hauses des Reichstages ist die Theilnahme von wenigstens der Hälfte der gesetzlichen Anzahl seiner Mitglieder und die einfache Stimmenmehrheit erforderlich.

Im Falle der Stimmengleichheit wird ein Antrag als abgelehnt betrachtet.

§. 97. Das Recht des Gesetzvorschlages, der Beschwerde, der Adresse und der Erhebung von Thatsachen, so wie der Anklage der Minister, steht jedem Hause zu.

§. 98. Ein Reichstagsbeschluß kann nur durch die Uebereinstimmung beider Häuser gültig zu Stande kommen.

§. 99. Ein Reichsbeschluß kann nur durch die Uebereinstimmung beider Häuser einerseits, so wie des Reichsvorstandes und Fürstenkollegiums andrerseits, gültig zu Stande kommen.

Ein Reichstagsbeschluß, welcher die Zustimmung der Reichsregierung nicht erlangt hat, darf in derselben Sitzungsperiode nicht wiederholt werden.

§. 100. Ein Reichstagsbeschluß ist in folgenden Fällen erforderlich:

1. Wenn es sich um die Erlassung, Aufhebung, Abänderung oder Auslegung von Reichsgesetzen handelt.
2. Wenn der Reichshaushalt festgestellt wird, wenn Anleihen kontrahirt werden, wenn das Reich eine im Budget nicht vorgesehene Ausgabe übernimmt, oder Matrikularbeiträge oder Steuern erhebt.
3. Wenn fremde See- und Flußschifffahrt mit höheren Abgaben belegt werden soll.
4. Wenn Landesfestungen zu Reichsfestungen erklärt werden sollen.
5. Wenn Handels-, Schifffahrts- und Auslieferungsverträge mit dem Auslande geschlossen werden, so wie überhaupt völkerrechtliche Verträge, insofern sie das Reich belasten.
6. Wenn nicht zum Reich gehörige Länder oder Landestheile dem deutschen Zollgebiete angeschlossen, oder einzelne Orte oder Gebietstheile von der Zollinie ausgeschlossen werden sollen.
7. Wenn deutsche Landestheile abgetreten, oder wenn nichtdeutsche Gebiete dem Reiche einverleibt oder auf andere Weise mit demselben verbunden werden sollen.

§. 101. Bei Feststellung des Reichshaushaltes treten folgende Bestimmungen ein:

1. Alle die Finanzen betreffenden Vorlagen der Reichsregierung gelangen zunächst an das Volkshaus und sodann an das Staatenhaus.
2. Bewilligungen von Ausgaben dürfen nur auf Antrag der Reichsregierung und bis zum Belauf dieses Antrages erfolgen. Jede Bewilligung gilt nur für den besonderen Zweck, für welchen sie bestimmt worden. Die Verwendung darf nur innerhalb der Grenze der Bewilligung erfolgen.
3. Die Dauer der Finanzperiode und Budgetbewilligung ist drei Jahre.
4. Das Budget über die regelmäßigen Ausgaben des Reichs und über den Reservefonds, so wie über die für beides erforderlichen Deckungsmittel, wird auf dem ersten Reichstage durch Reichstagsbeschlüsse festgestellt. Eine Erhöhung dieses Budgets auf späteren Reichstagen erfordert gleichfalls einen Reichstagsbeschluß.
5. Dieses ordentliche Budget wird auf jedem Reichstage zuerst dem

Volkshause vorgelegt, und von diesem in seinen einzelnen Ansätzen nach den Erläuterungen und Belegen, welche die Reichsregierung vorzulegen hat, geprüft und ganz oder theilweise bewilligt oder verworfen.

6. Nach erfolgter Prüfung und Bewilligung durch das Volkshaus wird das Budget an das Staatenhaus zur Berathung und Beschlußnahme abgegeben. Wenn dieser Beschluß nicht mit dem des Volkshauses übereinstimmt, so geht das Budget zu fernerer Verhandlung an das Volkshaus zurück. Ein endgültiger Beschluß kann nur durch die Uebereinstimmung beider Häuser zu Stande kommen.

7. Alle außerordentlichen Ausgaben und deren Deckungsmittel bedürfen, gleich der Erhöhung des ordentlichen Budgets, eines Reichstagsbeschlusses.

8. Die Nachweisung über die Verwendung der Reichsgelder wird dem Reichstage, und zwar zuerst dem Volkshause, zur Prüfung und zum Abschluß vorgelegt.

Art. 6.

§ 102. Der Reichstag versammelt sich jedes Jahr am Sitze der Reichsregierung. Die Zeit der Zusammenkunft wird vom Reichsoberhaupt bei der Einberufung angegeben, insofern nicht ein Reichsgesetz dieselbe festsetzt.

Außerdem kann der Reichstag zu außerordentlichen Sitzungen jederzeit vom Reichsoberhaupt einberufen werden.

§. 103. Die ordentlichen Sitzungsperioden der Landtage in den Einzelstaaten sollen mit denen des Reichstages in der Regel nicht zusammenfallen. Das Nähere bleibt einem Reichsgesetz vorbehalten.

§. 104. Das Volkshaus kann durch das Reichsoberhaupt aufgelöst werden.

In dem Falle der Auflösung ist der Reichstag binnen drei Monaten wieder zu versammeln.

§. 105. Die Auflösung des Volkshauses hat die gleichzeitige Vertagung des Staatenhauses bis zur Wiederberufung des Reichstages zur Folge.

Die Sitzungsperioden beider Häuser sind dieselben.

§. 106. Das Ende der Sitzungsperiode des Reichstages wird vom Reichsoberhaupt bestimmt.

§. 107. Eine Vertagung des Reichstages oder eines der beiden Häuser durch das Reichsoberhaupt bedarf, wenn sie nach Eröffnung der Sitzung auf länger als vierzehn Tage ausgesprochen werden soll, der Zustimmung des Reichstages oder des betreffenden Hauses.

Auch der Reichstag selbst, so wie jedes der beiden Häuser, kann sich auf vierzehn Tage vertagen.

Art. 7.

§. 108. Jedes der beiden Häuser wählt seinen Präsidenten, seine Vicepräsidenten und seine Schriftführer.

§. 109. Die Sitzungen beider Häuser sind öffentlich. Die Geschäftsordnung eines jeden Hauses bestimmt, unter welchen Bedingungen vertrauliche Sitzungen stattfinden können.

§. 110. Jedes Haus prüft die Vollmachten seiner Mitglieder und entscheidet über die Zulassung derselben.

§. 111. Jedes Mitglied leistet bei seinem Eintritt den Eid: „Ich schwöre, die deutsche Reichsverfassung getreulich zu beobachten und aufrecht zu erhalten, so wahr mir Gott helfe."

§. 112. Jedes Haus hat das Recht, seine Mitglieder wegen unwürdigen Verhaltens zu bestrafen und äußersten Falls auszuschließen. Das Nähere bestimmt die Geschäftsordnung jedes Hauses.

Eine Ausschließung kann nur dann ausgesprochen werden, wenn eine Mehrheit von zwei Dritteln der Stimmen sich dafür entscheidet.

§. 113. Weder Ueberbringer von Bittschriften, noch überhaupt Deputationen sollen in den Häusern zugelassen werden.

§. 114. Es soll eine allgemeine Geschäftsordnung unter Zustimmung beider Häuser erlassen werden. Die Anwendung dieser Geschäftsordnung im Einzelnen bleibt den Beschlüssen jedes Hauses vorbehalten.

Art. 8.

§. 115. Ein Mitglied des Reichstages darf während der Dauer der Sitzungsperiode ohne Zustimmung des Hauses, zu welchem es gehört, wegen strafrechtlicher Anschuldigungen weder verhaftet, noch in Untersuchung gezogen werden, mit alleiniger Ausnahme der Ergreifung auf frischer That.

§. 116. In diesem letzteren Falle ist dem betreffenden Hause von der angeordneten Maßregel sofort Kenntniß zu geben.

§. 117. Jedes Haus ist befugt, für die Dauer seiner Sitzungsperiode die Aufhebung derjenigen Verhaftungen zu verfügen, welche über ein Mitglied desselben zur Zeit seiner Wahl verhängt gewesen, oder nach dieser bis zu Eröffnung der Sitzungen verhängt worden ist.

§. 118. Kein Mitglied des Reichstages darf von Staatswegen zu irgend einer Zeit wegen seiner Abstimmung oder wegen der in Ausübung seines Berufes gethanen Aeußerungen gerichtlich oder dizsiplinarisch verfolgt oder sonst außerhalb der Versammlung zur Verantwortung gezogen werden.

Art. 9.

§. 119. Die Reichsminister und die von ihnen bezeichneten Kommissarien haben das Recht, den Verhandlungen beider Häuser des Reichstages beizuwohnen und jederzeit von denselben gehört zu werden.

§. 120. Die Reichsminister haben die Verpflichtung, auf Verlangen jedes der Häuser des Reichstages in demselben zu erscheinen und Auskunft zu ertheilen, oder den Grund anzugeben, weshalb dieselbe nicht ertheilt werden könne.

§. 121. Die Reichsminister können nicht Mitglieder des Staatenhauses sein.

§. 122. Wenn ein Mitglied des Volkshauses im Reichsdienst ein Amt oder eine Beförderung annimmt, so muß es sich einer neuen Wahl unterwerfen; es behält seinen Sitz im Hause, bis die neue Wahl stattgefunden hat.

Abschnitt V.

Das Reichsgericht.

Art. 1.

§. 123. Die dem Reiche zustehende Gerichtsbarkeit wird durch ein Reichsgericht ausgeübt.

§. 124. Zur Zuständigkeit des Reichsgerichts gehören:

a) Klagen eines Einzelstaates gegen die Reichsgewalt wegen Verletzung der Reichsverfassung durch Erlassung von Reichsgesetzen und durch Maßregeln der Reichsregierung, so wie Klagen der Reichsgewalt gegen einen Einzelstaat wegen Verletzung der Reichsverfassung.

b) Streitigkeiten zwischen dem Staatenhause und dem Volkshause unter sich und zwischen jedem von ihnen und der Reichsregierung, welche die Auslegung der Reichsverfassung betreffen, wenn die streitenden Theile sich vereinigen, die Entscheidung des Reichsgerichts einzuholen.

c) Politische und privatrechtliche Streitigkeiten aller Art zwischen den einzelnen deutschen Staaten.

d) Streitigkeiten über Thronfolge, Regierungsfähigkeit und Regentschaft in den Einzelstaaten.

e) Streitigkeiten zwischen der Regierung eines Einzelstaates und dessen Volksvertretung über die Gültigkeit oder Auslegung der Landesverfassung.

f) Klagen der Angehörigen eines Einzelstaates gegen die Regierung desselben, wegen Aufhebung oder verfassungswidriger Veränderung der Landesverfassung.

Klagen der Angehörigen eines Einzelstaates gegen die Regierung wegen Verletzung der Landesverfassung können bei dem Reichsgericht nur angebracht werden, wenn die in der Landesverfassung gegebenen Mittel der Abhülfe nicht zur Anwendung gebracht werden können.

g) Klagen deutscher Staatsbürger wegen Verletzung der durch die Reichsverfassung ihnen gewährten Rechte. Die näheren Bestimmungen über den Umfang dieses Klagerechts und die Art und Weise, dasselbe geltend zu machen, bleiben der Reichsgesetzgebung vorbehalten.

h) Beschwerden wegen verweigerter oder gehemmter Rechtspflege, wenn die landesgesetzlichen Mittel der Abhülfe erschöpft sind.

i) Strafgerichtsbarkeit über die Anklagen gegen die Reichsminister, insofern sie deren ministerielle Verantwortlichkeit betreffen.

k) Strafgerichtsbarkeit über die Anklagen gegen die Minister der Einzelstaaten, insofern sie deren ministerielle Verantwortlichkeit betreffen und die Gerichte der Einzelstaaten dazu nicht kompetent sind.

l) Strafgerichtsbarkeit in den Fällen des Hoch- und Landesverraths gegen das Reich.

Ob noch andere Verbrechen gegen das Reich der Strafgerichtsbarkeit des Reichsgerichts zu überweisen sind, wird späteren Reichsgesetzen vorbehalten.

m) Klagen gegen den Reichsfiskus, wo ein gemeinrechtlicher Gerichtsstand nicht begründet sein sollte.

n) Klagen gegen deutsche Staaten, wenn die Verpflichtung, dem Anspruche Genüge zu leisten, zwischen mehreren Staaten zweifelhaft oder bestritten ist, so wie wenn die gemeinschaftliche Verpflichtung gegen mehrere Staaten in einer Klage geltend gemacht wird.

§. 125. Ueber die Frage, ob ein Fall zur Entscheidung des Reichsgerichts geeignet sei, erkennt einzig und allein das Reichsgericht selbst.

§. 126. Ueber die Einsetzung und Organisation des Reichsgerichts, über das Verfahren und die Vollziehung der reichsgerichtlichen Entscheidungen und Verfügungen wird ein besonderes Gesetz ergehen.

Diesem Gesetze wird auch die Bestimmung, ob und in welchen Fällen bei dem Reichsgericht die Urtheilsfällung durch Geschworene erfolgen soll, vorbehalten.

Ebenso bleibt vorbehalten: ob und wie weit dieses Gesetz als organisches Verfassungsgesetz zu betrachten ist.

§. 127. Der Reichsgesetzgebung bleibt es vorbehalten, Admiralitäts- und Seegerichte zu errichten, so wie Bestimmungen über die Gerichtsbarkeit der Gesandten und Konsuln des Reiches zu treffen.

Abschnitt VI.

Die Grundrechte des deutschen Volkes*).

§. 128. Dem deutschen Volke sollen die nachstehenden Grundrechte gewährleistet sein. Sie dienen den Verfassungen der deutschen Einzelstaaten zur Norm und werden ihre Anwendung auf deren besondere Verhältnisse in den Gesetzgebungen dieser Staaten finden.

Art. 1.

§. 129. Das deutsche Volk besteht aus den Angehörigen der Staaten, welche das deutsche Reich bilden.

---

*) Wir stellen hier, zur Vergleichung, den Abschnitt der revidirten preußischen Verfassung vom 31. Januar 1850 gegenüber:

Art. 3. Die Verfassung und das Gesetz bestimmen, unter welchen Bedingungen die Eigenschaft eines Preußen und die staatsbürgerlichen Rechte erworben, ausgeübt und verloren werden.

Art. 4. Alle Preußen sind vor dem Gesetze gleich. Standes-Vorrechte finden

§. 130. Jeder Deutsche hat das deutsche Reichsbürgerrecht. Die ihm kraft dessen zustehenden Rechte kann er in jedem deutschen Lande ausüben. Ueber das Recht, zur deutschen Reichsversammlung zu wählen, verfügt das Reichswahlgesetz.

§. 131. Jeder Deutsche hat das Recht, an jedem Orte des Reichs-Gebietes seinen Aufenthalt und Wohnsitz zu nehmen, Liegenschaften jeder Art zu erwerben und darüber zu verfügen, jeden Nahrungszweig zu betreiben, das Gemeindebürgerrecht zu gewinnen.

Die Bedingungen für den Aufenthalt und die Wohnberechtigung in den Einzelstaaten werden durch ein allgemeines Heimathsgesetz, jene für den Gewerbebetrieb durch eine allgemeine Gewerbe-Ordnung von der Reichsgewalt festgesetzt.

§. 132. Kein deutscher Staat darf zwischen seinen Angehörigen und andern Deutschen einen Unterschied im bürgerlichen, peinlichen und Prozeß-Rechte machen, welcher die letzteren als Ausländer zurücksetzt.

§. 133. Die Strafe des bürgerlichen Todes soll nicht stattfinden, und da, wo sie bereits ausgesprochen ist, in ihren Wirkungen aufhören, so weit nicht hierdurch erworbene Privatrechte verletzt werden.

§. 134. Die Auswanderungsfreiheit ist von Staatswegen nicht beschränkt; Abzugsgelder dürfen nicht erhoben werden.

Die Auswanderungsangelegenheit steht unter dem Schutze und der Fürsorge des Reichs.

Art. 2.

§. 135. Vor dem Gesetze gilt kein Unterschied der Stände.

Alle Standes-Vorrechte sind abgeschafft.

Die Deutschen sind vor dem Gesetze gleich.

Die öffentlichen Aemter sind für alle Befähigten gleich zugänglich.

Die Wehrpflicht ist für Alle gleich; Stellvertretung bei derselben

---

nicht statt Die öffentlichen Aemter sind, unter Einhaltung der von den Gesetzen festgestellten Bedingungen, für alle dazu Befähigten gleich zugänglich

Art. 5. Die persönliche Freiheit ist gewährleistet. Die Bedingungen und Formen, unter welchen eine Beschränkung derselben, insbesondere eine Verhaftung zulässig ist, werden durch das Gesetz bestimmt.

Art. 6. Die Wohnung ist unverletzlich. Das Eindringen in dieselbe und Haussuchungen, so wie die Beschlagnahme von Briefen und Papieren, sind nur in den gesetzlich bestimmten Fällen und Formen gestattet.

Art. 7. Niemand darf seinem gesetzlichen Richter entzogen werden. Ausnahmegerichte und außerordentliche Kommissionen sind unstatthaft.

Art. 8. Strafen können nur in Gemäßheit des Gesetzes angedroht oder verhängt werden.

Art. 9. Das Eigenthum ist unverletzlich. Es kann nur aus Gründen des öffentlichen Wohles gegen vorgängige in dringenden Fällen wenigstens vorläufig festzustellende Entschädigung nach Maßgabe des Gesetzes entzogen oder beschränkt werden.

Art. 10. Der bürgerliche Tod und die Strafe der Vermögens-Einziehung finden nicht statt.

Art. 11. Die Freiheit der Auswanderung kann von Staatswegen nur in Bezug auf die Wehrpflicht beschränkt werden.

Abzugsgelder dürfen nicht erhoben werden.

findet nicht statt. Das Nähere hierüber wird durch das Wehrgesetz bestimmt.

Art. 3.

§. 136. Die Freiheit der Person ist unverletzlich.

Die Verhaftung einer Person soll, außer im Falle der Ergreifung auf frischer That, nur geschehen in Kraft eines richterlichen, mit Gründen versehenen Befehls. Dieser Befehl muß im Augenblicke der Verhaftung oder innerhalb der nächsten 24 Stunden dem Verhafteten zugestellt werden.

Die Polizeibehörde muß Jeden, den sie in Verwahrung genommen hat, im Laufe des folgenden Tages entweder freilassen oder der zuständigen Behörde übergeben.

Jeder Angeschuldigte soll gegen Stellung einer vom Gericht zu bestimmenden Kaution oder Bürgschaft der Haft entlassen werden, sofern nicht dringende Anzeigen eines schweren peinlichen Verbrechens gegen denselben vorliegen.

Im Falle einer widerrechtlich verfügten oder verlängerten Gefangenschaft ist der Schuldige und nöthigenfalls der Staat dem Verletzten zur Genugthuung und Entschädigung verpflichtet.

Die für das Heer- und Seewesen erforderlichen Modifikationen dieser Bestimmungen werden besonderen Gesetzen vorbehalten.

§. 137. Die Strafen des Prangers, der Brandmarkung und der körperlichen Züchtigung, sind abgeschafft.

§. 138. Die Wohnung ist unverletzlich.

Eine Haussuchung ist nur zulässig:

Art. 12. Die Freiheit des religiösen Bekenntnisses, der Vereinigung zu Religions-Gesellschaften (Art. 31 und 32) und der gemeinsamen häuslichen und öffentlichen Religions-Uebung wird gewährleistet Der Genuß der bürgerlichen und staatsbürgerlichen Rechte ist unabhängig von dem religiösen Bekenntnisse. Den bürgerlichen und staatsbürgerlichen Pflichten darf durch die Ausübung der Religionsfreiheit kein Abbruch geschehen.

Art. 13. Die Religions-Gesellschaften, so wie die geistlichen Gesellschaften, welche keine Korporationsrechte haben, können diese Rechte nur durch besondere Gesetze erlangen.

Art. 14. Die christliche Religion wird bei denjenigen Einrichtungen des Staats, welche mit der Religionsübung im Zusammenhange stehen, unbeschadet der im Art. 12 gewährleisteten Religionsfreiheit, zum Grunde gelegt.

Art. 15. Die evangelische und die römisch-katholische Kirche, so wie jede andere Religions-Gesellschaft, ordnet und verwaltet ihre Angelegenheiten selbstständig und bleibt im Besitz und Genuß der für ihre Kultus-, Unterrichts- und Wohlthätigkeitszwecke bestimmten Anstalten, Stiftungen und Fonds.

Art. 16. Der Verkehr der Religions-Gesellschaften mit ihren Oberen ist ungehindert. Die Bekanntmachung kirchlicher Anordnungen ist nur denjenigen Beschränkungen unterworfen, welchen alle übrigen Veröffentlichungen unterliegen.

Art. 17. Ueber das Kirchenpatronat und die Bedingungen, unter welchen dasselbe aufgehoben werden kann, wird ein besonderes Gesetz ergehen.

Art. 18. Das Ernennungs-, Vorschlags-, Wahl- und Bestätigungsrecht bei Besetzung kirchlicher Stellen ist, so weit es dem Staate zusteht und nicht auf dem Patronat oder besonderen Rechtstiteln beruht, aufgehoben.

1. In Kraft eines richterlichen mit Gründen versehenen Befehls, welcher sofort oder innerhalb der nächsten 24 Stunden dem Betheiligten zugestellt werden soll.

2. Im Falle der Verfolgung auf frischer That, durch den gesetzlich berechtigten Beamten.

3. In den Fällen und Formen, in welchen das Gesetz ausnahmsweise bestimmten Beamten auch ohne richterlichen Befehl dieselbe gestattet.

Die Haussuchung muß, wenn thunlich, mit Zuziehung von Hausgenossen erfolgen.

Die Unverletzlichkeit der Wohnung ist kein Hinderniß der Verhaftung eines gerichtlich Verfolgten.

§. 139. Die Beschlagnahme von Briefen und Papieren darf, außer bei einer Verhaftung oder Haussuchung, nur in Kraft eines richterlichen, mit Gründen versehenen Befehls vorgenommen werden, welcher sofort oder innerhalb der nächsten 24 Stunden dem Betheiligten zugestellt werden soll.

§. 140. Das Briefgeheimniß ist gewährleistet.

Die bei strafgerichtlichen Untersuchungen und in Kriegsfällen nothwendigen Beschränkungen sind durch die Gesetzgebung festzustellen.

Art. 4.

§. 141. Jeder Deutsche hat das Recht, durch Wort, Schrift, Druck und bildliche Darstellung seine Meinung frei zu äußern.

Die Censur darf nicht eingeführt werden.

Ein Preßgesetz zur Wahrung der öffentlichen Sicherheit und der Rechte Dritter wird vom Reiche erlassen werden.

Auf die Anstellung von Geistlichen beim Militair und an öffentlichen Anstalten findet diese Bestimmung keine Anwendung.

Art. 19. Die Einführung der Civilehe erfolgt nach Maßgabe eines besonderen Gesetzes, was auch die Führung der Civilstandsregister regelt.

Art. 20. Die Wissenschaft und ihre Lehre ist frei.

Art. 21. Für die Bildung der Jugend soll durch öffentliche Schulen genügend gesorgt werden.

Aeltern und deren Stellvertreter dürfen ihre Kinder oder Pflegebefohlenen nicht ohne den Unterricht lassen, welcher für die öffentlichen Volksschulen vorgeschrieben ist.

Art. 22. Unterricht zu ertheilen und Unterrichts-Anstalten zu gründen und zu leiten steht Jedem frei, wenn er seine sittliche, wissenschaftliche und technische Befähigung den betreffenden Staatsbehörden nachgewiesen hat.

Art. 23. Alle öffentlichen und Privat-Unterrichts- und Erziehungs-Anstalten stehen unter der Aufsicht vom Staate ernannter Behörden.

Die öffentlichen Lehrer haben die Rechte und Pflichten der Staatsdiener.

Art. 24. Bei der Einrichtung der öffentlichen Volksschulen sind die konfessionellen Verhältnisse möglichst zu berücksichtigen.

Den religiösen Unterricht in der Volksschule leiten die betreffenden Religions-Gesellschaften.

Die Leitung der äußeren Angelegenheiten der Volksschule steht der Gemeinde zu. Der Staat stellt, unter gesetzlich geordneter Betheiligung der Gemeinden, aus der Zahl der Befähigten die Lehrer der öffentlichen Volksschulen an.

Ueber Preßvergehen, welche von Amts wegen verfolgt werden, wird durch Schwurgerichte geurtheilt.

Art. 5.

§. 142. Jeder Deutsche hat volle Glaubens- und Gewissensfreiheit.

§. 143. Jeder Deutsche ist unbeschränkt in der gemeinsamen häuslichen und öffentlichen Uebung seiner Religion.

Verbrechen und Vergehen, welche bei Ausübung dieser Freiheit begangen werden, sind nach dem Gesetze zu bestrafen.

§. 144. Durch das religiöse Bekenntniß wird der Genuß der bürgerlichen und staatsbürgerlichen Rechte weder bedingt noch beschränkt. Den staatsbürgerlichen Pflichten darf dasselbe keinen Abbruch thun.

§. 145. Jede Religionsgesellschaft ordnet und verwaltet ihre Angelegenheiten selbstständig und bleibt im Besitz und Genuß der für ihre Kultus-, Unterrichts- und Wohlthätigkeitszwecke bestimmten Anstalten, Stiftungen und Fonds.

Es besteht fernerhin keine Staatskirche.

Neue Religionsgesellschaften dürfen sich bilden; einer Anerkennung ihres Bekenntnisses durch den Staat bedarf es nicht.

§. 146. Niemand soll von Staats wegen zu einer kirchlichen Handlung oder Feierlichkeit gezwungen werden.

§. 147. Die Formel des Eides soll künftig lauten: „So wahr mir Gott helfe.“

§. 148. Die bürgerliche Gültigkeit der Ehe ist nur von der Voll-

---

Art. 25. Die Mittel zur Errichtung, Unterhaltung und Erweiterung der öffentlichen Volksschule werden von den Gemeinden und, im Falle des nachgewiesenen Unvermögens, ergänzungsweise vom Staate aufgebracht. Die auf besonderen Rechtstiteln beruhenden Verpflichtungen Dritter bleiben bestehen.

Der Staat gewährleistet demnach den Volksschullehrern ein festes, den Lokalverhältnissen angemessenes Einkommen.

In der öffentlichen Volksschule wird der Unterricht unentgeltlich ertheilt.

Art. 26. Ein besonderes Gesetz regelt das ganze Unterrichtswesen.

Art 27. Jeder Preuße hat das Recht, durch Wort, Schrift, Druck und bildliche Darstellung seine Meinung frei zu äußern.

Die Censur darf nicht eingeführt werden; jede andere Beschränkung der Preßfreiheit nur im Wege der Gesetzgebung.

Art. 28. Vergehen, welche durch Wort, Schrift, Druck oder bildliche Darstellung begangen werden, sind nach den allgemeinen Strafgesetzen zu bestrafen.

Art. 29. Alle Preußen sind berechtigt, sich ohne vorgängige obrigkeitliche Erlaubniß friedlich und ohne Waffen in geschlossenen Räumen zu versammeln.

Diese Bestimmung bezieht sich nicht auf Versammlungen unter freiem Himmel, welche auch in Bezug auf vorgängige obrigkeitliche Erlaubniß der Verfugung des Gesetzes unterworfen sind

Art. 30. Alle Preußen haben das Recht, sich zu solchen Zwecken, welche den Strafgesetzen nicht zuwiderlaufen, in Gesellschaften zu vereinigen.

Das Gesetz regelt, insbesondere zur Aufrechthaltung der öffentlichen Sicherheit, die Ausübung des in diesem und in dem vorstehenden Artikel (29) gewährleisteten Rechts.

Politische Vereine können Beschränkungen und vorübergehenden Verboten im Wege der Gesetzgebung unterworfen werden.

ziehung des Civilaktes abhängig; die kirchliche Trauung kann nur nach der Vollziehung des Civilaktes stattfinden.

Die Religionsverschiedenheit ist kein bürgerliches Ehehinderniß.

§. 149. Die Standesbücher werden von den bürgerlichen Behörden geführt.

Art. 6.

§. 150. Die Wissenschaft und ihre Lehre ist frei.

§. 151. Das Unterrichts- und Erziehungswesen steht unter der Oberaufsicht des Staats; er übt sie durch eigene von ihm ernannte Behörden aus.

§. 152. Unterrichts- und Erziehungsanstalten zu gründen, zu leiten und an solchen Unterricht zu ertheilen, steht jedem Deutschen frei, wenn er seine Befähigung der betreffenden Staatsbehörde nachgewiesen hat.

Der häusliche Unterricht unterliegt keiner Beschränkung.

§. 153. Für die Bildung der deutschen Jugend soll durch öffentliche Schulen überall genügend gesorgt werden.

Eltern oder deren Stellvertreter dürfen ihre Kinder oder Pflegebefohlenen nicht ohne den Unterricht lassen, welcher für die unteren Volksschulen vorgeschrieben ist.

§. 154. Die öffentlichen Lehrer haben die Rechte der Staatsdiener.

Der Staat stellt unter gesetzlich geordneter Betheiligung der Gemeinden aus der Zahl der Geprüften die Lehrer der Volksschulen an.

§. 155. Unbemittelten soll in allen Volksschulen und niederen Gewerbeschulen freier Unterricht ertheilt werden.

Art. 31. Die Bedingungen, unter welchen Korporationsrechte ertheilt oder verweigert werden, bestimmt das Gesetz.

Art. 32. Das Petitionsrecht steht allen Preußen zu. Petitionen unter einem Gesammtnamen sind nur Behörden und Korporationen gestattet.

Art. 33. Das Briefgeheimniß ist unverletzlich. Die bei strafgerichtlichen Untersuchungen und in Kriegsfällen nothwendigen Beschränkungen sind durch die Gesetzgebung festzustellen.

Art. 34. Alle Preußen sind wehrpflichtig. Den Umfang und die Art dieser Pflicht bestimmt das Gesetz.

Art. 35. Das Heer begreift alle Abtheilungen des stehenden Heeres und der Landwehr.

Im Falle des Krieges kann der König nach Maßgabe des Gesetzes den Landsturm aufbieten.

Art. 36. Die bewaffnete Macht kann zur Unterdrückung innerer Unruhen und zur Ausführung der Gesetze nur in den vom Gesetze bestimmten Fällen und Formen und auf Requisition der Civil-Behörde verwendet werden. In letzterer Beziehung hat das Gesetz die Ausnahmen zu bestimmen.

Art. 37. Der Militair-Gerichtsstand des Heeres beschränkt sich auf Strafsachen und wird durch das Gesetz geregelt. Die Bestimmungen über die Militair-Disziplin im Heere bleiben Gegenstand besonderer Verordnungen.

Art. 38. Die bewaffnete Macht darf weder in noch außer dem Dienste berathschlagen oder sich anders, als auf Befehl, versammeln. Versammlungen und Vereine der Landwehr zur Berathung militairischer Einrichtungen, Befehle und Anordnungen sind auch dann, wenn dieselbe nicht zusammenberufen ist, untersagt.

Art. 39. Auf das Heer finden die in den Artikeln 5, 6, 29, 30 und 32

§. 156. Es steht einem Jeden frei, seinen Beruf zu wählen und sich für denselben auszubilden, wie und wo er will.

Art. 7.

§. 157. Jeder Deutsche hat das Recht, sich mit Bitten und Beschwerden schriftlich an die Behörden, an die Volksvertretungen und an den Reichstag zu wenden.

Dieses Recht kann sowohl von Einzelnen als von Korporationen ausgeübt werden; beim Heer und der Kriegsflotte jedoch nur in der Weise, wie es die Disziplinarvorschriften bestimmen.

§. 158. Eine vorgängige Genehmigung der Behörden ist nicht nothwendig, um öffentliche Beamte wegen ihrer amtlichen Handlungen gerichtlich zu verfolgen.

Art. 8.

§. 159. Die Deutschen haben das Recht, sich friedlich und ohne Waffen zu versammeln; einer besonderen Erlaubniß dazu bedarf es nicht.

Volksversammlungen unter freiem Himmel können bei dringender Gefahr für die öffentliche Ordnung und Sicherheit verboten werden.

§. 160. Die Deutschen haben das Recht, Vereine zu bilden. Dieses Recht soll durch keine vorbeugende Maßregel beschränkt werden.

Die Ausübung der in diesem Paragraphen und im §. 159 festgestellten Rechte soll zur Wahrung der öffentlichen Sicherheit durch das Gesetz geregelt werden.

§. 161. Die in den §§. 159 und 160 enthaltenen Bestimmungen finden auf das Heer und die Kriegsflotte Anwendung, insoweit die militärischen Disziplinarvorschriften nicht entgegenstehen.

---

enthaltenen Bestimmungen nur insoweit Anwendung, als die militairischen Gesetze und Disziplinar-Vorschriften nicht entgegenstehen.

Art. 40. Die Errichtung von Lehen und die Stiftung von Familien-Fideikommissen ist untersagt. Die bestehenden Lehen und Familien-Fideikommisse sollen durch gesetzliche Anordnung in freies Eigenthum umgestaltet werden. Auf Familien-Stiftungen finden diese Bestimmungen keine Anwendung.

Art 41. Vorstehende Bestimmungen (Art. 40) finden auf die Thronlehen, das Königliche Haus- und Prinzliche Fideikommiß, so wie auf die außerhalb des Staates belegenen Lehen und die ehemals reichsunmittelbaren Besitzungen und Fideikommisse, insofern letztere durch das deutsche Bundesrecht gewährleistet sind, zur Zeit keine Anwendung. Die Rechtsverhältnisse derselben sollen durch besondere Gesetze geordnet werden.

Art. 42. Das Recht der freien Verfügung über das Grundeigenthum unterliegt keinen anderen Beschränkungen, als denen der allgemeinen Gesetzgebung. Die Theilbarkeit des Grundeigenthums und die Ablösbarkeit der Grundlasten wird gewährleistet.

Für die todte Hand sind Beschränkungen des Rechts, Liegenschaften zu erwerben und über sie zu verfügen, zulässig.

Aufgehoben ohne Entschädigung sind:

1. Die Gerichtsherrlichkeit, die gutsherrliche Polizei und obrigkeitliche Gewalt, so wie die gewissen Grundstücken zustehenden Hoheits-Rechte und Privilegien;
2. die aus diesen Befugnissen, aus der Schutzherrlichkeit, der früheren Erbunterthänigkeit, der früheren Steuer- und Gewerbe-Verfassung herstammenden Verpflichtungen.

Art. 9.

§. 162. Das Eigenthum ist unverletzlich.

Eine Enteignung kann nur aus Rücksichten des gemeinen Besten, nur auf Grund eines Gesetzes und gegen gerechte Entschädigung vorgenommen werden.

Das geistige Eigenthum soll durch die Reichsgesetzgebung geschützt werden.

§. 163. Die Bestimmungen über die Veräußerlichkeit und Theilbarkeit des Grundeigenthums, sowohl unter Lebenden als von Todes wegen, bleiben der Gesetzgebung der Einzelstaaten überlassen.

Für die todte Hand sind Beschränkungen des Rechts, Liegenschaften zu erwerben und über sie zu verfügen, im Wege der Gesetzgebung aus Gründen des öffentlichen Wohls zulässig.

§. 164. Jeder Unterthänigkeits- und Hörigkeitsverband hört für immer auf.

§. 165. Ohne Entschädigung sind aufgehoben:

1. Die Patrimonialgerichtsbarkeit und die grundherrliche Polizei, sammt den aus diesen Rechten fließenden Befugnissen, Exemtionen und Abgaben.

2. Die aus dem guts- und schutzherrlichen Verbande fließenden persönlichen Abgaben und Leistungen.

Mit diesen Rechten fallen auch die Gegenleistungen und Lasten weg, welche dem bisher Berechtigten dafür oblagen.

§. 166. Alle auf Grund und Boden haftenden privatrechtlichen Abgaben und Leistungen, insbesondere die Zehnten, sind ablösbar: ob

---

Mit den aufgehobenen Rechten fallen auch die Gegenleistungen und Lasten weg, welche den bisherigen Berechtigten dafür oblagen.

Bei erblicher Ueberlassung eines Grundstückes ist nur die Uebertragung des vollen Eigenthums zulässig; jedoch kann auch hier ein fester ablösbarer Zins vorbehalten werden.

Die weitere Ausführung dieser Bestimmungen bleibt besonderen Gesetzen vorbehalten.

Sodann sind aus der preußischen Verfassung vom Januar 1850 noch folgende Paragraphen, als hierher gehörig, zu citiren:

Art. 44. Die Minister des Königs sind verantwortlich. Alle Regierungs-Akte des Königs bedürfen zu ihrer Gültigkeit der Gegenzeichnung eines Ministers, welcher dadurch die Verantwortlichkeit übernimmt.

Art. 61. Die Minister können durch Beschluß einer Kammer wegen des Verbrechens der Verfassungs-Verletzung, der Bestechung und des Verraths angeklagt werden. Ueber solche Anklage entscheidet der oberste Gerichtshof der Monarchie in vereinigten Senaten. So lange noch zwei oberste Gerichtshöfe bestehen, treten dieselben zu obigem Zwecke zusammen.

Die näheren Bestimmungen über die Fälle der Verantwortlichkeit, über das Verfahren und über die Strafen werden einem besonderen Gesetze vorbehalten.

Art. 62. Die gesetzgebende Gewalt wird gemeinschaftlich durch den König und durch zwei Kammern ausgeübt.

Die Uebereinstimmung des Königs und beider Kammern ist zu jedem Gesetze erforderlich.

nur auf Antrag des Belasteten oder auch des Berechtigten, und in welcher Weise, bleibt der Gesetzgebung der einzelnen Staaten überlassen.

Es soll fortan kein Grundstück mit einer unablösbaren Abgabe oder Leistung belastet werden.

§. 167. Im Grundeigenthum liegt die Berechtigung zur Jagd auf eigenem Grund und Boden.

Die Jagdgerechtigkeit auf fremdem Grund und Boden, Jagddienste, Jagdfrohnden und andere Leistungen für Jagdzwecke sind aufgehoben. Die Entschädigung bleibt der Landesgesetzgebung überlassen.

Nur ablösbar jedoch ist die Jagdgerechtigkeit, welche erweislich durch einen lästigen mit dem Eigenthümer des belasteten Grundstücks abgeschlossenen Vertrag erworben ist; über die Art und Weise der Ablösung haben die Landesgesetzgebungen das Weitere zu bestimmen.

Die Ausübung des Jagdrechts aus Gründen der öffentlichen Sicherheit und des gemeinen Wohls zu ordnen, bleibt der Landesgesetzgebung vorbehalten.

Die Jagdgerechtigkeit auf fremdem Grund und Boden darf in Zukunft nicht wieder als Grundgerechtigkeit bestellt werden.

§. 168. Die Familienfideikommisse sind aufzuheben. Die Art und Bedingungen der Aufhebung bestimmt die Gesetzgebung der einzelnen Staaten.

Ueber die Familienfideikommisse der regierenden fürstlichen Häuser bleiben die Bestimmungen den Landesgesetzgebungen vorbehalten.

§. 169. Aller Lehnsverband ist aufzuheben. Das Nähere über

Finanzgesetz-Entwürfe und Staatshaushalts-Etats werden zuerst der zweiten Kammer vorgelegt; letztere werden von der ersten Kammer im Ganzen angenommen oder abgelehnt.

Art. 79. Die Sitzungen beider Kammern sind öffentlich. Jede Kammer tritt auf den Antrag ihres Präsidenten oder von zehn Mitgliedern zu einer geheimen Sitzung zusammen, in welcher dann zunächst über diesen Antrag zu beschließen ist.

Art. 86. Die richterliche Gewalt wird im Namen des Königs durch unabhängige, keiner anderen Autorität als der des Gesetzes unterworfene Gerichte ausgeübt.

Die Urtheile werden im Namen des Königs ausgefertigt und vollstreckt.

Art. 87. Die Richter werden vom Könige oder in dessen Namen auf ihre Lebenszeit ernannt.

Sie können nur durch Richterspruch aus Gründen, welche die Gesetze vorgesehen haben, ihres Amtes entsetzt oder zeitweise enthoben werden. Die vorläufige Amts-Suspension, welche nicht kraft des Gesetzes eintritt, und die unfreiwillige Versetzung an eine andere Stelle oder in den Ruhestand können nur aus den Ursachen und unter den Formen, welche im Gesetze angegeben sind, und nur auf Grund eines richterlichen Beschlusses erfolgen.

Auf die Versetzungen, welche durch Veränderungen in der Organisation der Gerichte oder ihrer Bezirke nothig werden, finden diese Bestimmungen keine Anwendung.

Art. 88. Den Richtern dürfen andere besoldete Staatsämter fortan nicht übertragen werden. Ausnahmen sind nur auf Grund eines Gesetzes zulässig.

Art. 89. Die Organisation der Gerichte wird durch das Gesetz bestimmt.

die Art und Weise der Ausführung haben die Gesetzgebungen der Einzelstaaten anzuordnen.

§. 170. Die Strafe der Vermögenseinziehung soll nicht stattfinden.

§. 171. Die Besteuerung soll so geordnet werden, daß die Bevorzugung einzelner Stände und Güter in Staat und Gemeinde aufhört.

Art. 10.

§. 172. Alle Gerichtsbarkeit geht vom Staate aus. Es sollen keine Patrimonialgerichte bestehen.

§. 173. Die richterliche Gewalt wird selbstständig von den Gerichten geübt. Kabinets- und Ministerial-Justiz ist unstatthaft.

Niemand darf seinem gesetzlichen Richter entzogen werden. Ausnahmegerichte sollen nie stattfinden.

§. 174. Es soll keinen privilegirten Gerichtsstand der Personen oder Güter geben.

Der Militär-Gerichtsbarkeit verbleibt jedoch die Aburtheilung der von Militär-Personen verübten Verbrechen und Vergehen, mit Einschluß der Disziplinarfälle.

§. 175. Kein Richter darf, außer durch Urtheil und Recht, von seinem Amt entfernt oder an Rang und Gehalt beeinträchtigt werden.

Suspension darf nicht ohne gerichtlichen Beschluß erfolgen.

Kein Richter darf wider seinen Willen, außer durch gerichtlichen Beschluß in den durch das Gesetz bestimmten Fällen und Formen, zu einer anderen Stelle versetzt oder in Ruhestand gesetzt werden.

§. 176. Das Gerichtsverfahren soll öffentlich und mündlich sein.

Art. 90. Zu einem Richteramte darf nur der berufen werden, welcher sich zu demselben nach Vorschrift der Gesetze befähigt hat.

Art. 91. Gerichte für besondere Klassen von Angelegenheiten, insbesondere Handels- und Gewerbe-Gerichte sollen im Wege der Gesetzgebung an den Orten errichtet werden, wo das Bedürfniß solche erfordert.

Die Organisation und Zuständigkeit solcher Gerichte, das Verfahren bei denselben, die Ernennung ihrer Mitglieder, die besonderen Verhältnisse der letzteren und die Dauer ihres Amtes werden durch das Gesetz festgestellt.

Art. 93. Die Verhandlungen vor dem erkennenden Gerichte in Civil- und Strafsachen sollen offentlich sein. Die Oeffentlichkeit kann jedoch durch einen öffentlich zu verkündenden Beschluß des Gerichts ausgeschlossen werden, wenn sie der Ordnung oder den guten Sitten Gefahr droht.

In anderen Fällen kann die Oeffentlichkeit nur durch Gesetze beschränkt werden

Art. 94. Bei den mit schweren Strafen bedrohten Verbrechen, bei allen politischen Verbrechen und bei allen Preßvergehen, welche das Gesetz nicht ausdrücklich ausnimmt, erfolgt die Entscheidung über die Schuld des Angeklagten durch Geschworene.

Die Bildung des Geschworenengerichts regelt das Gesetz.

Art. 95. Es kann durch ein mit vorheriger Zustimmung der Kammern zu erlassendes Gesetz ein besonderer Schwurgerichtshof errichtet werden, dessen Zuständigkeit die Verbrechen des Hochverraths und diejenigen schweren Verbrechen gegen die innere und äußere Sicherheit des Staates, welche ihm durch das Gesetz uberwiesen werden, begreift. Die Bildung der Geschworenen bei diesem Gerichte regelt das Gesetz.

Ausnahmen von der Öffentlichkeit bestimmt im Interesse der Sittlichkeit das Gesetz.

§. 177. In Strafsachen gilt der Anklageprozeß.

Schwurgerichte sollen jedenfalls über schwerere Strafsachen und schwerere politische Vergehen urtheilen.

§. 178. Die bürgerliche Rechtspflege soll in Sachen besonderer Berufserfahrung durch sachkundige, von den Berufsgenossen frei gewählte Richter geübt oder mitgeübt werden.

§. 179. Rechtspflege und Verwaltung sollen getrennt und von einander unabhängig sein.

Ueber Kompetenz-Konflikte zwischen den Verwaltungs- und Gerichtsbehörden in den Einzelstaaten entscheidet ein durch das Gesetz zu bestimmender Gerichtshof.

§. 180. Die Verwaltungs-Rechtspflege hört auf; über alle Rechts-Verletzungen entscheiden die Gerichte.

Der Polizei steht keine Strafgerichtsbarkeit zu.

§. 181. Rechtskräftige Urtheile deutscher Gerichte sind in allen deutschen Landen gleich wirksam und vollziehbar.

Ein Reichsgesetz wird das Nähere bestimmen.

Art. 11.

§. 182. Jede Gemeinde hat als Grundrechte ihrer Verfassung:

a) die Wahl ihrer Vorsteher und Vertreter;
b) die selbstständige Verwaltung ihrer Gemeindeangelegenheiten unter gesetzlich geordneter Oberaufsicht des Staates;
c) die Veröffentlichung ihres Gemeindehaushaltes;
d) Oeffentlichkeit der Verhandlungen als Regel.

Art. 97. Die Bedingungen, unter welchen öffentliche Civil- und Militair-Beamte wegen durch Ueberschreitung ihrer Amtsbefugnisse verübter Rechtsverletzungen gerichtlich in Anspruch genommen werden können, bestimmt das Gesetz. Eine vorgängige Genehmigung der vorgesetzten Dienstbehörde darf jedoch nicht verlangt werden.

Art. 101. In Betreff der Steuern können Bevorzugungen nicht eingeführt werden.

Die bestehende Steuergesetzgebung wird einer Revision unterworfen und dabei jede Bevorzugung abgeschafft.

Art. 105. Die Vertretung und Verwaltung der Gemeinden, Kreise, Bezirke und Provinzen des preußischen Staates wird durch besondere Gesetze unter Festhaltung folgender Grundsätze näher bestimmt:

1. Ueber die innern und besondern Angelegenheiten der Provinzen, Bezirke, Kreise und Gemeinden beschließen aus gewählten Vertretern bestehende Versammlungen, deren Beschlüsse durch die Vorsteher der Provinzen, Bezirke, Kreise und Gemeinden ausgeführt werden.

   Das Gesetz wird die Fälle bestimmen, in welchen die Beschlüsse dieser Vertretungen der Genehmigung einer höheren Vertretung oder der Staats-Regierung unterworfen sind.
2. Die Vorsteher der Provinzen, Bezirke und Kreise werden von dem Konige ernannt.

   Ueber die Betheiligung des Staates bei der Anstellung der Gemeinde-Vorsteher und uber die Ausubung des den Gemeinden zustehenden Wahlrechts wird die Gemeinde-Ordnung das Nähere bestimmen.

§. 183. Jedes Grundstück soll einem Gemeindeverbande angehören. Beschränkungen wegen Waldungen und Wüsteneien bleiben der Landesgesetzgebung vorbehalten.

Art. 12.

§. 184. Jeder deutsche Staat soll eine Verfassung mit Volksvertretung haben.

Die Minister sind der Volksvertretung verantwortlich.

§. 185. Die Volksvertretung hat eine entscheidende Stimme bei der Gesetzgebung, bei der Besteuerung, bei der Ordnung des Staatshaushaltes; auch hat sie das Recht des Gesetzvorschlags, der Beschwerde, der Adresse, so wie der Anklage der Minister.

Die Sitzungen der Landtage sind in der Regel öffentlich.

Art. 13.

§. 186. Den nicht deutsch redenden Volksstämmen des Reichs ist ihre volksthümliche Entwickelung gewährleistet, namentlich die Gleichberechtigung ihrer Sprachen, soweit deren Gebiete reichen, in dem Kirchenwesen, dem Unterrichte, der innern Verwaltung und der Rechtspflege.

Art. 14.

§. 187. Jeder deutsche Staatsbürger in der Fremde steht unter dem Schutze des Reiches.

Abschnitt VII.

Die Gewähr der Verfassung.

Art. 1.

§. 188. Der Reichsvorstand leistet auf die Reichsverfassung fol-

---

3. Den Gemeinden insbesondere steht die selbstständige Verwaltung ihrer Gemeinde-Angelegenheiten unter gesetzlich geordneter Oberaufsicht des Staates zu.

Ueber die Betheiligung der Gemeinden bei Verwaltung der Ortspolizei bestimmt das Gesetz.

Zur Aufrechthaltung der Ordnung kann nach näherer Bestimmung des Gesetzes durch Gemeindebeschluß eine Gemeinde-, Schutz- oder Bürgerwehr errichtet werden.

4. Die Berathungen der Provinzial-, Kreis- und Gemeinde-Vertretungen sind öffentlich. Die Ausnahmen bestimmt das Gesetz. Ueber die Einnahmen und Ausgaben muß wenigstens jährlich ein Bericht veröffentlicht werden.

Art. 111. Für den Fall eines Krieges oder Aufruhrs können bei dringender Gefahr fur die öffentliche Sicherheit die Artikel 5, 6, 7, 27, 28, 29, 30 und 36 der Verfassungs-Urkunde zeit- und distriktsweise außer Kraft gesetzt werden Das Nähere bestimmt das Gesetz.

Art. 118. Sollten durch die für den deutschen Bundesstaat auf Grund des Entwurfs vom 26. Mai 1849 festzustellende Verfassung Abänderungen der gegenwärtigen Verfassung nöthig werden, so wird der König dieselben anordnen und diese Anordnungen den Kammern bei ihrer nächsten Versammlung mittheilen

Die Kammern werden dann Beschluß darüber fassen, ob die vorläufig angeordneten Abänderungen mit der Verfassung des deutschen Bundesstaats in Uebereinstimmung stehen.

gendes eidliches Gelöbniß: „Ich schwöre, das Reich und die Rechte des deutschen Volks zu schirmen, die Reichsverfassung aufrecht zu erhalten und sie gewissenhaft zu vollziehen. So wahr mir Gott helfe."

Der Eid der Bevollmächtigten zum Fürstenkollegium lautet wie folgt: „Ich schwöre, das Reich und die Rechte des deutschen Volkes zu schirmen und die Reichsverfassung aufrecht zu halten. So wahr mir Gott helfe."

Diese Eidesleistungen geschehen bei Einführung gegenwärtiger Verfassung vor den zu einer Sitzung vereinigten beiden Häusern des Reichstages. Bei späterem Wechsel wird der Eid im versammelten Fürsten-Kollegium abgelegt, und die darüber aufgenommene Urkunde dem nächsten Reichstage übergeben.

§. 189. Die Reichsbeamten haben beim Antritt ihres Amtes einen Eid auf die Reichsverfassung zu leisten. Das Nähere bestimmt die Dienstpragmatik des Reiches.

§. 190. Ueber die Verantwortlichkeit der Reichsminister soll ein Reichsgesetz erlassen werden.

§. 191. Die Verpflichtung auf die Reichsverfassung wird in den Einzelstaaten mit der Verpflichtung auf die Landesverfassung verbunden und dieser vorangesetzt.

Art. 2.

§. 192. Keine Bestimmung in der Verfassung oder in den Gesetzen eines Einzelstaates darf mit der Reichsverfassung in Widerspruch stehen.

§. 193. Eine Aenderung der Regierungsform in einem Einzelstaate kann nur mit Zustimmung der Reichsgewalt erfolgen. Diese Zustimmung muß in den für Aenderungen der Reichsverfassung vorgeschriebenen Formen gegeben werden.

Art. 3.

§. 194. Abänderungen in der Reichsverfassung können nur durch einen Beschluß beider Häuser und mit Zustimmung sowohl des Reichsvorstandes, als des Fürstenkollegiums erfolgen.

Zu einem solchen Beschluß bedarf es in jedem der beiden Häuser:

1. der Anwesenheit von wenigstens zwei Dritteln der Mitglieder;
2. zweier Abstimmungen, zwischen welchen ein Zeitraum von wenigstens acht Tagen liegen muß;
3. einer Stimmenmehrheit von wenigstens zwei Dritteln der anwesenden Mitglieder bei jeder der beiden Abstimmungen.

Art. 4.

§. 195. Im Falle des Krieges oder Aufruhrs können die Bestimmungen der Grundrechte über den Gerichtsstand, die Presse, Verhaftung, Haussuchung und Versammlungsrecht von der Reichsregierung oder der Regierung eines Einzelstaates für einzelne Bezirke zeitweise außer Kraft gesetzt werden; jedoch nur unter folgenden Bedingungen:

1. die Verfügung muß in jedem einzelnen Falle von dem Gesammtministerium des Reiches oder Einzelstaates ausgehen;

2. das Ministerium des Reiches hat die Zustimmung des Reichstages, das Ministerium des Einzelstaates die des Landtages, wenn dieselben zur Zeit versammelt sind, sofort einzuholen. Wenn dieselben nicht versammelt sind, so müssen bei ihrem Zusammentreten die getroffenen Maßregeln ihnen sofort zur Genehmigung vorgelegt werden.

Weitere Bestimmungen bleiben einem Reichsgesetz vorbehalten.

Für die Verkündigung des Belagerungszustandes bleiben bis dahin die bestehenden gesetzlichen Vorschriften in Kraft.

Entwurf eines Gesetzes,

betreffend die Wahlen der Abgeordneten zum Volkshause.

§. 1. Wähler ist jeder selbstständige unbescholtene Deutsche, welcher das fünfundzwanzigste Lebensjahr zurückgelegt hat.

§. 2. Als selbstständig ist derjenige anzusehen, welcher an den Gemeindewahlen seines Wohnorts Theil zu nehmen berechtigt ist und irgend eine direkte Staatssteuer zahlt.

§. 3. Von der Berechtigung zum Wählen sind ausgeschlossen:

1. Personen, welche unter Vormundschaft oder Kuratel stehen;
2. Personen, über deren Vermögen Konkurs- oder Fallitzustand gerichtlich eröffnet worden ist, bis dahin, daß sie ihre Kreditoren befriedigt haben;
3. Personen, welche eine Armenunterstützung aus öffentlichen oder Gemeindemitteln beziehen oder im letzten der Wahl vorhergegangenen Jahre bezogen haben.

§. 4. Als bescholten sind von der Berechtigung zum Wählen diejenigen Personen ausgeschlossen, denen durch rechtskräftiges Erkenntniß nach den Gesetzen des Einzelstaates, wo das Urtheil erging, entweder unmittelbar oder mittelbar der Vollgenuß der staatsbürgerlichen Rechte entzogen ist, sofern sie in diese Rechte nicht wieder eingesetzt worden sind.

§. 5. Des Rechts zu wählen soll, unbeschadet der sonst verwirkten Strafen, für eine Zeit von vier bis zwölf Jahren durch strafgerichtliches Erkenntniß verlustig erklärt werden, wer bei den Wahlen Stimmen erkauft, oder mehr als einmal bei der für einen und denselben Zweck bestimmten Wahl seine Stimme abgegeben, oder zur Einwirkung auf die Wahl überhaupt gesetzlich unzulässige Mittel angewendet hat.

§. 6. Wählbar zum Abgeordneten des Volkshauses ist jeder unbescholtene Deutsche, welcher das dreißigste Lebensjahr zurückgelegt und seit mindestens drei Jahren einem deutschen Staate angehört hat.

§. 7. Personen, die ein öffentliches Amt bekleiden, bedürfen zum Eintritt in das Volkshaus keines Urlaubs, haben aber die Kosten ihrer amtlichen Stellvertretung zu tragen.

§. 8. In jedem Einzelstaate sind Wahlkreise von je 100,000 Seelen der nach der letzten Volkszählung vorhandenen Bevölkerung zu bilden.

§. 9. Ergiebt sich in einem Einzelstaate bei der Bildung der Wahlkreise ein Ueberschuß von wenigstens 50,000 Seelen, so ist hiefür ein besonderer Wahlkreis zu bilden.

Ein Ueberschuß von weniger als 50,000 Seelen ist unter die anderen Wahlkreise des Einzelstaates verhältnißmäßig zu vertheilen.

§. 10. Kleinere Staaten mit einer Bevölkerung von wenigstens 50,000 Seelen bilden einen Wahlkreis. Diesen soll die Stadt Lübeck gleichgestellt werden.

Diejenigen Staaten, welche keine Bevölkerung von 50,000 Seelen haben, werden mit anderen Staaten nach Maßgabe der Reichswahlmatrikel zur Bildung von Wahlkreisen zusammengelegt.

§. 11. Die Wahl ist indirekt. Die Urwähler wählen Wahlmänner und diese wählen den Abgeordneten.

§. 12. Die Wahlkreise zerfallen in Wahlbezirke Behufs der Wahl der Wahlmänner.

§. 13. Wer das Wahlrecht in einem Wahlbezirke ausüben will, muß in demselben zur Zeit der Wahl und seit mindestens 3 Jahren seinen festen Wohnsitz haben und heimathsberechtigt sein. Er muß außerdem auf Erfordern nachweisen, daß er mit der letzten Rate der von ihm zu zahlenden direkten Staatssteuern nicht im Rückstande ist.

Der Standort der Soldaten und Militärpersonen des stehenden Heeres gilt als Wohnsitz und berechtigt zur Wahl ohne Rücksicht auf Heimathsberechtigung und Dauer des Wohnsitzes. In den Staaten, wo Landwehr besteht, tritt für diese dahin eine Ausnahme ein, daß Landwehrpflichtige, welche sich zur Zeit der Wahlen unter den Fahnen befinden, an dem Orte ihres Aufenthalts für ihren Heimathsbezirk wählen. Die näheren Anordnungen zur Ausführung dieser Bestimmungen bleiben den Regierungen der Einzelstaaten überlassen.

§. 14. Die Wähler werden behufs der Wahl der Wahlmänner in drei Abtheilungen getheilt. Jede Abtheilung wählt ein Drittheil der zu wählenden Wahlmänner.

§. 15. Die Bildung der Abtheilungen erfolgt nach Maßgabe der von den Wählern zu entrichtenden direkten Staats-Steuern und zwar in der Art, daß auf jede Abtheilung ein Drittheil der Gesammtsumme der Steuerbeträge aller Wähler fällt. Diese Gesammtsumme wird berechnet:

a) gemeindeweise, falls die Gemeinde einen Bezirk für sich bildet oder in mehrere Bezirke getheilt ist;

b) bezirksweise, falls der Bezirk aus mehreren Gemeinden zusammengesetzt ist.

Den Regierungen der Einzelstaaten bleibt es überlassen, für diejenigen Gemeinden oder Bezirke, in welchen keine oder nicht alle landüblichen direkten Steuern zur Hebung kommen, der ausfallenden Steuer, behufs Feststellung der Wahlberechtigung und der Abtheilung, eine andere zu substituiren.

§. 16. Die erste Abtheilung besteht aus denjenigen Wählern, auf welche die höchsten Steuerbeträge bis zum Belaufe eines Drittheils der Gesammtsteuer fallen.

Die zweite Abtheilung besteht aus denjenigen Wählern, auf welche die nächstniedrigeren Steuerbeträge bis zur Gränze des zweiten Drittheils fallen.

Die dritte Abtheilung endlich besteht aus den am niedrigsten besteuerten Wählern, auf welche das letzte Drittheil fällt.

§. 17. In jedem Bezirke ist ein Verzeichniß der stimmberechtigten Wähler (Wählerliste) mit Angabe des Steuerbetrages bei den einzelnen Namen aufzustellen. Diese Listen sind spätestens 4 Wochen vor dem zur Wahl bestimmten Tage zu Jedermanns Einsicht auszulegen und dies öffentlich bekannt zu machen.

Einsprachen gegen die Listen sind binnen acht Tagen nach öffentlicher Bekanntmachung bei der Behörde, welche die Bekanntmachung erlassen hat, anzubringen und innerhalb der nächsten vierzehn Tage zu erledigen, worauf die Listen geschlossen werden. Nur diejenigen sind zur Theilnahme an der Wahl berechtigt, welche in die Listen aufgenommen sind.

§. 18. Aus den Wählerlisten ist für jede Gemeinde oder Bezirk (§. 15) eine Abtheilungsliste anzufertigen, wegen deren Berichtigung die Vorschriften des vorhergehenden Paragraphen Platz greifen.

§. 19. Bei der Wahlhandlung sind Gemeinde-Mitglieder zuzuziehen, welche kein Staats- oder Gemeinde-Amt bekleiden.

§. 20. Die Wahlen erfolgen abtheilungsweise durch offene Stimmgebung zu Protokoll, nach absoluter Mehrheit.

§. 21. Ergiebt sich bei der ersten Abstimmung keine absolute Stimmenmehrheit, so findet die engere Wahl statt.

§. 22. Die gewählten Wahlmänner treten zur Wahl des Abgeordneten zusammen.

§. 23. Die Wahlmänner wählen durch offene Stimmgebung zu Protokoll nach absoluter Mehrheit. Ergiebt sich bei der ersten Abstimmung eine solche nicht, so findet die engere Wahl statt.

Der Tag der Wahlen wird für das gesammte Reich ein und derselbe sein.

Die Wahlen, welche später erforderlich werden, sind von den Regierungen der Einzelstaaten auszuschreiben.

§. 24. Die Wahlkreise und Wahlbezirke, die Wahldirektoren und das Wahlverfahren, in so weit dieses nicht durch das gegenwärtige Gesetz festgestellt worden ist, werden von den Regierungen der Einzelstaaten bestimmt.

An sämmtliche deutsche Regierungen.

Der 2c. Regierung finden sich die Regierungen von Preußen 2c., und in deren Auftrage die preußische Regierung, veranlaßt, folgende ergebenste Eröffnung zu machen.

Es bedarf keiner nähern Darlegung der Gefahren, von welchen gegenwärtig das gemeinsame Vaterland bedroht wird. Die Ereignisse sprechen laut genug. In mehreren Theilen Deutschlands ist die gesetzliche Autorität durch den Aufruhr umgestürzt, in anderen nur durch die Anwendung der Waffen hergestellt worden. Niemand vermag zu ermessen, welche fernere Ausdehnung diese weit verzweigten Bewegungen erhalten, und wie weit sie selbst dem Auslande gegenüber, zu ernsten Bedenken führen können. Nicht blos die gesammte staatliche Existenz Deutschlands ist in Frage gestellt, sondern eben sowohl die Grundlagen jedes geordneten Zustandes überhaupt.

Um diesen Gefahren gewachsen zu sein, um den Kampf siegreich zu bestehen, dessen Ausgang sonst alle deutschen Lande mit gleichem Verderben treffen würde, bedarf es vor Allem einer vollen Uebereinstimmung in den Handlungen der Regierungen. Um desto schmerzlicher muß es empfunden werden, daß hierzu jetzt der geeignete Vereinigungspunkt mangelt. Der auf der Akte vom 8. Juni 1815 errichtete deutsche Bund ist hierzu faktisch um so mehr außer Stande, da ihm zur Zeit ein ausreichendes Organ zu gemeinschaftlicher Thätigkeit abgeht. Ein neues, den gegenwärtigen Anforderungen entsprechendes Bundes-Verhältniß hat noch nicht zu Stande gebracht werden können. Die in Frankfurt zusammengetretene Nationalversammlung hat, als sie die von ihr berathene Reichsverfassung als abgeschlossen und weiterer Verhandlung unzugänglich verkündigte, sich selbst außer Stand gesetzt, ihr Mandat ferner zu erfüllen, ihre weiteren Beschlüsse entbehren daher schon deswegen jeder rechtlichen Gültigkeit und können nur als Uebergriffe betrachtet werden, denen keinerlei Folge zu geben ist.

Einer so bedrohlichen Lage gegenüber ist ein festes, einträchtiges und unverzügliches Handeln nothwendig, und es wird dieses von den Regierungen ausgehen müssen, welche sich zu den hier vorliegenden Fragen in gleicher Stellung befinden.

Die Regierungen von Preußen 2c. sind daher übereingekommen, auf Grund des Art. 11 der deutschen Bundesakte in ein Bündniß zu treten, das den gegenseitigen Schutz seiner Glieder gegen den innern oder äußern Feind zum Zwecke hat. Die Leitung der hierzu erforderlichen gemeinsamen Maßregeln haben sie Preußen übertragen. So wie an alle Regierungen, welche Glieder des deutschen Bundes von 1815 sind, so ergeht auch an die 2c. Regierung ihr Ansuchen, sich diesem, durch die Gefahren des Augenblicks hervorgerufenen Bündnisse anzuschließen, und sich hierüber in kürzester Frist gefälligst erklären zu wollen.

Die genannten Regierungen würden jedoch die ihnen gestellte Aufgabe nur unvollständig erfüllen, wenn sie lediglich bei den Bedürfnissen, welche die nächste Gegenwart erzeugt, stehen blieben. Sie sind vielmehr von der Ueberzeugung durchdrungen, daß Pflicht und Vernunft gleichmäßig gebieten, sich über ihre Stellung zu der deutschen Verfassungsfrage von vorn herein gegen ihre Verbündeten sowohl, als gegen die Nation offen auszusprechen. Sie haben die von der Nationalversammlung entworfene Reichsverfassung nicht anerkannt, weil sie über die wahren und heilsamen Anforderungen eines kräftigen Bundesstaates hinausgriff, und in ihrer aus den Kämpfen und Zugeständnissen der politischen Parteien hervorgegangenen Gestalt die wesentlichsten Bürgschaften entbehrte, auf welchen der rechtliche und geordnete Bestand jedes Staatswesens beruht.

Aber die verbündeten Regierungen haben nicht einen Augenblick verkannt, daß ihnen eben hieraus die doppelte Verpflichtung erwachsen sei, nach allen Kräften zu dem Abschluß eines Verfassungswerks mitzuwirken, das für das gesammte Deutschland eine unabweisliche Nothwendigkeit geworden ist. Eine solche Verfassung wird der Nation gewähren müssen, was sie seit längerer Zeit schmerzlich entbehrte, was sie von ihren Regierungen zu fordern berechtigt ist: dem Auslande gegenüber Einheit und Macht; im Innern bei gesichertem Fortbestande aller einzelnen Glieder, die einheitliche Entwickelung der gemeinsamen Interessen und nationalen Bedürfnisse. Die Bürgschaften der rechtlichen Freiheit und der gesetzlichen Ordnung sind es, welche die deutsche Verfassung den Regierungen und den Völkern zu gewähren haben wird.

Unter diesen Gesichtspunkten haben die verbündeten Regierungen den von der Nationalversammlung beschlossenen Entwurf ernstlich geprüft, alle seine heilsamen und unbedenklichen Bestimmungen beibehalten und nur diejenigen Theile geändert, welche mit dem gemeinen Wohle unvereinbar sind.

Hieraus ist, auf Grund einer von Preußen vorgelegten Proposition, der Entwurf einer Reichsverfassung hervorgegangen, welchen sie sämmtlichen Gliedern des Bundes von 1815 als ihren gemeinschaftlichen Vorschlag und in der Hoffnung vorlegen, daß derselbe ihre Zustimmung finden werde. Die Begründung seines Inhalts so wie dessen nähere Erläuterung ist in der Denkschrift niedergelegt, welche beiliegt. Die deutschen Staaten, welche sich dem vorgelegten Verfassungs-Entwurf anschließen, werden als die im § 1 bezeichneten Glieder des Bundesstaats zu betrachten sein, während denjenigen Regierungen gegenüber, welche sich zu diesem Anschluß nicht veranlaßt finden, die aus den Verträgen von 1815 fließenden Rechte und Pflichten unverändert fortbestehen.

Indem die Regierungen von Preußen ꝛc. sich durch den Drang der Zeitumstände genöthigt gesehen haben, ihrerseits die Initiative in dem Verfassungswerke zu ergreifen, sind sie jedoch von der bestimmten und ausdrücklichen Voraussetzung ausgegangen, daß der rechtsgültige Abschluß desselben auf der freien Zustimmung der National-Vertretung beruhe. Sie werden daher in Gemeinschaft mit denjenigen Regierungen, welche sich dem Verfassungs-Entwurf anschließen, aus diesen deutschen Landen einen Reichstag in dem Umfange und nach den Wahlbestimmungen berufen, welche der Verfassungs-Entwurf vorläufig bezeichnet. Diesem lediglich hierzu versammelten Reichstage wird dann der genannte Entwurf zur Berathung und Zustimmung übergeben werden.

Auf dem hier bezeichneten Wege hoffen die Regierungen sich mit allen verständigen und wohldenkenden Männern der Nation zu begegnen, mit Allen, denen das wahre Wohl Deutschlands am Herzen liegt, mit Allen, welche von der ganzen Bedeutung des Augenblicks durchdrungen, eines unbefangenen Urtheils über die Lage des Vaterlandes fähig sind.

Die oben erwähnte Denkschrift zu dem Inhalte des Verfassungs-Entwurfs war bei dem Abgange dieses Aktenstücks noch nicht beendigt, und wird unverzüglich nachfolgen.

Berlin, den 28. Mai 1849.

Der Minister-Präsident.

(gez.) Graf von Brandenburg.

Statut des Bündnisses vom 26. Mai 1849.

Da unter den gegenwärtigen Verhältnissen die vom deutschen Bunde gewährte innere und äußere Sicherheit Deutschlands gefährdet ist, und daher die Umstände zu Herstellung einer einheitlichen Leitung der deutschen Angelegenheiten, eine engere Vereinigung derjenigen Regierungen, welche entschlossen sind, nach gleichen Grundsätzen zu verfahren, nothwendig machen, so ist unter den Regierungen von Preußen, Sachsen und Hannover folgender Vertrag geschlossen worden:

Art. 1.

Die Königlichen Regierungen von Preußen, Sachsen und Hannover schließen in Gemäßheit des Art. 11 der deutschen Bundesakte vom 8. Juni 1815, ein Bündniß

zum Zwecke der Erhaltung der äußern und innern Sicherheit Deutschlands und der Unabhängigkeit und Unverletzlichkeit der einzelnen deutschen Staaten.

Sie behalten dabei sämmtlichen Gliedern des deutschen Bundes alle aus diesem hervorgehenden Rechte und die diesen Rechten entsprechenden Verpflichtungen ausdrücklich vor.

Art. 2.

Der Beitritt zu diesem Bündniß bleibt allen Gliedern des deutschen Bundes offen; der Beitretende erlangt durch den Beitritt das Recht auf Leistung der durch den ausgesprochenen Zweck des Bündnisses bedingten Hülfe.

Diese Hülfe wird theils in Vermittelung oder Beförderung gütlichen oder rechtlichen Austrags sich ergebender Ansprüche und Streitigkeiten, theils in militärischem Schutze gegen unrechtmäßige Gewalt jeder Art bestehen.

Art. 3.

§. 1. Die Oberleitung der zur Erreichung des Zweckes dieses Bündnisses zu ergreifenden Maßregeln wird der Krone Preußen übertragen.

Für die Ausübung dieser Oberleitung sind für die Dauer Eines Jahres, vom 1. Juni anfangend, die unten folgenden weiteren Verabredungen getroffen.

Sollte vor Ablauf dieses Jahres die Reichsverfassung ins Leben treten, so finden lediglich die Bestimmungen derselben ihre Anwendung. Wäre aber mit Ablauf eines Jahres die verfassungsmäßige Ordnung in Deutschland noch nicht wieder hergestellt, so wird die Verlängerung dieser Verabredungen vorbehalten.

§. 2. Zur Führung der auf die Erreichung des Zweckes des Bündnisses bezüglichen Geschäfte soll ein Verwaltungsrath gebildet werden, zu welchem jeder der Verbündeten einen oder mehrere Bevollmächtigte absendet.

Dieser Verwaltungsrath tritt sofort nach der Ratifikation des gegenwärtigen Vertrages zu Berlin zusammen.

Der Verwaltungsrath hat von allen, in Gemäßheit des gegenwärtigen Bündnisses vorkommenden Geschäften Kenntniß zu nehmen, über solche zu berathen, und rücksichtlich derjenigen Geschäfte, welche allgemeine und dauernde Anordnungen, so wie namentlich die Vermittelung und Erledigung von Beschwerden und sonstigen Rechtsverhältnissen betreffen, entscheidend zu beschließen, über diejenigen Geschäfte aber, welche lediglich die Vollziehung getroffener Anordnungen, so wie im einzelnen Falle zu treffende Maßregeln angehen, sein Gutachten zur vollziehenden Beschlußnahme der Krone Preußen abzugeben.

Ueberdies liegt den Mitgliedern des Verwaltungsrathes ob, alle Kommunikationen zwischen der Krone Preußen und ihren resp. Regierungen über die Angelegenheiten, welche mit dem gegenwärtigen Bündnisse zusammenhängen, zu vermitteln, und wird deshalb die Krone Preußen nur auf diesem Wege mit den Regierungen kommuniziren.

§. 3. Zu denjenigen Angelegenheiten, welche der definitiven Beschlußnahme des Verwaltungsrathes unterliegen, gehören:

1. Die Aufnahme neuer Mitglieder in das Bündniß, die Feststellung der desfallsigen Beitrittsurkunden, und der zu stellenden Bedingungen in Bezug auf Theilnahme an der Verwaltung der Geschäfte, auf zu leistende Hülfe, auf Prüfung und Abstellung derjenigen gegen die Theilnehmer angebrachten Beschwerden, durch welche Störungen der inneren Sicherheit hervorgerufen sein möchten.
2. Die Maßregeln behufs Berufung des über die Verfassung beschließenden Reichstags und Leitung der Verhandlungen desselben.
3. Bei vorkommenden Gesuchen um Hülfsleistung, im Falle innerer

Unruhen, die Ernennung und Instruktion der den militärischen Operationen beizugebenden Civilkommissarien; die Entscheidung der Frage, ob über die etwaigen Beschwerden eine Vermittelung zu versuchen, oder solche an das Bundes-Schiedsgericht zu verweisen seien; so wie Erstattung der Kosten der Hülfsleistung, und das schließliche Liquidations-Geschäft.

§. 4. Werden diplomatische Verhandlungen, sei es zur Abwendung der Gefahr äußern Krieges, oder zum Abschluß von Allianzen, oder behufs Herstellung des gestörten Friedens nothwendig: so sollen dieselben durch die Krone Preußen geführt und der Verwaltungsrath über den Gang derselben in vollständiger Kenntniß erhalten werden. Demselben steht es frei, zu bestimmen, ob in besonderen Fällen die verbündeten Regierungen eigene Bevollmächtigte zur unmittelbaren Theilnahme an den Verhandlungen absenden, oder ob deren diplomatische Agenten an Ort und Stelle lediglich die Verhandlung zu unterstützen haben.

§. 5. Die militärischen Operationen werden durch die Krone Preußen geleitet, welcher die Verbündeten zu diesem Ende alle diejenigen Befugnisse einräumen, welche nach der Kriegsverfassung des deutschen Bundes in den §§. 50, 53, 54, 57—64 dem Oberfeldherrn zustehen; wie denn überhaupt in Bezug auf die militärischen Verhältnisse die Bestimmungen dieses Bundesgesetzes analoge Anwendung finden sollen.

Die Verbündeten werden zu diesem Zwecke ihre Kriegsmacht in Bereitschaft halten. Die näheren Bestimmungen über die Zahl der zu stellenden Truppen, der Art der Stellung derselben u. s. w. bleiben weiteren Verabredungen vorbehalten.

Im Allgemeinen soll die Verwendung der Truppen zum Zweck der Erhaltung innerer Ordnung in der Art geschehen, daß zunächst jedem der Verbündeten die Erhaltung der Ruhe im eigenen Lande und den unmittelbar angränzenden Gebieten obliegt. Es kann daher in Fällen dringender Eile jede der verbündeten Regierungen den benachbarten Bundesgliedern die begehrte Hülfe ohne weitere Rückfrage leisten. Sobald jedoch militärische Operationen von umfassenderem Charakter erforderlich werden, sollte die ganze zur Disposition gestellte Truppenmacht als Eine Armee betrachtet und als solche verwendet werden.

Art. 4.

Um den ernsten Willen zu bethätigen, die Verhältnisse Deutschlands in Zukunft nach den Bedürfnissen der Zeit und den Grundsätzen der Gerechtigkeit zu ordnen, verpflichten sich die Verbündeten, dem deutschen Volke eine Verfassung nach Maßgabe des unter ihnen vereinbarten und diesem Vertrage anzuschließenden Entwurfs zu gewähren.

Sie werden diesen Entwurf einer, nach Maßgabe der in denselben enthaltenen Bestimmungen über den Reichstag, und des neben dem Entwurfe vereinbarten Wahlgesetzes lediglich zu diesem Zwecke zu berufenden Reichsversammlung vorlegen.

Abänderungen, welche von dieser Reichsversammlung beantragt werden, bedürfen zu ihrer Gültigkeit der Zustimmung der Verbündeten.

Dieselben behalten sich vor, über Zeit und Ort der Reichversammlung, so wie über die Form der Berufung das Weitere festzusetzen.

Art. 5.

§. 1. Nicht minder verpflichten sich dieselben, spätestens am 1. Juli ein provisorisches Bundes-Schiedsgericht ins Leben treten zu lassen, dessen schiedsrichterlicher Entscheidung sie sich nach Maßgabe der im §. 3 dieses Artikels enthaltenen Kompetenz-Bestimmungen unterwerfen.

§. 2. Dieses Schiedsgericht wird zusammengesetzt aus Bundes-Schiedsrichtern, von denen

Preußen	3,
Sachsen	2,
Hannover	2

ernennen.

Jedem Staate bleibt vorbehalten, bei diesen Ernennungen seinen Ständen eine Mitwirkung einzuräumen.

§. 3. Das Gericht soll seinen Sitz zu Erfurt nehmen, den Vorsitz führt das älteste der von Preußen ernannten Mitglieder.

§. 4. Die Verbündeten unterwerfen sich dem Urtheile dieses provisorischen Bundes-Schiedsgerichts

1. in allen denjenigen Fällen, welche nach §§. 124 und 125 des Entwurfs der Reichsverfassung dem Reichsgericht überwiesen sind, insoweit solche vor definitiver Einführung der Reichsverfassung in Frage kommen können, also namentlich in den Fallen c, d, e, f, h, k, n des §. 124.

Ferner überweisen sie der Kompetenz des provisorischen Bundes-Schiedsgerichts

2. alle diejenigen Beschwerden, welche als Veranlassung von Störungen der inneren Sicherheit zur Sprache kommen und nicht durch den Verwaltungsrath oder die Civilkommissarien im Wege gütlicher Verhandlung zu erledigen oder lediglich den Landesgerichten zur Entscheidung zu überweisen sein möchten;
3. alle Rechtshändel, welche unter den Verbündeten selbst aus der Vollziehung des gegenwärtigen Bündnisses erwachsen, insofern auch hier die Gerichte eines einzelnen Staates nicht kompetent sein möchten.

§. 5. Der Beitritt zu dem gegenwärtigen Bündniß wird keiner Regierung verstattet, welche sich nicht in gleichem Maße der Entscheidung des provisorischen Bundes-Schiedsgerichts unterwirft.

§. 6. Die näheren Bestimmungen über die Einsetzung des Gerichts, das Verfahren von demselben und die Vollziehungen seiner Entscheidungen sollen durch den Verwaltungsrath erlassen werden. Die Mitglieder des Gerichts werden mit der Bearbeitung der desfallsigen Gesetzentwürfe beauftragt.

Erklärung des Königlich sächsischen Bevollmächtigten.

Zugefügt zu dem Protokoll vom 26. Mai 1849
(abgeschlossen Abends 10 Uhr)
als

Belegstück litt. c.
Berlin, den 28. Mai 1849.
(gez.) Bloemer.

Der unterzeichnete Königl. sächsische Bevollmächtigte sieht sich veranlaßt, im Namen und Auftrag seiner Regierung nachstehende Erklärung in die Hände der Königl. preußischen Regierung niederzulegen.

Die Königl. sächsische Regierung hat bei unausgesetzter Festhaltung des Grundsatzes, daß das Verfassungswerk nicht von der Nationalversammlung einseitig beschlossen, sondern nur im Wege der Vereinbarung mit den Regierungen endgültig werden könne, unverändert und so oft ihr dazu Gelegenheit geboten war, sich dahin ausgesprochen, daß die Bundes- oder Reichsgewalt nicht in einheitlicher Gestalt, sondern in kollegialer aufzurichten sei, und sich daher im Gegensatz zu dem in Frankfurt beliebten erblichen Kaiserthum für ein Direktorium erklärt.

Es geschah dies namentlich durch die Note vom 10. Februar d. J. in Erwiederung der Cirkulardepesche der Königl. preußischen Regierung vom 23. Januar d. J., welche gleichfalls das Projekt der Aufrichtung der deutschen Kaiserwürde zurückwies, so wie durch die Note vom 17. März d. J., worin der preußischer Seits ergangenen Einladung zu einer Verhandlung über das von dem Kais. Königl. österreichischen Kabinet in Vorschlag gebrachte Direktorialprojekt Folge gegeben wurde. Indem die Königl. sächsische Regierung sich zur ausschließlichen Vertretung dieser Ansicht berufen fand, war dieselbe keinesweges von der Absicht geleitet, nur dynastische Interessen zur Geltung zu bringen oder sich der Uebertragung der obersten Reichsgewalt an eine einzige deutsche Regierung aus partikularistischer Eifersucht widersetzen zu wollen. Sie gehorchte vielmehr der innigen Ueberzeugung, daß die von der Nationalversammlung beabsichtigte und späterhin beschlossene Verleihung der obersten Reichsgewalt an Einen der regierenden deutschen Fürsten einen doppelten, für die künftigen Geschicke Deutschlands gleich verderblichen Nachtheil bereite; sie durfte sich nicht verhehlen, daß durch diesen Akt einestheils das Ausscheiden Oesterreichs aus dem neuen Bundesverhältnisse bedingt sei, und daß andererseits die der obersten Reichsgewalt zu verleihende einheitliche Spitze nur zu leicht dazu führen werde, den Bundesstaat in den Einheitsstaat allmählig umzubilden und somit alles und jedes selbständige Leben der verschiedenen deutschen Stämme zu vernichten.

Die Ereignisse, welche der Annahme der deutschen Verfassung von Seiten der Nationalversammlung bei der zweiten Lesung gefolgt sind, haben Zustände herbeigeführt, welche zwar die diesseitige Regierung nicht haben vermögen können, eine verschiedene Anschauung der Verhältnisse zu gewinnen, denen gegenüber sie jedoch die Nothwendigkeit hat ins Auge fassen müssen, ihre Ueberzeugung dem Bedürfniß der Erhaltung der bedrohten staatlichen Ordnung und der damit in genauerem Zusammenhange stehenden, möglichst raschen Verwirklichung des deutschen Verfassungswerkes unterzuordnen. Nachdem sie daher, an der Ansicht festhaltend, daß die von der Nationalversammlung beschlossene Verfassung ihres zum Theil gemeinschädlichen Inhalts wegen zu verwerfen sei, vor den Gefahren des in Folge dieses Entschlusses in ihrem Lande ausgebrochenen Aufruhrs nicht zurückgewichen ist, erklärt sie sich auch bereit, eine der allgemeinen Wohlfahrt förderlichere Verfassung anzunehmen, welche die Exekutivgewalt des Reichs der Krone Preußen verleiht, wobei sie die Sr. Majestät dem Kaiser von Oesterreich bundesvertragsmäßig zuständigen Ansprüche durch den im §. 1 der Verfassung gemachten Vorbehalt als ausdrücklich gewahrt betrachtet.

Die Königl. sächsische Regierung will und darf jedoch keine Zweifel darüber bestehen lassen, wie sie diesen Entschluß allein zu dem Zweck und in der Erwartung gefaßt hat, daß diese Verfassung Gemeingut der ganzen deutschen Nation und nicht eines Theils derselben werde. Sie verkennt nicht, daß ein Eintritt der österreichischen Lande in der nächsten Zeit nicht gehofft werden darf. Allein die Aufnahme des gesammten übrigen Deutschlands in den Reichsverband, welche, unbeschadet der der österreichischen Regierung durch die Bundesverfassung gesicherten Rechte, erzielt werden soll, hält dieselbe als Bedingung dafür fest, daß sie selbst zu einem bleibenden Verharren in demselben auf Grund der vereinbarten Verfassung verpflichtet sei. Sollte es daher nicht gelingen, den Süden Deutschlands in den Reichsverband, wie er durch die fragliche Verfassung bestimmt worden, aufzunehmen, was wesentlich davon abhängen wird, ob Baiern sich demselben anschließt, sollte vielmehr nicht mehr zu erreichen sein, als die Herstellung eines norddeutschen oder nord- und mitteldeutschen Bundes, so müßte die Königl. sächsische Regierung für diese Eventualität die Erneuerung der Verhandlungen und Umgestaltung der vereinbarten Verfassung ausdrücklich vorbehalten. Eine solche Nothwendigkeit wäre ohnedies durch die Bestimmung der Verfassung selbst geboten, welche nach allen Richtungen hin dem Namen und der Sache nach den Anforderungen einer Verfassung für das deutsche Volk in seiner Gesammtheit, nicht aber denen eines Vereins einzelner deutscher Staaten entspricht.

Die Königl. sächsische Regierung hat der von der Königl. preußischen Regierung aufgestellten Ansicht gern beigepflichtet, daß die Regierungen, welche sich zu einem engeren Bündniß, Behufs der Bekämpfung der Partei des Umsturzes, vereinigt haben, der Nation ihren Willen auf unzweideutige Weise zu erkennen geben, das aus den Berathungen der Nationalversammlung hervorgegangene Verfassungswerk mit denjenigen Abänderungen, welche durch die Rücksichten auf das

Wohl der Gesammtheit sowohl als der Einzelstaaten geboten waren, anzunehmen und zur Ausführung zu bringen. Diese Verpflichtung übernimmt die Königl. sachsische Regierung im gerechten Vertrauen darauf, daß das sachsische Volk ihr Dank wissen werde, ihre Selbstständigkeit dem Bedürfniß der deutschen Einheit und einer sie gewährleistenden Verfassung geopfert zu haben Die Erreichung dieses Ziels allein wird das von ihr unter so schwierigen Zeitverhältnissen beobachtete Verfahren gerechtfertigt erscheinen lassen.

Die Königl. sächsische Regierung darf daher nach freimüthiger Darlegung vorstehender Gründe nicht besorgen, ihre Absichten verkannt zu sehen, wenn sie sich für den Fall, daß bis zu dem Zeitpunkte der Einberufung des ersten Reichstages jene ihre Entschließung bedingende Voraussetzung sich nicht verwirklicht haben sollte, das Recht anderweiter Verhandlungen vorbehält.

Dem Unterzeichneten liegt es schließlich noch ob, darauf ergebenst aufmerksam zu machen, daß in getreuer Beobachtung der Bestimmung der sächsischen Verfassungsurkunde §. 2 die diesseitige Regierung nicht unterlassen wird, die Zustimmung der Kammern zur Annahme der deutschen Reichsverfassung einzuholen.

Mit Vergnügen benutzt u. s. w.

Berlin, den 26. Mai 1849.

(gez) Freiherr von Beust.

Erklärung der Königlich hannoverschen Bevollmächtigten.

Zugefügt zu dem Protokoll vom 26. Mai 1849.
(abgeschlossen Abends 10 Uhr)
als

Belegstück litt. f.
Berlin, den 28. Mai 1849
(gez) Bloemer.

Die unterzeichneten Königl. hannoverschen Bevollmächtigten haben der von dem Königl. preußischen Herrn Bevollmächtigten ihnen vorgelegten Proposition rücksichtlich der Gestaltung des demnächstigen Reichsoberhauptes und der Reichsregierung nachgebend, einen von ihnen für richtiger gehaltenen Entwurf bei Seite zu setzen sich bereit erklärt; dieselben finden sich aber verpflichtet, der Königl. preußischen Regierung gegenüber ihre Ansichten über diesen Gegenstand nochmals auszusprechen.

Nach der Ansicht der Unterzeichneten war es bei dieser Frage die Aufgabe:

1. Deutschland in seiner Integrität zu erhalten;

2. Eine Regierungsgewalt zu schaffen, welche einerseits der Eigenthümlichkeit Deutschlands, — seinen durch Geschichte und lange Entwickelung fest zusammengewachsenen Staatsverbänden — die nöthige Gewähr leistete; andrerseits im Stande wäre, die Lenkung der höch-

sten staatlichen Interessen Deutschlands, d. h. die eigentliche Reichsregierung im ächten Geiste der Nation mit ungehemmter, durchgreifender Kraft zu übernehmen. Sollen diese Ziele erreicht werden, so muß Oesterreich in voller Bedeutung bei Deutschland bleiben, dem es durch geographische Lage, Nationalität und Geschichte so enge verbunden ist, daß jede Trennung eine unheilbare Wunde sein würde. Es muß die leider seit langem Zeitraum geförderte Entfremdung beseitigt, das geistige Band der Einheit enger geschlungen werden.

Es müssen ferner die höchsten Angelegenheiten der Nation, ihre Politik gegen Außen — die nach den Verhältnissen der Gegenwart vor Allem in den Beziehungen des Welthandels ihre Grundlage und ihre Entwickelung findet — der Reichsregierung zur Verwaltung, dem Reichstage zur Ueberwachung gegeben werden, damit beide — und durch sie die Nation — sich an diesen großen Gegenständen halten und heben.

Es muß endlich der Regierung in ihrer Sphäre die Möglichkeit freien und ungehemmten Handelns gesichert, und der Zutritt zu den höchsten Ehren und Pflichten Deutschlands allen Deutschen gleich nahe gebracht werden.

Die Grundzüge zu einer solchen Gestaltung der Dinge glaubt die Königl. hannoversche Regierung gefunden zu haben.

Wenn nun von Königl. preußischer Seite ein Verfassungsplan festgehalten wird, welcher, wenn die demselben zum Stützpunkte dienende „Union" mit dem gesammten österreichischen Kaiserstaate und die für diese Union vorgeschlagenen Regierungsformen durchgeführt werden sollten, jene höchsten politischen Angelegenheiten der Nationalvertretung gänzlich entziehen und solch einer Behörde überweisen würde, die vom Reichstage vollkommen unabhängig wäre, welcher ferner dem Reste der Reichsregierung eine Form giebt, die allerdings der Geltung der Einzelstaaten ein bedeutendes Gewicht verleiht, die aber in Folge der Vertheilung nothwendig zusammengehöriger Geschäfte unter zwei verschiedene Behörden Reibung und Schwäche bewirken muß; und welche endlich der Eifersucht verschiedener Länder gegeneinander fortwährenden Stoff bieten wird: so bedauern die Unterzeichneten, darin um so weniger Beruhigung finden zu können, als die in diesem Entwurfe thatsächlich gegebene völlige Entfremdung Oesterreichs von Deutschland nur geeignet sein würde, jene Mängel auf das schärfste hervortreten zu lassen.

Die Unterzeichneten haben daher nur einerseits in der unabweislichen Nothwendigkeit einer Einigung der Regierungen, andrerseits in den Erklärungen Oesterreichs, auf eine Verfassung nicht eingehen zu können, welche die für Deutschland unentbehrliche gemeinschaftliche Volksvertretung und Legislation enthielte, eine Rechtfertigung für ihre Nachgiebigkeit gegen einen Verfassungsentwurf finden können, welcher ihrer Ansicht nach den Bedürfnissen Deutschlands keinesweges genügt.

Wie sie aber in dem an die Spitze des Ganzen gestellten Vorbehalte für Oesterreich das Mittel erblicken, der nothwendigen Gemeinschaft Oesterreichs mit Deutschland ihre Geltung zu verschaffen, sobald die dortigen Zustände einer bestimmteren Ansicht der Dinge Raum gegeben haben werden, und wie sie die Verpflichtung Deutschlands den Rechten Oesterreichs aus der Verfassung des deutschen Bundes Folge zu geben ausdrücklich anerkennen: so müssen sie dem künftigen Reichstage auch über diese oberste Frage die weiteren Verhandlungen vorbehalten.

Zugleich aber vereinigen sie sich mit dem Bevollmächtigten der Königl. sächsischen Regierung für den beklagenswerthen Fall, wenn der gegenwärtige Versuch einer Einigung zu nichts als zur Herstellung eines nord- und mitteldeutschen Bundes führen möchte, in der Erklärung, daß für diese Eventualität die Erneuerung der Verhandlungen und die Umgestaltung des vereinbarten Verfassungsentwurfs ausdrücklich vorbehalten bleibe.

Die Unterzeichneten benutzen 2c.

Berlin, den 26. Mai 1849.

(gez.) Stüve. (gez.) H. v. Wangenheim.

An sämmtliche deutsche Regierungen.

Mit Bezug auf die Eröffnung vom 28sten d. M. ermangelt die Königl. preußische Regierung nicht, in ihrem und im Namen der verbündeten Regierungen von Sachsen und Hannover die folgende fernere Mittheilung zu machen.

Indem die verbündeten Regierungen die Nothwendigkeit anerkannten, ihrem Versuche zur Herstellung der gefährdeten inneren und äußeren Sicherheit Deutschlands zugleich durch Förderung einer bundesstaatlichen Verfassung und durch genaue Bezeichnung ihrer Stellung, den Beschlüssen der Frankfurter Nationalversammlung gegenüber, den richtigen Charakter aufzudrücken, haben sie gleichwohl nicht verkannt, daß auch dieser Schritt noch keinesweges zur Erreichung des Zweckes genüge.

Nachdem seit mehr als 30 Jahren die Thätigkeit der Gesammtregierung Deutschlands auf derjenigen Bahn, welche wenigstens Preußen und Hannover bereits auf dem Wiener Kongreß als die nothwendige mit Bestimmtheit bezeichnet und gefordert haben, zurückgeblieben war, indem man ein Bundesgericht verweigerte, und damit die Thätigkeit der Bundesregierung lediglich nach den Grundsätzen des augenblicklichen Vortheils bemessen wissen wollte, ist es heut zu Tage nicht mehr genug, Berathungen über künftige Abstellung der Uebel zuzulegen, vielmehr muß da, wo ein so lange erkanntes und so bestimmt bezeichnetes Bedürfniß vorliegt, unmittelbar eingegriffen werden.

Die verbündeten Regierungen haben daher den Beschluß gefaßt, in diesem Sinne zu handeln. Wenn der Bundesstaat allein im Stande ist, ohne Gefahr der Zerrüttung die ihrer Natur nach unabhängige

Staatsgewalt unter die Entscheidung des Richters zu stellen, so ist es auch Pflicht desselben, sich dieses Vorzugs bewußt zu werden, und denselben geltend zu machen. Je mehr aber die Staatsformen sich freierer Bewegung zuneigen, je mehr sie den Wünschen und Bestrebungen des Volkes unmittelbaren Einfluß gestatten, um desto nothwendiger ist es, ein Mittel zu besitzen, welches im Stande ist, das unruhige Drängen zu mäßigen und die stürmische Thätigkeit der großen Versammlungen in den Schranken zu erhalten, deren Ueberschreitung jedes Staatsleben zu Grunde richten muß.

In Deutschland ist das Bedürfniß eines solchen höheren Richteramtes durch die ganze Geschichte des Volks tief begründet. Es ist ein doppeltes Bedürfniß der kleineren Staaten, in denen die Gesetzgebung stets in Gefahr ist, in die Gestaltung individueller Zustände unmittelbar einzugreifen. Die richtende Gewalt des Kaisers hat in den früheren Jahrhunderten mehr als vieles Andere den Charakter der Nation bestimmt. In unserer Zeit wird eine ähnliche Einrichtung eine Bürgschaft sein, daß die Gesetzgebung so vieler verschiedener Staaten stets in gleicher Bahn erhalten werde, sie wird Ungleichheiten an den Tag bringen, und solche entweder durch zweckmaßige Auslegung und Anwendung der Gesetze selbst ausgleichen, oder die Gesetzgebung auf den Punkt hinführen, wo es ihrer bedarf.

Von diesem Gesichtspunkte aus haben die verbündeten Regierungen das in dem Entwurfe der Reichsverfassung begründete Institut des Reichsgerichts für eins der bedeutendsten und wirksamsten halten müssen, und so haben sie sich entschlossen, ein provisorisches Bundesgericht als Vorläufer jener großen nationalen Institution sofort ins Leben treten zu lassen.

Die Anlage enthält die unter ihnen getroffene Uebereinkunft über die sofortige Einsetzung dieses Gerichts.

Sie haben diesen Schritt um so unbedenklicher gethan, je weniger es dazu irgend einer legislatorischen Thätigkeit bedurfte. Denn einem Schiedsgerichte sich zu unterwerfen, steht einem Jeden zu, und wenn hier das Schiedsgericht von Einer Seite allein ernannt wird, so wird auch Niemand genöthigt, bei demselben Klage zu erheben, der dieses nicht seinem Vortheile gemäß erachtet. Nur die Regierungen, die Fürsten sind es, welche dasselbe unbedingt über sich erkennen. Diese aber, indem sie sich ihm unterwerfen, bezeugen dadurch, daß sie die Sicherheit nicht allein in äußerer Ordnung suchen, sondern im tiefen sittlichen Grunde derselben, im Rechte. Sie ziehen damit eine scharfe Grenze zwischen ihrem jetzigen Standpunkte und demjenigen einer früheren Zeit, welche nur jene äußere Ordnung, nur die Unterdrückung der Unruhen dem Bunde zuwies, ohne demselben zugleich die Mittel zu gewähren und die Pflicht aufzulegen, das verletzte Recht auch gegen die Regierungen zu schützen. Eben deshalb haben die verbündeten Regierungen aber auch diese Prüfung und Entscheidung des Rechts nicht sich selbst vorbehalten, sondern solche einem völlig getrennten und selbständigen Gerichte überweisen müssen. Die Organe der Regierungen, welche zu Herstellung der äußeren Ordnung thätig eingreifen sollen, werden eben dadurch selbst betheiligt; man kann ihnen in zweifelhaften Fragen unmöglich diejenige Unbefangenheit zutrauen, aus welcher allein ein gerechtes Urtheil hervorgehen kann.

Endlich haben sie auch, indem sie den in der Uebereinkunft enthaltenen Bestimmungen wesentlich diejenigen Normen zum Grunde gelegt haben, welche der Entwurf der Reichsverfassung über das Reichsgericht aufgestellt, ein Zeugniß geben wollen, daß sie diesen Entwurf für mehr als ein bloßes Projekt halten, vielmehr ihnen daran ernstlich gelegen ist, demselben so bald und so kräftig, als irgend möglich, Leben und Wirksamkeit zu verschaffen.

Wenn nun aber die verbündeten Regierungen die Bedingung stellen, daß Jeder, der ihre Hülfe verlangt, sich diesem provisorischen Bundesschiedsgerichte unterwerfe: so glauben sie auch darin ungetheilten Beifall hoffen zu dürfen. Sie können sich unmöglich zur Aufgabe machen, Unrecht irgend einer Art zu befestigen. Wer ihren Beistand wünscht, muß sich in dieser Beziehung mit ihnen auf gleichen Boden stellen. Sie hegen das Vertrauen, daß alle deutsche Regierungen von gleichen Grundsätzen ausgehen; und so hoffen sie in der ausgesprochenen Bedingung selbst das kräftigste Mittel zur Förderung einer Einigung erblicken zu dürfen, von der nach ihrer Ansicht das Wohl und Wehe Deutschlands abhängt.

Berlin, den 30. Mai 1849.

Der Minister-Präsident.

(gez.) Graf von Brandenburg.

Das provisorische Schiedsgericht der verbündeten Staaten.

§. 1. Die Königlichen Regierungen von Preußen, Sachsen und Hannover verpflichten sich, spätestens am 1. Juli c. ein provisorisches Bundesschiedsgericht ins Leben treten zu lassen, dessen schiedsrichterlicher Entscheidung sie sich nach Maßgabe der im §. 4 enthaltenen Kompetenzbestimmungen unterwerfen.

§. 2. Dieses Schiedsgericht wird zusammengesetzt aus Bundesrichtern, von denen

Preußen 3,
Sachsen 2,
Hannover 2,

ernennen.

Jedem Staate bleibt vorbehalten, bei diesen Ernennungen seinen Ständen eine Mitwirkung einzuräumen.

§. 3. Das Gericht soll seinen Sitz zu Erfurt nehmen; den Vorsitz führt das älteste der von Preußen ernannten Mitglieder.

§. 4. Die Verbündeten unterwerfen sich dem Urtheil dieses provisorischen Bundesschiedsgerichts:

a) in allen denjenigen Fällen, welche nach den §§. 124 und 125 des von ihnen vorgelegten Entwurfs der Reichsverfassung dem Reichsgerichte überwiesen sind, insoweit solche vor definitiver Einführung der Reichsverfassung in Frage kommen können, namentlich in den Fällen von

1. politischen und privatrechtlichen Streitigkeiten aller Art zwischen den verbündeten Staaten;
2. Streitigkeiten über Thronfolge, Regierungsfähigkeit und Regentschaft in denselben;
3. Streitigkeiten zwischen der Regierung eines der verbündeten Staaten und dessen Volksvertretung über die Gültigkeit oder Auslegung der Landesverfassung;
4. Klagen der Angehörigen eines der verbündeten Staaten gegen die Regierung desselben, wegen Aufhebung oder verfassungswidriger Veränderung der Landesverfassung.

   Klagen der Angehörigen eines der verbündeten Staaten gegen die Regierung wegen Verletzung der Landesverfassung können bei dem Schiedsgerichte nur angebracht werden, wenn die in der Landesverfassung gegebenen Mittel der Abhülfe nicht zur Anwendung gebracht werden können.
5. Beschwerden wegen verweigerter oder gehemmter Rechtspflege, wenn die landesgesetzlichen Mittel der Abhülfe erschöpft sind;
6. Anklagen gegen die Minister der verbündeten Staaten, insofern sie die ministerielle Verantwortlichkeit betreffen und die eigenen Landesgerichte dazu nicht kompetent sind;
7. Klagen gegen die verbündeten Staaten, wenn die Verpflichtung, dem Anspruche Genüge zu leisten, zwischen ihnen zweifelhaft oder bestritten ist; so wie wenn die gemeinschaftliche Verpflichtung gegen mehr als Einen Staat in einer Klage geltend gemacht wird.

Ferner überweisen sie der Kompetenz des provisorischen Schiedsgerichts:

b) alle diejenigen Beschwerden, welche als Veranlassung von Störungen der inneren Sicherheit zur Sprache kommen, und nicht durch den Verwaltungsrath oder die Civilkommissarien im Wege gütlicher Verhandlung zu erledigen, oder lediglich den Landesgerichten zur Entscheidung zu überweisen sein möchten;
c) alle Rechtshändel, welche unter den Verbündeten selbst aus der Vollziehung des gegenwärtigen Bündnisses erwachsen, insofern auch hier die Gerichte eines einzelnen Staates nicht kompetent sein möchten.

§. 5. Der Beitritt zu dem Bündnisse wird keiner Regierung verstattet, welche sich nicht in gleichem Maße der Entscheidung des provisorischen Schiedsgerichts unterwirft.

§. 6. Die näheren Bestimmungen über die Einsetzung des Gerichts, das Verfahren vor demselben und die Vollziehung seiner Entscheidungen sollen durch den Verwaltungsrath der verbündeten Staaten erlassen werden. Die Mitglieder des Gerichtes werden mit der Bearbeitung der desfallsigen Gesetzesentwürfe beauftragt.

Berlin, den 26. Mai 1849.

Denkschrift

zu dem

von den Königlichen Regierungen von Preußen, Sachsen und Hannover

vorgelegten Entwurf

der Verfassung des deutschen Reiches.

d. d. Berlin, den 11. Juni 1849.

Indem die verbündeten Königlichen Regierungen von Preußen, Sachsen und Hannover die in ihrer gemeinschaftlichen Eröffnung d. d. Berlin, 28. Mai c angezeigte Denkschrift den sämmtlichen deutschen Regierungen in Gegenwärtigem zugehen lassen, können sie zunächst nicht beabsichtigen, dem von ihnen dargebotenen Entwurf der Verfassung des deutschen Reichs dadurch noch eine äußere Rechtfertigung zufügen zu wollen. Beruhigt in dem Bewußtsein, daß sie die Forderungen der rechtlichen Freiheit und der gesetzlichen Ordnung auf gleicher Waage wogen, und die ungeschmälerten Resultate ihrer gewissenhaften Prüfung in den Verfassungs-Entwurf niederlegten, haben sie denselben den Regierungen wie der Nation zu völlig freier Würdigung übergeben, in der Hoffnung, daß Einsicht, Gerechtigkeit und Patriotismus das offentliche Urtheil leiten werde. Hierin auch liegt ihre Zuversicht, daß eine rasche, einmuthige Zustimmung es möglich machen werde, die schweren Leiden der Gegenwart zu heben und unverzüglich dazu vorzuschreiten, auf gesicherten Grundlagen das Gebäude aufzurichten, in welchem die deutschen Fürsten und Stämme, die Einzelnen und die Gesammtheit, in Ehre und Sicherheit wohnen, und fur die Wiedergewinnung und Mehrung deutscher Macht und Größe unter Gottes Segen und Beistand erfolgreich wirken können. Was den verbündeten Regierungen nach Vorlage ihres Verfassungs-Entwurfes noch zu sagen übrig bleibt, beschränkt sich auf eine Darlegung der Standpunkte, die sie bei Anlage und Ausfuhrung desselben einnahmen, auf eine Nachweisung dessen, was sie auf diese Standpunkte hinführte und sie von hier aus die bei den einzelnen Materien vorkommenden Grenzen ziehen ließ, auf eine Feststellung der Bestimmungen, deren Wortfassung über den Willen und die Absicht der verbündeten Regierungen mögliche Zweifel lassen könnte. Die Denkschrift ist hiernach nicht Kommentar, sondern authentische Interpretation des Entwurfs der Reichsverfassung, und als solche von dem Entwurfe selbst untrennbar.

Das Reich.

Die National-Versammlung zu Frankfurt a. M. legte sich die Befugniß bei, eine Verfassung fur das deutsche Reich endgültig zu beschließen. Sie bestimmte daher den Umfang dieses Reiches nach dem Umfange des bisherigen deutschen Bundes und ging darauf aus, sämmtliche Glieder desselben zum Eintritt in den neuen Bundesstaat zu verpflichten. Daher spricht der erste Paragraph der dort entworfenen Verfassung einfach aus, daß das deutsche Reich aus dem Gebiete des bisherigen deutschen Bundes bestehe.

Die verbündeten Regierungen, welche ihren Entwurf zu einer Reichsverfassung hier vorlegen, sind dagegen von der unwandelbaren Ueberzeugung geleitet worden, daß der Neubau der deutschen Verfassung nur durch freiwillige Uebereinkunft der Regierungen unter sich, und hiernächst eben so freiwillige Zustimmung der National-Vertretung rechtlich zu Stande kommen könne. Daher haben sie in ihre Vorschläge keine Bestimmung aufnehmen können, welche für die Glieder des bisherigen deutschen Bundes irgend einen Zwang in sich schlösse; wie fest und zuversichtlich auch ihre Hoffnung sei, daß der neue Bundesstaat das gesammte Gebiet des Bundes von 1815 umfassen werde, so wird sich doch dieses Gebiet aus denjenigen deutschen Landen bilden müssen, deren Regierungen sich dem vorgelegten Entwurfe anschließen, und deren Vertreter ihn in einem aus diesen Landen einzuberufenden Reichstage annehmen. Hierdurch ist die Fassung des §. 1, wie sie vorliegt, gerechtfertigt.

Wenn schon hieraus von selbst einleuchtet, daß der neue Bundesstaat zu denjenigen Gliedern des bisherigen deutschen Bundes, welche sich ihm noch nicht anschließen möchten, zunächst in dem Verbande der Rechte und Pflichten verbleibt, die aus der Bundesakte vom 8. Juni 1815 erwachsen, so hat doch der Beziehungen zu Oesterreich noch besonderer Erwähnung geschehen müssen. Die zu dem deutschen Bunde gehörigen Theile Oesterreichs sind durch die dem Kaiserstaate verliehene Verfassung vom 4. März d. J. in ein staatliches Verhältniß zu der österreichischen Gesammtmonarchie getreten, welches eine erneuerte Erwägung ihrer Stellung zu den übrigen Gliedern des deutschen Bundes unabwendlich erscheinen ließ. Hierzu so wie zu einer umfassenderen Vereinbarung zwischen dem österreichischen Gesammtstaate und dem deutschen Bundesstaate die Wege völlig frei zu erhalten, ist der Zweck des dem §. 1 beigefügten Zusatzes

Ueber die Verhältnisse des Herzogthums Schleswig hat zur Zeit noch keine Bestimmung erfolgen können; sie bleiben dem Schlusse der hierüber eröffneten Verhandlungen vorbehalten.

Hinsichtlich der Stellung des Herzogthums Limburg werden die Abänderungen, welche das bisherige vertragsmäßige Verhältniß desselben zum deutschen Bunde, durch die Annahme der Reichsverfassung erheischen könnte, der Gegenstand weiterer Vereinbarung mit der Königlich niederländischen Regierung sein.

Die Reichsgewalt.

Die Befugnisse der Reichsgewalt waren nach den Zielen zu bestimmen und abzugrenzen, die in Gemäßheit der Auffassung der verbündeten Regierungen dem Bundesstaat als solchem, vorgesteckt sind. Sie waren zu bestimmen, insofern die gesicherte Erreichung dieser Ziele die der Reichsgewalt zu übertragenden Befugnisse nicht entbehren kann; und abzugrenzen, insofern eben diese Befugnisse im Interesse der Ehre und Selbstständigkeit der Einzelstaaten das Maß des wirklichen Bedürfnisses nicht überschreiten dürfen.

Es kam daher vor allem darauf an, sich dieser Ziele des Bundesstaats, und zwar sowohl im Gegensatz zu dem Einheitsstaat als zu dem bloßen Staatenbund, deutlich bewußt zu werden, und sie dann in äußerer Erkennbarkeit aufzustellen.

Die Ziele des Bundesstaates liegen innerhalb und außerhalb seiner Grenzen, hier maßgebend für sein Verhältniß zum Auslande, und dort für sein eigenes Leben und seine innere Gestaltung.

Die verbündeten Regierungen wollen und bekennen für den Bundesstaat

dem Auslande gegenüber:

Einheit und Macht, ein einiges, ungetheiltes mächtiges Deutschland, eintretend an die Stelle Preußens, Sachsens, Hannovers und aller übrigen deutschen Einzelstaaten und deren besonderen Interessen;

dem Inlande gegenüber:

ausschließliche oder ergänzende Leistung dessen, was der einzelne Staat entweder gar nicht, oder nicht in erforderlichem Maße zu leisten im Stande ist;

durchgreifende endgültige Verfügung in Fällen, wo die Interessen der Einzelstaaten sich berühren, in sofern diese Staaten selbst die Differenzen unter sich nicht zum Abschluß bringen, und das Gemeinwohl die Regelung des gestörten oder die Herbeiführung eines gebesserten Zustandes fordert;

Vorzeichnung von Linien, auf denen sich die Regierungen der Einzelstaaten zur Förderung gemeinsamen Nutzens in Bildung oder Entwickelung gemeinsamer Institutionen begegnen und einigen können.

Verhältniß der Reichsgewalt dem Auslande gegenüber.

Unter den Opfern, welche die Bildung des Bundesstaates den einzelnen Gliedern des bisherigen deutschen Bundes abfordert, ist die Verzichtleistung auf die diplomatische Vertretung im Auslande, die Absendung und der Empfang der Gesandten, eines der größten. Der deutsche Bund war als ein völkerrechtlicher Verein unabhängiger Staaten eingesetzt; er konnte und mußte daher auch Jedem derselben anheimstellen, seine Interessen im Auslande selbstständig vertreten zu lassen. Das Recht der Bündnisse und Verträge war keiner anderen Beschränkung unterworfen, als daß keine dieser Verbindungen gegen die Sicherheit des Bundes oder einzelner Glieder desselben gerichtet sein dürfe. Allerdings war hierbei auch der Fall ausbedungen, daß der Bund für seine gemeinschaftlichen Interessen Gesandte an fremde Mächte abordne, durch dieselben Unterhandlungen für die Gesammtheit führe und Verträge abschließe. Es ist jedoch bekannt, daß dieser Vorbehalt nie zur Ausführung gekommen ist; der völkerrechtliche Verkehr Deutschlands mit dem Auslande ist ausschließlich durch die diplomatischen Agenten der einzelnen Staaten an den fremden Höfen geführt worden.

Von dem Augenblicke an, als man die Nothwendigkeit erkannte, den völkerrechtlichen Verein in einen staatsrechtlichen, den bisherigen deutschen Bund in einen wahren Bundesstaat zu verwandeln, konnte nicht daran gedacht werden, jenes Verhältniß fortbestehen zu lassen. Soll der oberste Grundsatz: daß Deutschland dem Auslande gegenüber nur als ein einiger und ungetheilter Körper auftrete, je zu wirklichem Leben gedeihen, so wird das Ausland auch nur den Gesammtstaat kennen, nur mit diesem verhandeln, nur mit diesem Bündnisse und internationale Verträge abschließen können. Hierauf hat daher der 2te Artikel des 1sten Abschnitts des vorgelegten Verfassungs-Entwurfs fußen müssen. Er hat den einzelnen Regierungen und hierunter auch solchen, die zu den Großmächten Europa's oder zu denen gehören, deren diplomatische Verbindungen mit den auswärtigen Höfen seit geraumen Zeiten bestehen, das Ansinnen gestellt, zu Gunsten der Reichsgewalt auf ihr Recht, ständige Gesandte zu senden oder zu empfangen, freiwillig zu verzichten, keine besonderen Consuln zu halten und ihre Befugniß zu Verträgen und Bündnissen wesentlich zu beschränken. Diese Opfer sind sehr groß; man darf sich jedoch der Hoffnung hingeben, daß sie von den deutschen Regierungen und Stämmen als solche erkannt werden, welche unerläßlich sind, um der Nation die Weltstellung zu sichern, die sie in ihrer bisherigen Zerrissenheit schmerzlich entbehrt hat und von dem Neubau ihrer Verfassung zu erwarten entschieden berechtigt ist.

Wenn daher dieser Grundsatz in dem vorgelegten Entwurfe volle Geltung finden mußte, so darf doch nicht übersehen werden, daß die Ausführung der hieraus geflossenen Bestimmungen an mannigfache Uebergänge und nähere Erläuterungen gebunden ist. Die Beziehungen, welche zwischen den deutschen Einzelstaaten und den auswärtigen Höfen bestehen, können nicht von einem Tage zum andern abgebrochen werden; auch wenn die vorgeschlagene Reichsverfassung allseitige Zustimmung findet, wird stets noch einige Zeit verfließen, ehe die völkerrechtliche Vertretung des Reichs im Auslande nach den verschiedenen Seiten hin geordnet und in anerkannte Wirksamkeit getreten ist. Bis dahin werden die diplomatischen Agenten der einzelnen Staaten ihre Thätigkeit um so mehr fortzusetzen haben, als sonst eine nur Deutschland schädliche Unterbrechung in dem internationalen Verkehre eintreten würde. Ein Gleiches gilt für die bei den deutschen Regierungen accreditirten auswärtigen Gesandten, bei deren Abberufung zudem das Reciprocitäts-Verhältniß maßgebend sein wird.

Aber auch dann, wenn nach vollkommen geordneten diplomatischen Beziehungen mit dem Auslande, die einzelnen Regierungen weder ständige Gesandte halten noch empfangen werden, ist doch nicht zu übersehen, daß für diese Regierungen das Bedürfniß fortbestehe, in einzelnen abgegrenzten Fällen ein bestimmtes Interesse bei auswärtigen Staaten unmittelbar geltend zu machen. Dre Entsendung eines besonderen außerordentlichen Bevollmächtigten wird daher der betreffenden Regierung nicht streitig zu machen sein, sobald dessen Auftrag vorher zur Kenntniß der Reichsregierung gebracht und er selbst angewiesen ist, sich mit der am Orte befindlichen ständigen Gesandtschaft des Reichs stets im Zusammenhange zu erhalten.

Gleichermaßen wird es den Einzelregierungen unbenommen bleiben, solche Interessen, welche aus verwandtschaftlichen oder sonstigen Beziehungen fließen, durch besondere Agenten zu wahren, insofern dieselben entweder ganz ohne völkerrechtlichen Charakter auftreten, oder im entgegengesetzten Falle der Reichsgesandtschaft überwiesen und zugetheilt werden.

Indem nach den §§. 6 und 7 die einzelnen Regierungen ihr Recht, besondere Konsuln zu halten, der Reichsgewalt übertragen, übernimmt letztere auch selbstverstanden die Pflicht, die Interessen aller Angehörigen deutscher Staaten uberall genügend zu vertreten. Es wird daher jeder einzelnen Regierung die Befugniß zustehen, von der Reichsgewalt die Bestallung eines Konsuls an einem auswärtigen Orte selbst dann zu begehren, wenn nur allein ihre eigenen Angehörigen mit diesem Orte verkehren. Aus demselben Grundsatze fließt auch das Recht jeder Einzelregierung, über mangelhafte Vertretung dieser besonderen Interessen durch den Reichs-Konsul, Beschwerde zu führen, und erforderlichen Falles die Abhülfe auch dadurch zu verlangen, daß eine Person ihres Vertrauens als Reichs-Vice-Konsul an demselben Orte bestellt werde.

Verhältniß der Reichsgewalt zum Inlande.

Soviel das Verhältniß des Bundesstaates zu dem Inlande betrifft, so konnnte den verbündeten Regierungen auch hier über die aus den vorher bezeichneten Anforderungen fließenden Folgerungen kein Zweifel bleiben. Der Bundesstaat soll ausschließlich oder ergänzend Dasjenige leisten, was der einzelne Staat entweder nicht, oder nicht in erforderlichem Maße zu leisten vermag. Hieraus folgt, daß er auch nur das, und nicht mehr als das zu leisten berechtigt werden durfte; daß der Selbstständigkeit der einzelnen Staaten der ganze übrige Theil der Regierungs- und Macht-Befugnisse belassen und gesichert werden mußte; daß die Verfassung des deutschen Bundesstaates hier nach allen Richtungen hin einer falschen Centralisation zu begegnen hatte. Die verbündeten Regierungen glauben dies durch Fernhalten der Reichsgewalt von der eigentlichen Administration und durch Begrenzung des der Reichsgewalt zugetheilten Ober-Aufsichtsrechts gethan zu haben, und durch die gegenwärtige Erklärung noch thun zu müssen.

Die Befugnisse der einzelnen deutschen Regierungen, die der §. 8 der Frankfurter Aufstellung ausdrücklich auf Gegenstände des Privatrechts, des nachbarlichen Verkehrs und der Polizei beschränkt, sind in dem von den verbündeten Regierungen vorgelegten Entwurfe auf alle Gegenstände ausgedehnt, die der Zuständigkeit der Reichsgewalt nicht verfassungsmäßig zugewiesen sind.

Die Verfugung der Reichsgewalt über die gesammte bewaffnete Macht Deutschlands (§. 11 d. F. A.) ist auf die Fälle des Krieges oder nothwendiger Sicherheitsmaßregeln im Frieden zurückgeführt, und hiernach gleichzeitig der §. 81 zu bemessen.

Die §. 13 d. F. A. der Reichsgewalt ausschließlich attribuirte Gesetzgebung und Organisation des Heerwesens ist auf eine allgemeine Gesetzgebung und auf die Ueberwachung und Durchführung derselben in den einzelnen Staaten ermäßigt, und diesen Staaten dabei die selbstständige Organisation durchaus unverkümmert gelassen.

Die besondere eidliche Verpflichtung gegen das Reich, die der §. 14 des Frankfurter Entwurfes der gesammten Heeresmasse in allen deutschen Einzelnstaaten gleichmäßig auferlegt, ist nur bei denjenigen Militairpersonen festgehalten, die, wie die von der Reichsgewalt ernannten Feldherrn, die von diesen zum selbstständigen Kommando einzelner Corps bestimmten Generale, und die Gouverneure, Kommandanten und höheren Beamten der Reichsfestungen in ein besonderes Pflichtverhältniß gegen das Reich getreten sind; eine Einschränkung, deren Nothwendigkeit, nach den beklagenswerthen Vorgängen der letzten Zeit, wohl allgemein einleuchtet.

Bei dem Schifffahrts- und Flößerei-Betrieb auf Flüssen, Kanälen und Seen, welche mehrere deutsche Staaten im schiffbaren oder flößbaren Zustande durchströmen oder begrenzen, ist abweichend von dem §. 24 der F. A. der Reichsgewalt nur die Gesetzgebung und deren Ueberwachung zugetheilt, dagegen die Wahl der Verbesserungs-Maßregeln und deren Ausführung lediglich den betreffenden Regierungen überlassen worden.

Bei Anlage neuer Landstraßen und Kanäle und bei Schiffbarmachung bis dahin nicht befahrener Flüsse ist der Reichsgewalt wieder nur die Anordnung zugestanden, selbst diese jedoch in wesentlicher Einschränkung des §. 32 der F. A. durch die vorgängige Verständigung mit den einzelnen Staaten bedingt, und eben diesen Staaten auch die Ausführung und zwar auf Reichskosten übergeben.

Bei Erhebung und Verwaltung der Zölle ist der Reichsgewalt nur das Recht der Oberaufsicht vorbehalten, das Recht der eigenen Anordnung dagegen, das ihr der §. 35 der F. A. ebenfalls zutheilt, ausgeschieden.

Der §. 36 der F. A., der der Reichsgesetzgebung die Bestimmung über die Gegenstände überläßt, auf welche, und die Bedingungen und Beschränkungen, unter welchen die einzelnen Staaten Produktions- oder Verbrauchssteuern für Rechnung des Staates oder einzelner Gemeinden legen dürfen, ist zwar beibehalten, es wird aber ausdrücklich erklärt, daß die dabei in Frage tretenden finanziellen Interessen der Einzelstaaten in der Reichs-Zollakte gehörig gewahrt werden sollen, so wie auch, daß es nicht in der Absicht liegt, dadurch in den durch den Zollverein geordneten Verhältnissen etwas zu ändern.

Unter Löschung des zweiten und dritten Absatzes eben dieses §. 35 und unter gleichzeitiger Abänderung des §. 49 ist der Reichsgewalt ein unmittelbares Recht an irgend welchem Quantum der Landessteuern in den Einzelstaaten nicht zuerkannt, die Landessteuern sind vielmehr als ein ausschließliches und unantastbares Eigenthum der Einzelstaaten in verfassungsmäßigen Schutz genommen, und, die Nothfälle der Anleihen und der Kontrahirung von Schulden abgerechnet, die Einnahmen der Reichsregierung ein für alle Mal auf die Bezüge der Matrikular-Beiträge beschränkt.

Die der Reichsgewalt zugestandene Einwirkung auf das Postwesen ist unter Abänderung der §§. 41 und 42 der F. A. durchaus in den Schranken der Gesetzgebung und Oberaufsicht erhalten, und das der Reichsgewalt in jenen §§. zugetheilte Recht der Erlassung und Durchführung von Vollzugs-Verordnungen, von reglementären Verfügungen und der Uebernahme des deutschen Postwesens für Reichs-Rechnung, beseitigt.

Die verbündeten Regierungen erklären zudem, daß sie der Reichsgewalt durch die derselben in den einzelnen Paragraphen vorbehaltene Oberaufsicht nur das Recht zugestanden haben, Beschwerden entgegen zu nehmen, deren Abstellung zu vermitteln, nöthigenfalls durch Entscheidung des Reichsgerichtes zu erzwingen und unter allen Umständen durch Abordnung von Kommissarien Kenntniß von dem Stande der ihrer Oberaufsicht unterliegenden Angelegenheiten und Verwaltungs-Gegenstände zu nehmen Alles jedoch mit der ausdrücklichen Maßgabe, daß die Einzel-Regierungen, diesem Oberaufsichtsrecht der Reichsgewalt gegenüber, weder zu allgemeinen Bericht-Erstattungen, noch auch zur Einholung von Genehmigungen vor dem Ergreifen der betreffenden Regierungs- und Verwaltungs-Maßregeln verpflichtet sind.

Die verbündeten Regierungen sind bei allen diesen Abänderungen des Frankfurter Entwurfes der Ueberzeugung gefolgt, daß die Reichsgewalt nur dadurch die ihr im Bundesstaate angewiesene hohe Stellung zum Segen des Ganzen einnehmen und ohne störende Gegenwirkung der Einzelstaaten behaupten könne, daß sie sich von einem Eingreifen in die innere Administration dieser Staaten grundsätzlich fern halte, daß sie namentlich Erhebung der Zölle und Abgaben, Leitung des Bauwesens, Uebung, Ausrüstung und Verpflegung des Heeres, kurz Alles, was seiner Natur nach dem Reiche der inneren Regierungsthätigkeit des einzelnen Staates angehört, auch zunächst der selbstständigen Anordnung und Ausführung der betreffenden Regierung völlig frei lasse. Vornämlich bei den beiden erstgenannten Gegenständen, der Steuer-Erhebung und dem Bauwesen, hat sich diese Ueberzeugung der verbündeten Regierungen zu besonderer Stärke gesteigert. Die Finanz-Einrichtungen fast jeden deutschen Staates bilden in sich geschlossene Systeme, an welchen am wenigsten in einem Augenblicke so großer Erschütterungen und so drohender Gefahren, wie der gegenwärtige, unvorsichtig gerüttelt werden darf. Der Versuch, neben den bestehenden verschiedenen Steuer-Systemen der Einzelstaaten ein neues Reichssteuer- und Finanzsystem zu gründen, würde gleichbedeutend sein mit der Vernichtung der Ordnung und des Kredites in diesen Staaten, ohne Garantie für das neu zu Schaffende, welche jederzeit erst durch die Erfahrung gegeben wird. Aehnliches gilt über das Bauwesen, vorzüglich bei Strom- und Uferbauten, die für einzelne Landesstriche wahre Existenz- und Lebensfragen bilden. Nichts würde unzweckmäßiger und nachtheiliger sein, als Bauwerke der letzteren Art direkt von Reichswegen, blos durch die Hand des Technikers und ohne eine danebenstehende, das Interesse des Bauherrn und der Nachbarn vermittelnde Landesbehörde zur Ausführung zu bringen. Der fernere Umstand, daß sich die Reichsgewalt hier bei eigener Bauführung zu den verschiedenen Einzelstaaten nicht mehr in dem gleichen, sondern, nach dem größeren oder geringeren Bedürfnisse dieser Staaten, in einem verschiedenen Verhältniß befinden würde, führt für eine gedeihliche Wirksamkeit der Reichs-Gewalt auf die erheblichsten Bedenken. Klagen über unbillige Bevorzugungen und Begünstigungen oder unersprießliche Einmischung, Hemmung und Störung würden nicht ausbleiben. Es wäre ein Stoff steter Reibung und Unzufriedenheit geschaffen, der in seiner Fortwirkung entweder die Reichsgewalt fortwährend paralysiren, oder die Selbstverwaltung der deutschen Länder in ihren werthesten und theuersten Interessen endlich gänzlich vernichten müßte.

Indem aber die verbündeten Regierungen die innere Administration der Einzelstaaten von den Befugnissen der Reichsgewalt streng und völlig gesondert haben, ist das der Reichsgewalt kompetirende Recht der durchgreifend endgültigen Verfügung in Kollisionsfällen der Einzelstaaten, unter der vorangegebenen Bedingung, daß die Einzelstaaten selbst die von dem Gemeinwohl geforderte Erledigung der obschwebenden Differenzen nicht zu richtiger Zeit herbeiführen, durchaus nicht geschmälert worden; wie die aus der Frankfurter Aufstellung unverändert beibehaltenen oder modifizirten §§. 21, 28, 30, 31, 38, 39 und 41, betreffend Unterhaltung von Schifffahrtsanstalten am Meere und in den Mündungen der deutschen Flüsse, des Schifffahrtsbetriebs und der Flößerei, der Eisenbahnen, Landstraßen, Kanäle, des Handels-, Gewerbe- und Postwesens, des Näheren ausführen. In dem Recht der Oberaufsicht und der Gesetzgebung, das in allen diesen Administrations-Materien der Reichsgewalt verbleibt, sind ihr die hinlänglichen Mittel zur Verfügung gestellt, die betreffenden Differenzen entweder selbst zu schlichten, oder ihnen doch die Bahn einer verfassungsmäßigen, raschen und gewissen Erledigung anzuweisen. Die verbündeten Regierungen erblicken gerade in dieser Thätigkeit der Reichsgewalt die Beendigung eines Zustandes, der bisher vielfach schwer empfunden wurde: die schützende Bürgschaft gegen endlose Streitigkeiten und die angemessene Sicherstellung allgemeiner Volkswohlfahrt gegen die Partikularinteressen der Einzelregierungen.

Die umfassendste und fruchtbarste Thätigkeit bleibt endlich der Reichsgewalt zu entwickeln in der Anbahnung gemeinsamer Institutionen zum Nutzen der einzelnen Staaten und des gesammten Reiches Hier hat sich die Reichsgewalt recht eigentlich als Gesammtregierung des Reiches zu erweisen, und in großen praktischen Gedanken und geeigneten Anregungen die Saaten dauernder Einigung niederzulegen und zu zeitigen. Die hauptsächlicheren Richtpunkte dieser, das Bedürfniß und die Mannigfaltigkeit des realen Lebens umfassenden Thätigkeit sind in den §§. 24, 32, 33, 41, 45, 46 und 64 der Frankfurter Aufstellung vorgezeichnet, und in dem jetzigen Entwurf unter den nöthigen Modifikationen beibehalten: kommerzielle und gewerbliche Vereinigungen, Erleichterung und Verbesserung sämmtlicher Mittel des inneren Verkehrs, Einwirken auf die Verbesserung und Regelung des Postwesens durch die betreffenden Einzelstaaten und die sonst Berechtigten, möglichste Uebereinstimmung in der Gesetzgebung und dem Gerichtsverfahren, Einheitlichkeit in Münze, Maß und Gewicht. In dem Zollverein, einer Schöpfung, die selbst unter dem bisherigen staatenbundlichen Verhältniß ins Leben treten konnte, findet der Bundesstaat für diesen Bereich seiner Thätigkeit ein praktisches Muster. Daß dieser Zollverein durch die vorgeschlagene Verfassung nunmehr das gesammte Gebiet des Reichs in sich begreifen werde, muß als einer der segensreichsten Fortschritte für das nationale Leben angesehen werden.

Das Reichsoberhaupt.

Bei der Bildung der Reichsregierung kamen zunächst die beiden großen prinzipiellen Gegensätze der absolut einheitlichen und der absolut gemeinschaftlichen höchsten Staatsleitung, die Form des erblichen Kaiserthums und des Direktoriums, in Betracht. Für die erstere Form hatte sich die Verfassungsaufstellung der Nationalversammlung §. 68 ausgesprochen; für die letztere mehr als eine deutsche Regierung sich mit entschiedenem Nachdruck erhoben. Vortheile der einen und der andern Form fanden sich einander gegenüber gestellt; für beide wurde das Bedürfniß der Gegenwart und das Recht der Wirklichkeit gleichmäßig angerufen.

In dem von den verbündeten Regierungen auf Vorlage der Königl. preußischen Regierung gegenwärtig dargebotenen Verfassungsentwurf ist weder ausschließlich die eine, noch die andere dieser Formen angenommen worden; es ist darin vielmehr eine neue, selbstständige Regierungsform ermittelt, bei deren Aufstellung das Bestreben obgewaltet hat, das Gute und Gedeihliche, was in jeder der beiden vorgenannten Formen liegt, mit verdienter Anerkennung zu benutzen und mit einander zu vereinigen, und dadurch den gleichberechtigten Anforderungen sowohl der Gesammtheit des deutschen Volkes, als der einzelnen deutschen Staaten und Regierungen gerecht zu werden.

Die Funktionen der Reichsregierung sind in Legislation und Exekutive geschieden; jene, die Legislation, ist einem Fürstenkollegium, diese, die Exekutive, dem Reichsvorstande zugewiesen. Weder der Reichsvorstand, noch das Fürstenkollegium stellen für sich allein die Reichsregierung dar; diese existirt erst in der Verbindung beider.

In dem Reichsvorstande sind zwei Eigenschaften miteinander verbunden, die des Trägers der Exekutivgewalt und die eines gleichzeitigen Mitgliedes des Fürstenkollegiums. In letzterer Eigenschaft ist der Reichsvorstand nur primus inter pares, so zwar, daß er, um seiner Mitgliedschaft im Fürstenkollegium willen, an die Mehrheitsbeschlüsse eben dieses Kollegiums auch als Träger der Exekutive später gebunden ist, den gleich zu berührenden Fall des § 194 allein ausgenommen. Dabei werden als legislative, dem Fürstenkollegium zugewiesene Funktionen alle diejenigen Befugnisse betrachtet, welche zu ihrer Wirksamkeit eines Reichstagsbeschlusses bedürfen Insbesondere also auch alle mit auswärtigen Staaten zu schließende Verträge, welche dem Reichstage zur Genehmigung vorgelegt werden müssen, wobei jedoch bei dringenden Umständen die Einholung vorgängiger Zustimmung allerdings unmöglich werden kann. Ebenso werden die Vollzugsverordnungen, insofern sie materielle Bedeutung haben, und nicht, wie etwa Publikationspatente, bloße Formen erledigen, mit dem Fürstenkollegium berathen, unbeschadet der endgültigen Beschlußfassung, die dem Reichsvorstande vorbehalten bleibt.

Der eben erwähnte §. 194 statuirt allerdings eine Getheiltheit zwischen Reichsvorstand und Fürstenkollegium auch im Punkte der Legislation. Er macht die Gültigkeit eines Reichsschlusses, die sonst überall nur an die gemeinschaftliche Ausübung des Zustimmungsrechtes geknüpft ist (§. 99), bei Abänderungen in der Reichsverfassung von der selbstständigen Zustimmung sowohl des Reichsvorstandes als des Fürstenkollegiums abhängig. Die Einwirkung, die ein solcher, die Verfassung abändernder Reichsschluß auf die besondere Stellung sowohl des Reichsvorstandes als des Fürstenkollegiums auszuüben geeignet ist, hat hier eine abgesonderte Sicherstellung sowohl für den Reichsvorstand, als für das Fürstenkollegium ausnahmsweise nicht entbehren lassen.

Die in den §§. 99 und 194 vollzogene Abänderung der §§. 101 und 196 der Frankfurter Aufstellung war für die verbündeten Regierungen Sache der entschiedenen Nothwendigkeit. Die freie Uebereinstimmung des Reichstages mit der Reichsregierung, aber auch der Reichsregierung mit dem Reichstage, bleibt Grundbedingung des ganzen künftigen deutschen Staatsbaues. Jede Verletzung dieser Bedingung raubt alle Garantieen eines gesunden Zustandes.

Bei allen übrigen, dem Reichsvorstande als solchem ausschließlich übertragenen Attributionen, der Kriegserklärung und dem Friedensschlusse, der Leitung des völkerrechtlichen Verkehrs, der Ernennung des Reichsministeriums u. s. w., bleibt die Ausübung der entsprechenden Rechte des Reichsvorstandes dennoch in einem fortwährenden inneren Zusammenhange mit der Thätigkeit des Fürstenkollegiums. Bei näherer Erwägung aller exekutiven Funktionen, so wie sie in den betreffenden §§. 69, 71, 72 und 81 des dargebotenen Entwurfs verzeichnet sind, zeigt sich sofort, daß sich die Gemeinschaftlichkeit des Verkehrs und die Gegenseitigkeit der Beziehungen zwischen dem Reichsvorstande und dem Fürstenkollegium überall geltend macht, wo vereinte Thätigkeit und gemeinschaftliches Erwägen irgend einen größeren Nutzen in gesicherte Aussicht stellt. Die Exekutive des Reichsvorstandes, als eine wirklich ausschließliche Thätigkeit desselben, bleibt, außer den Fällen der reinen Ausführung von gemeinschaftlich beschlossenen Maßregeln, nur da bestehen, wo die Schnelligkeit und Freiheit des Entschlusses und die Energie der Handlung unerläßlich ist: bei der Kriegsführung und in den anderen verwandten Ausnahmefällen, die von dem Augenblick ihre Entscheidung fordern.

Die das Fürstenkollegium betreffenden Theile des III. Abschnitts haben im Uebrigen zur Zeit auf der Grundlage beruhen müssen, daß Oesterreich gehindert ist, mit einem Theile seines Centralstaates, mit seinen deutsch-österreichischen Bundeslanden, in den Bundesstaat einzutreten, der nach der Ueberzeugung der verbündeten Regierungen dem übrigen Deutschland nicht länger vorenthalten werden darf, in einen Bundesstaat mit deutschem Parlament, das in Volkshaus und Staatenhaus gegliedert ist. Sollte diese Behinderung vor dem Zusammentritt des nächsten Reichstags indeß thatsächlich gehoben sein, und die Gewißheit vorliegen, daß das deutsche Reich, auf dessen glorreichen Namen der Bundesstaat nicht hat verzichten wollen, auch seiner räumlichen Größe nach in einer und derselben lebenskräftigen Vereinigung aller Bruderstämme jetzt wieder herzustellen ist, so werden alsdann auf dem Wege gegenseitiger Verständigung diejenigen Modifikationen eintreten, die der erste Paragraph des Entwurfs, bezüglich des Verhältnisses Oesterreichs zu dem deutschen Reiche, in umfassender Weise vorbehält.

Der Reichstag.

Die Vertretung der Nation in einem Volkshause neben dem Staatenhause ist zum unabweislichen Bedürfnisse geworden.

Die auf den Frankfurter Beschlüssen beruhende Zusammensetzung des Reichstags aus zwei Häusern ist daher geblieben; bei der Feststellung der Befugnisse beider Häuser ist jedoch der Grundsatz der gleichen Berechtigung befolgt worden, da auch das Staatenhaus, indem es zum Theil wenigstens aus der Volksvertretung der Einzelstaaten hervorgeht, die wesentlichen Elemente der Vertretung der Nation enthält, und sogar einzelne allgemeine Interessen des Volks, z. B. die wichtigen Interessen des Staatshaushalts und der Volkswirthschaft, ihre, wenn auch nicht ausschließliche, doch vorzügliche Vertretung nur im Staatenhause finden. Aus dieser Erwägung ist besonders die Bestimmung des § 101. Nr. 6 hervorgegangen.

Unter der im §. 1 dieses Verfassungsentwurfs, bezüglich der Verhältnisse der deutsch-österreichischen Bundesländer und deren Stellung zum deutschen Bundesstaate niedergelegten Verwahrung ist bei Bestimmung des Theilnahme-Verhältnisses der Einzelstaaten an der Beschickung des Staatenhauses im §. 85 zunächst der Fall der Nichttheilnahme Oesterreichs ins Auge gefaßt; jedoch ist im andern Falle die Rückkehr zu dem Stimmverhältnisse und der Gesammtzahl von 192 Mitgliedern für das Staatenhaus, wie dies im §. 87 der Frankfurter Aufstellung vorangestellt wurde, durchaus freigehalten.

Daß dem Kurfürstenthume und dem Großherzogthume Hessen eine gleiche Zahl von Stimmen zugetheilt ist, wird in der beiderseitigen Stellung und Bedeutung dieser Staaten begründet gefunden werden. Die Stimmenzahl für Holstein ist hier nur mit Einschluß von Lauenburg und eventuell von Schleswig auf die Zahl sechs gestellt; es bleibt mithin fur den Fall des Nichteintritts Schleswigs in den Bundesstaat eine neue Regelung der Stimmenzahl für Holstein und Lauenburg nothwendig, so, daß alsdann Holstein 3 und Lauenburg 1 Stimme, beide zusammen also 4 Stimmen, wie Mecklenburg-Schwerin, erhalten werden.

Im § 86 hat der Wahl durch Provinzialstände, wie sie der §. 88 der Frankfurter Beschlüsse will, eine Nothwendigkeit nicht zugestanden werden können, da die als Provinzialstände in mehreren deutschen Ländern bestehenden Institute zur Vornahme dieser Wahlen wohl weniger als die allgemeinen Ständeversammlungen geeignet sind. Damit hat aber die Möglichkeit einer solchen Wahlart für diejenigen Staaten, in denen sie zweckmäßig erscheinen sollte, keinesweges ausgeschlossen werden sollen Der letzte Satz jenes Frankfurter §, wonach bei Vornahme der Wahlen durch zwei Kammern der Wahlakt in gemeinsamer Sitzung nach absoluter Stimmenmehrheit vorgenommen werden soll, hat ebenfalls eine in die Verfassung der einzelnen Staaten minder einschneidende und die Bedeutung des Zweikammersystems weniger verletzende Fassung erhalten.

Das Wahlgesetz.

Für das Volkshaus ist die Dauer der Wahlperiode auf 4 Jahre bestimmt. Daneben sind durch den angeschlossenen Entwurf eines Gesetzes für die Wahlen der Abgeordneten zum Volkshause, unter Festhaltung des Satzes der allgemeinen Wahlberechtigung ohne Census, zugleich Schranken gesucht worden, innerhalb deren allein der Aufbau und die Erhaltung einer dem Geiste und den Interessen des Volkes entsprechenden staatlichen Ordnung möglich ist. Die Gefahren und die Täuschungen, welche in dem alleinigen Vorwalten des arithmetischen Kalküls in politischen Dingen liegen, sind hier nicht weiter zu erörtern. Ob von oben oder von unten her die gesunden Lebenselemente des Staates vernichtet werden, ist gleichgültig. Jenen Gefahren und Täuschungen durch eine weise Abwägung und Vertheilung der politischen Rechte im Volke in möglichster Wirksamkeit zu begegnen, ist die Aufgabe, deren Lösung das allgemein gefühlte Bedürfniß von der Gesetzgebung zu erwarten hat.

Die Tendenz des vorliegenden Entwurfs eines Wahlgesetzes geht dahin, mit Aufrechterhaltung des vorerwähnten Satzes der allgemeinen Wahlberechtigung ohne Census, das Destruktive und absolut Schädliche des in Frankfurt beschlossenen Wahlgesetzes auszuscheiden, das in kurzen Worten dahin zusammengefaßt werden kann, daß es das gesammte Gewicht der Ausübung der höchsten politischen Rechte der Nation, aus dem Kern derselben heraus lediglich in die Massen verlegt, und die öffentliche Wahlhandlung durch die Einführung heimlicher Abstimmung mittelst der Stimmzettel ohne Unterschrift, zu einem bereiten Felde der politischen Intrigue macht. Diesem Uebelstand hatte man dadurch zu begegnen gesucht, daß man der allgemein für nothwendig erachteten Qualifikation der Unbescholtenheit für die Ausübung des aktiven Wahlrechts, auch noch diejenige der Selbstthätigkeit hinzugefügt, und den Begriff der Selbstständigkeit im §. 2 des Wahlgesetz-Entwurfs näher definirt hat.

Wenn die Berechtigung, an den Gemeindewahlen des Wohnorts Theil zu nehmen, als ein Kriterium der Selbstständigkeit hingestellt wurde, so ist man dabei von dem tief im deutschen Wesen wurzelnden Gedanken ausgegangen, daß der Staat als organisches Ganzes, sich in seinen Einrichtungen seinem geschichtlichen Entwickelungsgange anschließen, daß er nach Analogie des Entstehens der Gemeinde aus der Familie, und des Staats aus der Gemeinde, auch die Berechtigung seiner Mitglieder an eine gewisse Stufenfolge knüpfen muß, und daß er ohne Störung seines Organismus Demjenigen in höheren Kreisen keine Berechtigung zuerkennen darf, welchem sie in niederen deshalb versagt ist, weil seine Leistungsfähigkeit den Ansprüchen und Bedürfnissen, selbst dieser niederen Kreise, nicht entspricht. Es erscheint daher mit einem gesunden Staatsleben nicht verträglich, Demjenigen, welcher von der Berechtigung zu Gemeindewahlen ausgeschlossen ist, die Betheiligung an den Reichswahlen einzuräumen. Die unleugbare Richtigkeit dieses Prinzips bringt auf eine strenge und konsequente Durchführung auch in solchen Landestheilen, wo bei dem Mangel gesetzlich geordneter Gemeindeverhältnisse eine Gemeindevertretung mittelst Wahlen zur Zeit überhaupt noch nicht stattfindet, oder wo gewisse Güter und Grundstücke als nicht zur Gemeinde gehörig erachtet werden. Es wird hier nur Derjenige als zur Wahl für das Volkshaus berechtigt angesehen werden können, welchem an dem Orte, wo er wohnt, eine Stimme der Berathung darüber zusteht, auf welche Weise den Ansprüchen des Staats an die Einwohner des Wohnorts als solche genügt werden soll. Bei Ausführung des zum Gesetze erhobenen Entwurfs des Wahlgesetzes wird es Sache der Regierungen sein, den hier ausgesprochenen Grundsatz in die Formen zu kleiden, welche den bestehenden Verhältnissen der Staaten entsprechen.

Als ein ferneres Kriterium der Selbstständigkeit ist die Entrichtung irgend einer direkten Staatssteuer aufgestellt. Es mag darin um so weniger ein Census gefunden werden, als diese Bestimmung je nach den Besteuerungs-Verhältnissen in den einzelnen Staaten zu sehr verschiedenen Resultaten führen wird. Es hat auch hier vielmehr nur der alte, in Deutschlands öffentlichem Rechte gegründete, wenn auch leider oft vergessene Grundsatz festgehalten werden sollen, daß das Recht, in öffentlichen Dingen mitzurathen, von der korrespondirenden Pflicht, auch die öffentlichen Lasten mit zu tragen, abhängig sein muß. Der wirklich selbstständige Staatsbürger wird durch die direkte Besteuerung überall getroffen werden, wo er nicht aus anderen Gründen, als denen der Nonvalenz, von der direkten Steuerzahlung befreit ist, oder vermöge besonderer Staatseinrichtungen überhaupt keine direkte Steuer zahlt. In solchen Fällen wird aber ebenfalls die Landesgesetzgebung bei Ausführung dieses Wahlgesetzes das Nöthige vorzusehen haben.

Die Bestimmungen, wonach die Ausübung des Wahlrechts an den Wohnsitz und die Heimathsberechtigung geknüpft ist, der Wahlakt aber durch indirekte Wahlen, und in gewissen Abtheilungen der Wähler (§§. 13, 14, 15 und 16 des Wahlgesetzes) mittelst offener Stimmgebung zu Protokoll (§. 20) geschehen soll, sind wesentlich geeignet, dem Einflusse verderblicher Wahlumtriebe entgegen zu treten, der wirklichen Sinnesmeinung der Wähler einen freien Ausdruck zu verleihen und die formelle Gültigkeit der Wahlen gegen Zweifel sicher zu stellen. Die seitherigen Erfahrungen und die für die eigene Landesvertretung in den größeren einzelnen deutschen Staaten bestehenden Vorschriften mußten hier auf das Sorgfältigste berücksichtigt werden, und zwar letzteres besonders auch aus dem Grunde, weil das Staatenhaus zum Theil aus den Volksvertretungen der Einzelstaaten hervorgehen soll, es also zugleich als eine dringende Aufgabe der Reichsgesetzgebung erscheint, geeignete Vorkehr zu treffen, damit auch in den Einzelstaaten die Ausübung des Wahlrechts sich innerhalb der Schranken halte, die für das vorliegende Wahlgesetz zum Volkshause bestimmend waren.

Daß in volkreichen Städten, wo dieselbe städtische Gemeinde mehrere Wahlbezirke bildet, auch die Bestimmungen des §. 13 über den Wohnsitz nur auf die ganze Stadt bezogen werden können, leuchtet ein.

Legislative Thätigkeit des Reichstags. Rechtliche Stellung seiner Mitglieder. Geschäftsordnung. Disziplin.

Was die legislative Thätigkeit des Reichstages betrifft, so hat es sich neben dem oben bereits erwähnten Grundsatze der gleichen Berechtigung beider Häuser als nothwendig herausgestellt (§. 101 Nr 3), die Finanzperiode auf eine Reihe von mindestens drei Jahren zu erstrecken, damit nicht die finanziellen Verhältnisse und der Staatshaushalt aller Einzelstaaten durch ihre Abhängigkeit von dem jährlichen Wechsel des Reichs-Budgets den gefährlichsten Schwankungen ausgesetzt werden. Eine dreijährige Finanzperiode ist um so zweckmäßiger und unbedenklicher, als die Reichsregierung keine eigentliche Verwaltung zu führen hat und ihre Ausgaben sich wesentlich auf die Reichsfestungen, die Marine, die Diplomatie, die Kosten der Ministerien und des Reichstages beschränken. In ruhigen Zeiten wird sie daher sehr wohl im Stande sein, ihre einfachen Verhältnisse auf einige Jahre im Voraus zu ordnen und dadurch den Regierungen der Einzelstaaten die Möglichkeit gewähren, den Betrag der an die Reichskasse zu entrichtenden Matrikularbeiträge mit Sicherheit zu veranschlagen. Die dreijährige Finanzperiode wird es aber auch gestatten, daß bei vierjähriger Wahlperiode des Volkshauses dieselbe Versammlung zwei Mal die Feststellung des Budgets vornehmen, und daher die Finanzen mit größerer Erfahrung und Sicherheit ordnen kann, als solches bei einer kurzeren Wahlperiode der Fall sein würde.

In Ansehung der Disziplinargewalt beider Häuser über ihre Mitglieder mußte es für angemessen erachtet werden, eine Ausdehnung der Disziplinargewalt auf das Verhalten der Mitglieder auch außer dem Hause eintreten zu lassen. Eine solche der Würde des Reichstags entsprechende Ausdehnung erschien bei den großen Bevorzugungen, die Art. 8 den Mitgliedern des Reichstages zutheilt, besonders nahe gelegt.

Bezüglich der Geschäfts-Ordnung hat eine völlige Unabhängigkeit der beiden Häuser, bei ihren steten Wechselbeziehungen untereinander, das große Bedenken, daß auf diesem Wege in einem völlig neuen Institute sehr leicht Differenzen und Schwankungen der gefährlichsten Art entstehen können. Wo ein fester unwandelbarer Gebrauch sich seit Jahrhunderten festgesetzt hat, da kann eine solche Unabhängigkeit ohne Nachtheil bestehen. Bei völlig neuen Verhältnissen wird es aber die Einigkeit und zweckmäßige Entwickelung sehr erleichtern, wenn man dafur sorgt, daß beide Häuser in der Art der Behandlung der Geschäfte und in ihren Gebräuchen nicht zu weit auseinander gehen. Dahin zielen die im § 114 getroffenen Bestimmungen.

Die ausgedehnten Privilegien, welche Art. 8 (§§. 115—118) den Mitgliedern des Reichstages beigelegt, werden jedenfalls Gegenstand der ernstesten und vorurtheilsfreiesten Erwägung des neuen Reichstages werden müssen, da es in keiner Weise räthlich sein und mit den Grundsätzen einer höheren Sittlichkeit und Gerechtigkeit im Einklange stehen kann, die Mitglieder des gesetzgebenden Korpers zu sehr in eine Ausnahmestellung gegen die Gesetze zu bringen, wenn auch diese Privilegien als Gewähr für die Freiheit der Berathung und Beschlußnahme der Häuser zu schätzen sind. Für jetzt hat man eine Abänderung der dieserhalb gefaßten Frankfurter Beschlüsse nur in so weit für unumgänglich nothwendig gehalten, als es der öffentlichen Moral widersprechen würde, wenn darüber noch zu deliberiren wäre, ob ein auf frischer That ergriffener Verbrecher vor Gericht gestellt werden soll oder nicht.

Das Reichsgericht.

Das Reichsgericht darf als derjenige Theil der deutschen Verfassung betrachtet werden, dessen baldigste Verwirklichung zu den unabweislichsten Bedürfnissen gehört. Der Versuch wird nie aufgegeben werden dürfen, dieses Institut als ein gemeinsames deutsches für alle dem Bunde von 1815 angehörigen deutschen Bundesstaaten ins Leben zu rufen, und damit auch wieder das Recht, als Basis des deutschen Staatslebens durch ein höchstes Organ der Rechtsprechung für die deutschen Länder unter einander zur Anerkennung zu bringen. Die verbündeten Regierungen sind von der Nothwendigkeit dieser Institution so überzeugt, daß sie derselben auch jetzt schon für ihre Verhältnisse unter einander nicht glauben entbehren zu können, und bis dahin, daß ein solches Reichsgericht verfassungsmäßig eingesetzt und organisirt werden kann, es für nöthig gehalten haben, die vertragsmäßige Unterwerfung unter ein mit den wesentlichsten Attributen des künftigen Reichsgerichts ausgestattetes Kollegium von Schiedsrichtern, zu einer Grundbedingung ihres Bündnisses zu machen.

Die Aenderungen, welche in diesem Theile der Frankfurter Beschlüsse gegenwärtig vorgenommen sind, haben sich daher auch nur auf einige wünschenswerthe nähere Bestimmungen beschränkt.

Während es sich zum §. 124. Litt. d wohl von selbst versteht, daß Streitigkeiten über Thronfolge u. s. w., welche sich zugleich auf nicht zu Deutschland gehörende Länder beziehen möchten, dem Reichsgericht nicht unterliegen können, in sofern dasselbe nicht ausdrücklich als zuständig von allen Theilen anerkannt würde, hat es sich als zweckmäßig und nothwendig dargestellt unter Litt. k den Zusatz zu machen: „und die Gerichte der Einzelstaaten dazu nicht kompetent sind." Man ist dabei von der Ansicht ausgegangen, daß es nicht in der Absicht liegen könne, die richterliche Kompetenz der Landgerichte irgendwie durch die Kompetenz des Reichsgerichts zu beschränken, ebensowenig aber auch durch die Konkurrenz der Zuständigkeit zweier Gerichtshöfe die Möglichkeit eines sich widersprechenden Verfahrens hervorzurufen.

Aus gleichen Grunden werden ad Litt. m die Klagen gegen den Reichsfiskus nicht unbedingt an das Reichsgericht zu verweisen sein. Es würde hierin eine ungemeine Erschwerung der Rechtsverfolgung liegen können, wenn z. B. eine Klage über Verletzung nachbarschaftlicher Rechte nicht im Gerichtsstande der belegenen Sache, sondern bei dem weit entlegenen Reichsgerichte anzubringen wäre, indeß die Natur der Sache in der Regel die höchste Beschleunigung fordert.

Kann die Bezeichnung der hier in Frage tretenden Gegenstände füglich einer weiteren Gesetzgebung überlassen werden, so dürfte dagegen ein Gesetzentwurf uber Einsetzung und Organisation des Reichsgerichts, über das Verfahren und über die Vollziehung der reichsgerichtlichen Entscheidungen und Verfügungen, gleichzeitig mit dem gegenwärtigen Verfassungsentwurf dem zur Vereinbarung über denselben zu versammelnden Reichstage mit vorzulegen sein. Die Bearbeitung dieses Entwurfs wird dem von den verbündeten Regierungen einzusetzenden Bundesgerichte sofort übertragen werden.

Die Grundrechte.

Der Abschnitt VI. von den Grundrechten des deutschen Volkes leidet in der Verfassungs-Aufstellung der National-Versammlung sowohl im Grundsatze als in der speziellen Durchführung an vielfältigen Gebrechen. Da dieser Abschnitt jedoch bereits in mehreren Staaten publizirt worden ist, so sind, namentlich mit Rücksicht auf diesen Umstand, die Aenderungen hier auf das Nothwendigste beschränkt worden.

Bezüglich der formellen Bedeutung der Grundrechte sind in dem Entwurfe der National-Versammlung eine Reihe sehr allgemein gehaltener Regeln enthalten, welche dem Rechte auch bisher schon größtentheils zum Grunde gelegen haben, welche aber, wenn auch als Prinzipien von großer Bedeutung, dennoch zu ihrer unmittelbaren Anwendung noch weiterer Bestimmung bedürfen. Eine zweite Klasse derselben giebt sehr spezielle förmliche Rechtsvorschriften (z. B. in §§. 138 140 141); eine dritte endlich schreibt gewisse Staatseinrichtungen als nothwendig vor, welche, um in Wirksamkeit zu treten, sehr erhebliche Vorbereitungen voraussetzen.

Diesen Vorschriften von sehr verschiedener Geltung wurde ihre Stellung im Systeme, durch den Satz des Frankfurter Entwurfs angewiesen:

„Sie sollen den Verfassungen der Einzelstaaten zur Norm dienen und
„keine Verfassung oder Gesetzgebung eines deutschen Einzelstaates soll die-
„selben je aufheben oder beschränken können."

Der erste Theil dieses Satzes hat seine Richtigkeit, dagegen kann der andere nur Anwendung finden auf die zweite der obigen Klassen. Bei der dritten hat derselbe gar keine Bedeutung, da es sich hier nicht um etwas Aufzuhebendes oder zu Beschränkendes, sondern um etwas positiv zu Schaffendes handelt. Noch irriger aber stellt der Satz sich dar in Bezug auf die erste Klasse. Hier bedarf es gerade, um die Regel anwendbar zu machen, der näheren gesetzlichen Bestimmung und Beschränkung. Es ist die Natur einer jeden Regel, daß sie ihre Ausnahme nothwendig in sich faßt. Sie ist das Prinzip des Gesetzes, nicht aber das Gesetz selbst; vielmehr besteht dieses ganz vorzüglich in der Feststellung der Gränzen und Ausnahmen, welche ein solches Prinzip erleiden muß, um praktisch zu werden.

Indem also der Satz solchergestalt einen mangelhaften Ausdruck mit einem inneren Widerspruche vereinigte, verfiel er in den ferneren Fehler, daß er es gänzlich zweifelhaft ließ, welcher Gesetzgebungsgewalt die weitere Entwickelung dieser Prinzipien zugetheilt sein solle, derjenigen des Reichs oder derjenigen der Einzelstaaten, ein Zweifel, welcher noch durch die Fassung der §§. 62 und 63 des Frankfurter Verfassungs-Entwurfs vermehrt wurde. Das Einführungsgesetz, mit welchem ein Theil der Grundrechte am 27. Dezember 1848 publizirt war, machte den Versuch, diesen Mangel zu heben, indem es ausdrücklich die Wirksamkeit mancher Bestimmungen von der Landesgesetzgebung abhängig machte. Dieses Gesetz war aber von manchen Staaten nicht anerkannt, macht auch keinen Theil der Verfassung aus, und über die §§. 159, 160, 173, 184 bis 189 fehlten ähnliche Bestimmungen ganz. Es hat dem zufolge dieser Mangel des Grundprinzips nothwendig gehoben und dem Satz folgende Fassung gegeben werden müssen:

„Sie dienen den Verfassungen der Einzelstaaten zur Norm und werden
„ihre Anwendung auf deren besondere Verhältnisse in den Gesetzgebungen
„dieser Staaten finden."

Dadurch ist ausdrücklich erklärt, daß die in den Grundrechten enthaltenen Prinzipien nur als Norm der Landesgesetzgebung zu betrachten sind, und daß ihre Geltung erst durch einen Akt derselben ins Leben zu rufen ist, insofern der Gegenstand nicht wie in den §§. 133, 137, 143, 183 ausdrücklich der Reichsgesetzgebung vorbehalten ist. Es wird demnächst die Aufgabe der Reichsgewalt (§ 51) und des Reichsgerichts sein, für die Aufrechthaltung der Uebereinstimmung zwischen der Landesgesetzgebung und auch diesem Theile der Verfassung zu sorgen.

Das Reichsbürgerrecht.

Der materielle Inhalt der Grundrechte umfaßt zunächst das deutsche Reichsbürgerrecht, d. h. den Inbegriff derjenigen Rechte, die einem jeden Angehörigen des deutschen Bundesstaates als solchem in jedem einzelnen Staate, auch abgesehen von seinem Rechte als Staatsbürger eines solchen, zustehen sollen. Die Feststellung des desfallsigen Rechtsverhältnisses ist durch die Natur des Gegenstandes, wie durch die Wirklichkeit des Bedürfnisses, gleichmäßig geboten. Nachdem die einzelnen Staaten in ihrem Innern die Rechte und Pflichten der Gemeinden in Bezug auf die Angehörigen derselben geordnet, ist die Lücke der Gesetzgebung in dem Falle, wenn die Angehörigkeit nicht zwischen Gemeinden desselben Staats, sondern zwischen verschiedenen Staaten streitig ist, um desto fühlbarer geworden. Es droht die Gefahr, eine Anzahl Heimathloser sich bilden zu sehen. Verschiedene Staaten, namentlich Preußen, Sachsen und Hannover und andere, haben gesucht, diese Lücke durch Verträge auszufüllen; allein offenbar genügt das nicht. Eben so nothwendig wird es sein, allgemeine Bestimmungen darüber zu ertheilen, in welchen Fällen die Polizei berechtigt sei, den Aufenthalt an irgend einem Orte zu versagen.

Heimaths- und Wohnberechtigung in den Gemeinden der Einzelstaaten.

Bestimmungen über die Rechte des einen Staats und seiner Angehörigen gegen den andern gehoren in das Gebiet der Reichsgesetzgebung. Dieses Gebiet ist es, welches dem im §. 131, so wie §. 56 erwähnten Heimathsgesetze zu überweisen ist. Keineswegs aber wird dasselbe die Heimaths- und Wohnberechtigungen in den einzelnen Gemeinden der Einzelstaaten ordnen können; vielmehr muß ihm die Befugniß dazu ausdrucklich abgesprochen werden. Daß die Gleichstellung des Rechts, welche §. 132 ausspricht, bei dem durch dieses Gesetz zu ordnenden Verhältnisse erst durch das Gesetz selbst eintreten könne, bedarf deshalb eben so wenig der Bemerkung, als daß (§. 134) die Auswanderungsfreiheit niemals so zu verstehen sei, als könne der Einzelne sich dadurch unbedingt seinen Verpflichtungen gegen den Staat — namentlich in Bezug auf die Wehrpflicht — entziehen; nur derjenige darf ungehindert auswandern, der seinen Verpflichtungen genügt hat.

Die Rechte der vormals reichsunmittelbaren Fürsten. Lehnsverhältnisse.

Nach diesen Bestimmungen über das Reichsbürgerrecht beschäftigen die Grundrechte sich damit, für die Rechtsverhältnisse innerhalb der einzelnen Staaten gewisse Grundregeln festzustellen. Dieselben haben den Zweck, theils eine gewisse abstrakte Gleichheit der Individuen zu begründen, theils beschränken sie die Thätigkeit des Staats, theils endlich legen sie dem Staat gewisse Verpflichtungen auf Es ist hierbei zunächst die allgemeine Bemerkung festzuhalten, daß alle diese Bestimmungen niemals den Kreis der Berechtigung des Staats uberschreiten können.

Es darf hier also niemals den Bestimmungen die Deutung gegeben werden, als ob durch dieselben Rechtsverhältnisse, die auf völkerrechtlichen Verträgen beruhen, aufgehoben sein könnten. Dies bezieht sich zuerst auf manche Rechte der vormals reichsunmittelbaren Fursten und Herren, welche durch §§. 135, 165, 168 und 171, 172 und 174 gefährdet erscheinen. Es ist nothwendig gewesen, den §. 135, auf welchen zurückzukommen sein wird, zu ändern. Im Uebrigen wird es genügen, überhaupt die völkerrechtlich begründeten Rechte, wie hier ausdrücklich geschieht, vorzubehalten. Zur Beseitigung mancher allerdings nachtheiliger Rechtsverhältnisse wird ein anderer Weg eingeschlagen werden müssen, als bei der Gesetzgebung, welcher hier nicht zum Ziele führen kann.

Eben so wenig aber kann jenen Bestimmungen irgend eine Bedeutung gegeben werden, welche in die Verhältnisse der Erbmonarchie eingriffe, die Würde und politische Stellung der regierenden Häuser herabsetzte. So wie §. 168 bei den Familien-Fideikommissen hier einen ausdrücklichen Vorbehalt macht, so muß solcher beim §. 135 und 174 als sich von selbst verstehend gedacht werden; wie denn auch der § 169 die hausgesetzlichen Ordnungen und Verhältnisse, da, wo solche auf den Formen des Lehns beruhen — wie dies bei den Thronlehen der preußischen Monarchie der Fall ist — nicht alteriren darf.

Adel. Titel. Orden.

Das Prinzip der Rechtsgleichheit ist bezuglich des Adels in den Sätzen. „Vor dem Gesetz gilt kein Unterschied der Stände;" „alle Standesvorrechte sind abgeschafft;" „die Deutschen sind vor dem Gesetze gleich" vollständig gewahrt worden. Zu einer Aufnahme des ferneren Zusatzes der Frankfurter Aufstellung: „Der Adel als Stand ist aufgehoben" lag kein Grund vor. §. 135. Es mußte diese Aufnahme um so mehr unterbleiben, als nach Anerkennung der obigen Sätze mit dem Worte „Stand" hier kaum noch ein bestimmter Begriff zu verbinden war. Es steht nichts im Wege, daß der Bauernstand, der Handwerkerstand u. s. w. gewisse besondere Rechte in Anspruch nehmen; auch hat die Verfassung selbst gewisse Stände nicht nur als solche bezeichnet, sondern ihnen auch besondere Vorrechte zuerkannt, wie §. 154 dem Lehrerstande und § 175 dem Richterstande. Die Aufhebung der nicht mit einem Amte verbundenen Titel ist als kleinlich und wirkungslos beseitigt. Ueberdies würde jenem Satze auch die gewiß falsche Deutung unterzulegen gewesen sein, daß auch die akademischen Grade, der Doktortitel, aufgehoben seien. Für das Verbot auswärtiger Orden hat ebenso wenig ein Grund aufgefunden werden können, wenn man nicht konsequent alle Orden beseitigen wollte.

Gleiche Berechtigung zu Staatsämtern.

Wichtiger ist die Bestimmung des gleichen Zutritts zu den Aemtern. Ist hier die Bedingung der Befähigung mit Recht festgehalten, so versteht es sich von selbst, daß dadurch jedem Staate die Befugniß zugestanden sei, die Bedingungen der Befähigung (z. B. vorgängiger Kriegsdienst u. dgl.) völlig so festzustellen, wie seine Verhältnisse es fordern.

Die Wehrpflicht.

Ebenso darf die Gleichheit der Wehrpflicht Einrichtungen nicht ausschließen, welche unter gewissen Bedingungen die Dienstzeit abkürzen. Auch wird durch das Verbot der Stellvertretung nur eine Einrichtung ausgeschlossen, nach welcher der Einzelne einen Andern an seine Stelle dingt; nicht aber auch wird den Staaten benommen werden dürfen, wo es solche angemessen finden, sich den Dienst eines fähigen und dienstwilligen Mannes für denjenigen eines minder dienstwilligen Mannes zu sichern; vielmehr wird hierin allein das Mittel zu finden sein, für die absolute Ungleichheit, welche in jeder persönlichen Dienstleistung nothwendig liegt, eine Milderung zu finden.

Es ist deshalb auch erst durch das Wehrgesetz dieser Grundsatz ins Leben zu rufen.

Im Uebrigen werden die Bestimmungen der §§. 171 und 174 nur als Ausflüsse jener Rechtsgleichheit zu betrachten und als solche durch nähere gesetzliche Anordnungen zur Ausführung zu bringen sein.

Ausschluß der Strafe des bürgerlichen Todes. Aufhebung der Güter-Confiscation, des Prangers, des Brandmals und der körperlichen Züchtigung. Die Todesstrafe.

Bei den Beschränkungen, welche der Staatsthätigkeit dem Individuum gegenüber aufgelegt sind, kommen zunächst die Bestimmungen in Betracht, welche die Existenz des Individuums an sich betreffen, der Ausschluß des bürgerlichen Todes (§ 133) und das Verbot der Todesstrafe. Gegen die erste im deutschen Rechtssystem ohnehin begründete Bestimmung war nichts einzuwenden.

Eben so werden unzweckmäßige und ungerechte Strafmittel, wie die Vermögens-Confiscation (§. 170), Pranger, Brandmal und körperliche Züchtigung (§. 137) sicher ausgeschlossen werden können. Die Aufhebung der Todesstrafe dagegen ist ein Gegenstand großer Meinungsverschiedenheit. Der §. 139 der zu Frankfurt beschlossenen Verfassung entschied sich für die Unzulässigkeit der Todesstrafe im Prinzipe, ließ aber dennoch Ausnahmen zu, welche jenes allgemeine Prinzip als ein müßiges und unausführbares darstellten. Gesteht man einmal dem Staate das Recht zu, die Existenz eines Individuums zu vernichten, so ist in der That nicht abzusehen, weshalb solches allein nach Kriegsrecht — wobei weder der wirkliche Fall des Krieges, noch sonst irgend eine Nothwendigkeit vorgesehen ist, und zwar ohne Rücksicht auf bestimmte Verbrechen — zulässig sein soll. Um so mehr hat daher diese unmotivirte, in ihren Folgen unberechenbare Aenderung des bisherigen Strafrechts entfernt und diese wichtigste und schwerste Frage einer tiefer eingehenden Gesetzgebung, wozu §. 61 die Veranlassung bietet, vorbehalten bleiben müssen.

Gesetzliche Sicherstellung der persönlichen Freiheit. Unverletzlichkeit der Wohnung. Briefgeheimniß.

Die Grundrechte sichern den Einzelnen sodann gegen gewisse Hemmungen seiner persönlichen Freiheit, indem sie §. 136 die Freiheit der Person, §. 138 die Unverletzlichkeit der Wohnung, §§. 139 und 140 das Geheimniß der Briefe und Papiere sanctioniren. Es ist bei diesen in großer und meist zu unmittelbarster

Anwendung geeigneter Specialität getroffenen Bestimmungen nichts zu ändern gewesen, als die Vorschrift, nach welcher jeder Verhaftete der richterlichen Behörde übergeben werden sollte. Hier ist der allgemeinere Ausdruck der zuständigen Behörde gebraucht, da es nicht angemessen ist, den Richterstand mit dem Bettler- und Vagabonden-Transport zu befassen; andererseits aber die unabhängige Stellung und Kompetenz der Gerichte, welche §§. 173 bis 180 herbeiführt, genügend schützen wird.

Die gesetzlichen Bestimmungen über Preßfreiheit, Petitions-, Versammlungs- und Vereinsrecht.

Es sind ferner einige besondere Arten der Thätigkeit des Individuums geschützt, indem §. 141 die Preßfreiheit, §. 157 das Petitions-, und §§. 159 bis 161 das Versammlungs- und Vereinsrecht sicher stellen.

Es ist hier nothwendig erachtet worden, den Kreis der Gesetzgebung zu erweitern. Bei der Presse bleibt die Censur ausgeschlossen; dagegen scheint es eine nähere Erwägung zu fordern, ob und in wie weit sonstige Schutzmittel gegen den Mißbrauch von vorn herein und in allen Fällen zurückzuweisen seien? Ebenso wird man dem Staate nicht das Recht entziehen dürfen, Versammlungen und Vereine zu illegalen Zwecken zu hindern. Auch hat dem Mißverständnisse vorgebeugt werden müssen, als ob eine jede Vereinigung zu Petitionen und Beschwerden nothwendig eine erlaubte sei, da solche sehr wohl den Vorwand zu ganz anderen Zwecken bieten kann und oft geboten hat.

Besonders hervorgehoben aber muß es werden, daß der § 161 niemals gebraucht werden dürfe, um die Bande der Zucht und des Gehorsams in Heer und Flotte zu lösen, und daß dort das Vereins- und Versammlungsrecht niemals weitere Anwendung finden könne, als insoweit die Disziplinar-Vorschriften solches ausdrücklich zulassen.

Die Religionsgesellschaften.

Die Art. 5 und 6 über Religion und Schule mußten in dem Maße, wie sie bedingend und bildend in das ganze Staatsleben eingreifen, der ernstesten Prüfung unterworfen werden. Das Prinzip der geistigen Freiheit — wie unvollkommen solches auch im §. 152 der Frankfurter Aufstellung ausgedrückt ist — hat unbedingt geachtet werden sollen; wie denn vom rechten Glauben an die Wahrheit die Ueberzeugung nicht zu trennen ist, daß sie allein ohne äußeren Schutz den Sieg zu erringen vermöge. Wenn aber dieses Prinzip der Freiheit übertrieben und zu einer völligen Gleichgültigkeit des Staats gegen das Göttliche herabgewürdigt wird, so kann einer solchen Ausschreitung keine Folge mehr gegeben werden. Der Staat, der in seiner Eidesformel den Glauben an Gott anerkennt, kann nicht in Wahrheit erklären, daß Niemand verpflichtet sei, seine religiöse Ueberzeugung zu offenbaren. Ebenso soll dem Begriffe einer territorialen Staatskirche mit den davon abhängigen Vergünstigungen fernerhin keine praktische Bedeutung eingeräumt, und die staatliche Berechtigung des Deutschen nach seinem Bekenntnisse nicht bemessen werden, wie diesem in den §§. 144 und 145 des Entwurfs auch der entsprechende Ausdruck gegeben ist. Es konnte dies aber keineswegs zu einer Wiederholung des ferneren Satzes der Frankfurter Aufstellung berechtigen, „daß keine Religionsgesellschaft vor der anderen Vorrechte durch den Staat genieße." Der Satz würde in dieser Fassung dem Mißverständnisse Raum lassen, als könne die Rücksicht, welche der Staat bei der Behandlung der einzelnen Religionsgesellschaften auf deren besondere Stellung und Verfassung zu nehmen hat, den anderen Religionsgesellschaften gegenüber, als ein Vorrecht angesehen werden, während die Parität, richtig verstanden, darin beruht, daß jede Religionsgesellschaft nach der ihr eigenthümlichen Einrichtung und äußeren Geltung behandelt und beurtheilt wird. Zu Religionsgesellschaften, welche seinem Grundprinzipe entsprechen, wird sich der Staat stets in einer anderen Lage befinden, als zu solchen, die dasselbe vielleicht gerade vernichten. Der Staat kann sodann davon abstehen, von Staatswegen irgend Jemand zu einer kirchlichen Handlung zu zwingen; aber er kann sich nicht das Recht beilegen, in die innere Disziplin der Religionsgesellschaften selbst hemmend oder auflösend einzugreifen. Hiernach haben die §§. 142, 145 und 146 geändert und die bestehenden Religionsgesellschaften, auch schon in faktischer Handhabung der Unverletzlichkeit des Eigenthums, im Besitz und Genuß der für ihre Kultus-, Unterrichts- und Wohlthätigkeits-Zwecke bestimmten Anstalten, Stiftungen und Fonds in §. 145 geschützt werden müssen.

Daß die Religionsgesellschaften, gleich jeder anderen bürgerlichen Gemeinschaft, den Gesetzen des Staats unterworfen sind, ist als keines besonderen Ausdruckes bedürftig erkannt, und der betreffende Zusatz des Frankfurter Entwurfes deshalb gelöscht worden. Es versteht sich ganz von selbst, daß jede in die äußere Rechtssphäre eintretende Wirksamkeit der verschiedenen Religionsgesellschaften, sofern dieselbe vor dem staatlichen Forum Anerkennung und Berücksichtigung finden soll, sich mit den allgemeinen Staatsgesetzen in Uebereinstimmung befinden muß.

Die Schule.

Bezüglich der Bestimmungen über die Schule ist des mangelhaften Ausdrucks der Lehrfreiheit bereits im Allgemeinen oben gedacht worden; es muß aber noch besonders dem Mißverständnisse entgegengetreten werden, als ob durch den aus der Frankfurter Aufstellung unverändert herübergenommenen desfallsigen Satz (§. 152 der Frankfurter Aufstellung, §. 150 des Entwurfs) dem Staate auch das Mittel genommen sei, einer destruktiven verbrecherischen Lehre, welche als Wissenschaft nie anerkannt werden kann, wirksam zu begegnen.

Sodann haben noch zwei Sätze der Frankfurter Aufstellung in dem Entwurf der verbündeten Regierungen aus überwiegenden Gründen keine Anerkennung finden können. Allerdings wird dem Staate stets überlassen bleiben müssen, die Ober-Aufsicht des Unterrichts- und Erziehungswesens durch einige, von ihm ernannte Behörden auszuüben. Von diesen aber die Geistlichkeit prinzipiell auszuschließen, hiefür kann kein genügender Grund gefunden werden. Das Verhältniß, in welchem sich der Volks-Unterricht zur Zeit in ganz Deutschland, von etwaigen einzelnen, wenig erheblichen Ausnahmen abgesehen, befindet, wurzelt fest und entschieden in der Verbindung zwischen Religion und Erziehung. Diese Beziehung, welche nicht willkürlich entstanden, auch durch das Bewußtsein des deutschen Volkes seit Jahrhunderten getragen ist, grundsätzlich ausschließen, hieße mit Zuständen brechen, die dem Volke heilig sind, die das religiöse Leben desselben sichern, und zugleich dem Staate die festeste Bürgschaft einer auf sittlicher Bildung beruhenden Zukunft gewähren. Es hieße weiter, die Bahn zu Konflikten zwischen der Schule und den Religionsgesellschaften, und hiedurch zugleich zwischen diesen und dem Staate eröffnen, die nach beiden Seiten verderblich werden können, und zumal unter den eigenthümlichen Verhältnissen, wie sie in Deutschland bestehen, vermieden werden müssen. Außerdem erscheint bei den Verhältnissen, die in den meisten ländlichen Gemeinden obwalten, die Durchführung jener Ausschließung praktisch unmöglich, auch für den materiellen Fortbestand der zahlreichen Volksschulen, welche aus ihrer Verbindung mit kirchlichen Anstalten nicht geringe äußere Vortheile schöpfen, bedrohlich.

Nicht minder bedenklich mußten die im §. 157 der Frankfurter Aufstellung enthaltenen Grundsätze über die absolute Unentgeltlichkeit des Unterrichts gefunden werden. Die Gemeinden, oder etwa selbst den Staat principaliter für die gesammten Kosten des Volks-Unterrichts, mithin auch für die Kosten des Unterrichts der bemittelten Staatsbürger haftbar zu erklären, — das praktische Resultat des §. 157, — läßt sich vom rechtlichen Standpunkte aus in keiner Weise begründen, und müßte finanziell zu Verlegenheiten führen, die bald unbesiegbar werden würden. Die subsidiarische Verpflichtung der Gemeinden, nach Umständen auch des Staats, die Kosten des Unterrichts der Unvermögenden zu bestreiten, findet überdies ihre natürliche und nothwendige Begrenzung auf den Bereich des eigentlichen Volks-Unterrichts, indem dieser alle diejenigen Kenntnisse und Fertigkeiten umfaßt, deren Besitz der Staat von jedem Staatsbürger ohne allen Unterschied verlangen muß. Ueber diesen Bereich hinaus hört das Recht des Staats auf, Anforderungen an die Ausbildung seiner Bürger zu stellen, und hiemit auch seine Befugniß, die Gemeinden zur Tragung von Kosten zu verpflichten.

Noch ist hier der §. 156 zu erwähnen, dessen Inhalt dahin mißverstanden werden könnte, als ob solcher den Staat hinderte, gewisse Formen der Berufsausbildung zur Bedingung der Ausübung des Berufs zu machen. Diese Befugniß muß die Gesetzgebung jederzeit behalten.

Ablösung von Grund- und Bodenlasten.

In verschiedener Weise, wie die Rechte der Persönlichkeit, faßte der Art. 9 des Frankfurter Entwurfs das Verhältniß des Eigenthums auf. Während dort eine möglichst unbeschränkte Willkür des Individuums das Ziel zu sein schien, ist hier der Grundgedanke, welcher mit dem Satze von der Unverletzlichkeit des Eigenthums eingeleitet wird, ein doppelter, nämlich der, das Eigenthumsrecht auf seine wahren Objekte zurückzuführen, und das Eigenthum möglichst mobil zu machen. Der Zweck, um deswillen Hörigkeit (§. 164) und Patrimonialgerichte nebst den darauf beruhenden Lasten, soweit solche nicht dinglicher Art sind, sondern nur an der Person kleben (§ 165), hinwegfallen, und das Mittel gegeben wird, Grund und Boden durch Ablösung von Lasten zu befreien (§. 166), ist völlig anerkannt. Doch hat die Ablösbarkeit auf privatrechtliche Lasten beschränkt werden müssen, da Staats- und Gemeindelasten, ferner polizeiliche Lasten und Abgaben (z. B. solche, mit welchen Schutz gegen Fluthen, Entwässerung, Wegebau u. dgl. zusammenhängen) der Ablösung nicht allgemein werden unterworfen werden dürfen.

Das Verbot fernerer Belastung von Grundstücken mit unablösbaren Leistungen findet seinen Grund nur in jenem Zwecke der Mobilisirung; wird aber unter Umständen die Vertheilung von Grund-Eigenthum an die unbemittelten Klassen erschweren, weshalb darauf nach Verschiedenheit der Gegenden zurückzukommen sein wird.

Das Jagdrecht.

In geradem Widerspruche mit dem §. 162 und daher bedenklich war die unentgeltliche Aufhebung des Jagdrechts (§. 167). Mag immerhin die gesetzliche Aufhebung dieses Rechts, soweit solches auf fremdem Grund und Boden zu üben war, wünschenswerth sein, so wird doch die Nothwendigkeit einer unentgeltlichen Aufhebung stets des Beweises entbehren. Nach dem Grundsatze des §. 162 muß bei diesem wirklichen Vermögensrechte eine Entschädigung erfolgen; es muß aber der Gesetzgebung des Einzelstaates überlassen bleiben, solche nach seinem individuellen Verhältnisse zu ordnen.

Veräußerlichkeit und Theilbarkeit des Eigenthums.

Die Tendenz zur Mobilisirung des Grundeigenthums tritt besonders hervor in den Bestimmungen über Veräußerlichkeit und Theilbarkeit desselben (§. 165 des Frankfurter Entwurfs). Es hängen aber die Wirkungen einer solchen Mobilisirung so sehr von äußeren Umständen, von der Bodenbeschaffenheit, der Kultur, der Bevölkerung, den Erbrechts- und Kommunalverhältnissen ab, daß die Wirkung eines äußerlich gleichförmigen Satzes innerlich die verschiedenartigste sein würde, weshalb es nothwendig gewesen ist, diesen Gegenstand der Gesetzgebung der Einzelstaaten gänzlich zu überweisen.

Fideikommisse.

Der Gesetzgebung der Einzelstaaten wird es auch obliegen, die Aufhebung der Familien-Fideikommisse (§. 168) nach dem Grundsatze der Unverletzlichkeit des Eigenthums zu ordnen, eine Aufgabe, deren Lösung um desto größere Vorsicht und Sorgfalt erfordert, je verschiedenartiger die Rechtsverhältnisse sind, welche man unter jenem Namen zusammenzufassen pflegt. Unter diesen befinden sich allerdings manche nachtheilige, deren neue Entstehung nicht minder gehindert werden muß. Dagegen werden die Prinzipien, nach denen die Bestimmungen des §. 163 in den Einzelstaaten ausgeführt werden, auch entsprechende Vorschriften über die Erbfolge nothwendig machen; und so wird auch hier die Aufgabe der Gesetzgebung sein müssen, nicht allein zu vernichten, sondern auch Rechtsformen zu geben, unter denen zweckmäßige Erbfolge-Ordnungen auch ferner geschaffen werden können, wo solches offenbar in den Bedürfnissen des Landes liegt.

Justizpflege.

Endlich beschäftigen die Grundrechte sich mit den Formen der Staatsverfassung. Es ist bereits ein Theil dieser Formen bei dem Verhältniß der Schule, ein anderer, namentlich die Kompetenz der Gerichts-Behörden betreffender Theil, beim Schutze der persönlichen Freiheit erwähnt. Was die §§. 172 bis 181 über das Gerichtswesen enthalten, bedurfte außer einem richtigen Ausdruck über das Verhältniß der Militair-Gerichtsbarkeit (§ 174) und über die Beurtheilung politischer Vergehen durch Geschworne (§ 177) noch folgender Bemerkungen.

Die Bestimmungen über Unabhängigkeit der Gerichtspersonen (§. 175) dürfen niemals der Regierung die nothwendige Kraft nehmen, um die Gerichtsbehörden selbst auf derjenigen Höhe zu halten, welche das Wohl des Ganzen fordert. Die Ausgleichung beider Anforderungen, die individueller Ansicht und Willkür allerdings nicht überlassen werden darf, wird die Landesgesetzgebung zu bewirken haben. Die Bestimmung über die Entscheidung der Kompetenz-Konflikte (§. 179) schließt die ursprüngliche deutsche Einrichtung, nach welcher die Gerichte selbst über ihre Kompetenz zu erkennen haben, nicht aus. Auch hier wird die Landesgesetzgebung das Nöthige ordnen müssen, so wie ihr denn auch allein zusteht, den sehr unbestimmten Begriff der Verwaltungsrechtspflege zu normiren.

Endlich wird auch durch die Trennung der Strafgerichtsbarkeit von der Polizei ein Verfahren nicht ausgeschlossen, in welchem die Polizeibehörde ihren Strafantrag dem Kontravenienten mittheilt, und diesem überlassen wird, auf richterliches Erkenntniß zu provociren.

Gemeindewesen.

Die Bestimmungen über das Gemeindewesen stimmen mit demjenigen überein, was in Deutschland als Bedürfniß anerkannt wird. Eine Bestätigung der Vorsteherwahlen und Sorge für deren Geschäftstüchtigkeit, zumal wo auch Staatsgeschäfte den Gemeindebeamten obliegen, ist nicht ausgeschlossen. Daß die Ortspolizei den Gemeindebehörden überlassen bleibe, muß allerdings die Regel bilden; als unabänderliche Verfassungsnorm aber hat es nicht aufgenommen werden dürfen, da Fälle vorkommen, wo die Handhabung der Lokalpolizei (z. B. in einer großen Hauptstadt) auf die Existenz des Staates selbst zu großen Einfluß hat, als daß sie lediglich der Lokalbehörde überlassen bleiben dürfte. Es bleibt dieses ebenso, wie die nähere Bestimmung der im zweiten Absatze des §. 183 gestatteten Ausnahmen, der Landesgesetzgebung anheimgestellt.

Die Bestimmung über das gegenseitige Verhältniß der Kammern, in denjenigen Staaten, wo ein Zweikammersystem besteht, hat der Landesgesetzgebung überlassen bleiben müssen, da in der That die Bedeutung eines einseitigen Gesetzvorschlages ziemlich dunkel, eine einseitige Beschwerde, so wie eine einseitige Anklage, aber mit den Verhältnissen einzelner Landesverfassungen durchaus nicht in Einklang zu bringen ist.

In diesem Sinne, von den verschiedenen Landesgesetzgebungen weiter entwickelt und ausgeprägt, werden die Grundrechte allerdings mehrfach eine völlig neue Gestaltung der Dinge herbeiführen, ohne die eigentlichen Grundlagen des gemeinen Wohls zu gefährden.

Die Gewähr der Verfassung.

Die zur Gewähr der Verfassung in dem Entwurfe der Nationalversammlung aufgestellten Bestimmungen haben zunächst diejenigen Modifikationen erfahren müssen, welche durch die veränderte Form der Reichsregierung und durch die für die Gültigkeit der Reichsschlüsse erforderliche Uebereinstimmung der Reichsregierung mit dem Reichstage bedingt sind, und die daher einer Erklärung nicht weiter bedürfen. Die übrigen Aenderungen beschränken sich auf die Feststellung des Rechtszustandes in den Ausnahmsfällen des Krieges oder Aufruhrs und des Belagerungszustandes. Die Nationalversammlung hat hier das Recht der Nothwehr des Staates im Prinzipe anerkannt, ohne demselben jedoch die Konsequenzen zu lassen, auf die die faktische Handhabung nicht verzichten kann. Dieselbe Nothwendigkeit, die in Zeiten der Gefahr und für die Dauer derselben, die Aufhebung der grundrechtlichen Bestimmungen über Verhaftung, Haussuchung oder Versammlungsrecht und die Verkündigung des Belagerungszustandes in Festungen rechtfertigt, kann auch die Aufhebung des gewöhnlichen Gerichtsstandes und der Presse und die Ausdehnung des Belagerungszustandes über den Bereich der Festungen hinaus, je nach Lage der Umstände zur gebieterischen Pflicht machen. Eben so wird anerkannt werden müssen, daß gerade die Natur solcher Ausnahmszustände die Gewißheit ausschließt, den Reichs- oder Landtag in einer vorher bestimmten kurzen Frist berufen, und ihm in dieser Frist die getroffenen Maßregeln zur Genehmigung vorlegen zu können. Was mit Sicherheit hier allein vollzogen, und daher gesetzlich auch allein garantirt werden kann, ist die Verpflichtung des betreffenden Ministeriums zu sofortiger Verantwortung vor dem versammelten Reichs- oder Landtage, oder, sofern der Reichs- oder Landtag im Augenblick nicht versammelt ist, vor dem ersten, neu zusammentretenden. Daher die modifizirte Fassung des §. 197 der Frankfurter Aufstellung in §. 195 des gegenwärtig dargebotenen Entwurfs.

Die hauptsächlichste Gewähr der Verfassung, soweit diese durch Bestimmungen einer äußeren Gesetzgebung überhaupt zu bewirken ist, giebt der § 194. Es bedarf dabei kaum des Zusatzes, daß der hier in Uebereinstimmung mit §. 196 des Entwurfs der Nationalversammlung fur Verfassungs-Abänderungen festgestellte Abstimmungsmodus bei dem zunächst zu berufenden Reichstage, auf dem die Verfassung des Reichs nicht abgeändert, sondern durch Vereinbarung mit den Regierungen festgestellt werden soll, noch nicht in Anwendung tritt, vielmehr die Beschlüsse dieses ersten, lediglich zu diesem Zwecke gesetzlich versammelten Reichstags in beiden Häusern nach absoluter Stimmenmehrheit der beschlußfähigen Anzahl zu fassen sind. Die näheren Anordnungen, die erst nach Maßgabe des erfolgenden Beitritts der Regierungen zu dem dargebotenen Verfassungsentwurf zu bestimmen sind, bleiben dem Einberufungsdekrete vorbehalten.

Der für die Leitung der gemeinsamen Angelegenheiten aufgestellte Verwaltungsrath trat am 18. Juni 1849 erstmals zu Berlin zusammen. Das provisorische Bundesschiedsgericht ward in Erfurt am 2. Juli desselben Jahres installirt.

Nach Verhandlungen zwischen dem K. baierischen Staatsminister v. d. Pfordten und dem K. preuß. Kommissarius, General v. Radowitz und zum Theil mit dem K. preuß. Premier-Minister, Grafen v. Brandenburg, unmittelbar, welche Ende Juni und Anfangs Juli 1849 obschwebten, aber zu keinem Ziele führten, und am 12. Juli von dem K. baierischen Ministerium des Aeußern mit Erläuterungen den baierischen Missionen mitgetheilt wurden, worauf das K. preuß. Ministerium des

Auswärtigen mit einem diplomatischen Cirkular vom 30. Juli replicirte, erklärte Baiern am 8. September 1849 dem K. preuß. Geschäftsträger in München „daß es sich außer Stande sehe, dem Bündnisse vom 26 Mai d. J. beizutreten und den jenem Bündnisse beigefügten Entwurf der deutschen Reichsverfassung unverändert anzunehmen."

Am 26. September 1849 erklärte das K. würtembergische Gesammtministerium, daß es „in die unerwünschte Alternative versetzt, entweder den Beitritt sogleich zu erklären oder denselben abzulehnen, nicht anstehe, sich für das letztere zu entscheiden."

Nicht beigetreten sind ferner: Hessen-Homburg, freie Stadt Frankfurt, Luxemburg, Limburg, Holstein und Lichtenstein.

Die beiden Fürstenthümer Hohenzollern gingen durch Staatsvertrag vom 7. December 1849, welcher die Genehmigung der beiden preußischen Kammern erhielt, an die Krone Preußen über, in Folge der Abtretung der regierenden Fürsten. Anfangs April 1850 nahm Preußen Besitz von diesen Fürstenthümern.

Die sämmtlichen übrigen Fürsten und freien Städte Deutschlands traten allmählig dem sogenannten Dreikönigsbündnisse bei. Allein nach den Vorbehalten der beiden königlichen Höfe war vorauszusehen, daß ein Bruch bald folgen mußte. Im Grundgedanken wollten Hannover und Sachsen, wie aus ihren Erklärungen hervorleuchtet, den Versuch machen, unter Preußens Vortritt ein Bündniß zu Stande zu bringen, welches alle deutsche Staaten, etwa mit Ausnahme von Oesterreich, aber mit dessen Zustimmung, umfasse; Preußen dagegen von vorn herein und unter allen Umständen einen engern Bundesstaat „mit Vielen oder mit Wenigen" (wie Hr. v. Radowitz in der preuß. Abg.-Kammer sich ausdrückte) bilden, der mit Oesterreich in einem völkerrechtlichen Unionsverhältnisse stehe. Diese prinzipielle Verschiedenheit der Auffassung mußte um so schärfer hervortreten, als Baiern und dann auch Würtemberg den Anschluß verweigerten, Oesterreich vorher schon die „Union" abgelehnt hatte und auf dem Rechtsboden von 1815 beharrte, somit — bis auf Baden, dessen Revolution von Preußen mit Waffengewalt niedergeworfen worden und von preußischen Truppen andauernd okkupirt war — ganz Süddeutschland dem „engeren Bunde“ sich nicht anreihte.

Unterdessen war am 26. 27. und 28. Juni 1849 eine bedeutende Zahl (130) von ehemaligen Mitgliedern des Frankfurter Parlaments, dem Centrum und dem linken Centrum angehörig, (Gagern, Bassermann, Beckerath, Simson, Riesser, Wydenbrugk, Beseler u. s. w.) in Gotha zusammen gekommen. Sie erklärten öffentlich, daß „die Zwecke, welche durch die Reichsverfassung vom 28. März erreicht werden sollten, ihnen höher stehen, als das starre Festhalten an der Form, unter der man dieses Ziel anstrebte;“ erkannten an, daß die von den drei Königreichen dargebotene Verfassung, ebenfalls „zu dem vorgesteckten Ziele führen kann,“ wenn die mitwirkenden Regierungen dem Reichstage „als Einheit gegenübertreten“ und „die vorbehaltene Revision sich nur auf solche Verfassungsbestimmungen erstreckt, welche in der Reichsverfassung vom 28. März und dem Entwurfe vom 28. Mai nicht wörtlich oder wesentlich übereinstimmen.“ Sie erkannten ferner an, daß dem Frankfurter Wahlgesetze „nicht zu beseitigende Hindernisse entgegen getreten seien,“ und sprachen sich für Ueberlassung des Wahlmodus an die einzelnen Staaten, im schlimmsten Falle für das Wahlgesetz des Dreikönigsbündnisses, mit Modifikationen in einzelnen Ländern, aus. Endlich erklärten sie, daß sie, „so viel an ihnen sei,“ auf den Anschluß der noch nicht beigetretenen Staaten zu dem Entwurfe hinwirken, und an den Wahlen zum nächsten „Reichstage“ sich betheiligen wollten.

Als nun in der Sitzung des Verwaltungsraths vom 19. Oktober 1849, ungeachtet des Widerspruchs von Sachsen und Hannover, beschlossen wurde, die allgemeinen Wahlen der Abgeordneten zum Volkshause auf den 15. Januar 1850 für den ganzen Bereich der „verbündeten Staaten“ anzuberaumen und ein „Ausschreiben“ für diesen Zweck zu erlassen, übergaben am 20. Oktober der K. sächsische und der K. hannoversche Gesandte eine gemeinschaftliche Note an den Vorsitzenden des Verwaltungsraths, den K. preuß. Bevollmächtigten, nach welcher sie in dem erwähnten Beschlusse „eine dem Bündnisse vom

26. Mai entgegenlaufende, den Zweck desselben gefährdende und insbesondere die äußere und innere Sicherheit Deutschlands bedrohende Maßregel erblickten." Sie fanden den Zeitpunkt eingetreten, wo die Vorbehalte ihrer Regierungen zu dem Bündnisse vom 26. Mai „Platz greifen" sollten, und schieden — mit Schreiben vom 21sten eod. — aus dem Verwaltungsrathe aus. Doch setzten sie hinzu, „daß sie allerdings den Bündniß-Vertrag vom 26. Mai 1849 fortwährend und zwar mit Einschluß des der Nation vorgelegten Entwurfs einer Reichsverfassung für ganz Deutschland, unter Verständigung mit Oesterreich, für ihre Regierungen verbindlich erachten, bis derselbe im Einverständniß sämmtlicher Theilnehmer abgeändert und umgestaltet ist."

Der Verwaltungsrath aber beharrte bei seinem Beschlusse (Sitzung vom 23. Oktober) auf Grund der Art. 1 und 4 des Statuts, da „weder durch die Einberufung des Reichstags aus den verbündeten Staaten, noch durch den Abschluß der Bundesverfassung mittelst Vereinbarung mit demselbem, das deutsche Verfassungswerk abgeschlossen werde, sondern dieser neue Bundesstaat denjenigen deutschen Regierungen geöffnet bleibe, welche in denselben zu gleichen Rechten und Pflichten eintreten wollen, auch die Sicherung der noch bestehenden Bundesverhältnisse durch den Bundesstaat nicht erschwert, noch weniger ausgeschlossen war." Der gefaßte Beschluß sei „rechtzeitig und vollberechtigt," könne „kein Recht zur Aufhebung der Verbindlichkeiten aus dem Bundesvertrage" begründen, und sei der eingeschlagene Weg „das einzige, zur Zeit dargebotene Mittel, das deutsche Vaterland zu consolidiren und ihm seine Geltung unter den Großmächten Europa's zurückzugeben."

Da nicht im Plane dieser Urkunden- und Quellen-Sammlung liegt, diplomatische Verhandlungen mitzutheilen, so werden hier die weiteren Verhandlungen über das Ausscheiden Sachsens und Hannovers aus dem Verwaltungsrathe übergangen. Am 17. Nov. 1849 beschloß der Verwaltungsrath (noch bestehend aus den Bevollmächtigten von Preußen, Baden, beiden Hessen, der großherzoglich und den herzoglich sächsischen Regierungen, beiden Schwarzburg, beiden reußischen Linien, beiden Mecklenburg — der für Strelitz war in jener Sitzung nicht anwesend — Nassau, Braunschweig, die Hansestände Hamburg, Lübeck und Bremen, sodann Oldenburg) die Wahlen der Abgeordneten zum Volkshause auf den 31. Januar 1850 auszuschreiben, und die Stadt Erfurt für den Zusammentritt zu bezeichnen.

Oesterreich protestirte förmlich (Note vom 28. November) gegen die Einberufung dieses Reichstags, als gegen eine Verletzung der Bundesverpflichtungen, was Preußen (Note vom 12. Dezember) eben so entschieden in Abrede stellte. In der österreichischen Note war im Voraus den Beschlüssen der Erfurter Versammlung jede Geltung und Wirksamkeit abgesprochen, und dagegen protestirt, wenn der beabsichtigte Bundesstaat ohne Zustimmung aller Genossen des deutschen Bundes als „deutsches Reich" an die Stelle dieses Bundes gesetzt werden wollte. Preußen vindicirte das Recht zum Bündnisse vom 26. Mai aus der Bundesakte und der Schlußakte selbst und aus der Auflösung des Bundestags. Hannover und Sachsen ordneten die Wahlen nicht an.

Am 13. Februar 1850 erließ der Verwaltungsrath ein Dekret, durch welches die im Art. 4 des Vertrags vom 26. Mai 1849 vorgesehene Reichsversammlung auf den 20. März in die Stadt Erfurt einberufen wurde.

Die Hansestädte hatten am 8. Febr. und am 13. Febr im Verwaltungsrathe sich verwahrt, daß sie für die Handels- und Schifffahrtsverhältnisse freie Hand behielten, und daß ihnen, für den Fall der Nichttheilnahme Sachsens und Hannovers, oder des Nichtanschlusses Holsteins und Lauenburgs weitere freie Entschließung offen gehalten werde, auch die Anwendbarkeit der Verfassung vom 26. Mai auf die Hansestädte noch nicht ausgesprochen sei.

Am 25. Februar 1850 erklärte die K. hannoversche Regierung dem K. preußischen Kabinette:

> „daß sie durch den Beschluß des Verwaltungsrathes vom 13. Februar 1850 ihre Beziehungen zu dem Vertrage vom 26. Mai 1849 als völlig gelöst betrachten und ihr Verhältniß zu den Theilnehmern desselben auf die Grundlage des deutschen Bundes zurückgeführt ansehen müsse."

Preußen antwortete durch Abberufung seines Gesandten in Hannover „bis auf Weiteres." (Cirkular-Depesche des Herrn v. Schleinitz vom 13. März).

Eine sehr harte Beurtheilung erfuhr das Bündniß vom 26. Mai 1849 in der am 15. März gehaltenen Rede vom Thron, durch welche Se. Maj. der König von Würtemberg den dortigen verfassungsrevidirendem Landtag eröffnete. In Folge dessen wurde der K. preuß. Gesandte in Stuttgart mit seiner ganzen Legation abberufen, und aller diplomatischer Verkehr zwischen Preußen und Würtemberg abgebrochen. — Der Verwaltungsrath aber beschloß Klage gegen Hannover bei dem Bundesgerichte.

In seiner Sitzung vom 26. Februar 1850 nahm der Verwaltungsrath — in Berücksichtigung der durch den Nichtbeitritt der größeren Staaten Deutschlands nothwendig gewordenen Aenderungen — die nachstehende Zusatz-Akte zu den Verträgen von 26. Mai 1849 an.

Additional-Akte
zu dem
Entwyrf der deutschen Reichsverfassung,
beschlossen
in der Sitzung des Verwaltungsraths der vereinigten Staaten, vom 26. Februar d. J. und zur Vorlage an den Reichstag bestimmt.

So lange nicht sämmtliche Staaten des deutschen Bundes aus freiem Entschluß der vorstehenden Reichsverfassung beigetreten sind, gelten fogende Bestimmungen:

Art. 1. Die Gesammtheit derjenigen Staaten, welche die Reichsverfassung anerkennen, bildet den deutschen Bundesstaat unter dem Namen: „Deutsche Union." Das Volks- und das Staatenhaus führen Namen: „Parlament der deutschen Union." Dem entsprechend werden sämmtliche Bezeichnungen in der offiziellen Sprache gebildet. Art. 2. Das Verhältniß der Union zu den derselben nicht beitretenden deutschen Staaten bleibt der gegenseitigen Verständigung vorbehalten. Art. 3. Die deutsche Union übt als politische Gesammtheit in dem deutschen Bunde alle diejenigen Rechte aus und erfüllt alle diejenigen Pflichten, welche sämmtlichen darin begriffenen Einzelregierungen seither zustanden und oblagen. Art. 4. Die der Unionsgewalt zustehende völkerrechtliche Vertretung des ganzen Bundesstaats (§. 6 und 7 der Reichsverfassung) wird auch den nicht zur Union gehörenden deutschen Staaten gegenüber geübt. Art. 5. Das der Unionsgewalt zustehende Recht des Krieges und Friedens (§. 10 der Reichsverfassung) darf den außer der Union bleibenden deutschen Staaten gegenüber nicht ausgeübt werden; vielmehr bleiben im Verhältniß zu diesen die den Landfrieden betreffenden Bestimmungen der Bundesgesetzgebung von 1815 in Kraft. Das Heerwesen der Union wird in einer Weise geordnet, welche sich der Kriegsverfassung des deutschen Bundes anschließt. Art. 6. Das Fürstenkollegium besteht aus folgenden Stimmen: 1. Preußen. 2. Sachsen, Sachsen-Weimar, Sachsen-Meiningen-Hildburghausen, Sachsen-Koburg-Gotha, Sachsen-Altenburg, Anhalt-Dessau, Anhalt-Bernburg, Anhalt-Köthen, Schwarzburg-Sondershausen, Schwarzburg-Rudolstadt, Reuß ältere Linie, Reuß jüngere Linie. 3. Hannover, Braunschweig, Mecklenburg-Schwerin, Mecklenburg-Strelitz, Oldenburg, Lübeck, Bremen, Hamburg. 4. Baden. 5. Kurhessen, Großherzogthum Hessen, Nassau, Waldeck, Schaumburg-Lippe, Lippe. Neu eintretende Staaten rücken da ein, wo sie in dem §. 67 der Reichsverfassung verzeichnet sind. Art. 7. Bei dem dermaligen Umfange des Bundesstaates vertheilt sich die Zahl der Mitglieder des Staatenhauses in folgender Weise: Preußen 40 Stimmen, Sachsen 12, Hannover 12, Baden 10, Kurhessen und Großherzogthum Hessen je 7, Mecklenburg-Schwerin und Nassau je 4, Braunschweig, Oldenburg und Sachsen-Weimar je 2, Sachsen-Meiningen-Hildburgh., Sachsen-Koburg-Gotha, Sachsen-Altenburg, Mecklenburg-Strelitz, Anhalt-Dessau, Anhalt-Bernburg, Anhalt-Köthen, Schwarzburg-Sondershausen, Schwarzburg-Rudolstadt, Waldeck, Reuß altere Linie, Reuß jüngere Linie, Schaumburg-Lippe, Lippe-Detmold, Lübeck, Bremen und Hamburg je 1 Stimme, zusammen 120 Stimmen. Neu eintretende deutsche Staaten entsenden diejenige Zahl von Mitgliedern in das Staatenhaus, welche der §. 85 der Reichsverfassung für sie angiebt. Art. 8. Diejenigen Mitglieder der Union, welche mit Staaten außerhalb der Union in Zollvereinsverträgen stehen oder durch Handelsverträge völkerrechtliche Verbindlichkeiten eingegangen sind, können in der Erfüllung der dadurch übernommenen Pflichten nicht behindert werden. Es bleiben mithin die darauf bezüglichen Bestimmungen des Abschnitts II. Art. 7 der Reichsverfassung suspendirt, bis jene Verträge abgelaufen sind. Art. 9. Die Einschränkungen des vorstehenden Paragraphen finden auch auf den Abschnitt II. Art. 9 der Reichsverfassung in so weit Anwendung, als in Beziehung auf Münzwesen, Papiergeld, Maß und Gewicht hindernde Verträge bestehen möchten.

Art. 10. Der Beitritt eines deutschen Staates zur Union ist nicht als Abänderung der Verfassung zu betrachten, sondern erfolgt kraft eines Beschlusses der Unionsgewalt. Unter Vorbehalt desselben kann die Aufnahme durch den Unionsvorstand einstweilen verfügt werden.

Vorstehende Artikel bilden für den im Eingang bezeichneten Zeitraum einen integrirenden Theil der Reichsverfassung mit gleicher bindender Kraft wie die Verfassung selbst.

Am 20. März 1850 eröffnete der K. preuß. Kommissair und Vorsitzende des Verwaltungsraths den Reichstag des engern Bundes zu Erfurt mit einem Vortrage, und legte demselben die Akten des Bündnisses vom 26. Mai, so wie die Additionalakte, zur Genehmigung vor.

Das Interim.

Nach der Verlegung und Auflösung der deutschen Nationalversammlung erkannte Preußen die provisorische Centralgewalt als rechtsbeständig nicht mehr an, weil die Bedingungen ihrer Bildung und Existenz nicht mehr vorhanden seien. Da nun aber das „Reichsministerium" seine und des Erzherzog-Reichsverwesers Befugnisse fortdauernd behauptete, so entstanden dadurch die schwersten Konflikte und wesentliche Benachtheiligungen der allgemeinen Angelegenheit. Dieser Zustand konnte um so weniger andauern, als sich im Laufe des Sommers 1849 unzweifelhaft heraus stellte, daß das Bündniß vom 26. Mai die Gesammtheit der deutschen Bundesstaaten nicht umfassen werde.

Um diesem Zustande ein Ende zu machen, kamen Oesterreich und Preußen überein, vorläufig die Centralgewalt des Bundes von 1815 gemeinschaftlich und ausschließlich in die Hand zu nehmen, und schlossen am 30. September 1849 nachstehende Uebereinkunft, welcher der Erzherzog Johann am 6. Oktober seine Zustimmung ertheilte.

Uebereinkunft
zwischen
den Regierungen von Preußen und Oesterreich über einen, den übrigen Mitgliedern des deutschen Bundes vorzulegenden Vorschlag wegen Bildung einer neuen provisorischen Bundes-Central-Kommission.

Nachdem der Herr Erzherzog Reichsverweser wiederholt den Wunsch ausgesprochen hat, daß Ihm die Möglichkeit geboten werde, Seiner Würde zu entsagen, und die Ihm mit Bundesbeschluß vom 12. Juli v. J. anvertraute Gewalt wieder an die Gesammtheit der Mitglieder des deutschen Bundes zurückzugeben;

und in Erwägung der Nothwendigkeit, daß für einen solchen Fall ein neues allgemein anerkanntes Central-Organ die Leitung der gemeinsamen Angelegenheiten des deutschen Bundes übernehme und die zur definitiven Gestaltung seiner inneren Verhältnisse besorge,

haben die beiden Höfe von Wien und Berlin sich behufs der

Bildung einer solchen neuen provisorischen Bundes-Central-Gewalt über einen ihren übrigen Bundesgenossen vorzulegenden Vorschlag zu verständigen gesucht.

Demgemäß sind die Unterzeichneten am heutigen Tage zusammengetreten, um auf Grundlage der zwischen ihren Allerhöchsten Höfen gepflogenen Verhandlungen über nachstehende Punkte übereinzukommen, und diese Uebereinkunft unter Vorbehalt der Ratifikation durch ihre Unterschrift zu beglaubigen.

§. 1. Die deutschen Bundes-Regierungen verabreden im Einverständniß mit dem Reichsverweser ein Interim, wonach Oesterreich und Preußen die Ausübung der Centralgewalt für den deutschen Bund im Namen sämmtlicher Bundes-Regierungen bis zum 1. Mai 1850 übernehmen, insofern dieselbe nicht früher an eine definitive Gewalt übergehen kann.

§. 2. Der Zweck des Interims ist die Erhaltung des deutschen Bundes als eines völkerrechtlichen Vereines der deutschen Fürsten und freien Städte zur Bewahrung der Unabhängigkeit und Unverletzlichkeit ihrer im Bunde begriffenen Staaten, und zur Erhaltung der inneren und äußeren Sicherheit Deutschlands.

§. 3. Während des Interims bleibt die deutsche Verfassungs-Angelegenheit der freien Vereinbarung der einzelnen Staaten überlassen. Dasselbe gilt von den nach Artikel VI. der Bundesakte dem Plenum der Bundesversammlung zugewiesenen Angelegenheiten.

§. 4. Wenn bei Ablauf des Interims die deutsche Verfassungs-Angelegenheit noch nicht zum Abschlusse gediehen sein sollte, so werden die deutschen Regierungen sich über den Fortbestand der hier getroffenen Uebereinkunft vereinbaren.

§. 5. Die seither von der provisorischen Centralgewalt geleiteten Angelegenheiten, insoweit dieselben, nach Maßgabe der Bundesgesetze, innerhalb der Kompetenz des engeren Rathes der Bundesversammlung gelegen waren, werden während des Interims einer Bundeskommission übertragen, zu welcher Oesterreich und Preußen je zwei Mitglieder ernennen, und welche ihren Sitz zu Frankfurt nimmt. Die übrigen Regierungen können sich einzeln oder mehrere gemeinschaftlich durch Bevollmächtigte bei der Bundeskommission vertreten lassen.

§. 6. Die Bundeskommission führt die Geschäfte selbstständig unter Verantwortlichkeit gegen ihre Vollmachtgeber. Sie faßt ihre Beschlüsse nach gemeinsamer Berathung. Im Falle sie sich nicht zu vereinigen vermag, erfolgt die Entscheidung durch Verständigung zwischen den Regierungen von Oesterreich und Preußen, welche erforderlichen Falles einen schiedsrichterlichen Ausspruch veranlassen werden. Dieser Ausspruch wird durch drei deutsche Bundes-Regierungen gefällt. Im eintretenden Falle hat jedesmal Oesterreich einen und Preußen den anderen der Schiedsrichter zu wählen. Die beiden auf diese Weise designirten Regierungen vereinigen sich zur Ergänzung des Schiedsgerichts über die Wahl des dritten.

Die Mitglieder der Bundeskommission theilen sich in die ihr zugewiesenen Geschäfte, die sie, der bestehenden Bundesgesetzgebung und insbesondere der Bundes-Kriegsverfassung gemäß, entweder selbst besorgen, oder deren Besorgung leiten und überwachen.

§. 7. Sobald die Zustimmung der Regierungen zu gegenwärtigem Vorschlage erfolgt ist, wird der Reichsverweser Seiner Würde entsagen, und die Ihm übertragenen Rechte und Pflichten des Bundes in die Hände Sr. Majestät des Kaisers von Oesterreich und Sr. Majestät des Königs von Preußen niederlegen.

Nach erfolgter Ratifikation, welche durch gegenseitig auszuwechselnde Ministerial-Erklärungen binnen 10 Tagen, von heute an gerechnet, dahier zu erfolgen hat, und nach Eintreffen der Zustimmung des Herrn Erzherzogs Reichsverwesers, welche das Kaiserl. Kabinet zur Vermeidung jedes Zeitverlustes sofort eventuell einzuholen besorgt sein wird, werden die beiden Höfe von Wien und Berlin gemeinschafftlich sämmtliche deutsche Regierungen zum Beitritte einladen.

Gegenwärtiger Akt ist in zwei gleichlautenden Exemplaren ausgefertigt worden.

Geschehen zu Wien im Ministerium der auswärtigen Angelegenheiten am 30. September 1849.

(L. S.)

(gez.) Bernstorff. (gez.) F. Schwarzenberg.

Protokoll über die Ratifikation.

Nachdem Seine Majestät der König von Preußen und Seine Majestät der Kaiser von Oesterreich die von Allerhöchstihren beiderseitigen Bevollmächtigten am 30. v. M. über die Bildung einer provisorischen Bundes-Centralkommission zu Wien abgeschlossene Uebereinkunft zu genehmigen und demnach anzuordnen geruht haben, daß die Allerhöchstdenenselben vorbehaltene Ratifikation dieser Uebereinkunft durch entsprechende Ministerial-Erklärungen stattzufinden habe, sind die Unterzeichneten am heutigen Tage zusammengetreten, um die Königl. preußischer Seits zu Berlin am 10. d. M. und Kaiserl. österreichischer Seits zu Wien am 12. d. M. vollzogenen Ratifikationsurkunden gegenseitig auszuwechseln.

Hierauf eröffnete der Kaiserl. österreichische Bevollmächtigte, daß Seine Kaiserl. Hoheit der Erzherzog Reichsverweser Höchstihre Zustimmung zu dieser Uebereinkunft bereits ertheilt haben, legte die diesfalls an die Kaiserl. Regierung gelangte Erklärung im Originale vor, und übergab dem Königl. preußischen Bevollmächtigten eine beglaubigte Abschrift dieser Urkunde, welche wortgetreu lautet, wie folgt:

„Zu der am 30. September d. J. zu Wien zwischen der Kaiserl. Königl. österreichischen und der Königl. preußischen Regierung abgeschlossenen und vom Fürsten Schwarzenberg und Grafen Bernstorff unterzeichneten Konvention über Bildung einer neuen provisorischen Centralgewalt für Deutschland gebe Ich hiermit Meine Zustimmung und die Erklärung, daß, wenn die in jener Konvention erwähnte Zustimmung sämmtlicher deutscher Regierungen zu derselben erfolgt sein wird, Ich bereit sein werde, Meiner Würde als deutscher Reichsverweser zu entsagen, und die Mir am 12. Juli 1848 von der deutschen Bundesversammlung übertragenen Rechte und Pflichten in die Hände Seiner Majestät des Kaisers von Oesterreich und Seiner Majestät des Königs von Preußen niederzulegen.

Frankfurt a. M., den 6. Oktober 1849.

Der Reichsverweser.
(L. S.) (gez.) Erzherzog Johann

Der Präsident des Reichs-Ministerraths.
(gez.) Wittgenstein.

Da sonach der Bedingung entsprochen ist, welche der §. 1 der Uebereinkunft vom 30. September d. J. festsetzt, werden sofort von Seite Preußens und Oesterreichs die geeigneten gemeinschaftlichen Schritte gethan werden, um die Zustimmung der übrigen deutschen Bundesregierungen zu der in Rede stehenden Uebereinkunft in möglichst kurzer Frist zu erlangen.

Geschehen zu Wien im Ministerium der auswärtigen Angelegenheiten und in zwei gleichlautenden Exemplaren ausgefertigt am dreizehnten Oktober 1849.

(L. S.)
(gez.) Bernstorff. (gez.) Schwarzenberg.

Vor der Ratifikation legte Preußen diesen Vertrag (Sitzung des Verwaltungsrathes vom 8. Oktbr.) dem Verwaltungsrathe des engeren Bundes „zur gutachtlichen Aeußerung" vor. Dabei gab es die „ausdrückliche und feierliche Erklärung:"

„daß Preußen sich in der durch den vorliegenden Vertrag zu bestellenden Bundeskommission stets als der Repräsentant und als das leitende Organ des Bündnisses vom 26. Mai c. betrachten, und daher alle Anordnungen jener Kommission, sofern sie nicht die laufende Administration des vorhandenen Bundeseigenthums betreffen, stets zuvor zur Kenntniß und Beurtheilung des Verwaltungsrathes bringen",

so wie auch

„daß Preußen unwandelbar auf der Bildung des engern Bundes beharren, und dessen Rechte gegen jede unberechtigte Einmischung, sie komme von welcher Seite sie wolle, mit allem Nachdruck vertheidigen werde."

Von den 12 Mitgliedern des Verwaltungsraths ertheilten 9 ihre persönliche Begutachtung dahin, die Interessen des Bündnisses vom 26. Mai würden durch den Interimsvertrag nicht verletzt, 3 aber (die Bevollmächtigten des Großherzogthums Hessen, der sächsischen Herzogthümer und Reuß und der von Nassau) sahen Beeinträchtigung und Gefährdung des Bündnisses darin.

Die übrigen deutschen Regierungen traten nur allmählig und zum Theil mit Vorbehalten dem Vertrage bei. So kam es, daß die interimistische Central-Bundeskommission erst im December aus den Händen des bisherigen Erzherzogs-Reichsverwesers die Leitung der gemeinschaftlichen deutschen Angelegenheiten übernehmen konnte, womit die öffentliche Wirksamkeit der „provisorischen Centralgewalt" ihr Ende erreichte, um einem Interim Platz zu machen.

Das Vierkönigsbündniß.

(Vertrag vom Februar 1850.)

Gegenüber dem Vertrage vom 26. Mai 1849, welchem die süddeutschen Königreiche nicht beigetreten waren, und von dem die beiden norddeutschen, Sachsen und Hannover, abfielen, sodann gestützt auf Oesterreichs Verlangen, die deutschen Angelegenheiten so zu ordnen, daß ihm die alte Stellung, wenn auch modifizirt nach Maßgabe der Ereignisse der letzten Jahre, bewahrt bleibe, versuchte Baiern, in Verbindung mit Würtemberg und Sachsen einen Gegenentwurf zu dem „engern Bunde vom 26. Mai." Hannover nahm an den Berathungen Theil, ohne bis jetzt dem Vertrage vom 27. Februar 1850 beigetreten zu sein.

Wir lassen den Text dieser Uebereinkunft folgen:

Uebereinkunft.

In Erwägung: daß die durch die Bundesbeschlüsse vom 30. März und 7. April 1848 in Aussicht gestellte Revision der deutschen Bundesverfassung ein dringendes Bedürfniß ist, daß es aber nicht gelungen ist, mit der zu diesem Zwecke berufenen Nationalversammlung eine neue Verfassung zu vereinbaren, und daß auch die später unter mehreren deutschen Regierungen gepflogenen Unterhandlungen nicht dazu geführt haben, den Entwurf einer alle Bundesglieder vereinigenden Verfassung aufzustellen, haben es die Königlichen Regierungen von Baiern, Sachsen und Würtemberg für eine Pflicht gegen ihre Länder sowohl, als gegen das Gesammtvaterland erachtet, sich über einen Vorschlag zur Ausführung jener Bundesbeschlüsse zu einigen.

Demgemäß sind die Unterzeichneten und zwar:

für Baiern der Königl. Staatsminister des Königl. Hauses und des Aeußeren, Ludwig v. d. Pfordten;

für Sachsen der Königl. Geschäftsträger Adolf Graf v. Hohenthal;

für Würtemberg der Königl. außerordentliche Gesandte und bevollmächtigte Minister Ferdinand Graf v. Degenfeld-Schomberg,

am heutigen Tage zusammengetreten und auf Grund der zwischen ihren hohen Regierungen gepflogenen vertraulichen Verhandlungen, unter Vorbehalt der Genehmigung, über nachstehende Artikel übereingekommen, welche den Inhalt eines solchen gemeinschaftlichen Vorschlages bilden und die Grundzüge für die Revision der deutschen Bundesverfassung darlegen sollen, durch welche es unter den gegebenen Verhältnissen möglich wird, eine unheilvolle Spaltung Deutschlands zu vermeiden und diejenigen Zusagen zu erfüllen, welche sämmtliche Bundesregierungen der Nation durch die angeführten Bundesbeschlüsse gegeben haben.

Art. 1.

Als gemeinsame Bundesangelegenheit werden anerkannt:

1. die völkerrechtliche Vertretung Deutschlands in seinen allgemeinen Verhältnissen zum Auslande. Das Gesandtschaftsrecht der einzelnen Staaten wird nicht aufgehoben.
2. Die Entscheidung über Krieg und Frieden.
3. Die Oberleitung der bewaffneten Macht zu Land und zur See.
4. Die Erhaltung des Landfriedens, der inneren Ruhe und Sicherheit.
5. Die Oberaufsicht auf die gemeinsamen Handels- und Zollangelegenheiten.
6. Die Oberaufsicht über die Anstalten für den Verkehr, die Schifffahrt, Posten, Eisenbahnen, Telegraphen.
7. Die Förderung eines Einverständnisses über die wünschenswerthe Gleichheit in Münze, Maß und Gewicht.
8. Die Beischaffung der zu dem gemeinsamen Aufwande erforderlichen Geldmittel durch Matrikularbeiträge.
9. Die Gewähr derjenigen Rechte, welche den Angehörigen aller deutschen Bundesstaaten zugesichert sind.

10. Die Gesetzgebung in den gemeinsamen Bundesangelegenheiten, unbeschadet der Unabhängigkeit der inneren Landesverwaltung der einzelnen Staaten.

11. Die Gerichtsbarkeit in gemeinsamen Bundesangelegenheiten.

Art. 2.

Die Bundesorgane sind: 1. die Bundesregierung, 2. die Nationalvertretung, 3. das Bundesgericht.

Art. 3.

Die Bundesregierung wird durch 7 Mitglieder gebildet, welche von folgenden Bundesgliedern ernannt werden:

1. Oesterreich. 2. Preußen. 3. Baiern. 4. Sachsen. 5. Hannover. 6. Würtemberg. 7. Kurhessen und Großherzogthum Hessen.

Den übrigen Bundesgliedern ist es, so weit nicht agnatische oder sonstige erbrechtliche Beziehungen deren Verbindung mit der einen oder anderen Stimme bedingen, freigestellt, mit welcher derselben sie sich vereinigen wollen. Die Art und Weise der Betheiligung der solchergestalt mit vertretenen Staaten an der Ausübung des Rechtes der Beschickung der Bundesregierung bleibt dem freien Uebereinkommen überlassen.

Art. 4.

Die Bundesregierung hat ihren Sitz in Frankfurt a. M., sie besorgt alle gemeinsamen Bundesangelegenheiten mit Ausnahme der Gerichtsbarkeit, theils allein, theils unter Mitwirkung der Nationalvertretung. Sie tritt mit den Regierungen der einzelnen Bundesstaaten durch Bevollmächtigte derselben oder in deren Ermangelung durch unmittelbare Korrespondenz in Verbindung.

Art. 5.

Die Bundesregierung faßt ihre Beschlüsse in der Regel nach einfacher Stimmenmehrheit. Nur wo es sich um Abänderung der Bundesverfassung handelt, ist Stimmeneinhelligkeit erforderlich.

Art. 6.

Die Mitglieder der Bundesregierung sind an die Instruktionen ihrer Staatsregierung gebunden. Sie dürfen jedoch die Abstimmung nicht wegen Mangels einer Instruktion verweigern. Die Geschäftsordnung hat für wichtige Fragen eine billige Frist zur Einholung von Instruktionen zu gewähren, nach deren Ablauf die Abstimmung erfolgen muß.

Art. 7.

Die Bundesregierung ernennt die nothwendigen Bundesbeamten.

Art. 8.

Die Nationalvertretung besteht aus 300 gewählten Mitgliedern. Von diesen werden in Oesterreich 100, in Preußen 100 und in den übrigen Bundesstaaten 100 gewählt; gleichviel, ob Oesterreich und Preußen mit ihren Gesammtstaaten oder nur mit dem größeren Theile derselben dem Bunde beitreten. In jedem Bundesstaate wird wenigstens Ein Mitglied gewählt.

Art. 9.

Die Nationalvertreter werden durch die Landesvertreter in den einzelnen Bundesstaaten gewählt.

Art. 10.

Die Bundesregierung beruft die Nationalvertretung und ist berechtigt, dieselbe zu vertagen oder aufzulösen. Im Falle der Auflösung muß binnen 6 Monaten die neue Wahl vollzogen und die Versammlung berufen werden.

Art. 11.

Der Nationalvertretung steht die Mitwirkung zur Bundesgesetzgebung zu. Ohne die Zustimmung derselben kann die Bundesregierung kein Bundesgesetz erlassen. Die Nationalvertretung hat das Recht der Initiative zur Gesetzgebung in allen Angelegenheiten, welche der Bundesgesetzgebung zugewiesen sind.

Art. 12.

Die Zustimmung der Nationalvertretung ist erforderlich zur Feststellung der Bundesausgaben und der zu erhebenden Matrikularumlagen. Der Voranschlag hierfür, so wie der Nachweis über die Verwendung wird alle drei Jahre von der Bundesregierung vorgelegt. Die Matrikularbeiträge werden auf die einzelnen Bundesstaaten nach dem in Art. 8 festgesetzten Maße ihrer Betheiligung an der Nationalvertretung vertheilt.

Ueber die Frage, welche Ausgaben als solche Bundesausgaben zu betrachten sind, daß auf sie dieser Maßstab angewendet werden kann, bleibt besonderer Verabredung vorbehalten.

Art. 13.

Die Nationalvertretung kann Anträge oder Wünsche bezüglich aller gemeinsamen Bundesangelegenheiten an die Bundesregierung bringen.

Art. 14.

In folgenden Fällen kann ein Beschluß der Nationalvertretung nur durch eine Stimmenmehrheit von zwei Drittheilen gültig gefaßt werden:

1. wo es auf Abfassung oder Abänderung von Grundgesetzen des Bundes ankommt;
2. bei Aufnahme neuer Mitglieder in den Bund;
3. in Religionsangelegenheiten.

Art. 15.

Es wird ein ständiges Bundesgericht eingesetzt.

Art. 16.

Sobald sämmtliche Mitglieder des bisherigen deutschen Bundes ihre Zustimmung zu vorstehenden Artikeln gegeben haben, wird die Bundesregierung nach Art. 3 gebildet, und tritt an die Stelle der gemäß Konvention vom 30. September 1849 eingesetzten provisorischen Bundeskommission.

Art. 17.

Diſe Bundesregierung hat ſofort auf der Grundlage vorſtehender Artikel ein Bundesgrundgeſetz zu entwerfen, welches beſtimmt iſt, nach erfolgte Zuſtimmung ſämmtlicher Mitglieder des bisherigen deutſchen Bunde an die Stelle der Bundesakte vom 8. Juni 1815 und der Wiener Schlußakte vom 15. Mai 1820 zu treten.

Art. 18.

Dieſes Grundgeſetz wird von den einzelnen Regierungen der Bundesſtaaten den Landesvertretungen mit der Aufforderung mitgetheilt, die Wahl der Nationalvertreter vorzunehmen.

Art. 19.

Nach vollendeten Wahlen wird die Nationalvertretung einberufen und derſelben das Bundesgrundgeſetz zur Vereinbarung vorgelegt.

Nach erfolgter Genehmigung, welche gegenſeitig mit möglichſter Beſchleunigung anzuzeigen iſt, werden die drei Königl. Regierungen ſofort gemeinſchaftlich ihren Vorſchlag zunächſt an die K. K. öſterreichiſche und Königl. preußiſche Regierung gelangen laſſen und der proviſoriſchen Bundeskommiſſion davon Kenntniß geben.

Gegenwärtiger Akt iſt in drei gleichlautenden Exemplaren ausgefertigt worden.

Geſchehen zu München im Miniſterium des Königl. Hauſes und des Außeren am 27. Februar 1850.

(L. S.)

(gez.) Ludwig von der Pfordten. Adolf Graf von Hohenthal.
Ferdinand Graf von Degenfeld-Schomberg.

Zunächſt übergaben die kontrahirenden deutſchen Königshöfe den vorſtehenden Entwurf den beiden deutſchen Großmächten mit folgender Kollektivnote vom 13. März 1850.

Kollektivnote

der Regierungen von Würtemberg, Baiern und Sachſen an die K. K. öſterreichiſche und Königl. preußiſche Regierung.

Die Reviſion der deutſchen Bundesverfaſſung, welche durch die Bundesbeſchlüſſe vom 30. März und 7. April 1848 in Ausſicht geſtellt wurde, iſt durch §. 3 der Konvention vom 30. Septbr. 1849 über die Bildung einer neuen proviſoriſchen Bundescentralkommiſſion der freien Vereinbarung der einzelnen Staaten überlaſſen worden. Die auf Grund jener Konvention inzwiſchen ins Leben getretene Bundeskommiſſion wird daher nicht in der Lage ſein, die Initiative in der deutſchen Verfaſſungs-Angelegenheit zu ergreifen. Andererſeits hat die Aufſtellung der von den Regierungen Preußen, Sachſen und Hannover unterm 26. Mai v. J. vereinbarten Reichsverfaſſung die dadurch angeſtrebte Einigung ſämmtlicher deutſchen Staaten zu Begründung eines deutſchen Bundesſtaats nicht herbeigeführt. Zwar hat eine nicht unbedeutende Anzahl deutscher Staaten diesem Entwurfe sich angeschlossen, gleichwohl ist dessen Annahme von Seiten anderer und insbesondere der größeren süddeutschen Staaten abgelehnt, die nach den Bundesverträgen erforderliche Zustimmung Oesterreichs zu der Errichtung des aus dem übrigen Deutschland nach Maßgabe jenes Entwurfs zu bildenden Bundesstaats aber ebenfalls verweigert worden. Während nun diesen Thatsachen gegenüber die Königl. preußische Regierung und verschiedene andere Regierungen sich dafür entschieden haben, die Vollziehung jenes Verfassungsentwurfs unter Anwendung auf einen engern Bundesstaat ins Werk zu setzen, haben dagegen die Regierungen von Sachsen und Hannover bei Errichtung dieses engern Bundesstaats, welche sie als außerhalb des von ihnen angenommenen Verfassungsentwurfs sowohl, als der allseits als noch bestehend anerkannten Bundesverträge liegend betrachten zu müssen glauben, sich nicht zu betheiligen vermocht; und so wie einerseits behufs thatsachlicher Herstellung eines engern Bundesstaats ein erster Reichstag einberufen worden ist, so haben andererseits die bei dieser Maßregel nicht betheiligten Regierungen gegen dessen Beschlüsse Verwahrung eingelegt. Unter diesen Verhältnissen haben es die Königlichen Regierungen von Baiern, Sachsen und Würtemberg für ihre Pflicht sowohl gegen ihre Lande als gegen das Gesammtvaterland gehalten, sich über einen Vorschlag zur Ausführung der erwahnten Bundesbeschlüsse zu einigen, welchen sie gemeinschaftlich zunächst an die K. K. österreichische und Königl. preußische Regierung gelangen lassen könnten. Sie sind deshalb in vertrauliche Verhandlungen getreten, deren Ergebniß eine zu München am 27. Februar d. J. abgeschlossene und seitdem von den drei Königl. Regierungen genehmigte Uebereinkunft ist. Diese Uebereinkunft ruht auf der Ueberzeugung, daß die Zukunft der deutschen Nation nur durch eine Verfassung gesichert werden kann, welche den möglichst innigen Verband zwischen Oesterreich und dem übrigen Deutschland erhält, die beiden größten deutschen Staaten in gleich würdiger und einflußreicher Stellung umfaßt und ohne Vernichtung der übrigen Staaten solche Bundesorgane einsetzt, in welchen eine wirksame Thätigkeit der Regierungsgewalt mit der freien Entwicklung des Volksgeistes durch eine Nationalvertretung sich zum Wohle des Ganzen verbinden können. Indem nun die Königl. ..... Regierung den Unterzeichneten beauftragt hat, der (K. K. österreichischen) (K. preußischen) Regierung diese Uebereinkunft als den gemeinschaftlichen Vorschlag der drei Königlichen Regierungen vorzulegen, giebt sie sich der Hoffnung hin, das K. Kabinet werde darin das ernstliche Bestreben erblicken, eine Grundlage zur Lösung der deutschen Verfassungsangelegenheit zu bieten, und diesen Vorschlag nicht blos in Erwägung ziehen, sondern auch mit dem Königl. preußischen (österreichischen) Kabinette und mit den übrigen Bundesregierungen, sei es nun unmittelbar oder durch Vermittlung der provisorischen Bundeskommission, welcher die drei Königl. Regierungen ihren Vorschlag zur Kenntniß mitgetheilt haben, darüber in Verhandlung treten. Die drei Königl.

Regierungen glauben insbesondere, daß die in dem Vorschlage sowohl für Oestreich als Preußen gebotene Möglichkeit des Beitritts mit der Gesammmonarchie geeignet ist, die Hauptschwierigkeiten zu beseitigen, welche bisher der Verständigung zwischen diesen beiden Staaten über die Bundesverfassung entgegenstanden, und laden daher in dieser Voraussetzun die beiden Großmächte zu diesem Beitrittte ihrerseits im Hinblicke auf Artikel 6 der Wiener Schlußakte vom 15. Mai 1820 förmlich ein. Der Unterzeichnete benützt diese Gelegenheit ꝛc. ꝛc.

Oesterreich antwortete beifällig. Hier die wichtigste Stelle der östereichischen Antwortsnote:

„Nach dem Vorangehenden erkennt das Kaiserliche Kabinet vom Standpunkte des Rechtes wie von jenem der Politik nicht nur die Zweckmäßigkeit, sondern auch die Ausführbarkeit der von den Königl. Höfen von Baiern, Sachsen und Würtemberg gemachten Vorschläge, und tritt denselben vollkommen, jedoch unter der Voraussetzung bei:

daß die in diesen Vorschlägen enthaltenen Grundzüge bei der Ausarbeitung des Verfassungsentwurfes, und nicht minder bei der Vereinbarung über denselben in ihrer Wesenheit werden beibehalten werden;

daß insbesondere die den Bundesorganen zuzugestehende, gesetzgebende und vollziehende Gewalt auf die im Art. 1 der mitgetheilten Verfassungs-Grundlagen bezeichneten Gegenstände zu beschränken und innerhalb der daselbst angedeuteten Gränzen zu üben sein werden;

daß ferner unter den im neunten Punkte des eben bezogenen Artikels 1 erwähnten Rechten, nicht die sogenannten Grundrechte verstanden seien, deren Einführung bereits in den meisten Staaten als unvereinbar mit dem öffentlichen Wohle erkannt worden ist;

und daß endlich Oesterreich die Möglichkeit werde geboten werden, sich dem Bunde mit dem gesammten Gebietsumfange des Kaiserreichs anzuschließen.

Wenn diese Voraussetzungen sich verwirklichen sollten, wird die Kaiserl. Regierung die in ihrem Ministerial-Programme vom 27. November 1848 vorhergesehenen Bedingungen mit wahrer Befriedigung als erfüllt ansehen können, und sich an der unter diesen Verhältnissen nicht nur möglichen, sondern im allgemeinen Interesse selbst wünschenswerthen Bildung eines solchen deutsch-österreichischen Bundes mit Freuden und aufrichtig in der Ueberzeugung betheiligen, daß ein auf den vorgeschlagenen Grundlagen ruhendes Bundesverhältniß zwischen dem verjüngten Oesterreich und dem verjüngten Deutschland nicht nur mit der Einheit des Kaiserreichs vollkommen vereinbar sei, sondern auch für beide gleich ersprießlich, die Bürgschaft einer schönen und glücklichen Zukunft in sich trage.

Indem sich der unterzeichnete Ministerpräsident und Minister der auswärtigen Angelegenheiten beehrt, Seiner, des Hrn. Königlich baierischen Gesandten und bevollmächtigten Ministers, Grafen v. Lerchenfeld,

17

Hochgeboren, in Erwiederung der geehrten Note vom 13. d. M. diese Gesinnungen und Absichten des Kaiserl. Hofes bekannt zu geben, verfehlt er nicht, die Bemerkung hinzuzufügen, daß entsprechende Eröffnungen gleichzeitig nicht nur an die Königl. preußische Regierung, sondern auch an alle übrigen Genossen des Bundes ergehen, um bei denselben die Annahme der Vorschläge der drei Königl. Höfe dringend zu bevorworten."

Preußens Antwort ist bis jetzt noch nicht veröffentlicht. Daß sie ablehnend war, unterliegt keinem Zweifel.

Druck von Gustav Schade in Berlin,
Oranienburger Straße 27.

MIX
Papier | Fördert
gute Waldnutzung
FSC® C083411

Kolibri 360 GmbH
Ferdinand-Jühlke-Straße 7
99095 Erfurt, Deutschland
produktsicherheit@kolibri360.de